外国法入門双書

現代中国法入門

髙見澤 磨／鈴木 賢／宇田川幸則／坂口一成 著

有斐閣

［第8版］

Dangdai Zhongguofa Rumen

当代中国法入门

第8版　序

　第8版もまた第7版に続いて9月ないし10月の出版がかなわなかった。本書の教科書としての任務を考えると，秋の出版であれば，翌年度の授業計画をたてる十分な時間を確保することができ，また，セメスター制であれば，後期の授業に最新の情報を届けることができる。一般の読者には，出版年の3月の全国人民代表大会での立法動向を半年遅れで体系的に伝えることができる。関係する方々におわび申し上げる。

　第8版においては，第9章（犯罪と法）及び第11章（法学教育と法曹養成）の原案作成者として坂口一成が加わった。これまでの版と同じく，どの章も原案については著者全員で検討し連帯して責任を負うものである。検討の過程では，教科書として用いてくれている学生や同僚，あるいは一般の読者からの意見・感想が大切な素材となっている。感謝の気持ちを表したい。

　全体の構成自体には変化はないが，2016年以降重要な立法が少なからずあり，これらをとりこみつつ，可能な限り現行法以前の歴史についても言及したので，ページ数の増加があった。価格や読了までの時間といった読者の負担増をもたらすものではあるが，歴史的考察は，比較法的考察と並んで日本の法学の柱である。ご理解いただければ幸いである。

　2017年には民法総則が制定され，2018年には憲法改正があった。各章で紹介する分野においても新たな立法や改正があった。本書出版後遠からずして民法典制定の報があるだろう。しかし，

中国社会全体の現状は，第7版の序においてふれたことと基本的には変わらない。世界第二の経済大国でありつつ，各種の社会問題に対処する姿のうちに立憲主義や法の支配や市民社会といったものの萌芽を見いだすことができるかもしれないが，共産党の指導のもとでの営みがそのように見えるだけであるという側面には留意しなければならない。共産党の指導から逸脱することへの取締りは，第7版出版時よりも厳しくなっている。ただし，そうした中にあって境界線上で実務や学術においてきわどい活動をしている人々もあり，こうした活動は上記の萌芽と見ることもできるだろう。

2012年秋に中国共産党総書記となった習近平を頂点とする体制は，規範の明定に熱心であるように見える。国家法のみならず，〔党内法規〕と総称される共産党の規則類の制定も盛んである。明文の規定を設けることが予測可能性を増大させて権利行使に有利に働くという側面を否定するものではないが，民法総則1条や改正された憲法24条の「社会主義核心価値観」（〔富強〕〔民主〕〔文明〕〔和諧〕〔自由〕〔平等〕〔公正〕〔法治〕〔愛国〕〔敬業〕〔誠信〕〔友善〕の12項目。2012年の党大会で提唱された），憲法第2条改正による「中国共産党の指導」の挿入などは，共産党の指導を強化し，逸脱への取締りの強化ももたらす。民主，自由，平等，公正，法治，誠信などは法学にとって重要な概念であるが，これらが共産党が用いる意味においてのみ許されるならば，学術の危機を招き，実務を萎縮させる。

統治の道具としての法やよき統治を示す道具としての司法が共産党の領導のもとに形成され，それに基づいて統治が行われるのが中国語の「法治」の重要な用例となっている。他面で，市場メ

カニズムを支える法制度の整備も進んでいて，日本の法学部で学ぶことと対話可能である。法を切り口として中国社会を見るということは，こうした多様性とつきあうということである。これを読者が少しでもおもしろいと感じるならば本書の目的は達せられたということができる。読者の厳しい批評を俟つ。

　紙媒体の宿命として，最終校正以後の情報の紹介については，次の版を待たなければならない。しかしこの第8版からは，有斐閣のサイト*を用いて，主要な立法（改廃を含む）については簡単な紹介をその都度行うことを試みる。

　第8版は，有斐閣書籍編集部の佐藤文子氏及び浦川夏樹氏の周到な準備と忍耐強い励ましとによって完成した。感謝の意を表す。

　2019年10月

髙見澤　　磨
鈴　木　　賢
宇田川幸則
坂　口　一　成

* URL：http://www.yuhikaku.co.jp/books/detail/9784641048256

初版　序

　本書は，現代中国法の入門書であり，当然のことながら現代中国法を概観することを課題としている。現代中国法に関する個別具体的な情報を提供することに加えて，現代中国法への接近方法，さらには現代中国法の全体的印象を得るための手掛かりをも提供することをめざす。

　中国は「人治」の国か

　現代中国法については，各方面からそもそも「法はあるのか」，「あっても役に立たないのではないか」という素朴な，しかし根源的な疑問がしばしば投げかけられてきた。「法はあるのか」という問いに対しては，1970 年代末以来の活発な立法作業を通じて多くの法令が蓄積されてきており，現在では十分に「ある」と答えることができよう。本書がふれることができる法令は中国の法令全体のごく一部にすぎない。

　「あっても役に立たないのではないか」という問いに一言で答えることは，困難である。なぜなら，法学一般の問題として，「法の役立ち度」を測る方法が確立しているわけではないからである。しかし，このような問いが発せられること自体は，現代中国法の特徴の 1 つといえるのかもしれない。もし「役に立つ」と答えるならば，つぎには，「なぜ役に立っていないかのような印象を与えるのか」という問いに答えなければならない。「役に立たない」と答えるならば，「では，法以外にいかなる秩序が存在

初版　序

しているのか」，または「では，中国は全くの無秩序な社会なのか」という問いに答えなければならないだろう。これらは，われわれ中国法を学ぶ者（読者も当然にこれに含まれるわけだが）の基本的にして，究極的課題である。

本書の対象

本書でいう「現代中国法」とは，正確には中華人民共和国法である。「現代」とは 1949 年の中華人民共和国成立以降であり，「中国」とは中華人民共和国をさす。香港・マカオの法制については，近代法史および特別行政区（香港は 1997 年，マカオは 1999 年から中華人民共和国の特別行政区）として，中華民国・台湾の法制については，近代法史のなかで若干ふれることになる。

「法」をいかに定義すべきかは，法学の究極の課題ともいえるが，中国における「法」は，「国家が制定し，または，認可した，統治階級の意思を体現し，国家的強制力をもって実施を保証する行為準則（規範）の総称」と定義される（たとえば，『法学詞典』第 3 版，上海辞書出版社，1989 年。また『現代漢語詞典　修訂本』，商務印書館，1996 年）。「国家」「階級」「強制」といった要素を法の定義に用いることに，あるいは違和感を覚える読者もあるかもしれないが，本書ではさしあたり，われわれの目から見て法とよぶべきものと中国において法に含まれるものとの総和を研究対象と捉えている。

本書の構成

本書は，計 9 章と付録とからなる。本文 9 章のうち，第 1 章，第 2 章は第 1 篇総論とし，第 3 章以下を第 2 篇各論とした。総論

v

においては，現代中国法全体の見通しを得ることを目標とした。第1章は，現代中国法の前史として，清末より前の時代の法（本書では固有法とよぶ）および清末以降の近代法を概観する。第2章は，中華人民共和国成立以来の法の歴史を概観する。この2つの章を通じて，今日の現行法が，中国の法の歴史のうえで，また比較法のうえで，どのような位置にあるのかを理解することをめざす。

　各論においては，主要な法分野ごとに章を分けて概観する。各論の章だては日本法の一般的分類と中国における法の分類とを折衷したものである。第3章憲法，第4章行政法，第5章司法制度に続いて，第6章刑事法では，刑法・刑事訴訟法のほかに行政処罰にもふれる。第7章財産法では，民法，商法，経済法を概述し，第8章生活関連法では，家族法（親族法・相続法などの身分法）や労働法，社会保障制度を概観する。最後に第9章で法学教育を扱う。

　このように刑事的分野を民事的分野よりも先に配置する構成は，日本法に親しんだ読者に違和感を覚えさせるかもしれない。しかし，われわれのねらいは，法を切り口として，中国社会をみること，または中国社会を素材として，西洋近代法ではわりきれない，法についての別の存在様式を提供することにもある。中国の人々にとっての法のありようにも考慮した結果が，本書の構成の試みとなっている。

　中国法研究の意義
　もとより中国法研究は，広くは外国法研究の一部でもあるが，一般に外国法研究の意義は以下の3点くらいに求められるであろ

う。第1に渉外的法実務の需要に応えること，第2に自国の法の解釈や立法のために参考資料や示唆を供すること，第3が地域研究の一環として法的な側面からアプローチすることである。このうち，第2の意義は，今日までのところ，現代中国法研究に関しては直接にはあまり考えられない。強いていえば，西洋近代法の立法・法学では解決のつかない問題を考えるときのヒントとなる程度であろう。渉外実務については，ビジネスおよび家族法の分野を中心に，現代中国法を理解する必要性は切実なものとなっている。しかし，日本語，中国語，日本法，中国法の4者に一定程度通じている人材は，まだきわめて少なく，本書はコンパクトながらある程度この期待に応えることを意図している。中国研究としての中国法への関心は，渉外実務における必要性と同じくらい，あるいはそれ以上に中国法研究の原動力となっている。この場合には，現代法理解の前提として中国法史の知識も不可欠である。

　先の，中国では「法は役に立っていないのではないか」という問いにたち戻ろう。この問いが「役に立っていない」という答えに短絡的に結びつくならば，中国法研究の学問的意味は著しく低いものとなろう。しかし，関心をひとたび人々の暮らしと法との関係の探求へと向けるならば，そこには汲み尽くすことのできないおもしろさがある。本書を通じていくぶんかでもそのおもしろさを読者に感じてもらえるならば，筆者らの試みは，なかば成功したといえる。

　限られた紙幅に，しかも個別具体的情報をどれだけ多く，正確に，体系的に盛り込むかという観点からいえば，有り体にいって，われわれも本書のあり方が万全であるとは考えていない。正直な

ところ何かもっとうまい工夫があるかもしれぬという思いのまま，作業を進めざるをえなかった。しかし，このことは筆者らの力量不足のゆえだけではなく，中国における市場メカニズムの導入が，1990年代になって一段と広がりと深まりとをみせ，それに見合った法体系がなお形成途上の段階にあるということにも由来している。こうした研究上の困難は，逆に研究対象国における法制整備と研究者の学習の進展との間に一種の連帯感を醸成するという面もある。読者のなかからこうした臨場感あふれる研究に参入する人が多数，現れることを熱烈に歓迎したい。

　本書巻末の付録「現代中国基本法令年表」「学習のための文献案内」「主要参考文献」および索引は，宇田川幸則氏（関西大学法学部助手）に作成していただいた。同氏には，企画から個別の原稿の検討段階にまで参画していただいたこととも合わせて，深謝の意を表したい。また，本書の執筆・出版にあたっては有斐閣書籍編集第一部の大橋將氏，佐藤文子氏から力強い励ましを受け，長時間にわたる原稿検討会，校正段階では実質的内容にかかわる多くの有益なアドバイスを得た。2氏に対しても衷心より感謝を申し上げる。

　　　1998年11月

木間正道
鈴木　賢
髙見澤　磨

凡　例

1　中国における法学上の概念や用語のうち，日本法もしくは日本語に
　直接対応させて訳出・説明することがむずかしく，用語上の混乱を生
　じるおそれがあるものは，原語を［　］に入れて表記した。
2　中華人民共和国成立後の法律・法令の名称に通常冠せられる中華人
　民共和国の国号は，本文ではすべて省略した。
3　主要な法令には採択（公布）・施行日を付記した。それぞれの日付が
　異なる場合は併記している。
4　第2篇各章の用語のうち，とくに使用頻度が高いものは初出となる
　第2章でことわりを入れたが，煩瑣を避けるため，それ以外の章では
　下記の用例に従って略した。

　　中国共産党＝中共または党

　　中国共産党第8回全国代表大会＝中共8全大会

　　中国共産党第7期中央委員会第4回全体会議＝中共7期4中全会

　　人民代表大会＝人大

　　第1期全国人民代表大会第1回会議＝1期全国人大1回会議

　　プロレタリア階級文化大革命＝文革

ix

目　　次

第1篇　総　　論

第1章　現代中国法の前史———————————— 2

1　固　有　法　3

(1) 固有法と現代法 (3)　(2) 固有法の時代区分と各時代の秩序 (5)

(3) 清代の法源と裁判制度 (8)

2　近代法史　11

(1) アヘン戦争から『万国公法』出版前まで（1840〜64年）(12)

(2)『万国公法』出版から変法運動まで（1864年〜1900年頃）(13)

(3) 変法運動から第1次世界大戦終結まで（1900年頃〜1918年頃）(14)

(4) 第1次世界大戦終結から国民党による統一まで（1919〜28年）(15)

(5) 国民党による統一から中華人民共和国成立まで（1928〜49年）(16)

(6) 特殊な空間 (17)

3　根拠地法史　19

(1) 根拠地法史の時代区分 (19)　(2) 根拠地法の特徴 (23)

第2章　現代中国法の歴史———————————— 25

1　民国法との断絶　26

(1) 国民党の「六法全書」廃棄 (26)　(2) 司法改革運動による旧法人員パージ (28)

2　第1期：ソ連法からの学説継受期（1949〜78年）　29

(1) 共同綱領による建国 (29)　(2) 建国初期の三大立法 (32)　(3) ソ連法からの学説継受 (32)　(4) 54年憲法の制定 (34)　(5) 社会主義への移行と第8回党大会路線 (35)　(6) 法制建設の挫折 (37)　(7) 75年憲

法と 78 年憲法（39）

3　第 2 期：ソ連法からの法典継受期（1978〜91 年）　42

(1) 11 期 3 中全会による転機（42）　(2) 現行 82 年憲法の制定（44）

(3) その他の法におけるソ連法の影響（44）　(4) 渉外経済法の「出島」

化（47）　(5)「社会主義初級段階論」と胡耀邦・趙紫陽改革（49）

(6) 民主化運動と天安門事件（六・四事件）（50）

4　第 3 期：大陸法への回帰と法のグローバル化期(1992〜2017 年)　51

(1) 南巡講話と社会主義市場経済体制（51）　(2) 資本主義的会社法制

の整備（52）　(3) 大陸法への回帰とアメリカ法の影響（54）　(4) 香港,

マカオの返還と揺らぐ一国二制度（56）　(5) 社会主義的法治国家論の

提起（58）　(6) 難航する司法制度改革（59）　(7) 社会秩序の維持と

「依法治国」（62）

5　第 4 期：習近平集権体制期（2018 年以降）　63

(1) 習近平体制への移行と逆流現象（63）　(2) 鄧小平憲法から習近平

憲法への変転（65）　(3) 香港「一国二制度」の危機（66）

第 2 篇　各　　論

第 3 章　憲　　法————————————————70

1　基本原理　71

(1) 人民民主主義独裁（72）　(2) 社会主義国家（77）　(3) 民主集中

制（83）

2　国家機構　90

(1) 全国人民代表大会（91）　(2) 国家主席（94）　(3) 国務院（95）

(4) 中央軍事委員会（96）　(5) 国家監察委員会（97）　(6) 地方国家機関

（99）

3　市民の基本的権利と義務　102

(1) 市民の基本的権利・義務と「人権」（102）　(2) 権利・義務のカタ

ログ（104）

4　憲法保障　113

5　法規範の体系　116

(1) 法　律（116）　(2) 行政法規（118）　(3) 地方性法規（118）　(4) 少数
民族自治地方の立法（119）　(5) 行政規則（120）　(6) 判例・司法解
釈（120）　(7) その他の法源（122）

第4章　行　政　法————————————————————124

1　行政行為　124

(1) 行政許可法，行政強制法，行政処罰法に見られる特徴（125）
(2) 行政許可法（127）　(3) 行政強制法（129）　(4) 文書行政，情報管理
および情報公開・個人情報保護（132）　(5) 財政と税制（134）

2　行政救済　141

(1) 行政争訟（141）　(2) 監察の反射的利益と信訪（149）　(3) 国家補
償・国家賠償（151）

3　行政組織法　152

(1) 公務員制度（152）　(2) ノーメンクラツーラ（153）　(3) 市民・住民
との関係，公共サービスの民間からの調達（154）

第5章　民　　　　法————————————————————156

1　民事財産法総説　156

(1) 民事財産法の体系（156）　(2) 民事財産法の法源（160）

2　総　　　則　161

(1) 基本原則（161）　(2) 民事主体（163）　(3) 法律行為（166）
(4) 時　効（168）

3　物　　　権　169

(1) 物権法総則（169）　(2) 所有権（171）　(3) 区分所有権（172）
(4) 共　有（172）　(5) 所有権の原始取得（173）　(6) 用益物権（174）

(7) 担保物権（175）　(8) 占　有（180）　(9) 農村部土地制度改革（181）

(10) その他（182）

4　債　　権　182

(1) 契　約（184）　(2) 不法行為（188）

5　知的財産権　197

(1) 著作権（198）　(2) 特許権（198）　(3) 商標権（200）

6　人　身　権　201

7　渉外財産関係（国際私法）　204

(1) 一般規定（204）　(2) 民事主体（205）　(3) 物　権（206）　(4) 債

権（206）　(5) 知的財産権（207）

第6章　企業活動と法―――――――――――――――――― 208

1　企業法・会社法　209

(1) 国有企業（211）　(2) 集団所有制企業（213）　(3) 私的所有企

業（215）　(4) 外資系企業法の終焉（218）　(5) 会社法（220）　(6) 倒産

法（223）

2　その他の商事法　226

(1) 手形小切手法（226）　(2) 証券法（227）　(3) 保険法（229）　(4) 海

商法（230）

3　経　済　法　230

(1) 独占禁止法（230）　(2) 不正競争防止法（233）　(3) 消費者法（234）

(4) 国内産業保護法（236）

第7章　市民生活と法―――――――――――――――――― 237

1　家　族　法　237

(1) 家族法総説（237）　(2) 婚　姻（242）　(3) 夫婦関係（245）　(4) 離

婚（248）　(5) 計画出産（252）　(6) 親　子（253）　(7) 扶　養（257）

(8) 相　続（258）　(9) 渉外家族関係（261）

2 労　働　法　261

(1) 労働法総説（261）　(2) 労働契約（266）　(3) 労働者の権利（269）

(4) 労働基準規制（271）　(5) 労働紛争処理（273）

3 社会保障法　277

(1) 社会保障法総説（277）　(2) 社会保険法（281）　(3) 生活保護法

（290）

第8章　民事訴訟法 ———————————————— 292

1 総　　論　293

(1) 調停主義（293）　(2) 職権主義的裁判モデル（294）　(3) 執行難

（296）　(4) 裁判監督手続（296）　(5) 中国民事訴訟手続の特徴（298）

2 民事訴訟手続　299

(1) 管　轄（299）　(2) 裁判組織（300）　(3) 訴訟参加者（301）　(4) 証

拠（304）　(5) 調　停（304）　(6) 訴訟手続（305）　(7) 妨害に対する強

制措置（309）　(8) 訴訟費用（309）

3 執行手続　310

(1) 執行管轄（310）　(2) 期　限（310）　(3) 執行機構（310）　(4) 執行

延期（310）

4 その他の手続　311

(1) 特別手続（311）　(2) 保全，事前執行（311）　(3) 督促手続（311）

(4) 公示催告手続（312）　(5) 渉外民事訴訟手続に関する特別規定（312）

第9章　犯罪と法 ———————————————————— 313

1 刑　　法　313

(1) 総　説（313）　(2) 犯罪概念（317）　(3) 各則の定める罪（320）

(4) 刑　罰（322）

2 刑事訴訟法　326

(1) 総　説（326）　(2) 手続の流れ（331）　(3) 証拠法（340）　(4) 弁護

権（341）　(5) 合意・取引（344）　(6) 犯罪被害の回復（346）

3　行政処罰　347

(1) 概　観（347）　(2) 治安管理処罰（349）　(3) 労働矯正（350）

4　法的制裁システムの構造　352

(1) 基本的コンセプト（352）　(2) 実装された制度とその運用（353）

第10章　紛争処理システム ———————————————— 354

1　裁判制度　354

(1) 裁判制度の沿革（354）　(2) 現行制度の概要（356）　(3) 裁判官の選任方法（360）　(4) 裁判活動の原則（362）　(5) 人民参審制（363）　(6) 裁判の独立（366）　(7) 裁判官定員制（368）　(8) 司法制度改革（369）

2　検察制度　370

3　弁護士制度　373

(1) 沿　革（373）　(2) 現行弁護士法の主な特徴（374）　(3) 弁護士を取り巻く諸問題（376）

4　裁判外紛争処理システム　377

(1) 調停制度（378）　(2) 仲裁制度（381）

5　紛争解決制度の役割と目的　383

第11章　法学教育と法曹養成 ———————————————— 385

1　沿　革　385

(1) 文革期まで（385）　(2) 文革後の再建（387）　(3) 実務家養成と法学教育（388）

2　普通高等法学教育　389

(1) 法学院概観（389）　(2) 学部課程（389）　(3) 短大課程（391）　(4) 修士課程 1：法学修士（391）　(5) 修士課程 2：法律修士（Juris

xv

Master; JM)（392）　⑹ 博士課程（393）　⑺ 改革の動向（393）

3　成人法学教育　394

　⑴ 概　観（394）　⑵ 裁判官教育（395）

4　法曹身分の誕生と問題点　396

　⑴ 司法試験前（396）　⑵ 司法試験（396）　⑶ 法律専門職資格試験
　（397）

付　　録

　中国近代法史関連事項年表　402

　現代中国基本法令年表　405

　学習のための文献案内　419

　主要参考文献　427

　索　　引　438

著 者 紹 介 （執筆順）

髙見澤　磨（たかみざわ　おさむ）

1958 年生まれ

1991 年　東京大学大学院法学政治学研究科博士課程単位取得退学

現　在　東京大学東洋文化研究所教授・法学博士（東京大学）

執　筆：第 1 章，第 4 章

鈴 木　賢（すずき　けん）

1960 年生まれ

1990 年　北海道大学大学院法学研究科博士課程単位取得退学

現　在　明治大学法学部教授・北海道大学名誉教授・法学博士（北海道大学）

執　筆：第 2 章，第 3 章，第 6 章，第 7 章

宇田川幸則（うだがわ　ゆきのり）

1969 年生まれ

1997 年　北海道大学大学院法学研究科博士課程中退

現　在　名古屋大学大学院法学研究科教授・法学修士（北海道大学）

執　筆：第 5 章，第 8 章，第 10 章

坂 口 一 成（さかぐち　かずしげ）

1976 年生まれ

2005 年　北海道大学大学院法学研究科博士課程単位取得退学

現　在　大阪大学大学院法学研究科教授・博士（法学）（北海道大学）

執　筆：第 9 章，第 11 章

第1篇　総　　論

第1章　現代中国法の前史

　現代中国法は，1949年10月1日の中華人民共和国成立に先立つ同年2月22日の中国共産党の「国民党の六法全書を廃棄し，解放区の司法原則を確定することに関する指示」により，「国民党の六法」すなわち中華民国法を全廃して出発している。また，中国における近代西洋型法典の編纂事業は1912年1月1日の中華民国成立に先立つ清末，20世紀初頭より清朝自身の手によって着手されている（本書では，清末に行われた近代西洋型法制改革より前の中国の法を固有法とよぶ）。ゆえに現代中国法は，制定法およびそれにもとづく制度に限っていえば，中華民国法よりもさらに固有法とは断絶しているはずである。

　しかし，制度を運用する人々および制度の対象となる人々の意識や生活実態は，法令の公布・施行で直ちに変わるものではない。とくに清末から1940年代初頭までは不平等条約改正のために近代西洋型法典編纂を急ぎ，その内容は人々の意識や生活と必ずしも一致するものではなかった。また法令の制定が追いつかない場合の空白は裁判実務や社会に存在する慣行によって埋められていた。現代中国もこうした中国の歴史的現実から逃れることはできない。人々の意識や生活，それを背景とする制度運用，さらには立法者の意識については，1949年以前，場合によっては清末以前にまで遡って考えなければならない。

　本書は現代中国法を概観するものであり，1949年以前の法に

ついては，読者が別に中国法史を学ぶことを期待するが，現代中国法を概観するのに必要な前提として，以下，1では固有法，2で近代法史，3で根拠地法史についてふれる。

1　固　有　法

(1)　固有法と現代法

現代中国の法現象（法に関する現象。立法，法制度の運用，法意識，紛争の起こり方などを含む）には清末以前との相似性を示すものも少なくない。ゆえに中国法史学上の知識は現代法をみるうえでも不可欠である。

ただしこの点で注意すべきは，安易な国民性論に陥ってはならないということである。中国人の国民性はこうだから，または，中国の法文化はこうだから，こういう現象が起こるのだという言い方は学問的には無意味である。実証的研究の仮説的結論として，中国の法文化を論じることは重要だが，個別の法現象を説明するときに法文化論のみから説明することは議論の方向が逆である。個々人の実体験の蓄積からこうした論が出る場合もあり，それはそれとして重要だが，突き詰めればそれは個人の経験であり，他の人にとっても有用であるという保証はない。ましてそうした中国国民性論や法文化論が通説的地位にたつ場合（通説というよりは俗説とよぶべきだが）には，無益なばかりではなく，有害でさえある。その代表格が，伝統中国では法は1つの模範にすぎず，実効性に乏しく，また官の裁きは恣意的なものであって，人々は官の裁きを望まず，地縁，血縁，同業といった民間の紛争解決を利用した，というものである。現代中国法研究にもこの見方は受け継がれている場合がある。しかし，今日の中国法史学の到達点は，

第1章　現代中国法の前史

これと異なる姿を描いている。

　第1に，人々は地縁，血縁，同業などのネットワークで紛争を解決できない場合には，今日の我々の目から見て民事的な紛争にも官の裁きを求めたのである。第2に，民事的な紛争は，清代であれば基本的には，末端の州・県かぎりで裁かれたのだが，それは判決・強制執行を軸とする司法的なもの（判定型裁判）ではなく，行政的なもの，より正確には統治者としての道徳的威信を背景とし，警察的強権を発動して行うところの裁き（糾問調停型裁判）であった。第3に，民事的紛争の裁きは個々の条文を具体的に根拠として引くことは基本的になく，「情」・「理」を根拠としていたが，このことは州，県の長官たる知州，知県の恣意を示すというよりは，法令の定めるところ（「法」）と，より普遍的な人としてのあるべき振る舞い（「理」）と具体的な状況に照らし合わせたときの妥当性（「情」）とのバランスをとろうとするまじめな営為としてとらえることができる。こうした裁きは法令の内容（清代には大清律例）を踏み越えるものではなかった。第4に，律が定める五刑のうちの徒以上の刑罰を科す場合には，清代であれば中央官庁たる刑部の審査を受けることになり，今日の我々からみて刑事的というべき事件についての法の適用はかなり厳格で慎重であり，恣意を排除しようとしていた。

　法令整備の努力，国家の裁きを利用する人々，民間および国家の裁きに共通する世話焼き的調停性，調停的裁きとはいっても法とは著しくは乖離しない国家の裁きの合法性といったイメージこそが，現代法との相似性を考えるにあたってもつべき固有法像である。

4

(2)　固有法の時代区分と各時代の秩序

　時代区分は研究対象や研究方法に応じて便宜的に定めればよいことだが，一応の時代区分とそれぞれの時代の特徴とをここに示す。

　まずは大区分で，長い中国の歴史を上代・帝制期・近現代の3つに区切る。すなわち孔子が生まれる少し前から前漢武帝の頃を過渡期（紀元前6～2世紀）として，それより前を上代，それより後の時代で，アヘン戦争から五四運動の頃を過渡期（1840年代～1910年代）としてそれまでを帝制期，これより後を近現代とする。

　上代の始まりは中国の地において血縁的な集団が集落を形成して暮らしはじめるようになったときからである。孔子の時代においてすでに過去の歴史となっていた時代であり，今日の我々にとっては書物のほか，甲骨文・金石文や考古学・人類学の成果によってうかがい知ることのできる時代である。政治的には，氏族制的な人的構成を基本とし，「邑」とよばれる集落・都市国家的なものとその周辺の「野」とを地域的規模とした。経済的には氏族や邑の集団的生産を基礎とし，思想的には，同姓者の始祖や天地の神々を信仰する鬼神信仰を基礎とするものであった。

　帝制期になると前述の上代的特徴は変化し，政治的には，氏族制から官僚制へ，また邑のネットワークによる秩序から領域国家へと変わる。経済的には氏族的集団生産からより小さな家族ごとの個別生産へ，思想的には鬼神信仰から経典研究を中心とする合理主義へと変化した。

　近現代は近代西洋のアジア進出のなかで帝制期の秩序が近代西洋型へと変容を迫られた時期である。

　帝制期は2000年以上あるが，さらに3つに区分できる（王朝

名については**表1-1**参照）。漢代までを古代，唐末・五代・北宋初期を過渡期としてそれ以前を中世，それ以降を近世とする。唐末・五代・北宋初期は帝制期の一大転換期で，官僚制は門閥貴族官僚から科挙官僚へ，土地制度の面では均田制から土地の自由売買とそれにともなう地主・佃戸制の発生へと社会秩序が変化した。

表1-1 帝制期の王朝
（過渡期を含む）

	王朝
古代	戦国（前403～前221年）：上代からの過渡期
古代	秦（前221～前206年）
古代	前漢（前202～8年）
古代	新（8～23年）
古代	後漢（25～220年）
中世	三国（220～280年）
中世	〈魏・呉・蜀〉
中世	西晋（265～316年）
中世	東晋（317～420年）
中世	南北朝（386～589年）
中世	┌北朝：北魏，東魏・西魏，北斉・北周
中世	└南朝：宋，斉，梁，陳
中世	隋（581～618年）
過渡期	唐（618～907年）
過渡期	五代（907～960年）
過渡期	〈後梁，後唐，後晋，後漢，後周〉
過渡期	北宋（960～1126年）
近世	南宋，金（1115～1279年）
近世	元（1271～1368年）
近世	明（1368～1662年）
近世	清（1636～1911年）（清末は近代への過渡期）

　孔子は成文法による秩序形成に違和感を覚えていたが，帝制期の儒家思想は，礼（家制，官制，儀礼等の規範）の教えを主としながらも，これを補うものとしての成文法とそこに定められる功・罪への賞・罰とによる法家思想的な秩序形成を認めることで，国家イデオロギーとなっていた。唐代に律令制度が確立し，宋代に科挙官僚制度が確立し，これらがそろって近世の秩序の基本となった。

　皇帝は天命を受けて，人民を礼の定めるところに導き，その皇帝の手足となって働くのが官であった。天の理に従って皇帝の意思として定められたのが国の法であった。皇帝の手足である官は国法に従う（ゆえに天理にも従う）が，人民を導くにあたっては人

1 固有法

民の具体的状況（人の「情」。ここにいう人の「情」とは日本語の「人情に厚い」などというときの「人情」よりも広い，個別具体的状況というほどの意味）をも考慮する必要があった（図1-1）。

図1-1
帝制期中国の秩序構造

皇帝がその徳の力で人民を感化するのが理想であるが，教導によっては矯正不可能な場合には法による制裁を行うことになり，法による威嚇は教導を補うものとされていた（[明刑輔教]。刑＝法を明らかにして教導を輔ける）。

国法には，基本法典，副次法典，単行命令の3段階があった。基本法典とは帝制期各代の律や令なる国制法典が置かれた時代における令を典型とするものである。とはいっても戦国から漢までは律や令は一般名詞として使われ，罪と罰との体系的な法典としての律，国制についての体系的な法典としての令の形成は魏・晋・南北朝時代に進展し，隋から唐前半において律・令を基本法典とする体系が完成する。ただし，元においては，基本法典が制定されることはなかった。

基本法典の編纂は王朝の精力を傾けて行われ，それだけに改正は容易ではなかった。そこで現実の変化に対処するために皇帝自身の意思表示による単行命令が発された。詔，制，勅，諭，旨等とよばれるものである。単行命令が堆積していくと，それらのうち何が現行法であるのかの整理が必要となった。こうして編纂されるのが副次法典である。ゆえに法の定着性（変わりにくさ）は基本法典，副次法典，単行命令の順であったが，適用される順は

7

第1章　現代中国法の前史

逆であった。すべての法の淵源は皇帝の意思なので，ここには，上位法，下位法の関係はない。

(3)　清代の法源と裁判制度

清代は基本的には明の法制を受け継いでいる。元を駆逐して漢人王朝を復興した明太祖洪武帝は明の律を編纂させた。最終的に洪武 30（1397）年に大明律の名で公布した。これは清代においても若干の改訂が行われただけで，清律として受け継がれた（基本法典）。

明代においては，洪武帝の定めた明律が重みをもち，律の改訂ではなく，諭，旨などの単行命令で現実に対処した。明中期にはそれらを整理，条文化して「問刑条例」としてまとめた（副次法典）。このことは清代にも受け継がれた。条例は最終的には同治9（1870）年には 1900 カ条余りになった。明初には令も編纂されたが，その後国制を示す法典としての令はなくなり，国制全覧書としての会典が編纂されるようになった。複雑になった国制全体をひとつの法典で定めることができなくなり，書物として整理されるようなったのである。

国法を執行するのは中央，地方の官衙と官とであった。官の一部には売官によるものもあったが，基本的には科挙官僚であった。図 1-2 で示すように，ことの重要さとそれに対する制裁の重さとどの段階で最終的な判断が行われるかということとの三者が対応していた。処罰が笞，杖，枷号どまり（処罰が科せられない場合を含む）の事件は，州・県かぎりで判断を下す事件であり，「州県自理の案」とよばれた。内容からいえば，戸婚・田土・銭債の案とよばれ，今日の我々の目からは婚姻，家庭，不動産，債務といった民事的とみえる事件であった。(2)で述べた唐末・五代・北宋

8

図 1-2　清代の裁判制度

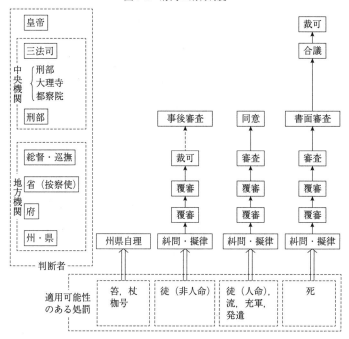

覆審：事実認定のための審理と法の適用とをあらためて行うこと
笞・杖：棒による打撃
枷号：首・手に枷をはめること
徒：元来は労役。有期の流刑の如き運用。
流・充軍・発遣：流刑
　充軍：流刑地の兵営での苦役
　発遣：辺境への流刑

初期の転換期の後は，国制上の身分による土地保有や取引の制限がない社会であり，世界的な貨幣商品経済の中心のひとつであったので，民事的事件も少なくなかった。ただし，今日と同じ意味において「民事事件」ということはできない。律が用意している

第1章　現代中国法の前史

のは権利義務関係確認のための基準ではなく，悪しき者への刑罰である。訴える側も，実態はともかく訴状のうえでは暴力沙汰や納税への影響という，今日の目からは刑事事件，行政事件の要素も関連させていることも多かった（事件が実際にそのように展開するという側面とそのように書いたほうが官も真剣に受理するだろうという戦略とが含まれている）。処罰をともなわない支払いや引き渡しを求める裁きも多かったが，その明示的根拠となるのは，(2)で述べた情や理（情理とあわせて用いられることも多い）であり，慣習や先例は，それらとしては国家の裁きの法源となってはいなかった。

　基本法典，副次法典，単行命令，国制全書などから戸婚・田土・銭債に関する民事的秩序をうかがい知ることは可能であり，地方官にとっては任地の風習を理解することも重視されたが，体系的な私法的法典や慣習法集は編纂されなかった。しかしながら中国は世界の貨幣商品経済の中心のひとつであり続けた。このことは帝制期中国の特徴のひとつである。

　明代になると商業出版も盛んになり，法令，裁判実務，戸婚・田土・銭債に関わる作法や取引実務の手引きも出版された。識字層にとっては，官衙の触れ以外にもこうした広義の法的情報は入手可能であった。

　戸婚の秩序は，男系同祖集団である宗（そう）を基本とするものであり，父の「気」を息子が継ぐことが基本的原理であった。そのため，時代や地域による例外もあるが，一夫一妻多妾制が婚姻の原則であった。妻を名乗るのはひとりであるが，息子を得るために第二以降の夫人たる妾を同居させることがあった。ただし，これは経済的に余裕のある場合であって，多くは妾を持たず，ときには妻を得ることができず，独り身で生涯を終える男性もあっ

た。

　田土，銭債に関しては，契約書を交わしての取引が行われた。また業として取引を営む者たちは帳簿をつけていた。当時の契約書や帳簿から財産や取引の秩序を知ることができる。

　民事的な事件の州・県の裁きは当事者主義的に運用される判決・強制執行手続のようなものではなかった。官は，人民の父母（現に彼らは「父母官」とか「親民官」とよばれた）として子たる人民の間の争いを裁く者であり，世話焼き的・調停的裁きであった。州・県の判断もそれだけでは事件を終結させず，両当事者が州・県の判断に従う旨の誓約書（「遵依結状」とか「甘結」という）を出してはじめて終結した。ただし，「終結」というのは，その場かぎりのことで，再三同じ事件が蒸し返されることもあり，一事不再理とか判決の確定といった観念は官民ともになかった。

　より刑事的なものは「徒」以上のもので，徒適用の可能性があるが，人命のかかわらない事件は総督・巡撫で最終的に判断される。人命にかかわる事件は中央の刑部において判断し，死刑適用の事件については原則として皇帝の裁可を必要としていた。

2　近代法史

　世界史上，近代に成立した法典，法制度，法学はその後の変遷を経ながらも，今日の法の基礎であり続けているので，「近代法」と「史」との組み合わせはいくぶん奇妙に聞こえるかもしれない。しかし人類が今日に直接つながる近代法の時代に入ったのは19世紀で，すでに100年以上，国によっては200年を超える年月を経過している。その間第1次世界大戦前後の大衆化や20世紀末のポストモダンの思潮があり，近代法「史」研究は可能かつ必要

第 1 章　現代中国法の前史

となっている。とくに 19 世紀非欧米地域は近代西洋型法制を有する国のみが欧米諸国と対等の外交関係を結ぶことができ，それ以外は植民地となるか，不平等条約を強制されるか，いずれかの形で欧米列強の支配下に入っていった。アジア各国・地域は独立，自治，不平等条約改正を求めるという国際関係的要因によって近代西洋型の法典編纂，人材養成に迫られた。こうした営為が近代型改革以前からある固有の文化との間に緊張を生じさせた。中国も不平等条約改正，国権回復，最終的には救国のために，という必要に迫られて近代を歩んだ。

　以下，付録の「中国近代法史関連事項年表」も参照されたい。

⑴　アヘン戦争から『万国公法』出版前まで（1840〜64 年）

　清朝が滅びるまでの中国法は，基本的には 1 で述べた清朝の固有法であるが，この時期には，「条約」に対処することを迫られた。中国がまず対処し，学ばなければならなかったのは，個別の条約であって，一般国際法ではなかった。国際法は通常，国家間の明示の合意である条約と一般国際法（自然法や国際慣習・法の一般原則など）とからなる。この時期の中国が対処しなければならなかったのは，アヘン戦争の敗北の結果，英国との間に結ばれた南京条約（1842 年），虎門寨追加条約（1843 年）以降のやむをえず結んだ欧米各国との不平等条約であった。みずからすすんで一般国際法や近代西洋法を学ぼうとしたわけではなかった。そもそもこの時期の中国は華夷思想または中華思想とよぶべき宇宙秩序のなかにあった。中国は世界の文明の中心（華，中華）であり，それに遠ければ夷となるという同心円構造のなかにみずからと世界とを位置づけていた。この秩序は 17 世紀以降の国際法が前提とする対等な主権国家が集まってできている世界という考えとは矛

盾するものであった。条約は主権国家間の約束であって，華夷思想とは相容れないものであった（1840年以前にも例外としてロシアとの間に結ばれた1689年のネルチンスク条約，1727年のキャフタ条約などがあったが，皇帝同士の合意ではなかった）。

1850～64年には太平天国の乱が，1856～60年にはアロー号戦争（第2次アヘン戦争）が起こり，清朝の支配体制は大きく揺らいだが，1861年に同治帝が即位すると，西洋の技術を積極的に導入することで西洋の侵略を防ぐという洋務運動が繰り広げられた。

(2) 『万国公法』出版から変法運動まで（1864年～1900年頃）

1864年にWilliam Martin（中国名，威廉・馬丁または丁・韙良）によりHenry Wheatonの "Elements of International Law" が『万国公法』として漢訳され，1865年に出版された（表紙の表記は1864年相当，董恂の序は1865年相当。ただし，いずれも同治3年）。これは国際法のテキストである。同書は1865年に日本で翻刻され，影響を与えている。1860年代は洋務運動の始まった時期であるが，当初は裁判や交渉などで不利にならないように国際法を利用することから始まったが，徐々に近代国際法的国家観と近代西洋型の法観念とを中国にもたらした。

洋務運動の一定の進展にもかかわらず，日清戦争（1894～95年）に敗北したことは，新技術導入によって旧体制を維持することの限界を露呈させ，1890年代後半以降，中国の秩序体系そのものの変革をめざす変法運動が広まっていった。変法とは旧来の法や制度を改めるということで，変法派の主張は，憲法制定，議会開設，近代西洋法の教育などを含んでいた。

第1章 現代中国法の前史

(3) 変法運動から第1次世界大戦終結まで（1900 年頃〜1918 年頃）

日清戦争後の変法運動の盛り上がり，1898 年の戊戌の政変（守旧派による反変法運動クーデター），1899〜1901 年の義和団事件，1901 年の上諭（変法，新政の詔）といった一連の事件を始期とする。この時期は(2)で述べた変法派の主張が清朝によって試みられた。すなわち，憲法制定および議会開設による立憲君主制へと転換することをめざし（辛亥革命〔1911 年〕以降は共和制という理念が加わる），近代西洋型法典を編纂し，またその運用に必要な人材を養成することに着手した。

この時期，辛亥革命に至るまでの中国史は，革命と反革命，進歩と反動という二極対立でみる以外に，清朝自身の改革，国民革命の進展，民衆運動の進展の三者の変革競争とみることも可能である。清朝自身の改革は各種の近代法典の草案を作るところまで進みながら，ゴールのテープを切ることはできなかった。

1905 年には科挙制度が廃止され，「立憲大綱」が制定された。1908 年には「憲法大綱」が発表され，また国会開設が公布された。1911 年には「十九信条」という 19 カ条の憲法というべきものが公布された。

近代西洋型法典の編纂には沈家本と伍廷芳が修訂法律大臣に任命され，修訂法律館において作業にあたった。まず各国法の漢訳と留学生の派遣とから着手した。そのうえで，法典編纂は 2 つの方向で行われた。1 つは大清律例を中心とする現行法の改訂であり，これは 1910 年に「大清現行刑律」という形で実を結んだ。もう 1 つが近代西洋型法典の編纂である。そのために外国人を招いた。京師法律学堂において法学教育にもあたらせた。招かれた

のは岡田朝太郎（刑法），松岡義正（民法），小河滋次郎（監獄学），志田鉀太郎（商法）の4人の日本人であった。沈家本・伍廷芳は彼らの協力を得て起草作業を行った。この時期に編纂された主要な草案には，大清商律草案（1910年），大清刑律草案（1907年および1911年），大清刑事訴訟律草案（1911年），大清民事訴訟律草案（同年），大清民律草案（同年）などがある。こうした草案が完成したところまで進んで，辛亥革命が勃発したのである。

1912年1月1日に中華民国成立が宣言された。3月には，中華民国自身の法令が制定・施行されるまでは清代の法令および1911年の大清刑律草案（「暫行新刑律」とよばれた）が中華民国の国体と抵触しないかぎり援用される旨の宣告をした。実際，中華民国臨時約法が公布されたものの，その他は臨時的法令と清代の法令の援用とでしのいだ（大清現行刑律の民事部分も有効とされた）。

(4) 第1次世界大戦終結から国民党による統一まで（1919～28年）

第1次世界大戦において中国は連合国の側にたって参戦，1919年にパリの講和会議に戦勝国として臨んだ。このことによって不平等条約改正に糸口を見出そうとしたのである。しかし，パリ講和会議においても，その後のワシントン会議（1921～22年）においても，この思惑ははずれた。近代法典未整備であることが列強の言い分のひとつであった。

この時期は，1917年に孫文が成立させた広東軍政府と北京の北洋軍閥政府との内戦（南北戦争）の時期でもあった。このため，南北双方による立法競争が行われた。近代立法を行うことでみずからが正統であることを示そうとしたのである。たとえば，1921年には広東側で民事訴訟律，北京側で民事訴訟条例を公布し，

第1章　現代中国法の前史

1922年には北京側で中華民国憲法，1925年に広東側で国民政府組織法を公布している。このような状況を背景として，立法や法学においては，西洋型近代を強く求める時代であった。

(5)　国民党による統一から中華人民共和国成立まで（1928〜49年）

1928年に国民党軍が北京に入城，一応中国全土を統一した（北伐完了）。1930年代前半までの初期には，訓政綱領（1928年），国民政府組織法（同年），刑法（同年），刑事訴訟法（同年），会社法（1929年），民法（1929〜30年），民事訴訟法（1930〜31年），訓政約法（1931年）が制定された。

国民政府は孫文の思想を継いで，三民主義（民族主義：中華民族の国際的地位の平等を求める。民権主義：国民の政治的地位の平等を求める。民生主義：国民の経済的生活の平等を求める）を基礎とし，軍政から訓政，さらに憲政へと向かうことを建前とした。また，三権分立ではなく，立法，行政，司法，考試，監察からなる五権とその束ねとなる国民大会という国家構造を前提としていた。ただし，軍政から訓政の時期においては国民党が国家と軍とを導く政治体制を前提としており，共産党よりも先にこのような体制を実現していた。

民法を除いては，1930年代後半以降，新たな立法が行われ，1935年に刑法，刑事訴訟法，民事訴訟法，1946年に新たな会社法，1947年に憲法が公布された。これらは国民党政府が1949年に台湾に渡って以降の台湾現行法につながる。ただし，1948年には共産党との内戦に対処するため［動員戡乱時期臨時条款］が，1949年には台湾統治のため台湾省戒厳令が発されて，憲法の一部の施行が停止された。後者が1987年，前者が1991年に廃され

て，それ以降台湾においては憲政の時代となった。中華民国法や台湾現行法は，学説を含めて，1990年代以降中国において立法や学説の重要な参照材料となっている。

清末以来の近代西洋型法制改革は，憲政の実現を除けば，立法においても，法学においても，この時期に至ってはじめて実を結んだ。1943年には不平等条約も撤廃された。ただし，これは近代西洋型法制改革の成果という面と，連合国による蔣介石支援および日本による汪精衛支援という面とがあった。

ひとたび裁判所の門を，また法学部の門を入れば，そこは近代西洋法の世界であったが，実社会における中華民国法の実効性については今後の研究課題である。

(6) 特殊な空間

中国近代史上生じた特殊な空間としては，割譲地，租借地，租界，租界類似地 (以上，次頁**表1-2**参照)，傀儡政権地，地方勢力支配地といった地域的なものと不平等条約による領事裁判権とがある。

割譲地，租借地においては，それらを獲得した本国の法令と地域の特殊性に鑑みた現地向け法令とが適用された。

台湾については，日本は1896年に「台湾ニ施行スベキ法令ニ関スル法律」を制定し，台湾総督に法律の効力を有する命令［律令］を発する権限を与えた。1906年の法律を経て，1921年の法律（これらも日本の帝国議会が制定した法律である）では，勅令をもって日本内地の法を施行し，特殊の事情がある場合に総督が命令を制定することになった。

香港（九竜，新界を含む）は1843年の香港憲章，1873年の香港最高法院条例により，イギリス本国成文法のうち香港の実状に合うもの（枢密院命令または明文の規定で適用するものを含む），香港立

表 1-2　中国近代に生じた特殊な空間

割譲地	香港島（イギリス，1842〜1997 年。ただし 1941〜45 年日本占領）
	九竜　　（イギリス，1860〜1997 年。ただし 1941〜45 年日本占領）
	マカオ（1557 年にポルトガル人の居住が許される。1887 年に永居管理が認められる。これは事実上の割譲。〜1999 年）
	台湾・澎湖諸島（日本，1895〜1945 年）
租借地	膠州湾（ドイツ，1898〜1922 年。ただし 1914〜22 年は日本占領）
	旅順，大連（ロシア，1898〜1905 年。日本，1905〜45 年）
	新界　　（イギリス，1898〜1997 年。ただし 1941〜45 年日本占領）
	威海衛（イギリス，1898〜1930 年）
	広州湾（フランス，1899〜1945 年。ただし，1943〜45 年日本占領）
租　界	1 カ国の管理　計 25 カ所（上海イギリス租界および上海アメリカ租界を含む）
	共同租界　計 2 カ所（上海共同租界，アモイ鼓浪嶼共同租界）
租界類似地	租界を設ける約章が締結されたが実際には設けられなかった地域　5 カ所
	貿易圏，通商場（秦皇島商埠区を含む）　7 カ所
	避暑地　4 カ所
	外国人居留地　4 カ所
	北京使館区（北京の外国大公使館地区）　1 カ所
	外国兵営区　12 カ所
	鉄道附属地（中東鉄道，安奉鉄道。営口新市街，安東新市街を含む）2 路線

（出典　費成康『中国租界史』上海社会科学出版社，1991 年にもとづき作成）

　法機関（立法評議会の審議，総督の同意）による立法，コモン・ロー，エクイティと清末以来の固有法（大清律例および慣行）が法源となった。固有法は立法に取り込まれたり，明文で適用されたりした。

　マカオは，16 世紀からポルトガル人が居住を開始し，1887 年の清朝とポルトガルとの条約により，ポルトガル人の永居管理権が認められ，事実上の割譲地となった。1933 年のポルトガル憲法により，ポルトガルの海外領土となり，ポルトガル法が直接適用され（18 世紀には中国人にもポルトガル法が適用されたといわれる），

また若干の現地立法が存在した。

租界や租界類似地は，主権は中国にあり，施政権の一部が租界管理当局にあるというのが建前であったが，実際には租界管理当局が章程などを定め，広範な管理を行った。

傀儡政権地として代表的なものは満州国（1932〜45年。中国では偽満という）である。満州国では，1932年の政府組織法（1934年に帝制実施のため改正されている），人権保障法，1937年の民法（総則，物権，債権），刑法などの満州国の法制度が一応作られた。また，1935年には冀東防共自治政府，1937年には蒙古聯盟自治政府（1939年には蒙疆聯合自治政府，1941年には蒙古自治邦），中華民国臨時政府（北京），1938年には中華民国維新政府（南京）が成立，後の二者は1940年に汪精衛政権に統合され，華北，内蒙古の自治政権は汪精衛政権下の自治政権となった。満州国以外の日本侵略下の傀儡政権は建前上は中華民国の国制の枠組みのなかにあり，そのもとで各種の法令（日本軍・傀儡軍の命令を含む）が発せられた。

地方勢力支配地としては太平天国支配地や中華民国初期以降独立状態であったチベット，東トルキスタンの独立運動（1933年および1944〜46年），軍閥支配地，3でみる中国共産党側の根拠地があった。また，より特殊には国境線の変更，確定によって中国領ではなくなった地域やモンゴルのように独立（1911年に外蒙古独立宣言，1924年にモンゴル人民共和国独立宣言）した地域もある。

3　根拠地法史

(1)　根拠地法史の時代区分

本章冒頭で述べたように中華人民共和国法はその成立に先だっ

第 1 章　現代中国法の前史

て中華民国法を全廃して出発している。このことを可能にした要因の 1 つが根拠地法制の存在である。中国共産党は 1949 年以前にみずからの軍隊を持ち，みずからの根拠地を有し，そこで住民と土地とを統治していた。その立法や法の執行の経験が根拠地法制である。根拠地法制は建国初期の中華人民共和国法に直接つながる。

　（ⅰ）　前史（1921〜27 年）　　中国共産党は 1921 年に創立され，1924 年の国民党大会において国民党と共産党との協力関係（第 1 次国共合作）が成立した。1926 年に国共合作下の国民革命軍は北伐を開始した。しかし，1927 年 4 月 12 日に蒋介石による共産党弾圧クーデター（四・一二クーデター）が起こった。共産党は国民革命軍内部の共産党系指導者が率いる部隊をもって 8 月 1 日江西省南昌で兵を挙げた（南昌起義）。

　根拠地法史と言った場合には南昌起義以降をさす。中国には「革命法制史」という言い方もあり，この場合には，1921 年の共産党成立以降南昌起義までの間に共産党が指導した労働運動や農民運動の規律なども含むことになる。

　（ⅱ）　初期の各地のソビエト（1927〜31 年）　　共産党軍は南昌で挙兵した後，広東をめざして南下したが，国民党に包囲され，その企図は失敗した。また秋の収穫期に秋収暴動を起こしたが，これも失敗し，毛沢東は農民軍を率いて江西省井崗山に到り，活動を続けた。9 月 17 日に共産党の指示にもとづいて国共合作を正式に解消し，根拠地は「ソビエト」を称することとなった。11 月には広東省海豊ソビエト，同省陸豊ソビエト，12 月には広州コミューンが成立したが，短期間で鎮圧された。しかし，1928〜31 年に安徽，浙江，江西，福建，湖北，湖南，広東，広西の農

20

村でソビエト政権が成立していった。この時期の法制は共産党中央の綱領や決議にもとづき各地で法令を定めるというものであった。

(iii) 中華ソビエト共和国（1931～37年）　1931年11月7日の第1回全国ソビエト代表大会により中華ソビエト共和国臨時中央政府（首都は江西省瑞金）が成立，初期に形成された各地の農村根拠地は中華ソビエト共和国の一部となった。この大会において，憲法大綱，労働法，土地法が制定された。中華ソビエト期にはこのほか選挙法，中央および地方ソビエト組織法その他の法令が制定された。

裁判制度としては，中央に最高法院があり，省・市・県・区には裁判部が置かれ，民事・刑事の裁判を行うことになっていたが，捜査・調査から判決およびその執行に至るまでが未分化であった。民間の一般の事件は郷・村で解決することが期待され，これも裁判手続に準じたものとはされていなかった。また，農会による紛争解決もあった。郷・村・農会によるものは一種の調停であった。

中華ソビエトは国民党軍による度重なる包囲攻撃により，1934年からの長征を余儀なくされ，1935年10月に陝西省北部に到った。1937年に第2次国共合作が成立するまでが中華ソビエト期である。

(iv) 辺区（1937～45ないし47年）　共産党を制圧した後に日本にたちむかうという蔣介石の戦略は国民各層の非難を受け，1937年7月以降日本の侵略が本格化するなかで，第2次国共合作が成立した。1937年8月22日に国民政府軍事委員会は中国労農紅軍を国民革命軍に編入した。9月6日には陝西省北部のソビエトは中華民国陝甘寧辺区となり，建前上は中華民国法のもとにある国

第 1 章　現代中国法の前史

民政府下の一地方政権となった。

　司法制度も中華民国法院組織法に従い，形式的には中華民国の最高法院の下に辺区高等法院（陝西省延安）をおくということになった。事実上は辺区高等法院を頂点に辺区政府の地方出先たる専区に辺区高等法院分院が，延安には地方法院が置かれ，各県政府には県司法処が置かれた。

　陝甘寧辺区以外にも共産党側の根拠地が成立し，最終的には18に達したが，これらは国民政府からすれば非公認のものであった。しかし陝甘寧辺区でもこれら他の地区でも政府組織，司法制度，土地，婚姻，労働などの分野を中心に立法が行われた。

　辺区の司法制度は，ある一定以上の重要さをもつ事件は県以上で扱い，それ以外は区，郷，村などの政府機関の調停で解決するというものであった。

　(v)　解放区（1945 ないし 47〜49 年）　第 2 次世界大戦終結後久しからぬ 1945〜46 年には国民党軍による共産党根拠地に対する攻撃が始まり，1947 年には内戦が拡大していった。この頃から 1949 年 10 月 1 日に中華人民共和国が成立する頃までが解放区の時期である。ただし中華人民共和国成立時においても内戦は続いていた。

　この時期の法のあり方や司法制度はおおむね辺区の延長線上にあった。ただし 1948 年になると共産党側の解放区が拡大し，大勢は共産党側に傾いていることが明らかになってきた。それを受けて解放区の法制度も地域により整えられはじめた。こうして 1949 年 2 月 22 日の中国共産党中央の「国民党の六法全書を廃棄し，解放区の司法原則を確定することに関する指示」が発せられたのである。国民党政府の法令はすべて廃止し，以後は人民政府

や解放軍の綱領・法律・条例・命令・決議によることとなり，もしこうした法令類がなければ新民主主義の政策に従うことが定められたのである。ここにいう新民主主義とは，帝国主義・封建主義・官僚資本主義を「敵」とし，これらに反対する人々を「人民」ととらえ，「人民」の間においては民主主義を実践し，「敵」を撃ち，「人民」をまもることを第1とする主義である。今日においては，1919年の五四運動，1921年の中国共産党成立頃から，1949年までを新民主主義革命の時期ととらえることが一般的であるが，その間において具体的に誰を「敵」とし，また「人民」としたのか，その具体的な「政策」はいかなるものであったのかについては，時期によって異なる（中華人民共和国成立後の新民主主義およびこれと関連する人民民主主義独裁に関しては，第2章および第3章を参照されたい）。

(2) 根拠地法の特徴

立法の中心は政府組織，司法制度，土地，婚姻，労働関係であった。

土地制度は第2次国共合作前までは，地主の土地を雇農，貧農に分配するという自作農創設政策，第2次国共合作期には［減租減息］とよばれる小作料および利子の引下げを地主に求めるという穏健策，内戦が再び起こると地主の土地を雇農，貧農に与えるという政策を示すものとなった。

婚姻に関しては，婚姻の自由を定めており，それは離婚の自由を含んでいた。しかし立法も実務も夫妻一方のみが離婚を望むとき，とりわけ不貞行為があった側および軍人の配偶者の側から離婚を申し立てる場合には，離婚を認めることにきわめて消極的であった。戦争の継続や根拠地の安定を考慮した結果であろう。

第1章　現代中国法の前史

　労働関係についての法令は，土地や婚姻に関する法令が生活実態に即した具体的な規定を中心にしていたのに比して，一般性，抽象性の高い体系的なものであった。労使紛争については双方代表者が協議して解決を図り，解決できぬときには政府のしかるべき部門が解決するという制度をとっていた。

　これらの紛争の解決は行政的かつ調停的なものであった。1つには，紛争の解決には調停的手法が必要だったからである。小作料や利子を下げるように要求される地主とそれを求める貧農，離婚の自由とそれになじめない人々，労使双方といった対立構造を有する双方の力量を動員しなければ抗日戦争や内戦をのりきることはできなかった。いま1つには，判決手続を中心とする裁判を行う力量，とりわけ人材を欠いていたからである。

　旧法廃止，それにともなう立法の努力とその努力の及ばない部分を補う「政策」の法源性，調停的解決を必要とする紛争，行政的調停的解決に頼らざるをえない司法の力量といったことが中華人民共和国法の出発点となったのである。

24

第2章　現代中国法の歴史

　現代中国法は中華人民共和国の政治の荒波に翻弄されて，曲折に富んだ歴史をたどって今日に至っている。プロレタリア階級文化大革命（以下，文革という）（1966〜1976年）の混乱を経て，いわゆる改革開放路線への転換後（1978年），法の整備を急ピッチで進め，今日ではほぼ主要な法規範を備えた。しかし，なお法があっても，現実には法はあまり実効性がなく，依然として実質的には「人治」が横行する社会であるとの評価もなくならない。それは10年間に及んだ文革の混乱が外部の者に残した「無法無天」の強烈なイメージが拭えないことに加えて，実際に体験した中国社会では，けっして日本などと同様な意味で法が機能しているわけではないことを知る人が多くなっていること，さらに近時の党の指導強化の再来にもよるであろう。

　次章から各分野の法について概観するのに先立ち，本章ではこの国の法秩序が全体としていかなる歴史的軌跡を描いてきたかをトレースする。その際，法がいかなる比較法的な影響関係，すなわちどの国ないし法圏からの継受のなかで形成されたかに着目しつつ，70年をこえる歴史を大きく4つに時期区分する。

　通常，中国現代史の教科書などでは，中国共産党（以下，中共という）のいわゆる11期3中全会（第11期中央委員会第3回全体会議。1978年12月）を改革開放路線への転換点と捉え，これを機にそれ以前の毛沢東式社会主義からの離脱が始まったと説くのが一

25

般的であろう。しかし，本書ではむしろ法の質的な変化は，六・四天安門事件（1989 年）での民主化運動への血の弾圧を経て，鄧小平によるいわゆる「南巡講話」（1992 年春）以後，タブーなき市場経済化路線への転轍によってこそ引き起こされたとの立場をとる。こうした歴史観は，共産党一党体制を支える正統性の本質的な変容にも対応しており，より的確に中国の現代法史を把握することができると考えるからである。さらに，2018 年 3 月の憲法改正を契機として，中国法は新たな時代に入ったとみられる。

1 民国法との断絶

⑴ 国民党の「六法全書」廃棄

前章で触れたように，中国は清末から西洋法を継受して近代的法システムへの転換の歩みを始めた。当初は帝政の生き残りのための方策として，後には国際社会における中国という国民国家の存亡をかけた大事業として取り組まれた。しかし，国内の政治体制は安定せず，列強からの軍事的脅威にもさらされるなどしたため，近代法整備は順調には進まなかった。憲法を除き基本的な法典（いわゆる国民党の「六法全書」）が出そろうのは，北伐を経て国民政府が南京に首都をかまえ，相対的に安定した統治が可能となった 1930 年代後半であった。その後，日本による侵略が本格化したため，いわゆる［訓政］＝国民党による一党独裁体制が継続し，憲政への移行は遅れた。最初の近代憲法である中華民国憲法が正式に公布されるのは，戦後の 1947 年のことであった。しかし，共産党との内戦のために，実際にはこの憲法は中国においてはほとんど実施されることがなかった。

国民党の「六法全書」とよばれた法システムは，清末以来の西

洋法継受の集大成であったし，日本法（ないし日本を経由したドイツ法）から強く影響を受けて成立したものである。中国は清末から民国にかけておもに日本を経由して西洋法継受を行った。それは法律用語や法学上の基本概念，各法制度など，今日も随所にその痕跡を見ることができる。「六法全書」は先述のとおり，中華人民共和国の建国に先立つ 1949 年 2 月，その一切を廃棄することが中共によって宣明され，新政権下では効力が全面否定されることとなった（中共中央「国民党の六法全書を廃棄し，解放区の司法原則を確定することに関する指示」。以下，「指示」という）。ところが，この法体系は中共との内戦に敗れた国民党が敗走した先の台湾において命脈を維持し，憲法をはじめとするその相当部分は今日も現行法として使われている。台湾の戦後の経済発展，そして 80 年代以降の民主化は，この法体制のもとで実現したものであり，それが近代国家建設を媒介しうる高いレベルの諸法典であったことの証左であろう。

　国民党と共産党は，政治的支配の法的正統性（原語は［法統］）を相争うライバル同士で，内戦に勝利したばかりの当時の共産党にとって，敵陣が制定した法を［解放後］も使い続けるという選択肢はとりえないものであった。しかし，旧法をすべて廃棄したために，法の空白が生じ，自前の法をトータルに整備しなおすことが必要になったばかりでなく，以下のようにその後の法発展に致命的なダメージを与えることにもなった。

　第 1 に，法をもっぱら階級統治のための用具（＝手段）と捉えるソビエト流の法理論を受容し，それを正しい社会主義法理論として墨守することとなった。「指示」が前提とする法を統治階級の意思の表れ，統治階級の利益を保護するための用具と捉えるド

グマは，長い間，法学理論のスタンダードであり続けた。これは元来，ソビエトのヴィシンスキー理論を継受した結果であり，法の政治への従属性を率直に承認するもので，これが中国法の性格を深く規定した。

第2に，政策に法源性を認める起源となり，政策が法に代位し，凌駕する体制を長く継続させた。「指示」では人民の新たな法が体系的に整備されるまでは，新民主主義の政策を司法の根拠とすることが明記されている。実際，その後，政策は法の魂といわれ，法に優位して依拠すべき規範として通用した。1986年以降，民事法の基本法であった民法通則は「法律が規定していない場合には，国家の政策を遵守しなければならない」（6条）と規定し，政策の法源性を認めていた。党の政策と国家の政策は互いに重なり合い，両者の区別は曖昧である（本書第3章5(7)参照）。

第3に，ソビエト以外の西側の法をすべてブルジョア法として排斥することとなった。「指示」では，六法全書ばかりか，欧米，日本などの資本主義国の法を軽蔑し，批判すべきことが明言されている。要するに清末以来の法継受の成果の不継承を誓い，西洋近代法体系との決別を宣言するものであった。こうして建国後の中国法はソ連法一辺倒へと向かうことになる。

(2) 司法改革運動による旧法人員パージ

一般に政治構造に革命的変動が生じたときに，通常，その前後で法体系を引き継ぐべきかどうか（all or nothing ではないにせよ）とともに，裁判官をはじめとする法曹の資格を継続させるべきかが問題となる。前者が法規範の継承性の問題であり，後者は法律人材の継承の可否である。革命当初，人民法院には国民党政権下で養成された裁判官が相当数引き継がれ，中華人民共和国建国後

も裁判官として勤務していた。しかし，建国間もない1952年からいわゆる「司法改革運動」が発動され，全国の人民法院から旧法時代の裁判官はほぼ全員排除された。そしてその欠は法的素養の有無を問うことなく，中共の息のかかった人材へと置き換えられていった（［専］〔専門性〕より［紅］〔政治的傾向〕を優先）。とくに政治的に党への忠誠心が強く，しかも戦乱が終結して新たな活躍の場を用意することが必要となった除隊軍人がその主な供給源となり，その後も長きにわたって軍人から裁判官へ転職するのが主要な裁判官養成ルートとなった。人民法院はプロレタリアート独裁のための刀の柄［刀把子］とよばれ，同じく階級独裁の用具である軍隊から裁判官をリクルートするのは自然なこととされた。制定法の整備が遅れ，裁判が依拠すべき法は空白であったため，法的素養がないことは裁判官になるうえで支障とはならなかった。

　弁護士については建国とともに中華民国時代の資格制度は廃止され，旧弁護士が活動すれば人民法院の威信を損ない，人民の利益を害するとして取り締まりの対象とされた（司法部「ヤミ弁護士および訴訟ゴロ取締事件に関する通報」1950年12月）。1954年からソ連を参考にして一部の大都市に法律顧問処が設置され，新たな弁護士制度が登場するまではほぼ弁護士空白の時代が続いた。

　このように中華人民共和国法は中華民国法とは徹底して断絶するという方針のもと，あえて一から新たな法制度を構築する困難な道を選択した。

2　第1期：ソ連法からの学説継受期（1949〜78年）

(1)　共同綱領による建国

中華人民共和国の建国の母体となったのは，1949年9月に開

第2章　現代中国法の歴史

かれた中共を中核とし，それに協力することに賛同した諸党派を糾合した統一戦線組織，中国人民政治協商会議であった。この会議で中国人民政治協商会議組織法，中華人民共和国中央人民政府組織法，および中国人民政治協商会議共同綱領（以下，共同綱領という）が採択された。その後，10月1日に中央人民政府委員会が発足し，新たに首都となった北京の天安門城楼から毛沢東によって中華人民共和国と中央人民政府の成立が世界に向けて宣言された。

　共同綱領とは，中華民国にかわる新しい国家権力を樹立するために結集した統一戦線形態である中国人民政治協商会議の政策綱領である。中共との統一戦線を構成し，政治協商会議に参加した中国国民党革命委員会などの諸政治結社を民主党派とよぶ。その役割を変容させつつ，現在も政治協商会議および8つの民主党派が存続している。共同綱領は，前文と総綱，政権機関，軍事制度，経済政策，文化教育政策，民族政策，外交政策の全7章60か条からなる。その内容は，新国家の性質，国家制度や経済制度の基本原則，「国民」の権利・義務にも及んでおり，国家の基本法としての憲法が備えるべき事項をほぼカバーしているため中華人民共和国の建国にあたっての臨時憲法に位置づけられる。

　国家権力の性質について，共同綱領は次のように規定する。「中華人民共和国は新民主主義，すなわち人民民主主義の国家であり，労働者階級が指導し，労農同盟を基礎とし，民主的諸階級および国内諸民族を団結させる人民民主主義独裁を行」う（1条）。ここでは達成された革命の性質を社会主義ではなく，新民主主義段階としていること，成立した国家を社会主義国家ではなく，人民民主主義国家であると規定していることに留意したい。中華人

2 第1期：ソ連法からの学説継受期（1949〜78年）

民共和国はけっして建国当初から社会主義国家であったわけでは
なく，50年代半ばに急速に進展した社会主義的改造を経て，社
会主義段階へ移行したのである。

新国家の経済システムについては，帝国主義国の一切の特権廃
止，官僚資本の没収，国庫帰属を規定する一方，プチブルジョア
ジー，民族ブルジョアジーの利益，財産保護をうたっており（3
条），いわゆる混合経済体制を予定していた。また，段階的に
「封建・半封建的」農地所有を農民による所有へ改めることを規
定していた（同条）。所有形態としては，国営経済，協同組合経
済，農民・手工業者の個人経営経済，私的資本主義経済，国家資
本主義経済の併存を認めつつ（26条），国営経済の社会主義的性
格を承認し，その経済システム全体に対する指導的地位を規定し
た（28条）。このように共同綱領は混合経済体制から公有制を主
体とする社会主義経済への移行を見通すものであった。

共同綱領が規定する政権組織の概略は以下のようなものであっ
た。全国人民代表大会（以下，全国人大という）を国家最高政権機
関と位置づけながら，普通選挙が実施されるまでは中国人民政治
協商会議がその職権を行使し，中央人民政府委員会を選出して国
家権力を行使させるとした（臨時最高国家権力機関。12条・13条）。
中央人民政府委員会が立法権を担い，行政機関として政務院，軍
を統帥する人民革命軍事委員会，裁判機関として最高人民法院，
検察機関として最高人民検察署を置いた。中央人民政府主席に毛
沢東，副主席に朱徳，劉少奇ら，政務院総理に周恩来，副総理に
董必武，陳雲，鄧小平ら，最高人民法院長に沈均儒，検察長に羅
栄桓が就任した。

第 2 章　現代中国法の歴史

(2)　建国初期の三大立法

　後述するように法学説は圧倒的にソ連法から影響を受けたが，それは法典化という形ではほとんど実を結ぶことはなかった。建国初期における見るべき立法としては，1950 年に制定された婚姻法，労働組合法，土地改革法（以上を三大立法という）にとどまる。婚姻法を民法財産法から独立させ，異なる法部門とするのは，ソ連法学にならうものであり，起草作業は建国前から進められていた。毛沢東が重視していた女性を［父権，夫権，族権］から解放することを目指して，真っ先に制定された。1953 年からは婚姻法貫徹運動が発動され，望まぬ婚姻を強いられていた多くの女性たちが，この機に乗じて離婚訴訟を人民法院に提起した。

　また，土地改革法は全国で地主による土地所有を廃し，耕す者に土地を与えるという革命の大義を遂行するための法的根拠となった。土地改革によって中国の農民はごく短い期間ではあったが農地に対して所有権をもつ自作農となった（まもなく農地の集団化が始まり所有権を失う）。しかし，このプロセスで，地主，富農が農民によって殺害され，多くの犠牲者を出した。

　この時期のその他の立法としては，反革命懲治条例，人民法院暫定組織条例，最高人民検察署暫定組織条例，各級地方人民検察署組織通則（以上，1951 年），汚職懲治条例（1952 年）など，刑事処罰や司法機関の組織にかかわるわずかな法令を見ることができるにとどまる。

(3)　ソ連法からの学説継受

　欧米や日本の法に学ぶことを拒否した中国にとって参照に値する外国法はソ連法だけとなった。その影響が最初に顕著に表れたのは，以下のように法学教育，研究の領域である。①ソ連から法

学者を顧問として招聘し，講義をさせたほか，教材，カリキュラム，教育内容・方法，試験制度に至るまでソ連の大学にならって，一連の法学教育システムが作られた。とくに1950年に中国人民大学が設置され，ここでソ連からの法律顧問が中国人学生を教え，その修了生が教師となって全国の大学に赴任した。こうして人民大学はソ連式法学教育を全国に広める［工作母機］の役割を担った。②ソ連に留学生が派遣された。法学分野の留学生は80余名に上り，その多くは帰国後，法学各分野の権威的学者となり，文革期の空白をはさみ，第2期の法典継受期の立法作業では彼らが中心的役割を担った。③ソ連の法学著作，教材が中国語に翻訳され，各大学の教科書として使用された。1966年までに翻訳書は400点にも上ったという。当時の法学教育ではソ連法が中国法と区別なく扱われていた。

1952～53年には［院系調整］と称して大学，学部，学科全体にわたる大規模な再編成が行われた。法学分野はとくに大きく改変が行われ，多くの総合大学にあった法学系学科はほとんどが北京，華東（上海），西南（重慶），中南（武漢）の各政法学院に統合された。総合大学で法律系を保持できたのは，中国人民大学，東北人民大学（吉林大学の前身），武漢大学，西北大学，北京大学，復旦大学などだけであった。中華民国期から留用された非党員の法学教授の多くが大学を追われ，集積されていた清末以降の法学図書も散逸した。

ソ連法学は法学説の内容にも浸透し，法の階級性テーゼ，法を法規の総体と捉える法実証主義的法観念，法の統治用具論が支配的となった。各法分野の理論体系もソ連法学を引き写して構築された。こうして法学教育は「独裁に奉仕する人材の育成」「刀の

柄（階級独裁の要）を握る人材育成」をモットーとし，極度に政治イデオロギーが強調され，国民党時代のような法律のプロはネガティブに評価された。

(4)　54 年憲法の制定

ソ連法の影響が実定化された法規として具体的な形をとったのは，1954 年に制定された最初の憲法であった。正式な憲法を採択することは，国際社会ではまだ主要国から承認されていなかった中華人民共和国にとって，その政権の正統性を対外的に示すうえでも必須のハードルとして意識されていた。憲法の起草は 1936 年スターリン憲法をモデルとしつつ，1953 年から一貫して毛沢東の直接的関与のもとで進められた。1954 年 6 月には草案が公表され，上からの運動式に組織されたいわゆる「全人民討議」が約 3 カ月にわたって展開され，100 万件を超える修正意見が寄せられたという。これらを踏まえて草案に修正が加えられ，選挙法採択を経て，間接選挙によって選出されていた第 1 期全国人大の第 1 回会議によって 54 年憲法は採択された（1954 年 9 月 20 日）。

この憲法は，近代以来 100 年にわたる革命闘争の歴史を総括し，ソ連との同盟関係をうたう前文に続き，総綱，国家機構，市民の基本的権利・義務，国旗・国章・首都の全 4 章 106 カ条からなる。国家の性質を労働者階級が指導し，労農同盟を基礎とする人民民主主義国家と規定し（1 条），全国人大，地方各クラス人大を主権者たる人民が権力を行使するための機関としている（2 条 1 項）。そのうえで人大と他の国家機関との間では一律に民主集中制を行うとし（同条 2 項），三権分立とは原理を異にすることを明確にしている。こうした仕組みはまさにソビエト制を中国流にアレンジ

したものにほかならず，この憲法が社会主義型の憲法に属すこと
を表している。

54年憲法は社会主義的工業化，社会主義的改造を推進して，
しだいに搾取制度のない社会主義社会の確立を目指すとして，政
権の方向性を明記している（前文，4条）。所有制としては国家的
所有，協同組合所有，個人労働者所有のほか，資本家的所有も許
しながら（5条），国営経済（＝社会主義経済）を国民経済における
指導的パワー，社会主義的改造を実現するための物的基礎と位置
づけている（6条）。他方，資本家的所有の対象となる資本主義的
工商業に対しては利用，制限，改造政策を採用し，国家的資本主
義を経て，しだいに全人民所有制への移行を予定する（10条2
項）。このようにこの憲法は当時，中国が社会主義への過渡期に
あるとの認識に立っていた。

54年憲法によって確立された国家機構は，全国人大組織法，
国務院組織法，人民法院組織法，人民検察院組織法，地方各クラ
ス人大及び各クラス人民委員会組織法といった諸法によって具体
化され，憲法と法律上の根拠を得て，正規化されることとなった。
その基本枠組みは，文革による憲法，法律無視という逸脱をはさ
んで，現行82年憲法に引き継がれている。

⑸　社会主義への移行と第8回党大会路線

54年憲法が掲げた生産手段に対する所有の社会化（＝社会主義
的改造）は，当初，15年程度の時間をかけることが想定されてい
たが，1956年開催の第8回党大会では早くも社会主義社会への
移行完了が宣言されてしまう（劉少奇報告）。都市の工商業に対す
る国有化，農地に対する協同組合による集団所有化が，毛沢東の
意を受けて，予定よりも前倒しで実施されたのである。土地改革

第 2 章　現代中国法の歴史

によって念願の農地への所有権を手にしていた農民たちは，半ば上から強制された集団化により，数年で集団所有に対する出資権（持ち分）へと後退を余儀なくされた。こうして集団的所有権との法的構成をまとった農地が，90 年代以降の市場経済化路線のもと，巨額のインフラ整備経費を支える打ち出の小槌になろうとは誰が予測したであろうか。社会主義への過渡期に対応した 54 年憲法は，社会主義化という歴史的任務を果たした後も，改正されることなく 20 年近くも放置された。

　中共 8 全大会では社会主義の本格的な建設を保証するために，系統的な法律の整備，適法性の健全化を重要課題の 1 つとして提起していた。このような法典化路線への転換には，革命から建設の時代への転化という認識が背景にあった。適法性とはロシア語のザコンノスチの訳語であり，中国語では［法制］ないし［社会主義法制］と訳される。党大会では最高法院長であった董必武が，適法性とはすべての国家機関が「法によって事を処理しなければならない」［依法辦事］ということであり，その前提としては「依るべき法がなければならず」［有法可依］，「法があれば必ずこれに従わなければならない」［有法必依］ことを意味すると説明している。このように適法性概念は「立法・司法・守法」の 3 側面から把握された。早急に整備する必要のある基本的法律としては，刑法，民法，訴訟法，労働法，土地使用法などが例示され，刑法，刑事訴訟法についてはすでに草案ができており，まもなく採択されるとの見通しが述べられていた。

　このように 50 年代，60 年代にはソ連法を参照しつつ，断続的に刑法や民法の起草が行われ，作業は採択の直前まで進んでいた。しかし，その後の度重なる政治運動による革命路線への回帰は，

36

法典化にゴールを切ることを許さなかった。結果として、「依るべき法がない」［無法可依］時代が20年以上も続き、最初の刑法、刑事訴訟法の成立は文革後の1979年まで待たなければならなかった。第2期に入ってからの法典化作業の出発点となったのは、これらの諸草案であり、これらを作成した人材であった。その意味では、50年代以降のソ連法からの学説継受が、79年以降の法典継受の助走期間をなしていたのである。

(6) 法制建設の挫折

8全大会が打ち出した法典化、適法性強化の方針は、1957年以降の相次ぐ政治運動によって頓挫し、逆に法律への依拠を軽視する傾向（＝法ニヒリズム）が蔓延することとなった。反転のきっかけは、毛沢東の「百花斉放、百家争鳴」［双百方針］に誘導された党批判への逆攻勢、1957年6月に始まる反右派闘争であった。党への批判を歓迎するとした双百の方針が逆流に転じ、いわゆる「右派分子」の摘発、その言論に反党、反社会主義のレッテルを貼ってつるし上げる政治運動が展開された。こうした双百の方針から反右派闘争への急激な反転は、実は1957年2月の毛沢東による講演「人民内部の矛盾を正しく処理する問題について」における「人民内部の矛盾」と「敵味方の矛盾」の区分論に、すでにその伏線が胚胎していたとみられる。すなわち、毛沢東によれば社会主義社会には性質の異なる2種類の矛盾、「人民内部の矛盾」と「敵味方の矛盾」（＝敵対的矛盾）があり、前者については民主的な説得と教育で処理し、後者には独裁や階級闘争といった強制、圧迫、ないし刑罰による対処を要するとした。そして、この2種類の矛盾は相互に転化することがあり、人民内部の矛盾も適切に処理しなかったり、警戒心を失い油断していると敵対矛盾に変わ

第 2 章　現代中国法の歴史

ることがあるとしていたのである。

　法学の領域における反右派闘争では，「法の継承性」の肯定，法の下の平等，人民法院の独立した裁判，罪刑法定主義などの法原則が，ブルジョア的な［旧法観点］として糾弾された。他方で党の指導，政策の役割を強調し，法律を軽視する傾向が強まり，［以党代政］（党による国家への代行），［党政不分］（党と国家の癒着）が当然視されていく。再建まもなかった弁護士制度も運用を停止し，以後，この国では約20年間弁護士という職層自体が空白となった。

　法制への逆風は，1958年からの急進的な共産主義化を図ろうとする大躍進，三面紅旗，人民公社化運動でも継続し，人民代表大会制度は形骸化する。これら「左寄り」の政策は経済的には大失敗に終わり，1959〜61年には［大飢荒］（3年災害とも言われる）が発生，数千万人の餓死者を出すという大惨事を招いた。1962年にはいわゆる「七千人大会」（党中央拡大工作会議）が開催され，悲惨な結末の7割は人災によるとの批判を受けて，毛沢東は政務の一線を退かざるをえない事態となった。そこで毛沢東は影響力の回復をねらって，1963年からは「四清」運動，社会主義教育運動を発動することで，階級闘争がますますエスカレートし，法の役割はさらに低下した。そして法への等閑視がピークに達したのが，1966年から10年にわたって続いたプロレタリア文化大革命である。

　文革は，1966年5月の中共中央政治局拡大会議から1976年10月の「四人組」（王洪文，張春橋，江青，姚文元）逮捕までのほぼ10年にわたる一般大衆をも巻き込んだ大規模な政治社会運動である。毛沢東が仕掛けた中共党内の権力闘争という側面，一般大

38

衆にとっては日頃の憂さ晴らしという要素もあったとされるが，文革には複数の筋が複雑に絡んでおり，一体文革とは何だったのかは中国現代史の最大の課題である。全国人大常務委員会は1966年6月を最後に1975年まで8年余りの間開かれず，立法は完全にストップ，「公安，検察，法院を叩き潰せ」とのスローガンのもと司法機関も業務を停止し，党，行政，軍とともに法に根拠のない革命委員会へと統合された。憲法に定められた国家機構は事実上，解体されたのである。毛沢東は紅衛兵などの大衆を直接動員して実権派（劉少奇を筆頭とする）を追い落とし，ブルジョアジーの道を歩む反革命分子として知識人に批判の矛先を向け，自身に対する個人崇拝を極限にまで推し進めた。

「10年内乱」とも言われる文革は各領域で混乱や破壊をもたらしたが，法の世界はとりわけ［重災区］であった。法に依拠しないことこそがむしろポジティブな傾向とされ［無法無天］，法独自の論理や役割はすっかり失われ，すべては赤裸々な政治へと吸収された。党内の文書や毛沢東，林彪，四人組などの指導者の発言，人民日報，解放軍報，紅旗などの機関紙（誌）の記事が，法律にかわる規範として部分的に機能した。毛沢東から後継者として指名されながら，クーデターを企てたとされた林彪が墜落死するという事件（1971年9月）をへて，毛沢東夫人の江青らのいわゆる四人組が実権を掌握するに至る。

(7)　75年憲法と78年憲法

文革路線の総仕上げは，1975年1月，約10年ぶりに開催された4期全国人大1回会議における建国後2番目の憲法の採択によってなされた。この改正作業は，1970年3月の憲法修改工作小組（毛沢東主任，林彪副主任）の発足に遡る。毛沢東の文革イデオ

第 2 章　現代中国法の歴史

ロギーを憲法により正当化し，文革で成立した体制を追認することを目的としていた。第 4 期全国人大の代表は選挙で選ばれたわけではないし，会議は秘密裏に開催された。しかも翌年には失脚，逮捕されることになる四人組のひとり張春橋が改正提案を行うなど，異例づくしの政治ショーであった。

　75 年憲法前文では社会主義段階での階級矛盾，階級闘争，社会主義と資本主義の間の闘争の継続は，プロレタリアート独裁下の継続革命によってのみ解決されうることがうたわれている。「全国人民代表大会は中国共産党指導下の最高国家権力機関である」（16 条 1 項）と，国家に対する党の優位を露骨に表明する点も歴代の憲法にはない特徴である。ソ連とは異なる中国型社会主義の象徴と見なされた行政機関と協同組合が合体した農村人民公社（7 条），地方各クラスに成立していた革命委員会（地方人大の常設機関と人民政府を兼ねる）について明文化した（22 条）。軍の統帥権を中共中央主席に与え，解放軍を党軍と位置づける（15 条）。検察権は公安機関が行使するとし（25 条 2 項），正式に人民検察院を廃止した。また，文革で大衆動員の手法として使われた「大鳴，大放，大弁論，大字報」は，「人民大衆が創造した社会主義革命の新形式である」（13 条）として肯定された。大字報とは資本主義の道をゆく走資派をこき下ろすために活用された壁新聞のことであり，これらを［四大自由］と呼び，当時は中国式民主の専売特許として喧伝された。全体でわずかに 30 カ条，しかも市民の基本的権利・義務に関する規定は 4 カ条しかなく，中共の指導を擁護することを基本的権利・義務として掲げる（26 条 1 項）。現在ではこの憲法は，「荒唐無稽な歴史のゴミ」とまで酷評され，一顧だにされない。このように 75 年憲法はまさに文革憲法には

かならない。

翌 1976 年，中国革命の 3 人の巨人，周恩来，朱徳，毛沢東が相次いで死去，毛沢東により後継指名を受けて党第一副主席に就いていた華国鋒により四人組が逮捕された。そして翌年の中共 11 全大会において「第 1 次文化大革命の終結」が宣言された。党主席に就いた華国鋒は，ポスト文革の新たな政治の枠組みを固めるべく，早くも 75 年憲法の全面改正に着手し，1978 年 3 月，5 期全国人大 1 回会議は建国後 3 つの目の憲法を採択した。

78 年憲法は前文のほか，全 4 章 60 カ条からなり，後に鄧小平も唱えた四つの現代化（農業，工業，国防，科学技術の現代化）を目標に掲げると同時に，毛沢東を国の［締造者］（創設者）として神格化し，文革流の継続革命の堅持をうたう。人民公社（7 条）や革命委員会（34 条），「四大の自由」行使の権利（45 条）についても規定しながら，他方で全国人大に冠されていた「党指導下の」という文言を削除し，基本的権利・義務のカタログを 54 年憲法並みに拡充するなど，一定の変化も見られる。人民検察院は文革中に廃止されていたが，行政機関などの各クラス国家機関，その勤務要員，市民の憲法・法律遵守につき検察権を行使する機関として復活された（43 条）。78 年憲法は全体としては，文革路線を肯定し，その継承を表明するものであり，毛沢東の文革から鄧小平の改革開放への過渡期に現れた転換期の憲法と性格づけできる。

華国鋒は毛沢東の威信を唯一の権力の源泉として登場したリーダーであり，毛沢東をすべて正しいとするいわゆる「すべて派」に属する。その意味で 78 年憲法が文革路線に寄り添いつつ，一定の転換を図ろうとする過渡期の両義的な性格をもつのは当然と言えよう。この年の 12 月には改革開放への歴史的転換点となっ

第 2 章　現代中国法の歴史

た中共 11 期 3 中全会が開かれ，最高権力が華国鋒から鄧小平へ
と移ることにともない，78 年憲法レジームは事実上，早くも否
定されることになる。実際，1979 年 7 月と 1980 年 9 月には文革
色を払拭すべく，部分改正が行われ，大字報などの「四大自由」
が削除されている。

3　第 2 期：ソ連法からの法典継受期（1978〜91 年）
⑴　11 期 3 中全会による転機
　1978 年 12 月に中共 11 期 3 中全会が開催され，「階級闘争を要
とする」から社会主義現代化建設へと活動の重点を移すことが表
明された。これが経済における改革開放路線への転換点となると
同時に，「社会主義的民主主義の健全化と社会主義的適法性の強
化」「依るべき法があり，法があれば必ずそれに依り，法の執行
は厳格でなければならず，違法があれば必ず追及する」（［有法可
依，有法必依，執法必厳，違法必糾］の 16 字方針）というスローガン
を打ち出し，いわゆる［人治］から［法治］へ転換することを宣
明した。背景には文革で法を無視した秩序づくりに失敗したこと
に対する反省があることは言うまでもない。
　この後，「依るべき法があり」を達成するため，法の整備が急
ピッチで進み，50 年代以来継受されていたソビエト法理論がよ
うやく法典となって実を結ぶ。1979 年 7 月には地方各級人大お
よび地方各級人民政府組織法，全国人大および地方各級人大選挙
法，人民法院組織法，人民検察院組織法，刑法，刑事訴訟法，中
外合弁経営企業法の 7 本の法律が一気に採択され（5 期全国人大 2
回会議），法の時代の幕が開いた。
　とくに注目すべきなのは，一国の基本法典群を構成する刑法と

3 第2期：ソ連法からの法典継受期（1978〜91年）

刑事訴訟法が，建国後はじめて採択され，犯罪と刑罰が一応「法律化」されたことである。79年刑法は，60年代の草案をたたき台として起草され，ソ連刑法の影響を強く受けたものである。それは犯罪を社会的危険性のある行為（＝実質的に悪性のある行為）と捉える実質的犯罪概念を採用している点に象徴的に表れている。両法典は1980年1月1日から施行されたが，四人組裁判ではこれらを刑法9条にもとづき遡及的に適用した。刑事法の制定が先行したために，文革後に失脚した四人組を法で裁くことが可能となった。最高人民法院特別法廷は文革期に行われた江青ら10人の「犯罪」につき，反革命罪として有罪を言い渡した（1981年1月25日）。量刑は最高刑の江青，張春橋の2人でも2年執行猶予付きの死刑であり，その後，減刑されて無期懲役となり，死刑は執行されていない。裁判の模様はテレビでも中継され，江青が金切り声を上げて抗議する場面は内外に強い印象を残した。権力闘争で敗れた一方を法によって裁いてみせるこの裁判ドラマは，中国が目指す［法制］の本質を暗示するものでもあった。

　法制強化の呼び声は，法学教育や研究をも再開させ，弁護士制度も再建された。1977年の大学入試の再開と同時に大学法律系の学生募集が復活，法学雑誌や教材，研究書の刊行も始まった。法学界では「人治と法治」「法の階級性と社会性」「民法と経済法の関係」などをテーマとした論争が熱っぽく展開された。この時期，法学の各分野ではヴィシンスキー理論（法を統治階級の意思の表れと把握）をはじめとするソ連の学説を継受してスタンダードが組み立てられ，それに従って法学教育が行われた。その影響は40年以上も経た今日もなお完全には払拭されていない。

第2章　現代中国法の歴史

(2)　現行 82 年憲法の制定

1980 年 9 月には憲法修改委員会が設置され，78 年憲法の全面改正に着手，いわゆる「全人民討議」をへて，1982 年 12 月 4 日に建国後 4 つ目の憲法が採択された。82 年憲法には現在まで 5 回の部分改正がなされているが，なお現行憲法であり，これまでで最も長い生命を維持している。この憲法は 54 年憲法を基礎にして，それを発展させたものとされ，結局，中国革命は反右派闘争，大躍進，［大飢荒］，文革をへて，まっとうな社会主義の再建という原点へと回帰した。

82 年憲法が規定する国家統治の原理は人民代表大会制による民主集中制であり（三権分立の否定），人一般の権利（＝人権）とは位相の異なる市民の基本的権利・義務概念（天賦人権概念を否定）を採用する。また，中国型社会主義のシンボルであった農村人民公社を廃止し，農地の集団所有を前提とする各戸請負経営制の導入を図った。統治機構の組織原理，その職権，共産党の位置づけなどにも，ソ連憲法からの影響は顕著である。ソビエト流の国家システムはしっかり今日も維持されている。この憲法の内容の詳細は部分改正を含めて本書第 3 章で論じる。

(3)　その他の法におけるソ連法の影響

1980 年に建国初期に制定された婚姻法が全面改正され，その前後から国家による強力な産児制限（一人っ子政策）が正式にスタートした。ついでソ連流の学説の影響のもとで，経済契約法（1981 年），民事訴訟法（試行）（1982 年）が制定された。経済契約とは，当時，ソ連の法学者ラプチェフらの理論の影響を受けて流行していた経済法論を実定化したもので，国家の経済計画を実現するための法的手段としての経済契約という特殊な概念を採用す

44

3 第2期：ソ連法からの法典継受期（1978〜91年）

る。国家の計画指標にもとづく国と企業とのタテの関係および社会主義セクター間のヨコの関係を規整することを目的とし，計画とはかかわりのない私人間の契約である民事契約とは，法原理，契約の主体，様式，紛争解決方法などに大きな違いがあるとされた。経済契約には国による厳格な契約管理が行われ，契約を「私的」で自由な約束とは捉えていない。立法の背景には当時，民法と経済法の切り分けをめぐって激しく議論されていた民法・経済法論争があり，本法の制定は社会主義セクター間の取引関係を民法の規整対象に含める大民法論が否定されたことを意味した。その後の改正を経て，1999年の契約法制定にともない廃止された。

他方，民事訴訟法（試行）は，訴訟当事者の処分権を制限し，むしろ人民法院に積極的な役割を担わせる職権主義的色彩が強い「社会主義的」な民事手続法である。本法によれば，人民法院は全面的，客観的に証拠を収集する責任を負うとされ，人民検察院には民事訴訟に対してもプロテスト権（再審を命じる権限）を与え，民事裁判をも法律監督の対象とした。こうしたことは，民事訴訟が単に当事者間の「私的」な紛争を処理するプロセスにとどまらない国家的な介入を要請する性質を帯びたものと把握されていることを示すものであり，公有制と計画経済システムを前提とし，国に父権主義的後見を期待する傾向を表している。なお，本法に付された"（試行）"とは，1980年代の立法に多用されたもので，法の効力としては正式な法と変わらないものの，法条の成熟度が低く，近いうちに改正を予定することをあらかじめ示すものである。

先述の民法・経済法論争はソ連や東欧各国でもかつて激しく交わされたテーマであるが，中国では改革開放後，ソ連などの学説

45

第 2 章　現代中国法の歴史

が紹介されるようになってからさかんになった。当初は文革で機能不全に陥った計画経済システムの再建が目指されていたため，経済法論が優勢で，上述のように経済契約法が採択された。しかし，1984 年 10 月に中共 12 期 3 中全会で「経済体制の改革に関する決定」が採択されて，状況は一変する。この会議では目指すべき経済システムを計画的商品経済と定めることで，今後は国の経済計画よりも商品経済に軸足を移すことを決断したのである。この決定は当時進行していた民法通則の制定に大きな影響を与えることとなった。

　民法通則は改革開放後再開していた民法典起草のなかで作成された民法草案第 4 稿を底本として起草が始まり，1986 年 4 月 11 日に採択された。本法は民法典全体を制定することが困難な状況下で，民法全体に及ぶ基本的な内容を簡潔にカバーする民事基本法であった。社会主義セクター間の関係をも規整対象とする大民法論に立脚する立法であり，計画を踏まえながらも商品経済である点を重視する党の政策決定を反映したものとなっている。本法は当時としては珍しく民事主体の権利を保護することを目的（権利本位）とした立法であり，制定当時は「80 年代中国の権利宣言」としてその意義の大きさがアピールされた。

　民法通則にも多くの点でソ連法の影響が看取される。たとえば，民事活動が国家の経済計画を破壊することを禁止（7 条・58 条。2009 年に削除），所有権を全人民所有，勤労大衆集団所有，個人所有の 3 つに分かち（73 条以下），国家財産についてだけ神聖不可侵をうたい（73 条），物権概念の使用を避け，抵当や質などを債権法に位置づけるなどである。現在，民法典の起草が進められており，民法通則は近く歴史的役割を終えることになろう。

46

3 第2期：ソ連法からの法典継受期（1978〜91年）

　このように1970年代末から80年代にかけての主要な立法は，おおむね1950年代以来継受されていたソ連の法学説を実定化したものと評することができる。つまり，50年代以来の学説継受ののち，文革の空白期をはさんで，70年代末からようやく法典継受の時代に入ったのである。改革開放期に入ってからソ連流の法典が登場したのは，意外に思われるかもしれない。しかし，この時期の中国の立法者が立法の際に参酌しえたのは，ソ連の立法や学説だけであり，外国の支援に頼らずに法整備を行うには，ほかに選択肢はなかったのである。

　⑷　渉外経済法の「出島」化

　改革開放後の立法にはこのようにソ連法の影響が強く及んでいたとはいえ，西側の法がまったく影響していなかったわけではない。とくに経済の対外開放にかかわる分野は，西側からの投資を引きつけるために，早い時期から大陸法ばかりか，英米法や国際条約に由来する制度を導入することがあった。渉外経済分野では計画経済，公有制といった社会主義体制に特有の問題を顧慮する必要はなく，むしろ国際的に通用する経済活動における当事者の私的自治や契約の自由を尊重することが求められたからである。社会主義的国内法とは別に，渉外経済法という異なる法原理が支配する特殊分野が形成され，経済分野の法は二元化した。それは社会主義法の本体からせり出した異質な法の「出島」のような存在であった。

　法の「出島」化戦略には2つの手法があった。1つは，特定の地域に限定して権限を授与し，外資優遇や規制緩和などの大胆な改革を許すもので，1979年の広東，福建両省に対する自主権の付与，1980年の深圳，珠海，汕頭，厦門4経済特区の設置に始

47

第2章　現代中国法の歴史

まる。1984年には天津，上海など14の沿海都市と海南省を開放都市に指定し，地域を拡大した。これらの特区では独自の地方性法規や行政規則が制定され，くわえて現場での個別的で柔軟な駆け引きにより，積極的に外資を呼び込み，経済発展の加速を促した。80年代を通じて中国経済の成長を牽引したのは，この制度を活用して外資企業の集積に成功した香港に隣接する広東省深圳や広州周辺の珠江デルタであった。これらの特区では企業設置，税制，労使関係，渉外契約など，多くの分野で特別な規定や措置が導入され，それは全国に対する［試点］（テストケース）ないし制度改革の先導者としての意味も帯びていた。

　もう1つは，渉外経済に関する特別法を制定するという手法であり，1979年の中外合弁経営企業法を皮切りに，外資企業法（1986年），中外合作経営企業法（1988年）が制定された（以上を三資企業法とよぶ）。これらの法律が規定する企業設立手続，登録資本，出資方式，コーポレートガバナンス，外貨管理，税制，財務管理，雇用，紛争解決手続などは，国内法とは異なる原理が採用され，外資導入に便宜が図られた。とくに中外合弁経営企業法は，当時はまだタブーであった資本主義的法原理を採用し，明らかに「私法」のパイオニアであった。外国投資家の私有財産権保護，出資した資本に応じた利潤分配［按資分配］，内資の土地使用権による出資承認（実質的な国有土地使用権の商品化），労働者との雇用契約（労働力の商品化）など，いずれもその後国内法にも取り入れられていった。渉外契約については渉外経済契約法（1985年。1999年廃止）が，国内用の経済契約法とは別途制定され，ここには一部英米法や国際統一売買法のルールが採用された。なお，中国は日本よりも早い1988年に国際統一売買法条約を批准発効させて

48

いる。

外資導入と経済成長促進という免罪符を得て，このように「出島」には資本主義的なルールが国内法よりも一足先に導入された。渉外経済法が国内法にも浸透を始めるのは，社会主義市場経済への転轍が図られてからであり，これは第3期以降の中国法全体の質的な転換の先駆けであったことになる。

(5)　「社会主義初級段階論」と胡耀邦・趙紫陽改革

1987年には中共13全大会が開かれ，一層大胆な市場化を正当化するイデオロギーとして社会主義初級段階論が公定された（趙紫陽報告）。中国は社会主義体制になったとはいえ，なお生産力の立ち後れた商品経済の未発達な状況にあり，社会主義の入り口（初級段階）に立ったばかりに過ぎず，この段階は100年は続くと展望する。具体的には［按労分配］（労働に応じる分配）に加えて，不労所得を追認，土地使用権の有償譲渡，私営経済の発展を認めるとした。経済建設を中心とし，四つの基本原則と改革開放を堅持する（1つの中心と2つの基本点）と同時に，政治システム改革の必要性にも言及した。その具体的な内容の1つが，片方の手で建設と改革をつかむと同時に，もう一方の手では法制をしっかり握るというスローガンである。ここでいう［法制］とは，経済成長のための手段という意味合いが強いものであり，権利の保障を裏打ちする法を必ずしも意味しない。

このように13全大会の路線は，計画経済を希薄化させ，一層の市場化に向けて障害を取り除くことにお墨付きを与えた。翌年には，私営経済の存在・発展，土地使用権有償譲渡が，憲法改正によってただちに追認され，事実上の脱社会主義化を加速させた。80年代に最高実力者，鄧小平を後ろ盾として党主席（その後，総

書記に改称）を務めた，胡耀邦（1981～87年）と趙紫陽（1987～89年）は，これまでの中共の指導者のなかでももっともリベラルな考えをもち，一定の政治の自由化，民主化にも意欲を示していた。しかし，それが具体的な形をとる前に，いずれも学生らによる大規模な街頭抗議行動を引き起こし，党内の保守派に足を引っ張られ失脚を余儀なくされた。

(6) 民主化運動と天安門事件（六・四事件）

改革開放により経済の発展を遂げたとはいえ，インフレや高官（およびその家族）による不正・腐敗，政治改革の停滞には，多くの市民の不満が鬱積していた。1989年4月，人望のあった開明的指導者，胡耀邦が死去し，その追悼活動をきっかけとして，下からの大規模な大衆的政治運動に火がついた。北京から始まった自発的な街頭活動は，大規模な民主化をもとめる連日のデモ行進へと発展，それはまたたく間に全国の主要都市へと拡大した。5月20日には鄧小平ら中枢部は，学生らの民主化運動を「反革命動乱」と決めつけ，北京に戒厳令をしく事態となった。そしてついに6月3日未明から4日朝にかけて世界中のメディア注視のもと，人民解放軍戒厳部隊が投入され，天安門広場周辺の市民に発砲し，暴力により民主化運動は鎮圧された（六・四事件）。中国の一党独裁体制はその維持のために，正規軍による人民殺戮を敢行したのである。

事件後，民主化運動に同情的であった趙紫陽は解職され，鄧小平により上海から江沢民が抜擢されて総書記（1989～2002年）に就任した。平和的な民主化運動を暴力でつぶされた市民は，失意の底に沈むとともに，赤裸々な人権抑圧に対して西側各国からは経済制裁が行われ，中国経済は深刻な停滞期に入る。

4 第3期：大陸法への回帰と法のグローバル化期（1992〜2017年）

(1) 南巡講話と社会主義市場経済体制

1989年11月には東西両陣営を隔ててきたベルリンの壁が崩壊し，東欧の社会主義諸国が雪崩を打って倒され，民主化へ向かった。1991年にはついにソ連までが解体し，社会主義陣営はあっけなく崩壊，戦後国際社会で続いてきた冷戦レジームが消失した。中共にとっては国際環境からも深刻な体制危機が迫ることとなった。

局面打開をねらった鄧小平は，1992年はじめに武昌，深圳，珠海，上海など南方の各都市に赴き，いわゆる［南巡講話］を公表，改めて改革開放加速の大号令を発した。これが時代を画するきっかけとなり，この年の10月に開かれた中共14全大会で「社会主義市場経済体制」の確立という新方針が打ち出された。続いて1993年には2度目の憲法改正により，計画経済という文言をすべて削除し，社会主義市場経済に置き換えられた。こうして経済分野については社会主義的か資本主義的かを問うことなく，市場経済の発展にプラスである限り，タブーを設ける必要はなくなった。これを機に法の面でもソ連法からの離脱と西側の法（ヨーロッパ大陸法，アメリカ法，国際条約）への再接近が開始される。

文革に続いて天安門事件で政権の正統性を大きく損ない，国際的にも社会主義陣営が崩壊していくなか，いかにして一党支配体制を維持するか，これこそが鄧小平にとっての喫緊の課題であった。そのために選ばれた方策こそが社会主義市場経済への移行であり，政治の民主化を拒否する代わりに，利潤追求の自由は無制限に容認するという方針だった。党による政治権力独占を侵さな

いという前提のもとに，労働価値収奪（＝搾取）の廃絶と平等を旨とする社会主義体制の核心を放棄し，建国後一貫して抑えられていた利を求める自由を青天井に解放することとした。これは天安門事件で民主化や政治的自由を求めた市民，知識人を黙らせるための巧みな取引（＝買収）であったと考えられる。これ以後，それまで経済的に恵まれず不満を蓄積させていた公務員，大学教師，医師など，知識人の待遇向上が急速に進み，天安門民主化運動の主要な担い手であったインテリ層は既得権益階層へと組み入れられていった。

　中共が結党以来追求してきたはずの共産主義社会という理想を追い求める運動は，ここに完全に終止符を打たれ，独裁体制を維持すること自体を自己目的とする体制に移行することになる。これは後に 16 全大会（2002 年 11 月）で打ち出された「三つの代表の重要思想」に最も直截に表される。ここで党が先進的生産力の発展の要求を代表すると宣明したため，企業家の入党を容認することとなった。天安門事件後，鄧小平を引き継いだ江沢民は，その後，中央軍事委員会主席（1990〜2005 年），国家主席（1993〜2003 年）を兼務した。この三職兼務が今日まで踏襲され，当時の憲法の規定により国家主席の任期は 2 期 10 年を上限とされていたことから，これ以後，10 年で最高指導者が交代するサイクルが生まれた。

(2)　資本主義的会社法制の整備

　ソ連流の社会主義法からの転換を最初に印象づけたのは，1993 年 12 月に長い議論の末にようやく制定にこぎ着けた会社法であった。それまでの企業立法は，所有制ごとにそれぞれ別々の法律により規整するという方式をとっていた。すなわち，国有につい

4 第3期：大陸法への回帰と法のグローバル化期（1992〜2017年）

ては全人民所有制工業企業法（1988年），全人民所有制工業企業経営メカニズム転換条例（1992年），集団所有については郷村集団所有制企業条例（1990年），都市部集団所有制企業条例（1991年），私有については私営企業暫定条例（1988年），外資系企業については先述の三資企業法といった具合である。それぞれ企業設立の手続・要件，内部統治システム，監督官庁との関係など，異なる仕組みがとられ，企業法人といってもその所有制により法的地位は一様ではなかった。

　1993年の会社法は，企業を所有制により分類するのではなく，出資者の会社債務に対する責任形態に着目し，本法の規整対象を有限責任会社としている。有限責任制をとる会社［公司］としては，株式を発行しない比較的小規模な有限会社（狭義）と株式を発行する株式会社に分類する。会社法上の会社は出資者が誰であるかを問わないので，国有企業でも株式会社へ転換することが可能となった。また，広く出資者を募ったり，株式を証券市場に上場する会社の場合，すでにその会社がどの所有制に属するかを特定することは困難であり，無意味にもなる。もっとも，有限責任会社自体は会社法採択前から［試点］として実験的にはじめられており，証券取引所も稼働をはじめていた（深圳，上海ともに1990年）。会社法の制定は実態を追認し，制度化したことになる（こうした手法を［先発展，後管理］という）。

　株式，社債などの有価証券の発行，流通が広く行われるようになったため，1998年には証券法が制定された。また，2005年には市場経済にそぐわない規定を多く含んでいた会社法の全面改正を行った。会社設立の際の行政的規制を緩和し，任意規定を増やして定款自治を保障し，経営の自由を広げた。この際，証券法も

第 2 章 現代中国法の歴史

同時に全面改正され，国債などの政府系債権や投資ファンド，証券派生商品などもカバーする法律となった。さらに，2006 年には企業の市場からの退場手続を定めた企業破産法が成立し，会社法制はひとまず入り口から出口までが整備されるに至った。

他方，出資者が企業の債務に対して無限責任を負う無限責任会社については，組合企業法が 1997 年に（2006 年に改正），個人単独出資企業法が 1999 年にそれぞれ制定されている。

(3)　大陸法への回帰とアメリカ法の影響

契約法については先述のとおり経済契約法（1981 年）が先行し，その後，渉外経済契約法（1985 年），技術契約法（1987 年）が制定され，いわゆる［三足鼎立］の状況が続いていた。これらを統一し，国の経済計画指標実現を目的とするソ連流の経済契約を廃し，契約の自由を基調とする純粋な民事契約への転換を図るための立法が準備されていた。それは 1999 年に契約法（総則，各則合わせて全 23 章 428 カ条）として実現した。本法の起草にあたっては，2 組の学者グループにたたき台（［学者建議稿］という）を作成させ，それをもとに全国人大法制工作委員会が正式草案を練り上げるという手法がとられた。このように重要立法にあたり，学者に最初のドラフトを起草させるやり方は，その後もしばしば踏襲された。

学者がたたき台を作成したこともあり，本法は幅広い比較法研究の成果が反映されているのが特徴的である。ドイツ，台湾，日本，オランダなどの大陸法系の諸民法典をはじめ，アメリカ法や国際統一売買法条約から導入された条項もある。総則には契約全体に共通する内容をまとめ，各則には 15 種類の典型契約を規定した。こうした法典の体系はドイツ民法のパンデクテン方式とよばれるものであり，中国法が清末以来の伝統に回帰し，大陸法へ

4 第3期：大陸法への回帰と法のグローバル化期（1992〜2017年）

の再接近を図ったことを意味する。現代的契約法として世界的に
も最先端の内容も備えており，一気に世界的レベルの立法となっ
た。

このようにとくに私法分野での脱ソ連化の進展はめざましい。
契約法に続いて物権法（2007年），不法行為責任法（2009年），渉
外民事関係法律適用法（2010年）を制定した。2017年に民法総則
を採択し，現在，民法典の各編の起草が進められており，近く中
華人民共和国民法典が完成するとみられる。

民事法分野以外でも，ソ連法モデルからの脱却は急速に進んで
いる。とりわけ，2001年に WTO への加盟を果たし，国際ルー
ルへ接合するよう外圧が加わったこともこれを後押しした。第2
期に制定された各法典は，相次いで全面改正，リニューアルが図
られた（民事訴訟法1991年，刑事訴訟法1996年，刑法1997年）。民
事訴訟法では裁判所の職権的関与を後退させ，当事者の処分権を
拡大するなど，当事者主義的色彩を強めている。刑法では罪刑法
定原則を明記し，マルクス・レーニン主義や毛沢東思想などの政
治イデオロギー色の濃い文言が姿を消した。各則でも反革命罪を
国家安全危害罪に変更するなど，脱政治化を志向している。しか
し，こうした転換はなお不徹底であり，民事訴訟法は2012年，
2017年，刑事訴訟法は2012年に大規模な改正があり，刑法に至
っては2017年までに10回の部分改正を行っている。たび重なる
改正を経ても，ソ連法の痕跡はまだ各基本法典に残っており，脱
ソ連法化は一気に達成されるのではなく，今後も段階的に継続し
ていくのであろう。

このほか，天安門事件直前に制定された行政訴訟法（1989年制
定，2014年改正）を皮切りに，ソ連法とはまったく関係のない行

55

政関連法の整備が相次いでいる。国家賠償法（1994 年制定，2012年改正），行政処罰法（1996 年制定，2009 年，2017 年改正），行政不服審査法（1999 年制定，2009 年，2017 年改正），立法法（2000 年制定，2015 年改正），行政許可法（2003 年制定），公務員法（2005 年制定，2017 年改正），政府情報公開条例（2007 年制定），行政強制法（2011年制定）などである。さらに，製造物品質法（1993 年制定，2000 年，2009 年，2018 年改正），労働契約法（2007 年制定，2012 年改正），独占禁止法（2007 年制定），エネルギー節約法（1997 年制定，2007 年，2016 年改正），再生エネルギー法（2005 年制定，2009 年改正），食品安全法（2009 年制定，2015 年，2018 年改正）など，すぐれて現代的な課題に対応した立法が相次いだ。

（4）香港，マカオの返還と揺らぐ一国二制度［一国両制］

屈辱の近代史の幕開けであったアヘン戦争での敗北によりイギリスの植民地となっていた香港を回収することは，共産党政権にとっての宿願であった。1984 年に鄧小平とイギリスのサッチャー首相との間で中英共同声明が調印され，［一国両制］（1 つの国に資本主義と社会主義が共存し，香港では社会主義を実施しない）という方式による回収が合意された。これを承けて 1990 年に全国人大により香港特別行政区基本法が制定され，1997 年 7 月 1 日，ついに香港は中華人民共和国の主権のもとに組み入れられた。ポルトガル領であった隣接するマカオについても，同様の方式によりマカオ特別行政区基本法（1993 年）の制定を経て，1999 年 12月に中国の主権に復帰した。［一国両制］の発案者，鄧小平は，晴れの日に立ち会うことなく，1997 年 2 月に 92 年の生涯を閉じていた。

特別行政区とは 82 年憲法 31 条が設置を予定していたもので，

4　第3期：大陸法への回帰と法のグローバル化期（1992〜2017年）

中央政府から他の省・市・自治区にはない高度な自治権を認められた特別な行政区域である。両特別行政区基本法によれば，外交と軍事に関する事項を中央政府が担うほかは，特別行政区に行政管理権，立法権，独立した司法権と終審裁判権が授与される。香港植民地で作用していた法（コモンロー，エクイティ，その他の制定法，慣習法など）は，この基本法，特別行政区の立法に抵触ないし変更されない限り効力が保持される。通常の中国法は香港，マカオには適用されない。行政長官，行政機関のおもな官員，立法会議員，終審法院，高等法院の主席法官は，香港に永住権をもつ中国籍の市民が就任するとされる（この原則を［港人治港］という）。

　経済的に繁栄したままで香港，マカオを回収したい中国政府は，元来の資本主義システムや生活方式を50年変えないことを約束した（香港基本法5条）。しかし，特別行政区の事実上の憲法とされる基本法の解釈権は，全国人大常務委員会に帰属する（同158条）。実際，中国内地で生まれた香港人の子の居留権について規定した香港の入境条例と基本法との抵触の有無について，1999年に全国人大常務委員会の解釈が示された。この解釈により中央政府は香港終審法院の裁決を覆し，子の出生時に父母が香港永住権をもたない限り，その子には居留権がないとする条例は基本法に合致すると判断した。香港の法院に終審裁判権があるといっても，基本法の最終的解釈権は中央に留保されており，これを通じて香港法院の判断を否定することができるのである。

　歴代の行政長官（董建華，曽蔭権，梁振英，林鄭月娥）は香港市民による直接選挙で選ばれておらず，いずれも事実上，中央政府の人選による。中共はさまざまな手段を講じて香港へのコントロールを強めており，［港人治港］は今や風前の灯火となっている。

57

第 2 章　現代中国法の歴史

これに対して行政長官と立法会議員の香港市民による完全な普通選挙［真普選］を求める声は，日増しに大きくなっている。2014年秋からはじまったいわゆる［雨傘革命］では，全国人大常務委員会が示した 2017 年に行われる行政長官の選出方法に抗議し，民主化を求める学生たちによる香港中心部での大規模な街頭行動（いわゆる「占中」）が 3 カ月以上も続いた。この運動のリーダーに対しては刑事処罰が科され，香港の政治空間は中央による締め付けが強まっていった。

(5)　社会主義的法治国家論の提起

「民主と法制」というスローガンのもと，法の整備を推進してきた中共は，1997 年 9 月，15 全大会において「法にもとづいて国を治め［依法治国］，社会主義的法治国家を打ち立てる」（江沢民報告）という新たなフレーズを提起した。このフレーズは 1999年の憲法改正により憲法に書き込まれた（5 条 1 項）。［依法治国］とは，「幅広い人民大衆が党の指導のもと，憲法と法律の規定にもとづき，さまざまなスタイルやルートを通じて，国の事務を管理，経済文化事業を管理，社会的事務を管理し，国の各事業がいずれも法にもとづいて行われることを保証し，しだいに社会主義民主の制度化，法律化を実現し，これらの制度や法律がリーダーの交代によって変更されることなく，リーダーの考えや関心の変化によって変わることがないようにするものである」（15 全大会報告）。

これ以後，公式のスローガンとなり，ことあるごとに復唱されるものの，実は一読しただけでは，具体的にどのような政策変更があったのかは明らかではない。学者のなかには "刂" の「法制」（刀制）から "氵" の「法治」（水治）へ変わったことに，質

58

的な変容を読み込もうとする者もある。つまり，暴力の象徴たる
刀に仮託された統治の手段的な「法制」から，公平，公正を象徴
する「法治」への変更には原理的な違いがあるはずだとする。し
かし，党総書記は江沢民から胡錦濤をへて，習近平へと引き継が
れたが，党の指導の堅持には寸分の揺らぎもない。それどころか，
この間，諸国家機関，企業，非営利事業体（学校，研究所，病院な
ど），弁護士事務所，社会団体，NGO など，あらゆる主体に党組
織の網の目が被せられ，党の指導はむしろ強化されている。

　習近平体制になってからの中共18期4中全会（2014年10月）
でも「依法治国を全面的に推進する若干の重大問題に関する決
定」を採択し，スローガンの復唱は続いている。共産党の指導下
の「法治」であることが改めて強調されている点から明らかなよ
うに，権力者（＝共産党）に好き勝手を許さず，憲法や法律とし
て言語化されたルールにそれを閉じ込めるという近代立憲主義の
理念とは，なお相当の距離がある。

　(6)　難航する司法制度改革

　中共15全大会以来，18全大会（2012年）まで毎回の大会報告
は，司法制度改革の推進に言及する。中共は司法改革を政治的リ
スクの低い政治制度改革の一環と捉えている。1999年から5年
ごとに5度にわたって「人民法院5年改革綱要」(1999〜2003年,
2004〜8年，2009〜13年，2014〜18年，2019〜23年）が策定され，人
民法院は独自に「改革」に乗り出している。また，人民検察院も
2000年には「検察改革3年実施意見」を制定し，改革措置を打
ち出した。16全大会（2002年）の後，2003年には中央司法体制
改革指導ワーキンググループが設置され，ようやく司法制度改革
に司令塔ができた。しかし，今に至るまで司法制度改革全体にか

かわる理念や目標，具体的な項目，工程表などは公表されておらず，せいぜい司法の現場における運用改善か，法を無視した「改革」が試行されるにとどまっていて，さしたる成果を上げていない。

公正で，効率的，国民から信頼される権威のある司法制度を確立することが最大の課題であるが，法改正をともなう具体的な形となった成果には，以下のようなものがある。

①裁判官，検察官の法律専門職化　50年代の司法改革運動以来，裁判官，検察官に独自の資格制度を欠き，除隊軍人などの法律の素人が任官するのが常態化していた。1995年には法官法と検察官法が制定され（その後，2001年に改正），初任試験を課すこととなり，2002年からはそれまでの弁護士試験と統一された司法試験制度が始まった。これで裁判官などの専門性が一定程度高まったのは間違いないが，実際，人民法院や人民検察院に採用されるまでのプロセス，待遇，人事考課，在職研修制度などは各地でまちまちであり，均質な法曹集団からはほど遠い。

②死刑再審査権の最高人民法院への一本化　刑事訴訟法では終審判決で死刑が言い渡された後に，最高人民法院が1件ごとに再審査を行い，死刑相当と判断した場合に死刑執行をするとされていた。ところが死刑執行数が莫大な数に上っていたため，1980年以来，最高人民法院による死刑再審査権を省クラスの高級人民法院に授権してきた。死刑執行基準を統一し，より慎重な審査を行うために，2006年に人民法院組織法を改正し，26年ぶりに死刑再審査権を一律，最高法院の権限とした。

③人民参審制の再生　中共は1930年代の革命根拠地時代からソ連にならって，市民が裁判に関与する制度として一種の参審

4 第3期：大陸法への回帰と法のグローバル化期（1992～2017年）

制を実施してきた。建国後も50年代には人民参審員が選出されて，実際に裁判に参加することがあったものの，その後は形骸化の一途をたどっていた。職業裁判官2名に1名の参審員を加えて合議法廷を構成する標準的なパターンでは，［陪而不審］（そばに座っているだけで，審理に実質関与しないこと）が常態化していた。そのため学界では参審制廃止論も聞かれるほどであった。ところが，2004年に全国人大常務委員会が「人民参審員制度を完全化することに関する決定」を発してから，各地の基層人民法院では人民参審員を選出し，一気に実施率が高まった。しかし，実際に選ばれる参審員は，ほとんどが党や政府機関のエリート幹部であり，一般市民による司法参加からはほど遠いのが実態であった。さらに2015年に最高人民法院・司法部「人民参審員制度改革試点方案」，同「人民参審員制度改革試点工作実施辦法」などが相次いで出され，10の省・市で参審員の参加をより実質化するための実験が始まった。そして，2018年には人民参審員法にまとめられた。

　これは民主的要素の注入による司法の正統性確保をねらった改革の動きで，「第3次人民法院5年改革綱要」が掲げた司法における民主主義の推進を具体化するものである。競争的な選挙という代議制民主主義の導入による本格的な民主化を頑なに拒否しながら，他方で直接民主主義的制度を部分的に導入するという手法は他の分野でも見られる。たとえば，立法や政策立案にあたってのパブリック・コメントの募集，公聴会の開催，政府情報の公開などである。しかし，直接民主主義的制度というものは，健全な代議制民主主義があってはじめて補充的機能を発揮しうるものである。代議制民主主義を欠く現状では，直接民主的手法は形だけ

第2章 現代中国法の歴史

のパフォーマンス，上からの動員にしかならないであろう。

実は中国司法の最大の問題は政治からの独立性がなく，党ないし当該人民法院の外部，担当裁判官以外のさまざまな主体が法的決定を左右していることである。つまり，法的決定過程が専門家による技術的なプロセスではなく，政治過程と地続きなままなのである。人民法院は今なお正々堂々「大局に奉仕する」「党の事業至上」をモットーに掲げ，法院に対する党の指導に異論を差し挟むことは断じて許されない。司法の独立は依然として遙か彼方にある。

(7) 社会秩序の維持と「依法治国」

胡錦濤体制（2002〜12年）に入って以降，［群体性事件］とよばれる大衆による直接行動や暴力をともなった集団的異議申立てが頻発した。再開発にともなう立ち退き補償，農地収用への補償，環境汚染，都市環境衛生管理業務［城管］への不満などが，貧富の格差拡大，官僚層の腐敗とともに，こうした集団行動の背景にある。また，行政や司法に対する不満，苦情を直訴［信訪］しようとする人々が，各地の党や人大，政府，人民法院などの窓口に押しかけており，北京まで陳情に来る人波も絶えない。

中共はこれに対して［維穏］（社会秩序の維持）を最優先の課題と位置づけ，莫大な経費と人的・物的資源を動員して抑えこむ体制をしいてきた。そのため印刷・放送メディア，インターネット，学校教育，NGOなどの民間団体に対する規制，締め付けはますます強まっている。少しでも一党支配体制に挑戦するかに見られる動きは，機敏に根こそぎ刈り取るのが中共のやり方で，北京オリンピック（2008年），上海万博（2010年）も厳戒態勢のもとで強行された。

こうした［維穏］のための権力発動は，必ずしも具体的な法による授権を得てなされているわけではなく，ほとんどが事後的にも司法の場でその違法性を争う機会は与えられていない。合法性よりも政治的合目的性が優先されているのであり，中共の打ち出している［依法治国］の本質が露見している。政権維持のためには法よりも物理的強制力や暴力に頼る傾向を強めている。

5　第4期：習近平集権体制期（2018年以降）

(1)　習近平体制への移行と逆流現象

中共18全大会（2012年）を機に胡錦濤から習近平へと総書記が交代，新しい中央政治局常務委員会が誕生した。これを機に中国は習近平による新たな時代へと移り変わった。総書記就任後，習近平が真っ先に提起した「指導思想」が，「中国の夢」の実現であった。「中華民族の偉大な復興の実現」を「近代以来の最大の中国の夢」であるとし，「国家富強，民族振興，人民幸福」の実現こそが中国的特色ある社会主義の道にほかならないとする。ナショナリズムを政権維持の正統性の中核に位置づけようとするものであり，これは軍事力拡張とも平仄を合わせる。

他方で習近平は政権の正統性を補うべく，「虎も蠅も叩く」と題して汚職摘発運動を推進した。大物では一時は習近平の政敵とも目された薄熙来（元重慶市党委員会書記），胡錦濤時代に公安・検察・法院系統のトップの座にあった周永康（元中央常務委員，政法委員会書記）が，裁判にかけられ，いずれも無期懲役の判決を受けた。明らかにねらいを絞って選択的に法が動員されており，いわば法による権力闘争である。いずれの裁判も起訴前に党の規律検査委員会による長期にわたる秘密裏の取調べが先行し（いわ

第2章　現代中国法の歴史

ゆる［双規］），公判は仕上げに上演される政治ドラマの色合いが濃い。このほかにも党，軍，人大，政府，政治協商会議，国有企業などの高官が次々に失脚しており，中央，地方の政官界に激震が走っている。胡錦濤や江沢民に近い高官がねらわれていて，習近平による権力基盤強化へ向けた仕掛けだと解されている。

　また，新たな傾向としては，治安維持のための新規の立法に取り組みはじめた点が注目される。国家の安全，すなわち共産党一党体制を維持することを目的として国家安全法（2015年）を制定し，市民にも国家安全保持の義務を課している。さらに，テロ防止法が2016年1月1日（2018年改正）より，国家情報法が2018年4月27日より施行された。このほかネット空間規制のためのインターネット安全法（2017年6月1日施行），海外のNGOの中国国内への浸透を規制するための境外非政府組織境内活動管理法（2017年1月1日施行，同年11月4日改正）が制定されている。2015年夏には大量の人権派弁護士を拘束するなど，法的手段も駆使して体制維持のためには手段を選ばない姿勢を一層露骨にしている。

　立憲主義，普遍的価値，競争的選挙，三権分立，司法権の独立などをことごとくブルジョアジーの専売特許であり，社会主義体制とは相容れないとする言説が，繰り返し強調されるようになっている。習近平は人民法院を改めて文革期に慣用された党の［刀把子］と位置づける。言論，学問，教育，信教，結社の自由や人権に対する規制がますます強化される傾向にあり，選択的には法が動員されることもある点では，毛沢東とは手法こそ異なるが，毛沢東時代の再来を思わせる事態へと逆戻りしつつある。

64

(2) 鄧小平憲法から習近平憲法への変転

習近平総書記の2目目の起点となる中共19全大会（2017年）では，［中国特色社会主義］が［新時代］に入ったことが宣明され，［習近平新時代中国特色社会主義思想］なるものが指導思想として登場した。「依法治国」の方針は「全面依法治国」へと字面上はバージョンアップされ，社会主義現代化強国へと邁進するための重要戦略と位置づけられた。「全面」が付いたことが，従来の方針といかに具体的に異なるのかは明らかではないが，突出した特徴は，共産党の指導の強化を繰り返し強調している点である。習近平は毛沢東が1970年代に使っていた「党政軍民学，東西南北中，党は一切を指導する」というフレーズを復活させた（2018年3月，第13期全国人大第1回会議）。

2018年3月には，5度目の憲法部分改正が行われ，19全大会の決議内容を憲法に盛り込み，［新時代］の輪郭が具体的な姿を現すこととなった。これまで4回に分けて31カ条の修正条項が加えられていた82年憲法に，今回は一気に21カ条の修正条項を追加した。改正内容の詳細は本書第3章に譲るが，今回の改正には原理的な変更を含んでおり，1982年鄧小平憲法は2018年習近平憲法へと大きく変転したと評しうる。

原理的変更は，以下の3点に見出される。第1に，「中国共産党の指導は中国的特色ある社会主義のもっとも本質的な特徴である」（2条2項）との文言を加え，党の指導を再度，条文化した点である。これを承けて，中共中央は「党と国家機構改革を深化させる方案」を示し，これに沿って党と政府機関の合併を進め，党と国家の一体化へと歴史の歯車を逆転させている。たとえば，宗教行政を担当する国務院国家宗教事務局は，党の中央統一戦線工

作部に吸収された。第2に，国家主席，副主席について79条3項にあった「連続して2期を超えて就任することができない」との文言を削除，国家主席，副主席の任期を撤廃し，終身制を実質的に復活させた。これで習近平（主席）と王岐山（副主席）は，2期を超えて任にとどまり続けることが可能となった。第3に，党の規律検査委員会と国務院監察部，検察院の汚職摘発部門を合体して，中央から地方まで4クラスの監察委員会という新たな国家機構を創設した。

この3点から分かることは，習近平体制が82年憲法制定時の重要な制憲意思を撤回し，むしろ78年憲法へと回帰を指向していることである。［政法工作］に対する指導を強化するために，新たな党内の機構として，習近平を主任とする中央全面依法治国委員会が設置され（2018年），活動を開始した（同辦公室主任は郭声琨）。こうして法の政治規範化が一層進むものとみられる。これらの動向は，中国が，いわゆる「普遍的価値」の受容を峻拒し，独自の道を歩む意思を持ち始めていることを示す。中国的［法治］の内実が西欧起源の「法の支配」とは異質なものであることがより明白となり，法は国民への管理，抑圧強化のための手段としての性格をますます濃厚にしつつあり，次の時代への曲がり角に差しかかっている。

(3)　香港「一国二制度」の危機

実質的には習近平集権体制への民衆による異議申立てと位置づけうる大規模な街頭運動が，2019年，特別行政区の香港で発生した。香港で捕らえられた犯罪容疑者を中国に移送することを可能とする逃亡犯条例の改正に反対する大規模な民衆運動［反送中］が，2019年春から数カ月にわたって，明確なリーダーや組織を

5 第4期：習近平集権体制期（2018年以降）

欠くなかで，継続したのである。とくに6月9日には，200万人を超える市民がデモに参加し，警察がデモ隊に対して暴力的な鎮圧を行い，一部デモ参加者が暴徒化するなど，香港は長期間大混乱に陥った。民衆は本条例の完全撤回（これには林鄭行政長官が同意），林鄭長官の辞任，立法会議員や長官の真の普通選挙［真普選］など5項目の要求を掲げて，中央政府を後ろ盾とする香港政庁と鋭く対峙した。一時は中央政府が武装警察隊ないし人民解放軍を送って介入するのではないかとの懸念すらささやかれるほど緊張は高まった。

　香港基本法の解釈権を握る全国人大（およびその常務委員会）は，基本法の解釈という方法を通じて，中央の意向を香港に強制することが可能であり，事実上，中国法が香港にも及び始めている。こうして香港返還に際しての約束であった「一国二制度」は，50年の期限到来を待つまでもなく反故にされようとしているとの疑念が広がり，「一国二制度」は深刻な危機に瀕している。香港市民は習近平体制が拒否している民主主義や普遍的価値を求めているが，中央はそれに応じる気配はない。はたして香港が発火点となって，今後，中国の体制全体を動揺させることになるのかが，注目される。

第2篇　各　　論

第3章　憲　　法

　前章で概観したように中国憲法は，変転してやまない政治に翻弄されて，激動の歴史を刻んできた。そのなかで現行の 82 年憲法（以下，現行憲法あるいはたんに憲法という）は，後述するように 5 度にわたる部分改正を経ながらも，中華人民共和国成立以来，形式上も，実質上ももっとも長く安定した効力を維持して今日に至っている。これは党の 11 期 3 中全会以後，故鄧小平がしいたとされる改革開放という 1 つの政治路線が堅持されてきたことを反映するものであるが，2018 年の 5 度目の改正では重大な路線変更が行われた。

　現行憲法の制定作業は，1980 年 9 月，5 期全国人大 3 回会議において中共中央からの憲法改正の発議にもとづいて憲法修改委員会が発足することにより，78 年憲法に対する全面改正作業という形をとって始められた。最終改正草案は全国人大常務委員会により公表され（1982 年 4 月），1982 年 5〜8 月にかけて空前の規模でいわゆる全人民討議に付されて，多数の修正意見が提起された。これらを集約して再度，大幅な修正を施し，同年 12 月 4 日の 5 期全国人大 5 回会議において採択・公布・施行された。その後，改革開放の進展にともない実際に生じた社会経済や政治路線の激しい変動を追認し，憲法の枠を乗り越えた改革措置を合憲化するために，1988 年 4 月 12 日，1993 年 3 月 29 日，1999 年 3 月 15 日，2004 年 3 月 14 日と 2018 年 3 月 11 日の 5 度にわたり憲法本

文に修正条項（計52カ条）を付加する形で部分改正（＝修正）を行っている。改正の具体的内容については個別の箇所でふれる（**表3-2**〔79頁以下〕も参照）。

現行憲法が形式や内容において歴代の憲法のなかでもっとも密接な継承関係を有するのは，社会主義への過渡期に制定された54年憲法である。アヘン戦争以来の中国革命の歴史を現在の中共の立場から総括した前文に始まり，第1章総綱，第2章市民の基本的権利と義務，第3章国家機構，第4章国旗・国章・首都の143カ条からなる。人権保障規定に相当する部分が国家機構の前に配置されたのは，建国後，この憲法がはじめてであり，人民の権利保障を強調する意味が込められているといわれる。

社会・経済システムの大変動を反映して，1990年代に入り，新法が制定され，また各法が次々とリニューアルされていくなかで，憲法だけは最低限の部分改正しか施されていなかった。実態にそぐわない規定，当然規定すべき事項について規定を欠くなどの不備が目立つようになり，全面的改正を要する段階に立ち至っている。2018年改正は原理的な点にも及ぶ比較的大規模なものとなったものの，いまだ全面改正には至っていない。

本章では最初に現行憲法に貫通する3つの基本原理について概説し，ついで国家機構，市民の基本的権利と義務，憲法保障制度を扱う。最後に，中国法全体の理解の前提となるよう，現行の法源体系について略述する。

1 基本原理

現行憲法が前提とし，制度化している統治構造の基本原理は，①人民民主主義独裁［人民民主専政］，②社会主義国家，③民主集

中制という相互に連関する 3 つのキー概念に集約される。

(1)　人民民主主義独裁

(i)　人民民主主義と敵対階級に対する独裁の結合　　憲法 1 条は、中華人民共和国が「労働者階級が指導し、労働者・農民の同盟を基礎とする人民民主主義独裁の社会主義国家」であると宣言する。「人民民主主義独裁」とは「実質上はすなわちプロレタリアート独裁」（憲法前文）の一形式であり、マルクス主義と中国革命の具体的実践を結びつけた産物であるとされる。これは資本主義諸国の憲法が特定の階級による統治であることを語らないのとは対照的に、［国体］＝国家の階級的本質を鮮明にするもので、社会主義型憲法の特質を継承していることを示す。

人民民主主義独裁とは、国家の統治階級が労働者・農民であることを前提にしたうえで、ブルジョアジーなどの敵＝被統治階級に対しては独裁を行い、人民＝統治階級内部においては民主主義原理を作用させるという政治原則である。資本家＝搾取階級は階級としてはすでに消滅し、階級闘争は主要な矛盾ではなくなっているとはいえ、なお一定の範囲で長期にわたり存在し、社会主義制度を敵視し破壊しようとする国内外の敵対勢力・分子と人民の間の闘争は継続しているとの認識（憲法前文）が独裁を根拠づけている。少数者に対する独裁があってはじめて、大多数の人民内部での民主主義が発揚され、人民が真に国家の主人公となりうるとされる。そのため主権の帰属・享有主体は「人民」に限定され、なかでも労働者階級に優越的な地位を認める。さらに最終的には、労働者階級の先鋒隊・前衛としての中国共産党による国家に対する指導［領導］を帰結させ、正当化する。

しかし、1992 年以降のタブーなき市場経済化、不労所得の容

認，私的経営の青天井の開放により，今日では莫大な富を築いた富裕層が生まれているし，農村戸口の労働者（農民工）に対する苛酷な搾取こそが，この間の驚異的経済成長の源泉であったことは余りにも明らかである（いわゆる「低人権の優位性」）。したがって労働者・農民＝統治階級，人民による階級敵に対する独裁，中共＝労働者・農民の前衛といった論理は，とうに破綻しており，この論理に依拠した中共の統治の正統性は失われている。

にもかかわらず，憲法前文では国是とされるいわゆる「四つの基本原則」として，マルクス・レーニン主義と毛沢東思想（1999年の改正で鄧小平理論，2004年の改正で"三つの代表"の重要思想，2018年改正で科学的発展観，習近平新時代中国的特色ある社会主義思想を追加），人民民主主義独裁，社会主義の道と並んで，共産党の指導が掲げられ，特定政党による政権担当があらかじめ憲法によって担保されている。2018年改正では「中国共産党の指導は中国的特色ある社会主義のもっとも本質的な特徴である」（修正36条，2条2項）との文言が挿入され，党の指導は条文へと昇格した。党による絶対的指導の堅持を意図して，1975年，1978年憲法の手法が復活したことになる。なお，"三つの代表"とは，元国家主席・党総書記の江沢民が提起したもので，党が常に先進的な社会生産力の発展の要求，先進文化の前進の方向，幅広い人民の根本的利益を代表するとする命題である。中共の統治の正統性を補強するために，ことさら党が国民各層の利益，文化を代表していると宣明することが必要になっているのである。

文革の被害を集中的に受けたインテリゲンチャ［知識分子］が，「人民」の範疇に含まれるのかどうかは，憲法制定以前から問題となってきたデリケートな論点であった。結局，現行憲法では

「社会主義の建設事業は必ず労働者・農民および知識分子に依拠し，結集させうるあらゆる力を結集させなければならない」（憲法前文），「国は社会主義に奉仕する各種の専門的人材を養成し，知識人層の拡大を図り，（中略）社会主義的現代化建設における彼らの役割を充分に発揮させる」（同23条）と規定して，知識人の人民化をほのめかすにとどまった。通例の理解では，知識人の大多数は，「すでに労働者階級の一部分になっている」（鄧小平）とされる。

　前述のように，私営企業家など従前なら資本家として人民による独裁の対象とされていた階層について，共産党への入党が正式に認められるようになった。さらに，2004年改正では共産党と愛国統一戦線を形成しうる主体として，私営企業家を想定した「社会主義事業の建設者」という聞き慣れない文言を付加した。このように現憲法は資本家層をも政権へ結集させようとしており，共産党によって指導される人民民主主義独裁の建前は深刻な自己矛盾に陥っているといえる。

　(ii)　中国共産党指導下の多党合作制　　俗に中国は「共産党による一党独裁制」をとっているといわれるが，憲法学的にはもう少し丁寧な議論が必要である。それは共産党を［執政党］とし，特権的地位を与えると同時に，民主党派とよばれる諸「政党」との多党合作も認めているからである。民主党派として公認されているのは，ほとんどが建国直前の1940年代後半に生まれた政治団体で，建国時に共産党とともに統一戦線を結成して，建国の母体となった中国人民政治協商会議を構成した8つの「政党」である（表3-1参照）。

　これらの「政党」は［参政党］とよばれ，共産党と政権を争う

表 3-1 民主党派

名　称	略称	成立時期	特　色
中国国民党革命委員会	民革	1948 年 1 月	孫文の理想を継承し，蔣介石独裁に反対する国民党のなかの民主派が中心
中国民主同　盟	民盟	1944 年 9 月	中国民主政団同盟を前身として重慶で秘密裏に発足，都市のプチブル，知識人が中心
中国民主建国会	民建	1945 年 12 月	民族ブルジョアジーの工商業者およびこれと関係の深い知識人が中心
中国民主促進会	民進	1945 年 12 月	愛国民主運動をすすめた文化教育界の知識人，とくに小学・中学校教師および文化出版界の知識人が中心
中国農工民主党	農工党	1930 年 8 月	中国国民党臨時行動委員会として成立し，35 年に中華民族解放行動委員会と改称。現名称になったのは 47 年。医学・薬学・衛生・科学技術界が中心
中国致公党	致公党	1925 年 10 月	サンフランシスコで発足。47 年 5 月に香港で代表者会議を招集し，組織を改編。帰国華僑が中心
九三学社		1946 年 5 月	民主科学座談会として 44 年末に発足，九三座談会を経て現名に。民主運動をすすめた文化教育界・科学技術界の知識人が中心
台湾民主自治同盟	台盟	1947 年 11 月	愛国民主運動をすすめた台湾省出身者が中心

（出典　廖盖隆ほか主編『当代中国政治大事典』吉林文史出版社，1991 年，106 頁以下から作成）

野党でも反対党でもない。共産党の指導を受け入れ，あい手をたずさえてともに社会主義事業を建設する「友党」であり，いわゆる複数政党制をとっているわけではない。建国当初はある程度統一戦線の建前が実態に反映され，民主党派に中央政府の主要ポストのいくつかを割り振ることもあり，共産党との連合政権的要素を失っていなかった。こうした多党合作の基本方針は，〔長期共

存，互相監督，肝胆相照，栄辱與共」（長期に共存し，相互に監督し，心の内を見せ合い，栄誉と恥辱をともにする）という 16 文字に表現された。ところが民主党派のメンバーの多くは知識人や帰国華僑，元民族資本家であったために，反右派闘争から文革終了までの約 20 年間は，過酷な弾圧を受け，ほとんど活動を停止させられていた。後述する［参政］の主要な方途である中国人民政治協商会議が復活した文革後になっても，民主党派は何らの政治的実権ももたない形骸化した知識人のサロンと化していた。

　大胆な民主化を含む政治システムの本格的な改革に踏み出さずに，一党独裁の強権的，非民主的イメージを緩和することをねらって，1993 年の憲法改正の際には，前文に「中国共産党が指導する多党協力および政治協商制度は長期にわたって存続し，発展するであろう」（修正 4 条）という文言を挿入し，今後もこうした政党制を保持することを明らかにしている（なお，前文にも法的効力があるとするのが通説である）。しかし，そもそも 9000 万人ほどの党員を擁し，全国すみずみ，あらゆる組織の中にまで細胞の網の目をめぐらし，いっさいの政治的権力を独占する共産党と，最大の党員を抱える中国民主同盟でもわずか 29.5 万人の民主党派を同じ「政党」というカテゴリーで把握することは，ほとんど意味がない。むしろ多党合作制は，実質的一党支配体制を保持するための装置として利用されているというべきである。

　(iii)　中国人民政治協商会議　　共産党の指導のもとで民主党派およびその他の「愛国的民主人士」が，政治について話し合い，共産党と統一戦線を結成する具体的な組織として，現在も中国人民政治協商会議（以下，人民政協という）が設けられている。人民政協は法的権限をもつ国家機関ではないが，人件費を含む経費は

国費でまかなわれ，憲法では前文でその歴史的役割，今後の存続について明記している。人民政協には，共産党，民主党派，無党派人士，人民団体（労働組合，婦女連合会，青年連合会，宗教団体，工商業連合会など），少数民族，台湾・香港・マカオ同胞，帰国華僑などの代表が参加する。全国レベルに全国委員会を組織するほか，省・自治区・直轄市レベル，市・自治州・県，市轄区のレベルにも地方委員会が設けられている。

　人民政協の性質，任務，活動手続については，中国人民政治協商会議章程（1982年12月11日採択，1994年，2000年，2004年，2018年部分改正）が定めをおき，各委員の任期は5年である。その主要な任務は，国政の大局的な方針，地方の重要事項，大衆の生活，統一戦線の内部関係などの重要問題について話し合い，建議や批判を提起して，民主的監督機能を発揮することにあるとされるが，何らの決定権ももつものではないし，ましてや立法権などもない。日本のマスコミでは，国政助言機関と称される。

　歴代の全国委員会主席は毛沢東，周恩来など共産党の主要な指導者によって占められ，改革開放の［総設計師］鄧小平も，1978年2月以降，83年6月に故周恩来夫人の鄧穎超に代わるまで主席を務めた。現任は共産党中央政治局常務委員で前国務院副総理の汪洋である。

　人民政協には共産党に対する一定の牽制作用が期待されているほか，台湾統一をにらんで党外人士取り込みの窓口としての役回りを担わせようとしている。

(2)　社会主義国家

　憲法1条2項は「社会主義体制は中華人民共和国の根本的システムである」「いかなる組織ないし個人も社会主義体制を破壊す

第 3 章　憲　法

ることを禁止する」と規定し，この憲法が社会体制として社会主義を採用していることを重ねて明言している。つまり，国民が選挙を通じて「根本的システム」を選択するのではなく，憲法に先だってあらかじめ選択されたものとして社会主義体制を措定し，中華人民共和国＝社会主義国という大前提を確認するのである。そのうえで社会主義体制に対する疑義，反抗を意図する言論・行動を，それへの破壊として禁止するのであるが，それには社会主義の擁護，すなわち国家の利益の擁護という憲法的前提が必要なのである。後述する刑法（本書第9章参照）でも，「社会主義制度を覆す」ことを刑事処罰の対象としているし（刑法105条），憲法が規定する市民の権利の行使にあたっては，当然，すべてこの体制的制約を受けることになる。2018年改正では前文に，「調和のとれた美しい社会主義現代化強国へと築き上げ，中華民族の偉大なる復興を実現する」（修正32条）との将来目標を規定した。

　しかし，社会主義体制とは何かについて憲法に明確な定義が示されているわけではない。経済システムとしては，全人民所有制と集団所有制からなる公有制をその基礎とすること，しかも全人民所有制経済＝国営経済（修正5条で「国有経済」に改められた。以下，**表3-2**参照）が国民経済の主導的勢力であること，人が人を搾取する制度を廃絶し，労働に応じる分配を主体とすることが明記されるにすぎない（憲法6条・7条，修正14条）。政治システムとしては，共産党の指導を規定していることに表れているといえる。

　所有制についていえば，憲法自身が私営企業の存在・発展を容認し（修正1条），私営経済を社会主義市場経済の「重要な構成部分」に位置づけた（修正16条）。また，2004年改正で市民の合法的私有財産の不可侵をうたっている（修正22条）。実態面でも私

78

表 3-2　憲法の部分改正

	修正条項	改正内容	該当条項
88年	第1条	私営経済の存在と発展を法の定める範囲内において認める旨を明記	11条
	第2条	土地の使用権は法の定めるところにより譲渡することができるものと修正	10条4項
93年	第3条	中国は社会主義初級階段にあることを明記	前文7段
	第4条	中国共産党指導下の多党合作と政治協商制度の長期にわたる存続と発展を追加	前文10段
	第5条	「国営経済」を「国有経済」に変更	7条
	第6条	「農村人民公社」の字句を削除	8条1項
	第7条	「計画経済」「経済計画」に言及した部分を削除して，社会主義市場経済を実施する旨を明記，経済立法の強化とマクロ・コントロールの完備を宣言	15条
	第8条	「国営企業」に対する国家の統一的指導と国家計画の全面的達成という課題を削除し，「国有企業」の法の定める範囲内での自主経営権と民主的管理を規定	16条
	第9条	集団経済組織に対する国家計画にもとづく指導を削除し，その経済活動における自主権と民主的管理を規定	17条
	第10条	労働に関する規定において「国営企業」を「国有企業」に変更	42条3項
	第11条	地方人大の任期について，県，市，市が管轄する区を3年から5年に変更	98条
99年	第12条	社会主義初級階段が長期にわたること，毛沢東思想に続けて鄧小平理論を明記，社会主義市場経済の発展を追加	前文7段
	第13条	「法にもとづいて国を治め，社会主義的法治国家を建設する」を新1項として追加し，以下を繰り下げた	5条1項
	第14条	1項と2項をまとめて新1項にし，新2項に「公有制を主体とし，多様な所有制経済をともに発展させる」「労働に応じる分配を主体とし，多様な分配方式を併存させ」ることを明記	6条
	第15条	「生産高リンク家族請負を主とする責任制」を「家族請負経営を基礎とし，統一と分散を結合した二重経営システム」に変更	8条1項
	第16条	個人経済，私営経済などの非公有制経済を社会主義市場経済の「補完物」から「重要な構成部分」に変更，個人経済，私営経済の合法的権利・利益保護をより強調	11条
	第17条	「反革命活動」を「国家の安全に危害を与える活動」に変更	28条

	第18条	①マルクス主義，毛沢東思想，鄧小平理論に続けて，「"三つの代表"の重要思想」を追加。②「中国的特色をもつ社会主義を建設する道に沿って」から，「建設する」を削除。③「四つの現代化の実現」に続けて，「物質文明，政治文明および精神文明のバランスのとれた発展を推進」を追加。	前文7段
	第19条	統一戦線の構成者として，社会主義労働者全体に続けて，「社会主義事業の建設者」を追加。	前文10段
	第20条	「法律の規定にもとづき土地に対する徴用を行う」を，「収用ないし徴用を行い，併せて補償する」に変更。	10条3項
	第21条	「国は個人経済，私営経済の合法的権利および利益を保護する。国は個人経済，私営経済に対して誘導，監督および管理を行う」を，「国は個人経済，私営経済などの非公有制経済の合法的権利および利益を保護する。国は非公有制経済の発展を奨励，支持およびリードし，非公有制経済に対して法にもとづいて監督および管理を行う」に変更。	11条2項
04年	第22条	「市民の合法的私有財産は侵されない」「国は法律の規定にもとづき市民の私有財産の所有権および相続権を保護する」「国は公共の利益の必要性のために，法律の規定にもとづき市民の私有財産に対して収用ないし徴用をなし，併せて補償することができる」と変更。	13条
	第23条	「国は経済発展水準にみあった社会保障制度を整備，健全化させる」を追加。	14条4項
	第24条	市民の基本的権利・義務の一般規定として，「国は人権を尊重し，保障する」を追加。	33条3項
	第25条	全国人民代表大会の代表選出単位として，省，自治区，直轄市，軍隊に加えて，「特別行政区」を規定。	59条1項
	第26条	全国人大常務委員会の職権のうち，「戒厳の決定」を「緊急状態に入ることの決定」に変更。	67条20号
	第27条	国家主席の職権のうち，「戒厳令を発布すること」を「緊急状態に入ることを宣言すること」に変更。	80条
	第28条	国家主席の職権として，「国事活動を行うこと」を追加。	81条
	第29条	国務院の職権のうち，省，自治区，直轄市の一部地域について戒厳を決定することを，「緊急事態に組み入れること」に変更。	89条16号
	第30条	郷，民族郷，鎮の人民代表大会の任期を3年から5年に変更。これですべての全国・地方人大の任期が5年に統一された。	98条
	第31条	「義勇軍行進曲」を国歌とすることを定めた。	136条2項

18年	第32条	「科学的発展観，習近平新時代中国的特色ある社会主義思想」を指導思想に追加。「社会主義法制」を「社会主義法治」に変更。「新しい発展理念を貫いて」「社会文明，生態文明」「調和のとれた美しい社会主義現代化強国」「中華民族の偉大なる復興を実現」を追加。	前文7段
	第33条	「改革」「中華民族の偉大なる復興に尽力する愛国者」を追加。	前文10段
	第34条	社会主義的民族関係に「調和のとれた」を追加。	前文11段
	第35条	「改革」「平和的発展の道を堅持し，互いが利益を得，共に勝利する開放的な戦略を堅持」「人類運命共同体の構築を推し進める」を追加。	前文12段
	第36条	中国的特色ある社会主義のもっとも本質的な特徴として「共産党の指導」を追加。	1条2項
	第37条	監察機関を追加。	3条3項
	第38条	民族関係に「調和のとれた関係」を追加。	4条1項
	第39条	「社会主義核心価値観を提唱」を追加。	24条2項
	第40条	国家勤務要員就任時の憲法宣誓義務を追加。	27条3項
	第41条	全国人大の職権に国家監察委員会主任の選出を追加。	62条7号
	第42条	全国人大の罷免権限に国家監察委員会主任を追加。	63条4号
	第43条	全国人大常務委員の兼職禁止に監察機関の職位を追加。	65条4項
	第44条	全国人大常務委員会の職権に監察委員会関連の事項を追加。	67条6号・11号
		全国人大の専門委員会のうち，法律委員会を憲法および法律委員会に変更。	70条1項
	第45条	国家主席，副主席の連続2期以上の就任禁止規定を削除。	79条3項
	第46条	国務院の職権に「生態文明建設」を追加，監察を削除。	89条6号・8号
	第47条	区を設けた市の人民代表大会，その常務委員会に地方性法規制定権を新たに付与。	100条2項
	第48条	地方人大の任免権限に監察委員会主任を追加。	101条2項
	第49条	地方人大常務委員の兼職禁止に監察委員会の職務を追加。	103条3項
	第50条	地方人大常務委員会の職権に，監察委員会への監督を追加。	104条
	第51条	地方人民政府の職権から監察を削除。	107条1項
	第52条	第3章国家機構に「第7節　監察委員会」を挿入し，5ヵ条を新設（123条〜127条）。旧第7章を第8章に繰り下げ，旧123条〜138条までを128条〜143条に繰り下げた。	123条〜127条

第 3 章 憲　　法

営企業，外資系企業，個人工商業世帯などを合わせると，非公有
セクターの総生産額に占める比重はすでに国有セクターをはるか
に超えている。株式会社や証券市場の容認により分配原則でも資
本に応じる分配が幅を利かせるようになり，1999 年の改正で
「労働に応じる分配」以外の分配方式を併存させることが合憲化
された（修正 14 条）。また，かつては社会主義経済のメルクマー
ルの 1 つとされた計画経済に至っては，1993 年の改正でことご
とく憲法の文言から削除され，「社会主義的市場経済」に置き換
えられている（修正 7 条）。

　このように 5 度の部分改正を経て，経済システムの面から社会
主義を特徴づけることはほとんど不可能になっており，社会主義
の理念を実現する制度的装置としては，共産党による一党支配だ
けとなってしまった。先述のように 2018 年改正では，党の指導
こそが［中国特色社会主義］の本質的特徴であると直截に規定す
るに至っている。問題は曖昧な「社会主義」なるイデオロギーが，
憲法理念の基礎に位置づけられ，何が反社会主義的であるかの解
釈権を党が独占的に掌握し続けているところにある。1989 年の
六・四天安門事件を想起するまでもなく，それは必然的に中国憲
法の人権保障における実効性を著しく弱める結果を招いている。

　なお，体制維持への危機が意識されているのか，2018 年憲法
改正に先立ち，わざわざ社会主義体制の維持を目的とする専門の
法律が，2015 年に国家安全法として制定された。本法の目的に
は国家安全の維持のほか，「人民民主主義独裁の政権および中国
的特色ある社会主義制度の保衛」「中華民族の偉大なる復興」が
明記され（1 条），中共による指導の堅持を再確認している（15 条
1 項）。また，個々の市民にも国家安全を維持する責任と義務を課

す（11条1項）。2018年憲法改正では，国が［社会主義核心価値観］なるものを唱道するとも規定した（修正39条）。

(3) 民主集中制

(i) 民主集中制の論理　憲法3条1項は「国家機構は民主主義的集中制の原則を実行する」と規定するが，これは政権組織（ないし［政体］）を民主集中制原理にしたがって配置・運営することを意味する。民主集中制（Democratic Centralism）とは，民主主義的中央集権とも訳され，歴史的にはパリ・コミューンに始まり，レーニンを経て，長く社会主義国家に共通する国家機構編成の基本原理となってきたものである。旧ソ連ではソビエト制，そして中国憲法では人民代表大会制によって，これを具体的に制度化している。民主集中制には以下の3つの側面が含まれる。

第1に，人民と国家権力機関との関係である。「あらゆる権力は人民に属する」（憲法2条1項）ことを出発点に，国家権力を行使する人大は人民の直接・間接選挙を通じて民主的に構成され，人大は人民に責任を負い，その監督に服する（同3条2項）。また，人民は法にもとづいて人民代表（同77条）や国家機関の指導者を罷免する権利を有する。民主の実質にかかわる選挙制度の詳細については(ii)で述べる。

第2に，国家機関相互の関係である。人大は国家の権力機関（全国人大は最高国家権力機関）として全権的地位にたち，あらゆる権限を統一的に行使し，行政機関，裁判機関，検察機関を選出する（憲法3条3項）。また，人民政府，監察委員会，人民法院，人民検察院（［一府一委両院］という）は，国家権力機関に対して責任を負い，活動報告をし，監督を受ける。国家権力は一体不可分であり，［一府一委両院］は相互間で業務の分業を行うが，いわ

ゆる三権分立とは根本的に異質な論理が貫かれている。このため司法権の独立も原理的に否定される。

第3に，国家機関内部の関係および中央と地方の関係である。国家機関相互間において下級は上級に従い，地方は中央の統一的指導に服する（憲法3条4項）。後者についていえば，あらゆる国家機構が中央集権的に組織され，香港・マカオの特別行政区を除いて，地方自治といった観念は否定される。(iii)で後述する民族区域自治も「自治」の名に値する権限が与えられているわけではない。

こうした論理のもと，中国では具体的には人民代表大会制がとられているわけだが，結局，このシステムは全国人大をあらゆる国家機関の母体となり監督を行う権力機関と位置づけるもので，三権分立制の下での議会の役割にとどまるものではない。俗に全国人大を「日本の国会にあたる」などと説明することがあるが，原理的理解を欠いたものといわざるをえない。

(ii) 選挙制度　　人大の代表選挙の組織方法（以下，選挙制度という）は，民主集中制が真に民主的な政治制度かどうかを判断する最大のポイントである。選挙制度は，現在，全国人民代表大会および地方各級人民代表大会選挙法（1979年7月1日採択，1982年12月10日，1986年12月2日，1995年2月28日，2004年10月27日，2010年3月14日，2015年8月29日にそれぞれ部分改正。以下，選挙法という）によって規律されている。以下，選挙制度の特徴を略述する。

(a) 普通・平等原則　　憲法は「中華人民共和国の満18歳以上の市民は，民族，人種，性別，職業，出身家庭，信仰する宗教，教育の程度，財産状況，居住期間を問わず，いずれも選挙権およ

び被選挙権を有する。ただし，法律にもとづき政治権利を剝奪された者を除く」(34条) と規定する。選挙法上，選挙権をもたない (ないし行使できない) のは，2つの場合だけである。1つは犯罪を犯して法律の規定にもとづいて政治的権利を剝奪されている者は選挙権自体をもたず (選挙法3条2項，刑法54条1号)，もう1つは能力的に選挙権を行使することのできない [精神病患者] で，これにあたる者は選挙委員会の確認を経て選挙人名簿に登載されない (選挙法26条2項)。

　特徴はむしろ平等原則のほうにあった。選挙法では1人の市民は1票を行使しうるだけ (その限りで平等) とされるが (同4条)，中国でも1票にはその価値に格差があり，それも選挙法上公然と正当化されていた。つまり，都市と農村では代表定数の配分において極端な不平等が認められていて，2010年までは各クラスの人大で一律に農村の代表1人あたりの人口は基本的に都市の4倍とされていた。さらに，1995年の法改正以前は全国人大で8倍，省クラスで5倍，県クラスで4倍とされていたのである。こうした法による公然とした格差は，労働者階級の指導的地位を保障・強化するためであり，国家の階級性の選挙制度における反映と説明されていた。しかし，都市への人口移動による農村人口の急激な減少という変化を受けて，中共17全大会 (2007年10月) で都市と農村部の1票の格差をしだいに縮小する方針が明記されるに至った。

　これを受けて2010年3月には選挙法が再度改正され，全国，地方各クラスの人大選挙における代表定数は都市，農村を問わず，人口数に比例して配分することとされた (同14条1項・16条1項)。これで制度上は1票の格差が解消されるに至り，いわゆる [同票

第3章　憲　法

同権〕を実現した。56年続いた選挙における農民差別の歴史に
終止符が打たれたのであるが，労働者階級のヘゲモニーの確保と
いう当初の理念が変化したのかどうかは定かではない。

　(b)　少数民族の優遇　　中国は漢民族のほかに55の少数民族
からなる多民族国家であるが，少数民族の代表を確保するために，
代表1人あたりの人口数を当該地域の平均よりも少なくするとい
う優遇措置を定めている。具体的には域内の人口が15%以下の
少数民族は，原則として2分の1までそれを少なくすることがで
き（選挙法18条3項），極端に人口の少ない少数民族でも最低1人
の代表を全国人大に送ることができる（同法17条）。実際，少数
民族は人口比を上回る数の代表を全国人大に送っている（第13期
全国人大で14.7%）。

　(c)　直接選挙と間接選挙の併用制　　郷，鎮クラスと県（市,
市轄区）クラスの人大代表までは市民による直接選挙が行われる
が（選挙法2条2項），地区クラス（市，自治州），省（自治区，直轄
市）クラスおよび全国人大については，その1クラス下の人大が
選挙するという「間接選挙」制がとられている（同条1項）。全国
人大の場合はこのほか香港・マカオ特別行政区と人民解放軍も選
出母体となる。直接選挙を行わないのは，経済・文化・交通など
の面の制約，人民が大規模な選挙を行う経験を欠いている，遠く
離れた地域の候補者の事情に通じていないなどの理由があるから
だとされる。1953年の旧選挙法では県レベルでも間接選挙によ
っていたので，これでも一歩前進したわけであるが，一般市民か
らすると最高権力機関を構成する全国人大の代表は，なお三重の
間接選挙により選出されているわけで，しかも直接選挙を実施す
るための条件整備に力を注いでいる様子も窺えない。もっとも

86

14 億人を超える人口を抱える超大国で統一的な国政選挙を実施するというのは，人類が経験したことのない大事業であり，民主的な選挙を行いうる国民国家のサイズには適正規模というものがあるのかもしれない。

(d) 差額選挙　　要するに選出される定数よりも多くの候補者をたてて選挙を行うという当たり前のことであるが，1979 年以前は定数と候補者が同数という［等額選挙］が行われてきたことから，民主の前進としてことさら喧伝される。［差額選挙］といっても立候補したい人が自由に何人でも立候補できるというわけではなく（そうした選挙を原語では［競選］として区別），人民による直接選挙については定数の 3 分の 1 以上から同数，間接選挙では 5 分の 1 以上から 2 分の 1 以内の範囲で定数より多い候補者数となるよう，事前に有権者グループの討論，予備選挙によって候補者のしぼりこみが行われる（選挙法 31 条）。

選挙民には候補者の氏名，年齢，民族，所属階級など簡単なプロフィールが知らされるだけで，候補者の政見を伝えるための選挙運動が行われることはまれである。上からの動員により投票率は極めて高く，どの選挙も 90% を超える。以上を総合するならば，原語では［選挙］という同じ用語が使われているものの，われわれがイメージする選挙とはほど遠い制度だといえる。

(iii)　中央集権的単一制　　憲法は前文で中華人民共和国が「統一的多民族国家である」ことを明記しているが，これは連邦制ではなく［単一制］を採用することを意味する。そのうえで少数民族が集居する地方には民族自治地方（自治区，自治州，自治県の 3 クラス。なお，県クラスの下に民族郷をおく場合もあるが，法的には民族自治地方ではない）の設置を許し，一定の［自治権］を与えてい

る。ただし，「諸民族自治地方はいずれも中華人民共和国の切り
離すことのできない一部分である」（憲法4条3項）こと，すなわ
ち分離独立する権利はないことを前提とし，独立の試みは「民族
の団結を破壊し民族の分裂を引き起こす行為」（同条1項）として
禁止される。くわえて，およそ市民は「国家の統一および全国の
諸民族人民の団結を保持する義務」（同52条）を負う。このよう
な憲法の枠組みからすると，くすぶり続けるチベットや新疆での
民族独立運動は反憲法的と評価されることになる。漢民族のほか
に，公式には55の少数民族が約1億1400万人，総人口の8.5%
を占めている。

　これを前提として行政区画は次の3つのクラスに分けられてい
る（憲法30条）。まず，全国を省（22カ所），自治区（内モンゴル，
新疆ウイグル，広西チワン族，寧夏回族，チベット），直轄市（北京，
上海，天津，重慶）に分かつ。省・自治区は自治州・県・自治県に，
県・自治県は郷・民族郷・鎮に分けられる。さらに，直轄市・比
較的大きな市は区・県を，自治州は県・自治県・市を設置する。
郷鎮クラスが基層政権をなし，全国で3万9945カ所を数える。
近時，ほとんどの地域で省クラスと県クラスの間に地区クラス
（自治州と同クラス）の市が設置され，行政区画の段階が1つ増え
ている。

　民族区域自治制度は中共が1940年代以降に形成した民族問題
対処の基本政策である。上記5つの自治区のほか，2017年時点
で自治州30カ所，自治県（ないし自治旗）を120カ所設置してい
る。自治地方が享有する自治権については，憲法第3章第6節が
「民族自治地方の自治機関」（112条以下）として規定するほか，
具体的には民族区域自治法（1984年5月31日採択，同年10月1日

施行，2001年2月28日一部改正。以下，自治法という）が規律する。
これらには主に，①自治立法権（自治条例・単行条例制定権，上級
国家機関の決議などを一部変更・停止する権限，法律を一部変更・補充
する規定制定権），②人事管理権（自治区主席など行政の首長は必ず自
治民族から選出），③税財政（税率，予算配分）上の優遇，④教育，
科学，文化，衛生，体育事業を管理し，民族の言語文字を使用す
る権利，⑤国務院の許可を経て公安部隊を組織する権限などがあ
る（自治法19条〜45条）。自治条例・単行条例などは1クラス上
の人大常務委員会に報告し，承認されてはじめて効力を生じると
されるが（憲法116条），この立法権限は現状では活発に利用され
ているとはいいがたい。たとえば，当該地方の基本法としての性
格をもつ自治条例すら，省クラスの5つの自治区をはじめ制定し
ていない自治地方があり，制定された自治立法もそれぞれが大同
小異で特色に乏しい。また，公安部隊とは当地の「社会治安を維
持する」（自治法24条）ための武装力であり，主眼は「民族分裂
主義」や分離独立運動の鎮圧にあるとみられる。なお，これらの
自治権を行使するのは，法的には民族自治機関としての人大と人
民政府とされ（憲法112条），少数民族の個々の市民ではないこと
にも留意すべきである。

　1997年7月1日をもって香港には憲法31条にもとづき特別行
政区が設置された。香港では香港特別行政区基本法（1997年7月
1日施行，2017年11月4日改正）により高度な自治権を認め，外交
と軍事を除くほか，独自の行政・立法・司法権を保有させ，中華
人民共和国とは別個の法体系と終審裁判権が許された。「一国二
制度」の方針のもと，基本法を最高法規とする資本主義地域とさ
れ，これまで述べてきた憲法の基本原理は作用しない。1999年

第3章 憲 法

12 月に中国に復帰したマカオについても同様の方式が採用されている（マカオ特別行政区基本法：1999 年 12 月 20 日施行，2017 年 11 月 4 日改正）。特別行政区の設置は，従来の［単一制］の枠を大きく踏み越えるもので，なぜ少数民族には［区域自治］という名の強い中央統制をしきながら，旧植民地だけを特別扱いするのかを説明することは困難である。にもかかわらず，2001 年に自治法が一部改正されて，民族区域自治制度は国家の「重要な」制度から「基本制度」へ格上げされ，これを今後も堅持，改善していくことが規定された（同法序言）。

最近，中央の権力が拡張し，「一国二制度」を揺るがし始めている。香港とマカオにも以下のように中国法の効力が及び始めている。2017 年の基本法改正により，中国国歌法が香港，マカオでも施行されることになり，国歌の改変，侮辱などの行為に刑罰を科し，小中学校の教育に国歌を組み込む法的根拠を与えた。2018 年 9 月に開通した香港と本土をつなぐ「広深港高速鉄道」の香港側の起点，西九龍駅および車内では，中国法が適用されることとなった。2019 年には香港から中国本土に犯罪容疑者を引き渡せるようにする逃亡犯条例の改正が提起され，これに対して市民の大規模な反対運動が巻き起こった。条例改正は撤回されたが，行政長官および立法会の民主的な選挙を求める運動が長期にわたり継続した。「一国二制度」はすでに「一国一・五制度」へと変容し，失敗したとも言われ，香港市民の中央政府への反発が強まっている。

2 国 家 機 構

以下では国家機構の組織（**図 3-1** 参照）について概観するが，

図 3-1　中国国家機構図

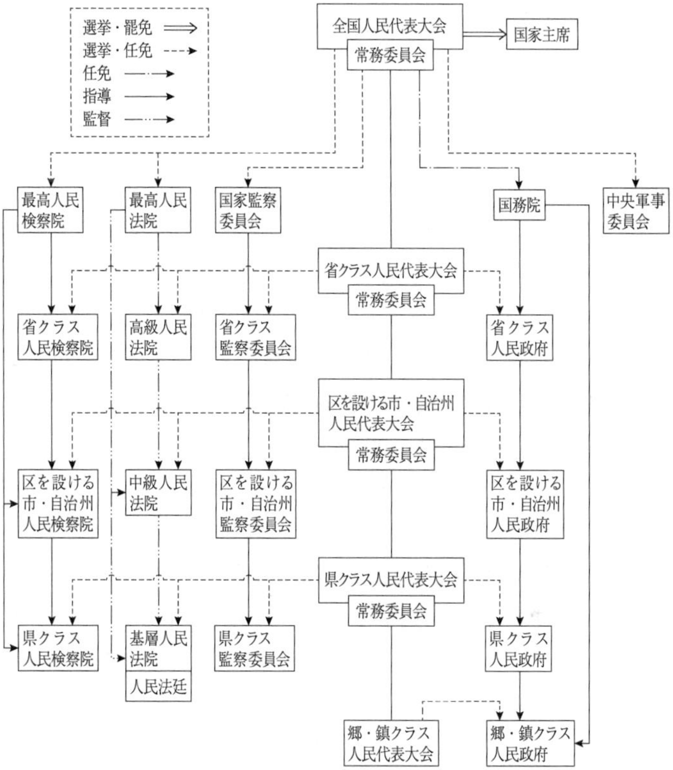

選挙・罷免　⟹
選挙・任免　--->
任免　——→
指導　———→
監督　-- --→

全国人民代表大会
常務委員会　→　国家主席

最高人民検察院　最高人民法院　国家監察委員会　国務院　中央軍事委員会

省クラス人民代表大会
常務委員会

省クラス人民検察院　高級人民法院　省クラス監察委員会　省クラス人民政府

区を設ける市・自治州人民代表大会
常務委員会

区を設ける市・自治州人民検察院　中級人民法院　区を設ける市・自治州監察委員会　区を設ける市・自治州人民政府

県クラス人民代表大会
常務委員会

県クラス人民検察院　基層人民法院　人民法廷　県クラス監察委員会　県クラス人民政府

郷・鎮クラス人民代表大会　郷・鎮クラス人民政府

司法機関については本書第 10 章にゆずる。

(1)　全国人民代表大会

(i)　全国人民代表大会およびその常設機関の構成　　最高国家権力機関とされる全国人大の代表は任期 5 年で（憲法 60 条 1 項），定数は 3000 名を上限とする（選挙法 15 条 2 項）。代表はもとの職場に属したままで職務にあたり，職業的な政治家ではない（参照，

憲法 76 条 1 項）ことから，会議は年にわずかに 1 回，10 日間程度（毎年 3 月に）開かれるのが通例である（同 61 条 1 項）。

　これではとても十分な活動をなしえないので，その常設機関として常務委員会が設けられている（同 57 条）。常務委員会は 2 カ月に 1 回程度会議を開き（全国人民代表大会組織法 29 条），人大閉会中，代わって最高国家権力，立法権を行使する。国家主席とともに国家元首の地位にあると解されている。常務委員会は委員長，副委員長（若干名），秘書長，委員（若干名）から構成され，全国人大によって選出され（憲法 65 条），それに責任を負い，活動報告を行う（同 69 条）。なお，常務委員会のメンバーは，行政機関，監察機関，裁判機関，検察機関の職務との兼職を禁じられていることから（同法 65 条 4 項），専門的な政治家として活動することを前提としているとみられる。

　全国人大にはほかに専門委員会として，民族委員会，憲法・法律委員会，監察・司法委員会，財政経済委員会，教育科学文化衛生委員会，外事委員会，華僑委員会，環境資源保護委員会，農業農村委員会，社会建設委員会が設けられ，それぞれに関係する議案，法案について事前に審議する（憲法 70 条）。これらの専門委員会のメンバーは人民代表のなかから選ばれる。

　(ii)　職　権　　全国人大が行使する職権は広範囲にわたり，主要なものは以下のとおりである。①憲法の改正および監督。②刑事・民事・国家機構およびその他の基本的法律などの立法権。③その他の最高国家機関の組織・監督。これには国家主席，国務院総理，国家中央軍事委員会主席，最高人民法院長，最高人民検察院検察長などの選挙，罷免決定をはじめとする人事権を含む。④その他国家の重大事項を審議・決定する（経済・社会発展計画の審

査・承認，予算・決算の審査・承認，戦争と平和にかかわる決定など）権限（憲法 62 条・63 条）。

　国家主席，各国家機関の長（およびその副職）について 82 年憲法は，歴代の憲法ではじめて事実上の終身制を廃し（ただし，国家中央軍事委員会主席を除く），いずれも 2 期を超えて就任することができないとしていた。このことのもつ意味は意外に大きく，主要ポストに世代交代を必然化させる装置を組み込んだという意味で，中国の政治を徐々にではあるが，着実に改革する効果をもつと考えられていた。ところが，2018 年改正で国家主席と副主席について任期制限規定を削除し，事実上の終身制に復した（修正 45 条）。82 年憲法の重要な特徴を消失させ，79 年憲法以前へと回帰するものである。

　現行憲法はとりわけ常務委員会の職権を大幅に拡大・強化していて，人大自身とほぼ同様の権限に加えて，憲法・法律の解釈権，行政法規，地方性法規の取消権などまで付与している。とくに 54 年憲法では全国人大の専権とされていた通常の法律の立法権，全国人大が制定した基本的法律の改正権まで常務委員会に委譲している。旧社会主義諸国の憲法のなかでも，中国の全国人大常務委員会ほど強大な権限をもつ類似の機関はほかに存在しない，といわれている。実際の制度運用の結果からいえば，常務委員会の活発な立法活動により，現行憲法制定後，急テンポで法律の採択・改廃を進め，基本的に［有法可依］（依るべき法がある）状態を実現したが，全国人大自身が形骸化したことは否めない。常務委員会の立法能力を高めた要因の 1 つとして，事務機構としての法制工作委員会の存在は特筆に値する。有能な法務官僚を集め，法案作成のスペシャリストとして，主要な法案起草作業を事実上

担っているとみられる。なお，法律をはじめとする法源の体系，それぞれの制定権限，手続，解釈，相互の抵触関係の処理などに関して規定する立法法が，2000 年 3 月に制定されている（同年 7 月 1 日施行，2015 年 3 月 15 日改正）。

全国人大はかつては提案されたことをただ承認するだけの「ゴム判」と揶揄されることもあったが，人事案件や毎年の検察院や法院の活動報告（汚職摘発についての報告を含む）などに関して大量の反対票，白票が投じられるようになっているし，法案審議において原案に対して実質的な修正を施す（1999 年の契約法，2001 年の婚姻法）など，一部で審議の充実ぶりを示す動きも表れていた。しかし，憲法改正，国家主席承認などの重要案件では，相変わらず党の決定をほぼ満票で追認するのがなお通例である。

(2) 国家主席

国家主席は既述のとおり全国人大常務委員会とともに国家元首として国を内外に代表する。54 年憲法では同名のポストが設けられていたが，75 年憲法，78 年憲法では廃止されていたのを，現行憲法が復活させた。54 年憲法と比べて特徴的なのは，現行の国家主席制のもとでの主席は，政治的な実権のない純粋に象徴的な職位とされている点である。54 年憲法では武装力の統率権や最高国務会議の招集権など実質的な重大権限を与えていたが，現行憲法では全国人大が採択した法律などの公布，全国人大が決定した人事についての任免，栄典の授与，外交上の接受など形式的，儀礼的な権限に限定している（憲法 80 条・81 条）。また，被選出年齢が 35 歳から 45 歳以上へ引き上げられ，2 期を超えて就任することはできなくなっていたが（同 79 条 2 項・3 項），その制限は撤廃された。江沢民以来，党の総書記が中央軍事委員会主席

とともに国家主席を兼務するのが慣例となり，憲法上の権限を超えた権威をもつポストとなっている。

(3) 国 務 院

「国務院，すなわち中央人民政府は，最高国家権力機関の執行機関であり，最高国家行政機関である」（憲法85条）。その活動はすべて全国人大に従属しており，それに責任を負っている。行政系統の最高機関として，全国の地方人民政府を統一的に指導する。総理以下，副総理，国務委員，各部長・委員会主任（大臣に相当），会計検査長，秘書長から構成され，総理個人に全権を委ねた総理責任制をとる（同86条）。総理以外の指名は総理が行い，全国人大が決定する。総理，副総理，国務委員，秘書長は常務会議を構成し，そのほか全メンバーによる全体会議がおかれる（同88条2項・3項）。職権は多岐にわたるが，法の整備にとって重要なのは，行政法規の制定権である（同89条）。民事や行政にかかわるかなり重要な法規・細則が，行政法規の形で制定されている。具体的な行政事務を担う部・委員会，中国人民銀行，会計検査署では，部長・主任責任制がとられ，行政規則を制定する。特定分野の法制度を詳細に知るには行政規則にも配慮する必要がある。その他，必要に応じて税関総局，税務総局，市場監督管理局，統計局，体育総局，国際発展合作署などの直属機構，事務機構として香港マカオ事務辦公室などを設けている。国務院の組織については，憲法にもとづき国務院組織法（1982年12月10日）がごく簡単に規定しているだけで，部・委員会ごとに設置法などはない。

9期全国人大1回会議（1998年3月）以降，いくども大規模な機構改革と人員削減が繰り返され，部・委員会が40から26に削減，正規の公務員も削減された。中央官庁からの指令によって企

第3章 憲　法

業の経済活動のいっさいを組織する従来のスタイルから，市場経
済システムに適合した行政機関への役割転換が進められた。2018
年3月以降，「党と国家機構改革を深化させる方案」にもとづき，
党組織と国家機構の大規模な統合・融合が進められた。党と国家
の一体化という毛沢東時代に逆戻りするかのような動きであり，
法の効力を弱めかねない重大な改革として留意する必要がある。

(4)　中央軍事委員会

中国人民解放軍，人民武装警察部隊をはじめとする全国の武装
力を指導・統帥するのが，国家機構としての中央軍事委員会であ
る（憲法93条1項）。人民解放軍は紅軍，八路軍とよばれ，革命
戦争を通じて中共が育ててきた軍隊であるため，建国後もこれが
党の軍隊であるのか，国軍であるのかをめぐり揺れを経験してい
る。75年憲法，78年憲法では解放軍についての規定は国家機構
の外におかれ，「中国共産党が指導する工農子弟兵」，「中国共産
党中央委員会主席が全国の武装力を統帥する」とされていた。他
方，現行憲法は解放軍を改めて国軍と位置づけなおし，武装力を
指導する独自の国家機関を設けることとした（国防法5条・13条）。
しかし，党の側にも中央軍事委員会が存在し，実はそのメンバー
はそっくり国家中央軍事委員会の構成員を兼ねていて，党軍から
国軍への転換は必ずしも実質をともなったものとはなっていない。
国防法（1997年3月14日採択，2009年8月27日改正）には，人民解
放軍など全国の武装力は中共の指導を受けることが明記されてい
る（同19条）。中央軍事委員会は主席，副主席（若干名），委員
（若干名）から構成され，主席責任制をとる。中央軍事委員会は軍
内で施行される軍事法規を（同13条5号，立法法103条1項），軍
事委員会各部，海空の兵種，軍区は軍事規則を（立法法103条2

項），それぞれ制定する（ただし，2015 年から 2018 年にかけて軍組織の改編が行われており，2015 年の立法法改正はこれを反映していない）。注意すべきは，中央軍事委員会主席には 2 期を限度とする多選禁止規定が当初からないことである。これは憲法制定当時，鄧小平が主席に就いていたことと関係があるとみられている。中国政治においてこのポストは格別な意味をもち，「銃口から政権は生まれる」と言われた共産党政権と軍の特殊な関係を示す。

(5) 国家監察委員会

2018 年憲法改正により第 3 章国家機構に第 7 節監察委員会（5 ヵ条）が追加され（修正 52 条），新たな国家機構として監察委員会が設置された。同時に新機構の詳細を定める監察法（2018 年 3 月 20 日採択・施行）が制定された。中央に最高監察機関として国家監察委員会が，省クラス，市・自治州クラス，県・自治県・区クラスに地方監察委員会が設けられた（監察法 7 条）。監察委員会は党内監督と国家機関への監督を一体化し，公権力を行使するすべての公職者をカバーする腐敗摘発機構である。汚職摘発に熱心に取り組む習近平の方針をさらに徹底することを意図した政治制度改革に位置づけられる。

国家監察委員会は党の中央規律検査委員会，国務院の監察部，最高検察院の腐敗防止関連部門を統合して設置された。2018 年憲法改正後，党と国家の機構を合体させた党政一体の機関がいくつも誕生したが，監察委員会はその代表例である。これにより人大のもとにある国家機構は，[一府両院]（政府および法院，検察院）から[一府一委両院]へと大きく変革された。

各クラスの監察委員会は，監察職権を行使する専門機関とされ，あらゆる公権力を行使する公職者の職務上の違法，職務犯罪に対

する監督，調査を行い，腐敗防止にあたる（監察法3条・18条）。国家監察委員会主任は全国人大から選出され，副主任，委員は人大常務委員会が任免する（同8条）。主任の任期は人大の各期と同じ5年とされ，連続2期を超えて就任できない（憲法124条2項）。民主集中制の原理にしたがい，上級の監察委員会は下級の監察委員会の業務を指導し（同125条），国家監察委員会は全国人大，地方の監察委員会は選出母体の人大および上級の監察委員会に対して責任を負う（同126条）。［一府両院］は毎年，対応する人大の全体会議において［工作報告］を行うことで，人大から監督を受けるが，監察委員会は人大常務委員会に［専項工作報告］をするとされる（監察法53条2項）。2019年の人大では監察委員会による工作報告は行われておらず，［一府両院］とは異なる扱いがなされている。

　監察委員会がカバーする公職者は，以下のように広い範囲におよぶ（監察法15条）。①党機関，人大およびその常務委員会の機関，人民政府，監察委員会，人民法院，人民検察院，政治協商会議各クラス委員会の機関，民主党派および工商連合会機関の公務員，公務員法を参酌して管理される人員。②法律，法規，国家機関の委託により公共事務を扱う組織の公務人員。③国有企業の管理人員。④教育，科学研究，文化，医療衛生，スポーツなどの事業体の管理人員。⑤大衆的自治組織の事務員。⑥その他法にもとづいて公職に就く人員。

　監察委員会は調査のために広範な職権を与えられている。たとえば，容疑者に対する身体検査，訊問，身柄の留置（最長で6ヵ月），証拠物に対する強制措置，違法財物の没収などである。こうした監察委員会による［処理決定］に対する不服は，当該委員

会に対する［復審］，さらに一級上の委員会への［復核］という形で系統内部において見直しを求めることができるだけで（監察法49条），法院へ提訴する道は開かれていない。

このように監察委員会が司法的統制のもとにはおかれていないのは，党と国家の自己監督のための政治機関とされ，行政機関でも司法機関でもないからである。その捜査には刑事訴訟法も適用されない。性質の曖昧なきわめて強力な機構が誕生したことになり，被調査者の人権に対する脅威となることが懸念される。

(6) 地方国家機関

地方国家機関には，地方各クラスの国家権力機関としての人大，その執行機関・国家行政機関としての人民政府のほか，裁判機関としての人民法院，検察機関としての人民検察院，そして監察委員会が含まれる。いずれも国家機関の構成部分として位置づけられ，地方自治体，地方公共団体なる観念は存在しない。中央同様，当該地方の国家機関はすべて対応する人大により選出され，それに責任を負い，活動報告を行う。

(i) 地方人民代表大会および人民政府　省・自治区・直轄市，自治州，県，市，市轄区，（民族）郷，鎮には，人大と人民政府が設置される（憲法95条）。これらの組織の詳細は，地方各級人民代表大会および地方各級人民政府組織法（1979年7月1日採択，1982年12月10日，1986年12月2日，1995年2月28日，2004年10月27日，2015年8月29日に部分改正。以下，地方組織法という）が定める。各クラス人大の任期は全国人大と同様5年である。県クラス以上の人大には常務委員会が設けられる（憲法96条2項）。

54年憲法にはなかった地方人大およびその常務委員会の重要な職権として，地方性法規の制定権がある。憲法は省クラス人大

第 3 章　憲　　法

およびその常務委員会だけにそれを与えたが（憲法 100 条），地方組織法は省・自治区の人民政府所在都市（例：遼寧省の瀋陽市），国務院が指定した比較的大きな都市（例：遼寧省の大連市）の人大とその常務委員会にも与えた（地方組織法 7 条 2 項）。2018 年の憲法改正では区を設けた市の人大（およびその常務委員会）すべてに地方性法規制定権を付与した（修正 47 条）。制定された地方性法規は，全国人大と国務院に報告され，記録される。地方性法規は「憲法，法律，行政法規と抵触しないという前提のもとで」（憲法 100 条）制定しうるとされているが，憲法や既存の法律の枠を超えた大胆な（違法の疑いすらある）改革措置（たとえば，破産，株式会社，証券取引，国有土地使用権有償譲渡など）は，沿海部の地方性法規が真っ先に実態にお墨付きを与えることが多かった。また，計画出産，税や社会保障など重大な人権や人民の利益にかかわる制度が，地方性法規により規律されることもあり，中国法の研究にとって地方性法規は，重要な意味をもつ。

　人大に対応して各レベルに設立された地方人民政府は，二重の従属関係におかれている。つまり，同クラスの人大に責任を負うほか，1 クラス上の行政機関にも責任を負い，活動報告をし，最終的には国務院の統一的指導のもとにあるとされる（憲法 110 条）。したがって，特定の業務部門はいずれも，国務院の部→省クラスの庁→地区クラスの局→県クラスの局→郷クラスの科（ないし処）というように縦の指導系統に位置づけられている。また，人民政府内部では省長，市長，区長，県長，郷・鎮長などによる首長責任制がとられている（同法 105 条 2 項）。地方政府の出先機関として，必要に応じて省クラスでは［行政公署］，県クラスでは［区公所］，市轄区，区を設けない市では［街道辦事処］を設けるこ

とができる（地方組織法 68 条）。省クラスおよび国務院が指定した比較的大きな都市の人民政府には規則制定権（立法法 82 条）が，県クラス以上の地方政府には決定，命令を発布する権限があり（憲法 107 条），地方的行政規則ともいいうる法規群が多数，存在する。

　注目すべき動きとしては，近年，郷鎮の首長（郷長，鎮長，ないしそれらの候補者）を住民の直接選挙で選出する地域が一部で現れている。憲法が予定する統治機構の原理からすれば，本来，行政の首長は権力機関たる人大によって選出されるべきであるが，民主化へ向けた試みとして法の根拠なく試験的に実施されている。これが憲法改正をはじめとする制度改革へとつながっていくのかは予測しがたいが，限定的ながら政治の民主化が模索されていることがうかがえる。

　(ⅱ)　大衆的自治組織　　憲法 111 条によると，基層の人民政府のさらに下に都市部には居民委員会，農村では村民委員会が設置される。これらは国家機関ではなく，大衆的自治組織と性格づけられた住民による自治機関であるが，行論上，ここで扱うことにする。

　これについては憲法には 1 カ条規定があるだけで，詳しくは都市居民委員会組織法（1989 年 12 月 26 日採択，2018 年 12 月 29 日改正）および村民委員会組織法（1998 年 11 月 4 日採択，2010 年 10 月28 日，2018 年 12 月 29 日改正。以下，新村民法という）により規律されている。住民により選挙された主任，副主任，委員の計 5〜9名（村民委員会は 3〜7 名）から構成される。村民委員会については，1987 年に制定された村民委員会組織法（試行）に代わって，村民による直接選挙の手続を詳細に定め，基層における民主主義

第3章　憲　法

の拡大を強調した新村民法が1998年11月，制定・施行された。実際に村民委員会主任（俗に［村長］とよぶ）の直接選挙が各地で行われている。これは権力機関の選出方法の民主化におよぶ本格的な政治改革ではないし，共産党組織の指導的・核心的役割についても規定する（3条）ものの，民主化への一定の努力と評価することができる。基層の人民政府ないしその出先機関が居民委員会，村民委員会に対して指導，サポート，援助を行うとされ，活動費用，委員に対する生活手当も負担する。

　親委員会の下には民間紛争解決のための人民調停委員会，公安機関の指導のもと地域の治安維持のための活動を行う治安防衛委員会，公共衛生委員会などの下部委員会を設置することになっている。政治権利被剝奪者に対する監視・教育，地域の助け合いとしての高齢者への介護サービスの提供，収益事業を兼ねた失業対策のための商店・工場の経営など，草の根レベルで多彩な活動を展開している。かつては計画出産の個々の市民レベルへの徹底を担っていた。

　このように「自治組織」とはいっても，実質は末端行政機関の出先に近い役割を担っているし，委員は公務員に準じた扱いがなされている。居民委員会は近時，俗にコミュニティ［社区］と称して，職場［単位］に代わる末端の共同体に移行させようとする動きがある。

3　市民の基本的権利と義務

(1)　市民の基本的権利・義務と「人権」

　中国憲法には「人権」という用語は登場せず，代わりに「市民の基本的権利および義務」という表現のもと，市民の権利・義務

のカタログを列記するという構成をとっていた。これは前国家的，自然権的，超階級的に抽象的な「人」一般の権利を論ずる「人権」概念をブルジョア的であるとして否定し，社会主義国家によりその構成員たる市民に対して，憲法と法律にもとづき実質的に権利保障を図るという社会主義的権利観念にもとづくものである。これを反映して学界においても長い間，「人権」というテーマは［禁区］（タブー）でありつづけた。ところが，六・四天安門事件以降の中国に対する西側諸国からの人権批判に積極的に反駁する意味から，1991年11月に国務院新聞辦公室が「中国の人権状況」（いわゆる人権白書）を公表して以来，学界でも「人権」を語ることが許されるようになった。そしてついに2004年の憲法改正で「国は人権を尊重し，保障する」（修正24条）という文言を規定した。

　［人権入憲］と喧伝されるこの改正が，従来の権利論といかなる関係にあるのかは明確ではない。ブルジョア的人権論に対する根本的批判をけっして引っ込めたとまではいえないが，人権には階級を超えた普遍的な側面があることを一定程度承認する立場へ転じたものと解される。中国的人権論の特徴としては以下のような点を挙げることができる。第1に，国家，民族といった集団としての生存権こそが真っ先に解決されなければならない人権問題であって，14億人民の生存を確保するという全人類的課題を一応解決したのは，中華人民共和国にほかならないことを強調する。帝国主義列強の侵略，収奪から中国人民を解放し，独立を果たし，生活レベルの大幅な改善を実現した中国政府こそ，人権の擁護者であったことを喧伝するのである。第2に，人権問題は本質的に一国の国内的管轄事項に属するもので，他国の人権問題への批判

は主権を脅かす内政干渉にあたり，人権が主権に優位することはないとする。第3に，中国はいまだ発展途上国であり，人権をめぐる現実には欠点があり，改善の余地が多いことを承認し，今後の努力の必要性を表明する。

人権問題をテーマとして正面から論ずることができるようになったこと自体は，積極的評価に値する。建国以前，中国の独立を脅かし，中国人の人権をほしいままに蹂躙してきた欧米や日本などの先進諸国が，いまさら人権を盾に中国政府を批判することの理不尽さへの苛立ちも理解できる。また，現代中国，ことに改革開放路線以降の中国が，縦に比較のスケールをとるならば，有史以来，もっとも人権が保障された社会になっていることもまぎれもない事実である。しかし，問題は，やはりこうした議論では，まだ解決されていない人権問題の告発，その改善へと思考・実践は進展しないし，逆に強権的な政府を正当化する作用しか果たさないであろうという点にある。

人権概念の憲法への導入は，国際人権規約への加盟・批准の流れの延長線上にある。すでに中国は，「経済的，社会的及び文化的権利に関する国際規約」（A 規約），「市民的及び政治的権利に関する国際規約」（B 規約）へは加盟（A 規約については批准も）を済ませている。もっとも，これらに抵触する国内法の見直しなどが進められている様子はない。

(2) 権利・義務のカタログ

(i) 現行憲法規定の特徴　　建国後に制定されたこれまでの3つの憲法と比較して，現行憲法の権利・義務（人権）についての規定には，以下のような特徴がある。

①章の配列　　これまでの憲法ではいずれも権利・義務につい

3　市民の基本的権利と義務

ての規定を国家機構の後の第3章に配置していたが，総綱に続け
て第2章においた。

②権利の種類の拡大　　市民の権利についての規定が18カ条
と格段に拡充されている。54年憲法でも14カ条，75年憲法に至
ってはわずか2カ条しかなかったのであるから，カタログが豊富
になっていることは事実である。ただし，5度の部分改正にもか
かわらず，具体的な権利の拡充などは一切行われていない。

③権利と義務の一致性の強調　　これを強調するのは社会主義
憲法の特色であったが，現行憲法でもとくに「いかなる市民であ
れ，憲法および法律が定める権利を享有し，同時に必ず憲法と法
律に規定する義務を履行しなければならない」（33条4項）と規
定し，市民の自由・権利行使の指導原則となっているといわれる。

(ii)　基本的権利　　具体的には以下のような諸権利が規定され
ている。

(a)　平等権　　54年憲法にも規定されていた市民の法の下の
平等を復活させている（憲法33条2項）。

(b)　政治的権利　　選挙権・被選挙権（憲法34条）については
すでにふれた。民主的自由権として言論，出版，集会，結社，デ
モ行進，示威の自由が規定されている（同35条）。憲法の文言上
はこれらを直接制限する規定はないものの，無制限の自由ではな
く，当然に法律による制約を受けると解されている。たとえば，
結社の自由については国務院の行政法規である社会団体登記管理
条例（1998年10月25日）が，集会，デモ行進，示威行動につい
ては集会デモ行進示威法（1989年10月13日。以下，デモ法という）
および国務院が批准した行政法規である集会デモ行進示威法実施
条例（1992年6月12日公安部公布）が，それぞれ結社と集会など

105

第 3 章 憲　　法

の厳格な許可制を定めている。デモ法 12 条は許可されない集会
等として，憲法が確定した基本原則に反対する場合，国家の統一，
主権および領土の完全性を害する場合，民族分裂を扇動する場合，
十分な根拠にもとづいて公共の安全に直接危害を与えるか，また
は社会秩序を著しく破壊すると認められる場合を挙げている。

　これらの多くは 1989 年の六・四天安門事件以後に制定されて
おり，民主化運動を押さえ込むことを意図しているのは明白であ
る。実際，デモ法施行後，漢族による集会・デモなどはほとんど
当局の許可を得られておらず，不許可要件の拡大解釈により集会
等の「自由」は極めて狭められている。さらに，結社や集会等に
ついて当局の許可が得られない場合に，行政機関に対して不服審
査を申し立てることができるだけで，人民法院に行政訴訟を提起
し，司法的救済を求める道は開かれていない（概括的な受理範囲を
定める行政訴訟法 12 条 1 項 12 号にいう「その他の人身権，財産権など
合法的権利・利益の侵害」にはあたらないとみられる）。

　出版社・印刷所の設立，出版，印刷・コピーについては，出版
管理条例（2001 年 12 月 12 日採択，2013 年 7 月 18 日改正）と印刷業
管理条例（2001 年 7 月 26 日採択，2001 年 8 月 2 日施行）などにもと
づき，憲法上の基本原則などに反する言論行為を行政法規により
規制している。出版社，印刷会社などの設立は，行政による許可
制をしいている。なお，中国憲法には旧ソ連などでみられた自由
権に対する国家による物質的保障についての規定はない。ラジ
オ・テレビ放送，同番組製作，映画製作，同輸入公開，演劇，イ
ンターネット空間など，あらゆる言論活動に厳しい政治的な規制
がある。映画産業促進法（2016 年 11 月 7 日公布），インターネット
安全法（2017 年 6 月 1 日施行）など法律による内容規制もあるが，

多くは法令としてのレベルが低く網の目の粗い行政的規則（テレビ・ラジオ管理条例：1997年8月11日発布，2017年3月1日改正，映画管理条例：2001年12月12日発布など）による恣意的な規制が横行している。

このように政治的自由一般は結局，すべて憲法自身が掲げる四つの基本原則や統一的多民族国家の原則により，厳しい制約のもとにある。最近の特徴としては，憲法の抽象的な権利制約原理を具体化する法律や行政法規を制定し，規制を制度化する傾向がある。法律が次々と制定されていることの一事だけをもって，単純に法治国家への道を歩んでいると考えるのは短絡にすぎる。当然ながら問題は制定された法律の内容いかんである。

（c）自由権　これには信教の自由（憲法36条）と人身の自由（同37条）がある。共産党は唯物主義，無神論を信奉しているので，社会主義国家では一般に宗教問題は緊張をはらんだものとなりやすい。とりわけ中国の場合は文革の際，宗教を［四旧］として徹底的に弾圧し，強制的に消滅させようとまでした苦い経験をもつ。また，チベットのラマ（チベット仏）教や新疆のイスラーム教など宗教問題は民族問題とも直結しており，政治問題化しやすい。現在も長期的には宗教は消滅する運命にあるとの認識が基本にあり，信教の自由には以下のような制約がともなっている。

まず，党内の規定により共産党員には信教の自由はなく，宗教活動に参加することも禁じられている。ついで，「国は正常な宗教活動を保護する」（同36条3項）とし，仏教，道教，キリスト教，イスラーム教以外の宗教は「迷信」として保護の対象からははずされている。つまり，新興宗教を信仰したり，新たに宗教を興す自由はない。「宗教を利用して社会秩序を破壊し，市民の身

第 3 章 憲　法

体健康を損ない，国の教育制度を妨害する活動」（同条同項）も禁止される。たとえば，イスラーム教やアラビア語を教えるクルアーン（コーラン）塾へ子どもを通わせることは，国家の教育制度の妨害にあたるとされている。公認された 8 つの「愛国的宗教組織」以外に宗教団体を作ることは事実上できないし，そもそも布教の自由は規定されていない。寺，モスク［清真寺］，教会などの宗教場所，聖職者に対する厳しい国家管理もある（宗教事務条例：2004 年 7 月 7 日採択，2017 年 6 月 14 日改正）。

　1999 年春には気功集団「法輪功」の信者多数が団体として公認されないことに抗議して，中共中央のお膝元，北京の中南海を取り囲むという事件が発生した。当局はこれに「邪教」というレッテルを貼り，早速取り締りのための決定（邪教組織を取り締まり，邪教活動を防止・懲罰することに関する決定：同年 10 月 30 日）を出して，主要幹部を刑事処罰するなど，徹底的な撲滅を図っている。法輪功の修練者に対する徹底した弾圧は現在も続いている。

　近年，宗教事務条例が改正され，宗教信仰に対する当局の規制が強まり，信教の自由が狭まっている。数年前から未公認のキリスト教系の地下教会，家庭教会などが当局の取り締りの対象となり，教会施設や十字架が取り壊されるなどの事件が頻発しているが，弾圧は一層強まっている。「宗教団体と宗教事務は外国勢力の支配を受けない」（憲法 36 条 4 項）とされ，中国のカトリック教会［天主教］は［自主自辦］原則に従い，バチカンとの関係を絶ってきたが，最近，両者は接近を図っていると言われる。さらに，習近平時代に入って，新疆のイスラーム信仰に対して，ラディカリズムの傾向があり，ひいてはテロリズムにつながるとして取り締りが強化されている。一説には 100 万人を超えるウイグル

族などのムスリムが，再教育キャンプに収容，拘束され，洗脳教育を受けているとの報道がある。テロ防止法（2015年12月27日制定，2018年4月27日改正）にくわえて，新疆ウイグル自治区では脱過激主義条例（2017年3月29日）が制定され，こうした取り締りの一部に法的根拠を与えている。

　文革期に生じた大量の不法逮捕・監禁を反省し，憲法37条は「市民の人身の自由は侵されない」との規定に加えて，「いかなる市民であれ，人民検察院の承認ないし決定または人民法院の決定のいずれかを経て，あわせて公安機関が執行するのでなければ，逮捕されない」（憲法37条2項）と規定する。捜査機関による強制措置の手続については，刑事訴訟法，逮捕拘留条例，治安管理処罰法などが具体的な定めをおく。このほか人格の尊厳の不可侵（憲法38条），住居不可侵（同39条），通信の自由と秘密（同40条）について規定する。

　54年憲法には規定されていた移転の自由は，すでに都市人口が飽和状態に達しているため，権利として保障することは不可能であるとして規定されていない。戸口制度による移動の自由に対する制限は緩和されたとはいえ，農村戸口の者が大都市で常住戸口を取得し，正式な住民としての資格を得ることはなお容易ではない。過渡的な措置として，戸口所在地を半年以上離れて他の都市で生業を得て，合法的な住所を有する者に［居住証］を発行する制度が設けられた（2016年1月1日）。居住証をもつ者は，一定の公共サービスを享受できるとされた（国務院・居住証暫定条例：2015年11月26日施行）。

　(d)　批判権，建議権，不服申立権，告発権，摘発権，国家賠償請求権　　憲法41条は国家機関，国家工作人員に対する批判・

第3章 憲 法

建議権，違法行為があったときの不服申立て・告発・摘発権，国家機関または国家工作人員の不法行為により損害を被った場合の損害賠償請求権を規定する。これらの権利を具体化するため民法通則（121条）や治安管理処罰条例（42条）にも関連規定があったが，1990年代に入り相次いで行政訴訟法（1989年4月4日採択，2014年11月1日，2017年6月27日改正），行政不服審査法（1999年4月29日採択，2009年8月27日，2017年9月1日改正），国家賠償法（1994年5月12日採択，2012年10月26日改正）などが整えられて，いわゆる［民告官］（庶民が役所を訴える）の行政訴訟が本格化するようになった。これにより国家権力による人権侵害に対する予防とそれからの救済がある程度期待できる。なお，1999年の憲法改正で「法にもとづいて国を治め，社会主義的法治国家を建設する」という方針が追加されたが，「法の支配」とは距離がある。

(e) 社会経済的権利　これは市民が国家から経済的・物質的利益，給付を保障される権利のことで，社会権に相当する権利群である。憲法は労働の権利と義務（42条），休息の権利（43条），労働者・国家機関工作人員の老齢年金の保障（44条），老齢・疾病・労働能力喪失の場合に物質的援助を得る権利（45条1項），傷痍軍人・殉難者の遺族への補助（同条2項），身体障害者への援助（同条3項）などをうたっている。2004年改正では，「国は経済発展水準にみあった社会保障制度を整備，健全化させる」（修正23条）との規定を追加した。75年憲法や78年憲法が規定していたストライキの自由については，ストライキが人民の根本的利益に反するとして規定されていない。これらの権利はいずれも個々の市民に直接，具体的な請求権を与えるものではなく，いわば国家の努力目標を示したにすぎない。現に農村戸口の者への社

会保障や福祉は，都市部に比べてきわめて低いレベルにとどまっている。

(f) 文化教育的権利　　憲法46条は教育を受ける権利と義務を規定するが，義務を規定したのは歴代の憲法でははじめてである。これをうけて義務教育法（1986年4月22日採択，2006年6月29日，2015年12月27日改正）も制定されているが，他方で農村部での小・中学生の大量の就学放棄，［童工］（少年工）の発生，若年層に新たな［文盲］が生まれるなど，教育を受ける権利の実現は道半ばの感が強い。憲法47条には科学研究・文学芸術・文化活動の自由，国家による奨励と援助が規定される。

(g) 女性，高齢者，児童の保護　　毛沢東以来，女性の解放は中国革命の課題の1つであり，中国革命は実際，女性の地位を飛躍的に向上させてきたといえるが，平等権以外に女性の権利保護一般について独自の規定をおくのは現行82年憲法がはじめてである（48条）。男性との平等，男女同一労働同一賃金，女性幹部の登用などをうたう。異色なのは，「夫婦はともに計画出産を実行する義務を負う」（同49条2項）との規定を設け，人口抑制を市民の憲法上の義務と位置づけたことである。いわゆる一人っ子政策は70年代末から全国で行われてきたが，2001年にはじめて「人口および計画出産法」（12月29日採択，2002年9月1日施行）が制定された。30年を超える厳しい一人っ子政策の継続により，人口構成が急速に高齢化したため，最近，政策の緩和が決定された。これをうけて，計画出産法が改正され（2015年12月29日），「国は1組の夫婦が2人の子どもを産むことを推奨する」（18条）とされた（2016年1月1日施行）。しかし，なお，計画出産の実施を［基本国策］と明記しており（同法2条1項），国家による出産

第 3 章 憲 法

管理が撤廃されたわけではない。

憲法はまた，親子相互間の扶養義務を定め（憲法 49 条 3 項），高齢者・女性・児童の虐待を禁止する（同条 4 項）。これらの憲法規定を現実のものとするため，1990 年代に入り弱者の権利保護について続々法律制定を進めていることは注目されてよい。具体的には障害者保障法（1990 年 12 月 28 日採択，2008 年 4 月 24 日改正），未成年者保護法（1991 年 9 月 4 日採択，2012 年 10 月 26 日改正），女性権利利益保障法（1992 年 4 月 3 日採択，2005 年 8 月 28 日，2018 年 10 月 26 日改正），高齢者権利利益保障法（1996 年 8 月 29 日採択，2012 年 12 月 28 日，2018 年 12 月 29 日改正）などである。

(h)　基本的義務　「義務なき権利はないし，権利なき義務はない」。中国ではいまでもマルクスのこの言葉を根拠に，社会主義社会においては権利と義務が統一されていて，これは憲法上の権利の大原則であると認識されている。そのため憲法では，権利を規定するだけではなく，第 2 章の「基本的権利および義務」をはじめ，前文や第 1 章でも，多くの義務を規定している。

第 2 章では以下のように 9 つの義務を課す。①労働の義務（42 条 1 項），②教育を受ける義務（46 条 1 項），③夫婦の計画出産実施義務（49 条 2 項），④父母の子に対する扶養・教育義務，成人した子の父母に対する扶養義務（同条 3 項），⑤憲法，法律の遵守，国家機密の保守，公共財産の愛護，公共の秩序・社会公徳尊重の義務（53 条），⑥国家の統一と諸民族の団結を保持する義務（52 条），⑦祖国を防衛し，侵略に抵抗する義務（55 条 1 項），⑧法にもとづき兵役に服し，民兵組織に参加する義務（同条 2 項），⑨納税の義務（53 条）。国民にも憲法遵守義務を課している点には，とくに留意すべきである。

さらに第1章総綱などにも「〜を禁止する」「〜してはならない」などの表現で，義務を課していると解釈できる条項がある。①社会主義体制破壊の禁止（1条2項），②民族団結の破壊，民族分裂を引き起こす行為の禁止（4条1項），③天然資源の不法占拠，破壊の禁止（9条2項），④宗教の信仰，不信仰の強制の禁止，信教ないし不信教の者への差別の禁止（36条2項），⑤宗教を利用した社会秩序の破壊，市民の身体健康を損なうこと，国の教育制度の破壊の禁止（同条3項），⑥通信の自由・秘密を侵すことの禁止（40条），⑦婚姻自由への侵害，高齢者・女性・児童への虐待の禁止（49条4項），⑧自由・権利の行使にあって国・社会・集団・個人の合法的自由・権利の侵害禁止（51条）。

また，近時は国がさまざまな義務を国民に課す規定を含む法律が相次いで制定されている。たとえば，国家安全法，インターネット安全法，国歌法，境外非政府組織国内活動管理法，テロ防止法，国家情報法，英雄烈士保護法（2018年4月27日制定）などである。

このように中国憲法，法律は国民に対して多くの義務を課し，禁止事項を定めており，憲法は単なる権利保障書ではない。道徳的，政治的な色彩の濃い義務も多く，憲法は特定の政治的イデオロギーや価値観を国民に押しつける役割も担っている。

4　憲法保障

憲法保障ないし憲法監督制度は，その国の憲法を実効あるものとするために不可欠な制度である。中国憲法は全国人大とその常務委員会に憲法監督権を付与し，法律，行政法規・命令，地方性法規，自治条例・単行条例の憲法適合性を審査させ，それらの変

第 3 章 憲　法

更・取消しをなしうるとした。地方性法規や民族自治地方の条例の制定にあたり，全国人大常務委員会への許可・報告を要求するのは，憲法監督の便宜を考慮したためでもあるといわれる。しかし，憲法施行後の運用状況をみると，監督権の行使によっていまだ 1 件の違憲決定も行われたことがなく，この制度は完全に空洞化している。こうした現状を憂えて，憲法の最高法規性を現実のものとするため，学説には全国人大に憲法監督委員会のような専門の憲法監督機構を設けて，全国人大およびその常務委員会の監督活動を助けるようにすべきであるとする提案，さらには憲法法院を設置して憲法裁判制度を創設する提案などが現れていた。

　いずれにしても憲法保障制度の実効化は，中国に憲法の権威を確立する必須要件であり，制度論的な再検討が焦眉の課題となっていたが，立法法で全国人大による憲法適合性判断に関する具体的な手続規定が設けられるに至った。すなわち，国務院，中央軍事委員会，最高人民法院，最高人民検察院，省クラスの人大常務委員会は，行政法規，地方性法規，自治条例，単行条例が憲法または法律に抵触していると判断した場合に，全国人大常務委員会に審査を〔要求〕でき，常務委員会の事務機構は人大内の関係する専門委員会に送付して審査させ，意見を提起することとなった（立法法 99 条 1 項）。上記以外の国家機関，社会団体，企業・非営利性事業体，市民にも審査〔建議〕権があり，常務委員会の事務機構が必要と判断すれば，同様に専門委員会へ送られて，審査される（同条 2 項）。さらに全国人大専門委員会が抵触しているとする審査意見を提起したにもかかわらず，制定機関がなお憲法ないし法律と抵触する法令を改正しない場合には，専門委員会は常務委員長会議に審査意見および当該法令の取消案を提起し，副委員

長を含めた委員長会議で常務委員会に審議決定を委ねるかどうかを決定する（同 100 条 3 項）。こうして議案が提出されれば，常務委員会は法令の変更や取消しを決定することになる。立法法には法律の憲法適合性審査に関する手続は規定されていないものの，下位法令についてはじめて憲法保障のために具体的な制度が設けられたことの意義は小さくない。しかし，実際に憲法，法律と行政法規などとの抵触の有無について判断が行われたケースは，まだ現れていない。

　このように裁判所には法令などの憲法適合性を判断する権限は与えられておらず，制度的に違憲問題を訴訟で争う途は開かれていない。ところが，2001 年に最高人民法院は教育を受ける権利（憲法 46 条 1 項）に対する私人による侵害行為につき，憲法の規定を根拠として加害者に損害賠償を命ずる司法解釈を出したことから，「憲法の司法化」を図ったとして話題になった（いわゆる斉玉苓事件）。

　その後，法学界では憲法の裁判規範性問題がホットなテーマとなり，活発な議論が行われたものの，最高人民法院はこの司法解釈をあっさり廃止，失効させてしまった（2008 年 12 月 8 日）。さらに，最高法院の「裁判文書において法律，法規などの規範性法律文書を引用することに関する規定」（2009 年 12 月 26 日）では，人民法院が判決書などにおいて引用できる法的根拠として憲法を列記しておらず，人民法院が具体的な訴訟で憲法を適用して事件を処理することはできないことが改めて明確にされた。こうして司法による憲法保障という構想は頓挫することとなった。

　実効性ある憲法保障制度をいかに打ち立てるかは，中国憲法が解決すべき最大の課題であった。そうしたなか第 19 回党大会

第3章 憲　法

（2017 年）で「合憲性審査業務を推進し，憲法の権威を擁護する」ことが提起され，2018 年の憲法改正で全国人大専門委員会の法律委員会が，「憲法および法律委員会」へと改称された（修正 44 条）。同年 6 月に「全国人大憲法および法律委員会の職責問題に関する決定」が採択され，同委員会が「憲法の実施を推進し，憲法の解釈を展開し，合憲制審査を推進し，憲法監督を強化」するとされた。具体的な手続についての規定が未整備で，合憲性審査がどのように行われるのかは不明である。すべての法律が党中央の直接的関与のもとで制定されている状況で，その法律に対して実効性ある合憲性審査が可能なのか，制度の具体的な運用が注目される。

5　法規範の体系

中国法の実定法源は憲法を頂点として，基本的な法律，それ以外の法律，行政法規，地方性法規，自治条例・単行条例，行政規則などからなり，最終的には全国人大（ないし同常務委員会）によって相互抵触の有無を判断し，効力を決めることになっているので，一元的多層構造をなすといえる。以下，若干重複もあるが，法源の体系について述べる。

なお，立法法では，上記の法源が憲法を頂点に効力のヒエラルヒーをなすとされ，相互に矛盾する場合の優劣関係，抵触する法令の改廃権限について規定している。

(1)　法　　律

法律には全国人大自身が制定する刑事，民事，国家機構などにかかわる基本的な法律と，同常務委員会が制定するそれ以外の法律の別がある。ただし，基本的法律に対しても，全国人大閉会中

116

は当該法律の基本原則に抵触しないかぎりで，常務委員会は補充・改正をなしうる。何が「基本的法律」であるのか，何をもって「基本原則に抵触する」というのかについては明確ではない。実際には基本的法律はそれほど多くはなく，刑法，民法通則，契約法，刑事・民事・行政の各訴訟法，民族区域自治法などがそれにあたる。したがって，大部分のこれ以外の法律は常務委員会によって制定されている。近年，基本的法律であるはずの民法の一部を構成する法律でも，不法行為責任法（2009年12月26日採択，2010年12月26日施行），渉外民事関係法律適用法（2010年10月28日採択，2011年4月1日施行）などのように常務委員会が制定する例が現れている。常務委員会が審議する法律案は，通常3度の会期による審議を経て，評決に付される（立法法29条1項）。

　立法法では以下にかかわる事項に関しては，原則として法律によらなければ規定しえないとされた（8条）。①国家主権，②各クラスの人大，人民政府，人民法院，人民検察院の設置・組織・権限，③民族区域自治制度，特別行政区制度，末端の大衆的自治制度，④犯罪と刑罰，⑤市民の政治的権利の剝奪，人身の自由を制限する強制措置や処罰，⑥非国有財産の収用，徴発，⑦民事の基本的制度，⑧基本的経済制度，財政・税関・金融・外国貿易の基本制度，⑨税種，納税者，課税対象，税額根拠，税率，徴税管理などの税制の基本的内容。

　近時，頻繁に法律の改廃が繰り返されるなか，2009年8月27日には一括して多数の法律を同時に改廃する新手法が登場した。すなわち，「一部の法律を廃止することに関する決定」を採択し，全国人大（ないしその常務委員会）が制定した法律，決定を一気に8件廃止し，「一部の法律を改正することに関する決定」により

第3章 憲　法

59件の法律の141カ条を改正した。後者は法律相互間の不一致を解消したり，用語の統一を図るなどのテクニカルな修正で，実質的な改正に及ぶものではない。

なお，法律のなかには名称に［試行］や［暫行］（暫定）が付されたものがあるが，効力の点でなんら異なるところはない。

(2)　行政法規

国務院が憲法，法律にもとづいて制定するのが行政法規であり，法律の細則や行政管理権の発動に必要な範囲で具体的な規定をおくものである（立法法65条1項）。くわえて国務院は，税制改革，経済システム改革，対外開放にかかわる事項につき，暫定条例，暫定辦法を制定する権限を全国人大常務委員会から授権されている。その制定手続については，行政法規制定手続条例（2001年11月16日公布，2002年1月1日施行）が制定された。

行政法規は裁判の根拠となり，憲法，法律と抵触することはできず，共産党部門や労働組合［工会］，婦女連合会など社会団体との連名で出されることも少なくない。裁判において法律との抵触の有無が問題となった場合には，最高人民法院の建議にもとづいて全国人大常務委員会がそれを判断し，取り消すかどうかを決定する。行政法規の効力は地方性法規や行政規則に優先する（立法法88条2項）。なお，行政法規は一般的に［条例］という名称をもつが（ほかに［規定］，［辦法］。行政法規制定手続条例4条），日本の地方自治体の条例とは違うことに留意したい。

(3)　地方性法規

省クラス（いわゆる一級行政区）の人大およびその常務委員会は，憲法，法律，行政法規に抵触しないかぎりで，地方の実状にもとづき［地方性法規］を制定することができる。さらに1986年に

は，省・自治区人民政府の所在都市，国務院が指定した大都市の人大とその常務委員会にも制定権が付与されたが，この場合は省クラス人大常務委員会の批准を要する。広東省，福建省，深圳市，厦門市，汕頭市，珠海市の人大およびその常務委員会（深圳，厦門には人民政府にも）には，とくに経済特区に関する法規（ないし規則）制定権が授権されている。地方人大の権限に属さない刑事法，裁判・検察制度，訴訟手続，国防，外交などにかかわる問題については，制定権は及ばない。大胆な改革措置は，まず地方性法規が先駆けとなり，経験を積んでから全国的法規となることが少なくなく，地方性法規は重要な法源となっている。地方ごとの法規集も編まれるなど，地方性法規制定権は活発に行使されている。後に法律または行政法規が制定された場合，これと抵触する地方性法規は失効し，改正ないし廃止しなければならない（立法法73条2項）。

(4) 少数民族自治地方の立法

　民族区域自治を実施する自治区，自治州，自治県は，当該地方の基本法としての性格をもつ自治条例（2015年末までに139件有効）と個別分野にかかわる単行条例（同じく698件有効）を制定することができる。自治区の条例は全国人大常務委員会の批准を，自治州・県のそれは省クラス人大常務委員会の批准を要する。また，法律や行政法規の規定にもとづき少数民族地域の実状に合わせた［変通規定］を制定することも認められ，本書第7章で述べるように婚姻・家族にかかわる法律に関して実際に変通規定が制定されている（同じく68件制定）。もっとも，5つある省クラスの民族自治区では1件も自治条例が採択されていないし，各地で採択されている条例はいずれも大同小異で個性に乏しく，民族的特

徴を十分に反映しているとはいいがたい。

(5) 行政規則

中央の国務院所属の部や委員会などが，法律，国務院の行政法規・決定・命令にもとづいて当該部門の権限内で制定するのが，行政規則［行政規章］である。制定手続について規則制定手続条例（2001年11月16日公布，2002年1月1日施行）が制定され，公開の公聴会を開催する場合があることが規定された（15条1号）。規則のなかには国務院の批准を受けているものがあるが，その場合は行政法規に準じて他の部門にも拘束力が及ぶ。省クラス人民政府，省・自治区の人民政府所在都市の人民政府，国務院の指定を受けた大都市の人民政府も，地方的な行政規則を制定しうる。それ以外の地方人民政府も決定・命令の発布という形をとって，規範創造にかかわっている。なお，行政規則などは行政訴訟にあたり裁判規範とはならないが，［参照］される。

(6) 判例・司法解釈

人民法院の裁判例には一般に法的拘束力も事実上の拘束力もないが，最高人民法院が正式に公布した裁判例は下級人民法院が類似の事件を処理する際の参考に供されている。しかし，それよりも重要な法源としては，最高人民法院と最高人民検察院が発する［司法解釈］とよばれる文書である。とくに裁判規範として重要なのは最高人民法院の司法解釈であるが，これについては最高法院自身が制定した「司法解釈業務に関する規定」（2007年3月9日）が形式，効力，制定手続，発布，改正・廃止などについて定めている。これによると，最高人民法院の司法解釈には［法律効力］があるとされ，少なくとも下級人民法院は具体的な裁判においてこれに拘束される。司法解釈の形式としては，［解釈］（特定

の法律，事件類型，問題についての法運用につき解釈を示したもの），[規定]（立法の精神にもとづき一般的に規則，意見を制定するもの），[批復]（高級人民法院，軍事法院からの照会に対する回答），[決定]（司法解釈を改正，廃止する際に用いる形式）がある。このうち解釈，規定については，具体的な事件を離れて最高人民法院が抽象的にルールを策定するもので，原則として年度計画に沿って制定される。他方，批復は具体的な事件を処理する過程で生じた法律上の疑義につき，下級人民法院から順次より上級の人民法院への照会がなされることを契機として，最高人民法院から照会を行った高級人民法院に対して下される解釈であり，裁判官の独立を欠く中国ならではの制度である。

　司法解釈は，かつては内部通達として部外秘にされていたが，近年，公開度が高まり，中国法理解にとってこれを視野に入れることは不可欠となっている。

　司法改革の一環として，裁判例に一定の先例拘束性をもたせようとする試みが各地で始まっていたが，最高人民法院は「案例指導活動についての規定」（2010年12月20日）を制定して，正式な制度とした。そして具体的には2019年2月までに21回に分けて112件の[指導性案例]を発表し，以後，全国の人民法院に対してここで示されたルールを同類の事件で[参照]するよう指示した。各地の人民法院における法適用の統一を図り，裁判官の自由裁量に枠をはめることを目的としたもので，同類の事件を同様に処理する[同案同判]ことで司法への信頼を高めようとするものである。今後継続的に指導性案例が蓄積されるにともない，中国の裁判にも拘束力ある先例が生まれていくのかどうかについて注視する必要がある。

第 3 章　憲　法

(7)　その他の法源

①政　策　　中華人民共和国は建国に先立ち，それ以前の政権のもとで生成したすべての法を廃棄し，同時に新たな法が整備されるまでは，新民主主義の政策を司法の根拠とすることを認めた（本書第 2 章 1(1)参照。六法全書廃棄の指示）。これ以後，国家法が長い間，整備されることがなかったこともあり，党の「政策は法の魂」といわれ，重要な法源であり続けた。民法通則（1986 年）では国家の政策に法源性を認める規定をおいていた（6 条）。現在も党の政策は事実上，新たな規範を作り出す効力をもっている。また，国家法が相当程度整備された今日でも，中共中央と国務院などの国家機関が連名で規範を制定することがしばしばみられる。たとえば，中共中央辦公庁・国務院辦公庁印発「中央生態環境督察工作規定」（2019 年 6 月 17 日），中共中央・国務院「深圳において中国特色社会主義先行示範区を建設することを支持することに関する意見」（2019 年 8 月 9 日）などである。このように党と国の政策，党規と国法が融合・交錯するのは，中国法の特徴である。

②慣　習　　法律により有効性が承認された場合は，制定法を補充する法源となるが，一般には慣習は法源とはみなされない。民法総則では「民事紛争の処理は法律に依らなければならない。法律が規定していない場合，慣習を適用することができる。ただし，公序良俗に反してはならない」（10 条）と規定し，慣習を正式に補充的法源と位置づけた。また，物権法では相隣関係について法律，法規に規定がない場合，当地の慣習にしたがうとしている（物権法 85 条）。

③条　理　　民法総則制定時に中華民国民法 1 条にならい，〔法理〕を補充的法源として規定することが検討されたことがあ

ったが，最終的には採用されなかった。条理は法源とは認められていない。

④条　約　中国が調印ないし加入した国際条約，協定が国内の民事法と異なる規定をおく場合，条約が優先的に適用されるとされていた（ただし，留保条項を除く。民法通則142条2項）。また，国内法にも条約にも規定がない場合には，国際慣例を適用することを認めていた（同条3項）。しかし，民法総則，渉外民事法律適用法には条約や国際慣例に関する規定がなく，条約の法源性を正面から規定するのを止めている。

第4章　行　政　法

[法治] は中国の政治・経済・社会において強調され，その系として [依法行政]（法による行政）も多用される。しかし，日本の法学徒が知る法治国原理や法律による行政の原則と同義か否かは文脈ごとに判断しなければならない。

本章では，抽象的な行政行為概念をたてて，法律による行政の原則をどの程度読み込むことができるかを試みる。次に行政救済，行政組織を概観する。

なお，中国語で [行政処分] といった場合には組織内部の規律 [紀律] 違反に対する制裁という意味があるので，混同を避けるため，本章では日本語としての「行政処分」の語も用いない。不服審査申立てや訴訟の書面を物理的に受け取ることを「受領」，内容を確認して事件として受け付けることを「受理」と表現する。行政機関の相手方を「当事者」と表現することがある。

1　行　政　行　為

行政行為の一般法としての行政手続法は，地方における試みや研究者の提唱にとどまる。しかし，行政許可法，行政強制法，行政処罰法といった立法が行われ，情報公開法制も整備が進みつつある。加えて，2014年の行政訴訟法改正で具体的行政行為 [具体行政行為] という文言が行政行為 [行政行為] に改められている。具体的行政行為とは，抽象的行政行為 [抽象行政行為] の対語で

あり，規範定立行為たる抽象的行政行為ではない行政行為をいう。部分的には従来の抽象的行政行為を含む「行政行為」概念が形成されつつあると見ることができる。

　行政行為について，全国人大やその常務委員会が制定する形式的意義における法律を根拠とする方向に動きつつある。ただし，現状では，それよりも下位の［法規］と総称されるものや共産党の規範（［党内法規］とよばれる。また，国務院と［中共中央］との連名を含む）なども含めれば法的根拠を有するという段階にある。さらに，立法趣旨などから見ると，必ずしも法が定めるとおりに行政行為が行われているとはいえない現状がうかがえる。他面，法に反する行政機関やその職員の行為は違法であって，悪しきことであると認識されているということはできる。

　本節では，(5)で財政・会計・税制も概観する。これらは，中国においては経済法学において議論されることが多い。都市および農村計画の策定・施行や公共サービスの民間からの調達については，3の行政組織において市民・住民と行政との関係で若干触れる。

　なお，給付行政たる社会保障については本書第7章で扱う。行政処罰法については行政法としての総論的側面のみ本章で扱い，処罰としての側面は本書第9章で扱う。

　(1)　行政許可法，行政強制法，行政処罰法に見られる特徴

　(i)　「法定」の強調　　行政許可，行政強制，行政処罰といった行政行為については法的根拠を要する旨定めている。

　行政許可法4条は，許可につき法が定める権限・範囲・条件・手続による旨定める（同旨18条・22条）。行政許可については法律を根拠とし，なければ行政法規を根拠とする（14条）。法律・

第 4 章　行　政　法

行政法規がなければ地方性法規を根拠とし，それさえもなければ省級政府規章を根拠として要する（15条）。それら以外の法源は根拠とはならない（17条）。

行政強制は行政強制法に定めるところによるのが原則である（同法3条1項）。突発的事件に対する応急措置，金融監督，輸出入品における技術管制については他の法律または行政法規による（同条2項・3項）。行政強制の設定及び実施は法定の権限・範囲・条件および手続による（4条）。行政強制措置については原則として（10条），行政強制執行については必ず（13条），法律を根拠とする旨定める。違法な行政行為とその責任を定め，法律・法規の根拠なき場合，行政強制の対象・条件・方式を改変した場合，法定の手続に反して行う場合，43条が掲げるような不適切な強制方法が採られた場合（緊急状況ではないのに夜間・休日に行う，生活に必要な水・電気・暖房・ガスの供給をとめて履行を迫る）には，責任者を「処分」する（61条）。

行政処罰法3条は，処罰の根拠につき法律・法規・規章を挙げ，いかなる法源でいかなる重さの処罰を定めることができるかについて8条〜14条で定める。

行政行為について法的根拠が必要であり，法の定めるような方法で行われることが強調されるのは，これらの法が制定されるまでは必ずしもそうではなかったことをうかがわせる。また，根拠が必ずしも形式的意義の法律に限定されていない点は，法体系がいまだ形成過程であることを示している。

(ii)　意見聴取手続の重視　　当事者（行政行為の対象者や利害関係者など）の意見表明の権利（［陳述権］［申辯権］）を明示している（行政許可法7条，行政強制法8条，行政処罰法32条）。［陳述］とは，

当事者が意見を表明し，行政機関がその意見を聴取することである。［申辯］は，一歩進んで，意見をかわすことに重点が置かれる概念であり，行政側提出資料および決定に対して当事者側が不同意の意見を提出することである。また行政許可や行政強制を定める法律・法規の起草においては公聴会等による意見聴取や説明などが行われる（行政許可法 19 条，行政強制法 14 条）。行政処罰として営業停止・営業許可の取消し，証明書の取消しなどを行う場合の［聴証］手続が，行政処罰法 42 条で規定されている。

(2) 行政許可法（2003 年 8 月 27 日公布，2004 年 7 月 1 日施行，
2019 年 4 月 23 日改正・公布・施行，全 83 ヵ条）

行政許可とは，行政機関が市民・法人・その他の組織の申請に基づき，法の定めるところにより審査を行い，特定の活動に従事することを許す行為である（行政許可法 2 条）。ただし，他の行政機関や直接管理する［事業単位］（非営利事業体）に対する審査・許可行為は，ここにいう行政許可に含まれない（同 3 条）。また，社会的に広く［審批］や［核准］とよばれる審査・許可行為のうちどれだけが行政許可法にいう行政許可にあたるのかについては，検討を要する。

行政許可権を有する行政機関（23 条により授権された機関，24 条により委託された機関を含む）において，機関内の複数の機構による手続を要する場合には申請受理および許可決定をひとつの機構に統一する（26 条）。国務院の複数の機関の管轄にわたる事項についての統一については 25 条が定める。許可にかかわる事項がいくつかの機関の管轄にわたる場合に申請者にとっては負担になっていたこと，27 条で許可の条件として指定商品の購入や有償サービスを受けることを求めることを禁止したり，担当官が財物

表 4-1　行政許可を要する事項と行政許可を要さない事項

⑴　**行政許可を要する事項（行政許可法 12 条）**

1 号：国家の安全・公共の安全・経済のマクロ調整・生態環境の保護に
　　　直接わたる及び人身の健康・生命財産の安全に直接関係する特定
　　　の活動であって法定の条件に基づいて許可すべき事項。

2 号：有限自然資源の開発利用・公共資源配置及び公共の利益に直接関
　　　係する特定の業種における市場参入など特定の権利を付与する必
　　　要のある事項。

3 号：公衆に向けてサービスを提供し，かつ，公共の利益に直接関係す
　　　る職業・業種であって特殊な信用・特殊な条件または特殊な技能
　　　等の資格・資質を必要とする事項。

4 号：公共の安全・人身の健康・生命財産の安全に直接関係する重要な
　　　設備・施設・製造物・物品であって技術標準・技術規範にもとづ
　　　き検査・検疫などを通じて審査を行う必要がある事項。

5 号：企業またはその他の組織の設立で主体の資格を確定する必要があ
　　　る事項。

6 号：法律・行政法規が定めるその他の事項。

⑵　**行政許可を要さない事項（行政許可法 13 条）**

1 号：市民・法人またはその他の組織が自ら決定することができる事項。

2 号：市場競争メカニズムによって調節が可能な事項。

3 号：業界組織または仲介機構が自律的に管理することができる事項。

4 号：行政機関が事後的監督その他の方式で解決できる事項。

その他の利益を申請者に求めることを禁止しているのは，そうし
た事例があったことをうかがわせる。許可手続および書類発給に
つき費用不徴収を原則としたうえで，法に別の定めがあって徴収
する場合には国庫に納めなければならず，許可権限ある機関や個
人がその手元にとどめて，流用・横領してはならない（58 条・59
条）。

　行政許可が必要とされる事項は 12 条に，行政許可を設ける必
要がない事項（設けることも可能）は 13 条に定められている（**表 4-
1 参照**）。

行政許可を要するにもかかわらず無許可で活動を行った場合には行政機関には制止義務がある。行為者に対しては行政処罰が科される。犯罪を構成する場合には刑事責任が追及される（81条）。

行政許可実施手続は以下のように定められている。

まず申請が行われる（29条～31条）。不受理（行政許可を要しない事項であることを理由として），不受理および告知（職権に属さない事項であるので当該機関としては不受理とし，しかるべき機関を告知する），更正（申請内容に更正すべき部分がある場合。申請の不備があれば5日以内に告知する。告知がなければ受理したものとみなされる），受理（申請に不備がなければ受理しなければならない）のいずれかの扱いがなされる（32条）。

申請が受理されると審査が行われる（34条～36条）。36条は利害関係人への告知（および［陳述］・［申辯］）について定める。申請が条件・基準を満たしていれば法定期限内（20日を原則とする。延長は10日まで。複数機構にかかわる事項の場合には原則として45日。延長は15日まで。42条）に書面による決定をしなければならない（44条：決定の日から10日以内）。決定には許可決定と不許可決定とがある。不許可決定には理由を付し，不服審査申立てまたは行政訴訟の権利につき告知しなければならない（38条）。

(3) 行政強制法（2011年6月30日公布，2012年1月1日施行。全71カ条）

立法主旨を示す1条からは制定の背景を見ることができる。権限の濫用が禁止され，法の定めるところによる職責の履行，市民・法人・その他の組織の合法的権利・利益の保護の重要性が示されている。また他面では公共利益と社会秩序の維持も強調され，行政機関の軟弱さにより頑固な抵抗者によって多数者が迷惑を被

第4章 行政法

る場合もあることがうかがわれる。

　［行政強制］は行政強制措置［行政強制措施］と行政強制執行［行政強制執行］とからなる（2条）。行政強制措置とは，行政管理過程において違法な行為の制止，証拠隠滅の防止，危害発生の回避，危険拡大の抑制などのために行う，市民の人身の自由に対する制限と市民・法人・その他の組織の財産に対する制限の措置である。この措置は行政訴訟の対象となる。刑事訴訟法に定める刑事司法手続としての強制措置は，原則として，ここにいう行政強制措置に含まれないので，刑事訴訟法の手続によって妥当性を問うことになる。

　行政強制措置には，人身の自由の制限，場所・施設・財物の封鎖，財物の差押え，口座・為替凍結，その他の方法が含まれる（9条）。それぞれの行為の根拠は10条1項で定められている。根拠となるのは原則として形式的意義における法律である。ただし，法律がない場合には，2項で封鎖・差押えは行政法規による旨定め，3項で行政法規がない場合には，地方性法規でも可能とする。4項でそれ以外の法源は行政強制措置の根拠とはならない旨定める。封鎖・差押えは原則として30日まで（25条）で，保管費用は行政機関が負担する（26条）。凍結も原則として30日までと定められている（32条）。

　行政強制執行は，行政機関自ら，または，行政機関が法院に申請して，行政決定を履行しない市民・法人・その他の組織に対し履行義務を強制する行為であって，12条で定められている（12条1号：［罰款］〔過料〕・滞納金。2号：口座・為替からの引き落とし。3号：封鎖・差し押さえた場所・施設・財物の競売その他の法の定めるところによる処理。4号：妨害排除・原状回復。5号：代執行〔代履

130

行］：行政機関またはその委託を受けた者が行う〔50条〕。費用は当事者の負担とする〔51条〕。6号：その他）。

　手続は以下のように定められている。当事者自ら履行することを求めて催告がなされる（35条）。当事者には［陳述］・［申辯］の機会が与えられる（36条）。当事者に正当な理由ありと判断されれば行政強制は行われない。もし正当な理由がないと判断されれば強制執行決定がなされる（37条）。また，39条で執行中止事由が定められている（当事者に履行が困難・不可能な事情があるとき，第三者の権利が侵害されるとき，損失発生の可能性がありかつ中止しても害はないとき）。また，法定の事由による終結もある（40条。当事者が死亡して相続人もなく，財産もないとき；法人その他の組織の終止や財産不存在であって義務を履行すべき者がないとき；目的物が消失したとき；もととなった行政決定が取り消されたとき）。

　行政強制の執行過程で公共の利益・第三者の権利を害さなければ［執行協議］を行うことができる。その協議で定められた内容につき不履行ならばもとの執行決定にもどる（42条）。

　行政強制決定を行った行政機関が行政強制につき執行権をもたない場合には，人民法院への申請を行う（13条，53条）。人民法院は「裁定」をもって決する（58条）。

　行政強制にあっては［適当原則］と濫用禁止原則とが強調される。［適当原則］とは，「行政強制の設定及び実施は［適当］でなければならない。非強制手段を用いて行政管理の目的が達成できる場合には，行政強制を設定し，実施してはならない」（5条）というものである。事情の深刻度が軽微な場合の裁量により行政強制措置不実施となる場合もある（16条2項）。これらの規定が日本の行政法学における比例原則（手段が目的達成のために合理的か，

第4章　行政法

目的達成のための最小限度の手段か，侵害される利益が達成される利益と均衡しているかを考量して行政上の手段を用いるとの原則）と同旨のものか否かは，今後注目すべきことである。

(1)(i)で触れた43条の禁止行為のほか62条で，封鎖・差押え・凍結の範囲を必要以上に拡大すること，これらに関わる場所・施設・財物を使用・破損すること，封鎖・差押え・凍結期間内に処理決定をしないこと，遅滞なく解除しないことなどは禁じられている（濫用禁止原則）。

(4)　文書行政，情報管理および情報公開・個人情報保護

文書行政の基本法令としては，国家行政機関公文処理辦法（1987年2月18日公布・施行，1993年11月21日改正・公布，1994年1月1日施行，2000年8月24日改正・公布，2001年1月1日施行）があったが，2012年4月16日公布の中国共産党中央辦公庁・国務院辦公庁連名の党政機関公文処理条例にとってかわられ，こちらが現行法である。

文書の保管については文書法［檔案法］（1987年9月5日公布，1988年1月1日施行，1996年7月5日改正・公布・施行）がある。

なお，文書のうち人事管理において重要なものが［幹部人事檔案］である。中国共産党中央辦公庁が制定した［幹部人事檔案工作条例］（2018年11月20日施行）により，［党政領導幹部］，公務員，国有企業や事業の管理職者や専門技術職者の人事情報（履歴・学齢・賞罰等）が対象となる。

政府情報公開条例［政府信息公開条例］（2007年1月7日公布，2008年5月1日施行，2019年4月3日改正・公布，同年5月15日施行）は，行政機関自らが市民に対して情報公開［主動公開］する場合と市民からの請求を受けて公開する場合とを定めている（同条例

13条2項）。公開が原則であって，非公開とするものは例外的な
ものである。

情報公開の例外は，国家秘密（14条），商業秘密，プライバシ
ー（15条）である（国家秘密については，別に国家秘密保護法［保守
国家秘密法］〔1988年9月5日公布，1989年5月1日施行，2010年4月
29日改正・公布，同年10月1日施行〕がある）。そのまた例外となっ
て公開されるのは，商業秘密・プライバシーのうち利害関係ある
第三者の同意がある場合と公開しなければ公共の利益に大きな損
害がある場合とである。

市民・法人・その他の組織による開示請求も認められている
（20条）。不開示の場合には理由が示される（27条・37条）。

個人情報保護については，基本的な法は未制定で，個別の法令
に関連規定がある。

統計については，統計法（1983年12月8日公布，1984年1月1日
施行，1996年5月15日改正，2009年6月27日改正，2010年1月1日
施行）が基本法である。人民政府の統計活動について定める（2
条）。民間の統計調査についての管理は国務院が定めるものとす
るが，国外や特別行政区の組織や個人が中国国内で統計調査を行
うためには，許可［審批］申請を行わなければならない（49条）。
統計に関しては，改ざんが禁止され（6条2項），情報を真実に基
づき正確に提供する義務を定める（7条）。統計活動中に得た国家
機密・商業秘密・個人のプライバシーに関しては守秘義務がある
（9条）。機密扱いとなるものを除いては統計資料は遅滞なく公開
しなければならない（26条）。全国の統計活動の領導は国務院の
もとに置かれる国家統計局が行う（27条）。改ざんや秘密保持義
務違反，統計活動への協力拒絶などがあれば，行政上または刑事

第4章　行　政　法

上の処罰がある（37条～47条）。2017年5月28日には同法の実施条例が公布され（同年8月1日施行），ビッグデータシステムの推進（3条）や非公開情報の対外提供に対する処分（45条）が定められた。

［国家情報法］（2017年6月27日公布，同月28日施行）には，国家情報活動についての定義はない。［国家安全法］（2015年7月1日公布・施行），スパイ防止法［反間諜法］（2014年11月1日公布・施行），テロリズム防止法［反恐怖主義法］（2015年12月27日公布，2016年1月1日施行，2018年4月27日改正・施行）などとともに合わせて説明されることがあり，情報についての一般法ではない。すべての組織および市民は国家情報活動に協力する義務および国家情報活動上の秘密を保持する義務を負っている（同法7条1項）。

電子商取引法［電子商務法］（2018年8月31日公布，2019年1月1日施行）は，商取引についての法であり，取引の安全を趣旨とするものであるが，電子商取引を行う業者は，法の定めるところによる主管部門からの取引データ提供要求に応じる義務がある。インターネットの安全に関する基本法は，インターネット・セキュリティ法［網絡安全法］（2016年11月7日公布，2017年6月1日施行）である。また，電子署名については［電子簽名法］（2004年8月28日公布，2015年4月24日改正，2019年4月23日改正），暗号については［密碼法］（2019年10月26日公布，2020年1月1日施行）による。

(5)　財政と税制

(i)　財政制度　　財政の基本法としては，予算法（1994年3月22日公布，1995年1月1日施行，2014年8月31日改正・公布，2015年1月1日施行，2018年12月29日改正・公布・施行）と会計法（1985年1月21日公布，5月1日施行，1993年12月29日改正・公布・施行，

1999 年 10 月 31 日改正・公布，2000 年 7 月 1 日施行，2017 年 11 月 4 日改正・公布，同月 5 日施行）とがある。

会計法は国家機関，社会団体，会社，企業，事業単位，その他の組織全体の会計を定めるものであり，国家財政の会計のみを定めるものではない。国家の統一的会計制度は本法にもとづき国務院の財政部門が定める（会計法 8 条）。会計年度は 1 月 1 日から 12 月 31 日までの暦年である（予算法 18 条，会計法 11 条）。全国人大の職権には予算の審議・承認が含まれているが（本書第 3 章 2 (1)(ii)参照），通常 3 月開催なのですでに一部執行した時点での審議・承認となる。また，12 月 31 日以前に全国人大常務委員会が翌年度予算の審議を行う慣行もない。

会計検査制度については，会計検査法［審計法］（1994 年 8 月 31 日公布，1995 年 1 月 1 日施行，2006 年 2 月 28 日改正・公布，6 月 1 日施行）が定めている。

国有資産の管理については，基本法はない。企業国有資産法（2008 年 10 月 28 日公布，2009 年 5 月 1 日施行）および企業国有資産管理監督暫行条例（2003 年 5 月 13 日公布・施行，2011 年 1 月 8 日改正・公布・施行）は，国家による企業への出資によって形成される権利・利益を「企業国有資産」と定義して，これについて定める（企業の各種形態については本書第 6 章を参照）。国務院のもとにある国有資産監督管理委員会によって管理される。同委員会は，国有資産全般についてではなく，企業国有資産を管轄する。資産評価の一般法としては，資産評価法［資産評估法］（2016 年 7 月 2 日公布，同年 12 月 1 日施行）があり，資産評価専門機構や専門家による評価を定め，国有資産の評価については評価機構による評価を定める（同法 2 条・3 条）。財政投資については［政府投資条例］

による（2019年4月14日公布，同年7月1日施行）。

(ii) 税 制 (a) 租税法律主義の現状 憲法56条は，市民は法律にしたがって納税の義務を負うことを定める。ただし，ここにいう法律が形式的意義の法律であり，その意味で租税法律主義を指すといえるのかについては自明ではない。

租税法律主義に関わる規定としては，立法法がある。2015年改正以前（2000年3月15日公布，7月1日施行）の8条（形式的意義における法律によって定める事項）の8号は，基本経済制度・財政・［税収］・税関・金融及び対外貿易の基本制度を挙げていた（中国語で「税収」とは租税のことである）。ここからは租税法律主義への志向を読み取れるが，しかし9条～11条による授権で国務院による行政法規を根拠とすることが認められていた。2015年3月15日の改正（公布・施行）による8条6号は，税種，税率，徴税管理などの税制を法律事項とし，かつ下位法令への授権の場合は原則として5年までとして（10条2項），租税法律主義への志向をより強く示した。立法法改正時には関税を含む18種のうち4種のみが法律で定められ，それ以外は国務院に授権されて条例で定められていたが，その後租税関係の法律の制定が進み，2019年8月現在，営業税は廃止され，新たに環境保護税が加わって，18種のうち9種につき法律が定められ，その他のものも起草作業中である。

租税法律主義が厳格な意味では未確立であったことには，必ずしも税収が国家の財源の基本ではなかったという歴史的背景がある。1950年代中期に都市商工業企業の国有・国営化と農村の協同化が進み，企業利潤の上納と穀物を中心とした指定農産物の国家買い上げとにより国家は必要な資金と資源とを得ることができた。

1 行政行為

1970 年代末以降徐々に市場メカニズムを導入し，1990 年代には全面的に市場メカニズムが導入された。農民の負担は国家買い上げ分の供出ではなく，農村部公共事業のための費用負担となり，不透明な費用負担よりは明確な租税によって公共を担うべきであるという［費改税］を望む声が起こるようになった。商工業国営企業も 1980 年代中期に自主権を得て国有企業になり，利潤上納から納税へと状況は変わった（［利改税］）。1984 年 9 月 18 日および 1985 年 4 月 10 日に全国人大が国務院に立法を授権して税制の初期的整備が行われた。2000 年立法法はその追認であった。

1993 年 11 月中共 14 期 3 中全会「社会主義市場経済体制をうちたてることについての若干の問題に関する決定」で税制改革を決定し，法の整備に着手した。その特徴は，①農村負担の軽減，②財・サービスの取引課税の整備（付加価値税型），③所得課税の整備（1980 年代の企業の所有形態ごとの企業所得税から企業形態を問わない企業所得税に。ただし，そのときどきの政策的優遇税制もある），④資産課税の整備の 4 点である。この税制は今日につながる。

(b) 租税徴収管理法及び関税　租税徴収管理法［税収徴収管理法］は，（1992 年 9 月 4 日公布，1993 年 1 月 1 日施行，1995 年 2 月 28 日改正・公布・施行，2001 年 4 月 21 日改正・公布，2001 年 5 月 1 日施行，2013 年 6 月 29 日改正・公布・施行，2015 年 4 月 24 日改正・公布・施行）が徴税・納税の基本法である。

生産・経営従事者は［税務登記］を行う（15 条～18 条）。納税義務者が申告し（25 条），納付する（31 条。滞納金につき 32 条）のが基本である。なお，未納者に対しては出国阻止（法定代表者を含む）の措置が定められている（44 条）。45 条で租税債権は無担保債権および滞納後に設定した担保物権付き債権に優位する旨定

第 4 章 行 政 法

める。企業破産法においては，従業員の賃金，社会保障債権には劣後するが，一般債権よりは優先される（企業破産法 113 条。企業破産法については本書第 6 章 1 (5)を参照）。

90 条は別に定めがある場合にはそれに従う旨定める。1 項は，耕地占用税，契税，農業税，牧業税を，2 項は関税など税関で扱う税を挙げる。

農業税については，中華人民共和国成立前より根拠地においては同種の税があり，成立後も徴収されていた。農業税条例（全国人大常務委員会 1958 年 6 月 3 日）制定後はこれに基いて徴収され，「公糧」と俗称されていた。1994 年 1 月 30 日国務院の「農業特産収入について農業税を徴収することに関する規定」［関於対農業特産収入徴収農業税的規定］は，1983 年国務院「農林特産収入につき農業税を徴収することに関する若干の規定」［関於農林特産収入徴収農業税的若干規定］により行われていた農業特産品課税に加えて牧業税を設けていた。2005 年 12 月 29 日の全国人大常務委員会で，農業税条例を 2006 年 1 月 1 日に廃止すること，農業特産品に対する課税もたばこの葉以外は廃止すること（2006 年 2 月 17 日に廃止），牧業税は全面徴収免除とすることを定めた。

関税については，税関法［海関法］(1987 年 1 月 22 日公布，7 月 1 日施行，2000 年 7 月 8 日改正・公布，2001 年 1 月 1 日施行，2013 年 6 月 29 日改正・公布・施行，2013 年 12 月 28 日改正・公布・施行，2017 年 11 月 4 日改正・公布，同月 5 日施行）の第 5 章が関税について定めている。これにもとづき輸出入関税条例［進出口関税条例］(1985 年 3 月 7 日公布，同月 10 日施行，1987 年 9 月 12 日改正・公布・施行のものに代わるもので，2003 年 11 月 23 日公布，2004 年 1 月 1 日施行。2011 年 1 月 8 日改正・公布・施行，2013 年 12 月 7 日改正・公布・

表 4-2 関税・環境保護税以外の税種とその根拠法令

税　種	根拠法令	公　布	最新改正	課税の種類	財　源
個人所得税	個人所得税法	1980年	2018年	所得課税	中央と地方
企業所得税	企業所得税法	2007年	2018年	所得課税	中央と地方
車両・船舶税	車船税法	2011年	2019年	資産課税	地　方
都市維持および保護建設税	城市維護建設税暫行条例	1985年	2011年	その他	中央と地方
家屋税	房産税暫行条例	1986年	2011年	資産課税	地　方
耕地占用税	耕地占用税法	2018年		資産課税	地　方
印紙税	印花税暫行条例	1988年	2011年	その他	中央と地方
都市土地使用税	城鎮土地使用税暫行条例	1988年	2019年	資産課税	地　方
付加価値税	増値税暫行条例	1993年	2017年	取引課税	中央と地方
土地付加価値税	土地増値税暫行条例	1993年	2011年	所得課税	地　方
消費税	消費税暫行条例	1993年	2008年	取引課税	中　央
資源税	資源税法	2019年		資産課税	中央と地方
契税	契税暫行条例	1997年	2019年	資産課税	地　方
車両購入税	車両購置税法	2018年		取引課税	中　央
煙葉税	煙葉税法	2017年		その他	地　方
入港税	船舶頓税法	2017年		資産課税	中　央

施行，2016年2月6日改正・公布・施行）が定められている。

　租税徴収管理法91条は，租税協定がある場合にはそれに従う旨定める。日本とも租税協定が結ばれている。

　(c)　関税以外の租税とその根拠法令　　表 4-2 に関税以外の税種とその基本となる根拠法令を示す。「課税の種類」の列において取引課税，所得課税，資産課税の別を示す。「その他」とあるのは，中国においては上記3種に位置づけられていないものである。また，「財源」の列では中央財源，省級以下の地方財源の別を示す。「中央と地方」とあるのは双方の財源として割り振られ

第4章 行 政 法

るものである。なお，関税は，取引課税で中央財源である。

　これら関税，環境保護税を含む18種の税のうち，付加価値税や企業所得税で租税収入の過半を占める。最終的な消費者への価格転嫁の可能性を除けば，企業活動への課税による税収が基本である。

　中央・地方の財源分配により中央はおおむね税収を主たる財源とすることができている。地方政府は，各種施策を行おうとすると租税収入だけでは足りない。

　地方債発行には一定の制限がある。各種財源についての中央と地方，上級地方政府と下級地方政府などの分配の検討には時間がかかり，また，地方政府が税収を増やすための産業政策を展開しても実を結ぶには時間を要する。その分は，土地取引（農地を農地基準価格で所有主体たる［村］などから購入し，一度国有としてから，建設用地使用権を設定して開発業者に売る。ただし，農民が担保としたり開発したりする権利を拡大する方向での法改正や試み［試点工作］が行われつつある。本書第5章参照）や，［〇〇費］という名称で費用の負担を求めたり，地方債発行制限の抜け道となる金融商品を用いたりといった方向になりやすい。非租税収入源としては，土地使用権収入や各種費用徴収以外に政府基金，社会保険，国有資産・国有株・鉱業権などがある。

　環境保護税法（2016年12月25日公布，2018年1月1日施行，2018年10月26日改正・公布・施行）は，上記の所得・資産・取引などに対する課税と異なる。汚染物質排出を減らし，生態系をまもるために，汚染物質を排出する生産経営者に対し，本法の附表である「環境保護税税目税額表」および「課税汚染物および換算表」［応税汚染物和当量表］で換算した環境保護税を課するものである。

農業・交通・汚染物処理施設などについては当面減免税の対象となっている（12条）。徴税は税務機関が，租税徴収管理法にもとづいて行うが，汚染物の測定については生態環境主管部門が行う（14条・15条）。

2 行政救済

ここでは，行政行為に関して行政争訟（行政不服審査と行政訴訟）をもって争う制度のほかに，監察機関や上級行政機関による監督権の発動を求めたり，相談によって救済を得ようとするための制度や賠償・補償の制度を概観する。

(1) 行政争訟

(i) 行政不服審査［行政復議］　1990年12月24日に行政不服審査条例（1991年1月1日施行，1994年10月9日改正・公布・施行）が公布され，さらにこれに代わり，1999年4月29日に行政不服審査法が公布され，10月1日に施行された。その後2009年8月27日改正・公布・施行を経て，2017年9月1日改正・公布，2018年1月1日施行された。

本法においてはまだ［具体行政行為］の語が用いられている。具体的行政行為により合法的な権利・利益を侵害されたと思料する市民，法人その他の組織は行政不服審査を申し立て，行政機関がその申請を受理して審査し，当該具体的行政行為の合法性および妥当性について判断して決定する（2条・3条）。

不服審査を申し立てることができる事項については6条が1号から11号まで定める。行政処罰（1号），行政強制措置（2号），許可証・証明書などの変更・中止・取消し（3号），土地その他の自然資源の所有権・使用権確認の決定（4号），経営自主権侵害

第 4 章　行 政 法

（5号），農業請負契約の変更または廃止（6号），違法な出資募集，財物の徴用，費用負担割当てまたはその他の義務履行要求（7号），許可証その他の証明書申請・許可申請・登記などにおいて行政機関が法の定めるところによりその職務を行わないこと（8号），人身の権利，財産権，教育を受ける権利などを保護する法が定める職責の不履行（9号），見舞金・社会保険金・最低生活保障費の不発給（10号），その他合法的権利利益の侵害（11号）である。

　また，具体的行政行為が根拠とする以下の規則類の合法性に問題があると思料する場合にはそれらについても審査を請求できる（7条。国務院部門の［規定］，県以上の地方各級人民政府およびその部門の［規定］，郷・鎮人民政府の［規定］）。ここにいう［規定］は［国務院部門規章］や［地方政府規章］を含まない。後述する行政訴訟法53条2項にいう［規範性文件］にあたるものであろうか。［規定］と［規章］とのちがいは必ずしも明確ではない。規則制定手続条例（2001年11月16日公布，2002年1月1日施行。2017年12月22日改正・公布，2018年5月1日施行）にもとづかない拘束力ある政府の意思表示ということであろうか。同条例による規則制定権は，県以下の地方人民政府にはない。ただし，［決定］や［命令］の形で規範定立が可能なのでこの場合には意味がある。各種基準の正しさを争うことがどの程度認められるのかについては，行政訴訟とあわせて今後注目すべきである。

　不服審査は，法律に別の定めがある場合を除き，具体的行政行為を知り，または知りうべかりしときから60日以内に申し立てなければならない（9条）。申立てを受けた機関は，申請到達後5日以内に受理するか否かを決定する（17条）。行政不服審査前置主義がとられている場合で不受理決定または応答がないとき［不

答復〕には，不受理決定または答復期限から15日以内に行政訴訟を起こすことができる（19条）。

　被申立人である行政機関や審査機関たる行政機関が当該具体的行政行為の停止を必要と認めた場合や執行停止の申請に合理性があると認められる場合または法律に定めのある場合を除いては申立てによっては当該具体的行政行為は停止されない（21条）。審査権のある行政機関は30日以内に審査し決定しなければならない（26条）。決定には，当該具体的行政行為が妥当であるとする維持の決定，職責不履行の場合の期限を定めての履行の決定，取消し・変更などの決定（根拠とする事実に誤りがある場合，手続違反の場合，権限の踰越または濫用，明らかな不当などの場合。28条）がある。

　審査に必要な費用は申請者から徴収してはならない旨定める（39条）。

　(ii)　行政訴訟　　民事訴訟法（試行）（1982年3月8日公布，10月1日施行）は3条2項で「人民法院が審理すると法律が定める行政事件には，本法を適用する」と定めていた。個別の行政関係法令に行政行為に不服の場合には行政訴訟を起こすことができることが明示されているときに，3条2項により民事訴訟手続を用いて行政訴訟を起こすことができた。一般的な行政訴訟は当時まだなかった。行政訴訟法が1989年4月4日に公布，1990年10月1日に施行されて一般的な行政訴訟制度が実現した（2014年11月1日改正・公布，2015年5月1日施行，2017年6月27日改正・公布，7月1日施行）。

　行政機関の行政行為によって権利を侵害された市民・法人・その他の組織は，本法に基づいて人民法院に訴訟を提起することが

第 4 章 行 政 法

できる。改正前は「具体行政行為」としていたが，改正によって「行政行為」と改められた。

2017 年の改正によって設けられた 25 条 4 項では，生態環境保護，資源保護，食品薬品安全，国有財産保護，国有土地使用権譲渡等の領域で管理監督責任ある行政機関の不作為がある場合には，当該機関に対する検察機関の建議義務を定め，また，それでも職務を行わない場合には，人民法院に行政訴訟を起こす旨定める。公益訴訟については本書第 8 章および第 9 章参照。人民法院が受理しない事項（13 条）として，国防・外交等の国家行為（1 号），行政法規，規章または行政機関が制定，発布する普遍的拘束力を有する決定・命令（2 号），行政機関が行政機関工作人員に対して行う賞罰・任免等の決定（3 号），法律が行政機関が最終裁決を行う旨規定している行政行為（4 号）の 4 種類がある。

このうちの 2 号が定めるような規範定立行為は本章 1 の冒頭で触れたように抽象的行政行為［抽象行政行為］とよばれ，法律やその他の規範に基づいて行われる具体的行政行為と対をなしている。抽象的行政行為について訴訟を提起することができないと，行政行為の根拠となる基準そのものの妥当性を争うことができない。このため，抽象的行政行為を含めて行政行為とし，行政訴訟の網をかぶせるべきであるという立法論もあった。改正により新設された 53 条 1 項では，「行政行為が根拠とする国務院の部門および地方人民政府並びにその部門が制定した［規範性文件］が合法ではないと思料するときには，行政行為に対して訴訟を提起するときに，あわせて当該［規範性文件］に対して審査を行うことを求めることができる」とし，同条 2 項では「前項の規定する［規範性文件］には［規章］を含まない」とした。行政不服審査

2　行政救済

においても触れたが，一種の妥協の産物である。[規章] は含まれないので，行政不服審査において述べたように，それ以外の形式で政府のある部門の意思を示す [規範性文件] のみに限っている。法院は，[規範性文件] が合法的ではないと判断する場合，それを根拠とせずに判決する。また，制定機関には当該 [規範性文件] を改めることを建議する（64条）。なお，後述するように [規章] は [参照] の対象となるのであって，適用すべき根拠法令ではない。

　受理の範囲は12条で定められている。1項では，行政処罰（1号），行政強制執行（2号），行政許可（申請に対する不答復および行政許可に関する決定）（3号），自然資源に対する所有権または使用権の確認に関する決定（4号），収用・徴用・補償に関する決定（5号），人身保護・財産権等保護職責履行請求に対する履行拒絶または不答復（6号），経営自主権侵害・農村土地請負経営権侵害・農村土地経営権侵害（7号），競争排除・競争制限となる行政権濫用（8号），行政機関による違法な出資募集，費用負担割当て，その他の義務履行要求（9号），見舞金・最低生活保障待遇・社会保険待遇の不給付（10号），政府特許経営協議・土地建物収用補償協議等の協議に関する不履行または違法な変更（11号），行政機関によるその他の人身権・財産権侵害（12号）を挙げている。また2項で，上記以外で法律・法規が行政訴訟を認めている場合としている。

　法律・法規により不服審査申立前置主義が採られている場合にはその不服審査申立てに対する決定に対して訴えを起こす（44条2項）。そうでない場合には，行政機関に不服審査申立てをし，その決定に対して不服の場合に訴えを起こすことも，行政機関に対

第 4 章　行　政　法

する不服審査申立てを経ずに直接人民法院に訴えを起こすことも
できる（44 条 1 項）。

　不服審査決定受領後（45 条）または直接訴えを起こす場合には，
当該行政行為を知り，または，知りうべかりし日から 6 カ月以内
（法律・法規に別の定めがある場合を除く）に訴えを起こさなくては
ならない（46 条 1 項。また，不動産についての行政行為については 20
年以内，その他の行政行為については 5 年以内。46 条 2 項）。特殊な状
況で訴えを期限内に起こすことができない場合には，障がい除去
後 10 日以内に期限延長申請を人民法院に提出する（48 条）。

　第一審が，基層から最高人民法院までの 4 級のうちいずれにな
るかを定める級別管轄としては，原則は基層人民法院である（14
条）。15 条で定める場合には中級人民法院（1 号：国務院部門また
は県以上の地方人民政府がなした行政行為に対して。2 号：税関が処理
した事件。3 号：中級人民法院の地域管轄域内で重大・複雑な事件。4
号：その他法律が中級人民法院が管轄する旨定めている事件）となる。
16 条は高級人民法院が一審の場合，17 条は最高人民法院が一審
の場合を定める（それぞれが第一審となるような重大な事件について）。

　起訴状は副本とともに提出する（50 条）。起訴状が 49 条に定め
る起訴要件を満たす場合（原告が行政行為により権利利益の侵害を受
けたと思料する者であること，明確な被告の記載があること，請求およ
びそのための根拠の記載があること，人民法院が受理すべき事件であり，
その管轄にあること）には［立案］（受理事件として登録すること）と
なる（51 条 1 項）。そうでなければ［不立案］となる。提出を受
けたその場では判断できない場合には受領後 7 日以内に立案また
は不立案の裁定を行う。不立案の裁定に対しては上訴できる（同
条 2 項）。補正を要する不備がある場合でその指摘に従わない場

146

合には起訴状不受領となる（同条3項）。不受領，受領後の受領証明不交付，補正指導不告知などの場合には上級人民法院に申立て［投訴］を行うことができる。不立案に対する上訴を受けた上級人民法院は，その訴えが起訴要件を満たす場合には，自ら受理するか，または，他の下級人民法院を指定する。

　立案の日から5日以内に起訴状副本を被告に送達する。被告たる行政機関は，副本到達後10日以内に当該行政行為に関する資料および答弁状を提出する。人民法院は答弁状到達後5日以内にその副本を原告に送達する（67条1項。答弁状は必須ではない〔同条2項〕）。

　訴訟期間中も原則として行政行為の執行は停止しない（56条1項）。ただし被告が停止すべきと判断するとき，原告または利害関係人が執行の停止を申請し，人民法院が執行を停止しなければ補いがたい損失が生じるおそれがあり，かつ，停止することが国家の利益および社会公共の利益を損なわないと判断するとき，人民法院が当該行政行為の執行が国家の利益，社会公共の利益を損なうと判断するとき，法律・法規が執行の停止を規定しているとき，などは停止される（56条2項）。

　審理は公開で行われる。ただし，国家秘密並びに個人のプライバシーおよび法律に別の定めがある場合を除く（54条1項）。商業秘密については当事者から非公開審理の請求がある場合には公開しないで行うことができる（同条2項。本項は，2014年改正で追加された）。

　証拠調べを経て判決へと向かう。60条1項前段で，行政訴訟においては［調解］（調停）を用いない旨定める。同項但書で，「行政賠償，補償および行政機関が法律・法規が定める自由裁量

第4章　行　政　法

権を行使する事件においては調解を用いることができる」旨定める。同条2項は調解においては［自願］（自ら願うこと）［合法原則］に従い，国家利益，社会公共利益，他人の合法的な権利・利益を損なってはならない旨定める。但書および2項は2014年改正による追加である。

　判決は，法律・法規にもとづいてなされるが，［規章］については63条3項で，［参照］するものとなっている。これは改正前の53条を受け継ぐものである。国務院各部門や地方人民政府が制定する規章は，それぞれの立場で制定されるため，相互に矛盾したり，上位規範に抵触したりするおそれがあり，それらにもとづいて判決する，すなわち適用することを義務づけるのは不合理な場合がある。他面でそれらを審査する権限を人民法院に与えるという制度は採られていない。上位規範に抵触せず，相互に矛盾もしない場合には［参照］し，問題があれば［参照］しないという判断を許すものとなっている。

　立案から3カ月以内に判決するのが原則であり，その延長には高級人民法院の許可を要する（81条。高級人民法院が一審の場合には，最高人民法院の許可を要する）。

　判決には次の種類がある。行政行為には法律・法規の適用，手続に問題がなく，法の定める職責・義務を果たしている場合には，請求棄却の判決をする（69条）。証拠不足，法律・法規の適用の誤り，法定手続への違反，職権踰越，職権濫用，明らかな不当などの事由のひとつがある場合には，行政行為の全部または一部を取り消し，さらに被告たる行政機関に新たな行政行為を行うことを命ずる旨判決する（70条）。職責を履行していない場合には，一定期間内に履行する旨判決する（72条）。行政行為に明らかな

不当，または当該行政行為に関する金額の確定に明らかな誤りがある場合にはその変更を判決する（77条）。

第一審判決に対しての上訴は判決書送達から15日以内，裁定に対しては10日以内に行わなければならず，それを過ぎれば判決または裁定は効力を生じる（85条）。上訴については事実が明らかである場合には書面審理で行うことができる（86条）。上訴状到達の日から3カ月以内に終審判決をなさなければならない（88条。延長が必要な場合には高級人民法院の許可を要する。高級人民法院が二審の場合には最高人民法院の許可を要する）。

法的効力が生じた判決・裁定・調解書（調停調書）について市民・法人・その他の組織の側が履行しない場合には，行政機関または第三者は第一審人民法院による強制執行または行政機関による強制執行を求めることができる（95条）。行政機関の側が履行しない場合には，人民法院は以下の措置をとることができる（96条）。［罰款］（過料）返還または金銭の給付については，行政機関の銀行口座からの振替（1号）。不履行の場合には期限超過1日ごとに50元から100元の罰款（行政機関の責任者に対し）（2号）。行政機関が履行を拒絶していることの公告（3号）。監察機関または直近上級行政機関に対する司法建議（4号）。とくに深刻な事態の場合には直接の責任者に対して拘留または刑事責任の追及（5号）。

(2) 監察の反射的利益と信訪

1989年の行政訴訟法，1990年の行政不服審査条例以前は個別の行政法令による不服審査請求や行政訴訟の可能性があるのみであった。それ以外には，行政機関自身（上級機関や監察機関を含む）の見直し，人大の監督，政治協商会議の建議，党委員会の指導などに期待しつつ，これらの発動を求める市民の活動の反射的利益

第 4 章　行 政 法

としての救済があるにすぎなかった。このうち行政機関自身による監督としての監察制度については行政監察法（1990 年 12 月 9 日公布・施行の行政監察条例に代わる。1997 年 5 月 9 日公布・施行，2010年改正・公布・施行）があった。監察制度自体は，1949 年に政務院に監察委員会が設けられて以来，国務院監察部（1959 年から1986 年までは廃され，職務は中国共産党監察委員会が担った）が担い，中国共産党紀律検査委員会の監察部門との合同作業によって監察が行われてきた。2018 年 3 月 11 日の憲法改正および 3 月 20 日の監察法の制定（公布・施行）により国家機関として国家監察委員会が設置され，行政監察法は廃された（国家監察委員会については本書第 3 章参照）。

　これらの発動を求める活動に法的根拠を与えるのは［信訪］［人民来信人民来訪］制度である。来信とは書面による相談・建議・救済の申立てであり，来訪とは自ら訪れて相談等を行うことである。1995 年 10 月 28 日には信訪条例が制定され，その後2005 年 1 月 5 日に新たに制定・公布され 5 月 1 日施行されたのが現行条例である。ただし，信訪活動は，条例制定以前にすでに行われていた。来信には書信，電子メール，ファックス，電話が含まれる。申立ての内容としては建議・意見・［投訴請求］がある（信訪条例 2 条）。申立ては処理権限ある機関または直近上級機関に対して行う旨定められている（同 16 条）。来訪の場合には 5名以内の代表を選ぶことが要求される（同 18 条 2 項）。秩序を保って行うべし（同 19 条）の趣旨と通じるものであろう。［信訪］がなされてから，60 日以内になんらかの回答を要する（30 日までの延長可）（同 33 条）。信訪は，監察の発動だけではなく，広く各種の救済を求め，または建議を行うために用いられている。

150

(3) 国家補償・国家賠償

国家賠償法（1994年5月12日公布，1995年1月1日施行，2010年4月29日改正・公布，同年12月1日施行，2012年10月26日改正・公布，2013年1月1日施行）は［行政賠償］と［刑事賠償］とを定める。

行政賠償は，職権を行使する際に人身権または財産権を侵害した場合の賠償である（3条・4条）。賠償義務機関への請求（9条）があると，賠償義務機関は2カ月以内に決定を行い，決定後10日以内に通知（13条）する。賠償しない旨の決定の場合には決定の日から，通知がない場合には通知があってしかるべき日から3カ月以内に，行政賠償事件として訴訟提起することができる（14条）。

刑事賠償は，刑事司法手続において，捜査，検察，裁判，刑務所のいずれかの段階での人身権侵害があった場合の賠償である。逮捕された後に不起訴や無罪となった場合も含まれている（17条2号）。逮捕自体の違法性は要求されていない。この場合も補償ではなく賠償として扱われているのは，立法者の感覚としては後に不起訴や無罪となるような場合の逮捕はそれ自体が違法性のあるものと認識されているのだろうか。

国家賠償については，中級以上の人民法院に賠償委員会が設けられている（人民法院組織法〔2018年10月26日改正・公布，2019年1月1日施行〕35条）。

正当な行政行為でありながら人身権・財産権を損なう場合の補償については一般法はなく，個別の分野ごとに設けられている。それら全体の根拠は憲法13条3項である。たとえば，土地管理法（1986年6月25日公布，1987年1月1日施行。1988年12月23日，

第4章　行　政　法

1998年8月29日，2004年8月28日，2019年8月26日の改正を経ている）の48条は土地収用に伴う補償を定め，1項で収用対象となる土地のもとの用途に照らして補償額を定めるとする。

3　行政組織法

国家機関（地方政府を含む）については本書第3章を参照されたい。ここでは公務員制度および市民との関係について触れる。

(1)　公務員制度

公務員という言葉が一般的に用いられるまでは，［幹部］と［国家工作人員］という言い方が一般的であり，これらの語は今でも用いられる。

［幹部］は翻訳しにくい語のひとつである。何らかの管理的職務にあり，国家による賃金・福利の措置がなされる正式なポストであり，共産党の人事権が直接または間接に及ぶ職位にある人という程度の定義しかできない。［領導幹部］（または［高級幹部］）という語もあり，指導的立場の職位にある人を指す。幹部制度は，旧ソ連由来のものである。革命自体は前衛党の指導のもとに労働運動・農民運動・学生運動などに参加した人々や革命に賛同する軍人などの情熱で成し遂げることが可能である。しかし，その後政権を維持し，各種の建設事業を担うためには新たに継続的に人材が必要であり，それを担うべく選ばれるのが幹部である。国家機関のみならず企業や各種団体の管理も幹部制度によって担われてきた。

［国家工作人員］という語は憲法41条に見られ，また刑法は公務員の語を用いず，国家工作人員の語を用いている。

［公務員］という語が用いられるようになったのは1980年代で

152

ある。立法としては，国家公務員暫行条例（1993 年 8 月 14 日公布，10 月 1 日施行）の後，公務員法が 2005 年 4 月 27 日に公布され，2006 年 1 月 1 日から施行されている（2017 年 11 月 1 日改正・公布，2018 年 1 月 1 日施行，2018 年 12 月 29 日改正・公布，2019 年 6 月 1 日施行）。

国家公務員法 2 条は公務員を「法の定めるところにより公務を執行し，国家行政編制にあり，国家財政を以て賃金・福利を負担する工作人員」と定義している。3 条では［領導成員］と裁判官・検察官については別の定めがある場合にはそれによるとする。

公務員の任用は，公開選抜試験が原則であり（21 条・28 条），高度専門職招聘制度（96 条）もある。統一公務員試験はない。裁判官や検察官になるためには司法試験と公務員試験とに合格しなければならない。ただし，すでに人民法院職員や人民検察院職員である場合には司法試験に合格すればよい。公務員試験合格も要するという点については批判もある（2017 年改正は「国家統一法律専門職資格試験」［国家統一法律職業資格考試］制度導入によるものであり，行政不服審査法や行政処罰法もこれに合わせて改正された。法律職に関する改革については本書第 10 章および第 11 章を参照されたい）。

⑵　ノーメンクラツーラ

共産党による幹部候補者リストをロシア語でノーメンクラツーラといい，共産党が人事案を提出し，基本的にはそれが受け入れられるような制度と実態もノーメンクラツーラという。中国にもこれに関する党の法規がある。1995 年には「党と国家の指導的幹部の選抜・任用工作暫定条例」があり，これは 2002 年 2 月 9 日中共中央「党と国家の指導的幹部の選抜・任用工作条例」［党政領導幹部選抜任用工作条例］にとって代わられ，2013 年 12 月 30

第4章 行 政 法

日改正，2014年1月14日公布・施行のものが現行制度である。
公務員法3条の「別の定め」のひとつであり，かつその中核である。施行責任者は各地・各部門の党委員会組織部門および政府の人事部門である（6条）。会議体または個別の推薦（重要な参考材料）（14条〜22条），選考（23条〜33条），討論・決定（34条〜39条）を経て決定権ある機関に提案（45条〜49条）する。

　(3)　市民・住民との関係，公共サービスの民間からの調達

　(i)　市民・住民からの意見聴取　　1の行政行為でふれたように公聴会などによる情報提供や意見聴取が行われている。また，都市計画や農村計画においては，都市及び農村計画法［城郷規劃法］（2007年10月28日公布，2008年1月1日施行，2015年4月24日改正・公布・施行，2019年4月23日改正・公布・施行）における公聴会制度（26条・46条・60条5号）がある。このほかに［村民意願］の重視（18条）や村民会議または村民代表会議の討論と同意（22条）も定められている。ただし，公聴会を建設的な熟議の場とすることは中国においても困難な場合が少なくない。

　(ii)　公共サービスの市場からの調達　　政府調達法［政府采購法］（2002年6月29日公布，2003年1月1日施行，2014年8月31日改正・公布・施行）は契約をもって財・サービスを調達することを定めている。これにもとづき，公共サービス調達管理辦法（暫定）［政府購買服務管理辦法（暫行）］（2014年12月15日公布，2015年1月1日施行）が定められている。公共サービスを担う条件を備えた［社会力量］（社会の発展に参与する能力を有する個人や団体の総称。広義には事業単位も含まれる）および事業単位に担わせ，政府は契約にもとづき費用を支払う（辦法2条）。［社会力量］のうちには登記した（または登記を要しない）社会組織や登記した企業が含ま

れる（同法6条）。競争的手法を取り入れ，評価を行う（同法第4章・第6章）。

　ボランティア活動に熱心に参加する人々も少なくない。住民の基層組織以外に，地域社会の公共のために協定的手法やフォーラムの形成を行うこと（たとえば住民の趣味サークルによる広場や公園の秩序ある利用のための話し合い）もある。これらは市民社会の萌芽と考えることもできるが，本書第3章でみたように団体規制が一般的に緩和されてはいない現状をみると萌芽よりもさらに進んだ段階にあると評価をすることは難しい。

第 5 章　民　　法

　建国から改革開放までの約 30 年間は，民事財産法により規律
すべき社会関係が法的形態をなしておらず，分散した行政法規・
規則，司法解釈があるだけで，正式な制定法は空白に近かった。
企業間の経済紛争は人民法院の管轄からはずされ，民事裁判とし
ては家事事件や個人間の紛争が主要なものであった。ところが
1980 年代以降，民事法は急速に整備されはじめ，とくに 90 年代
に入り社会主義的市場経済を改革のスローガンとするようになっ
てからは，もっとも変化の激しい活発な法領域となっている。
　以下では，まず財産法体系の枠組みを示し，しかるのちに民法，
章を改めて商法，経済法の主要な現行法について概述する。

1　民事財産法総説

　中国における財産法は現在，なお流動的要素をはらみつつも，
大まかにいって民法，商法，経済法の 3 分野から構成される。こ
うした体系が定着するまでには以下のような曲折に富むプロセス
をたどった。
　⑴　民事財産法の体系
　⒤　民法・経済法論争　　改革開放の時代に入った 1970 年代
末以降，積極的な経済立法の必要性が叫ばれるなか，法学界では
財産法体系の理論的把握のしかたをめぐり空前の大論争が展開さ
れた。民法・経済法論争といわれるもので，社会主義セクター間

の財産関係を民法により規律させるか（大民法論），それとも新たに生起しつつある法分野・経済法によるか（大経済法論）を中心に，民法・経済法それぞれの規律対象・主体・方法などをめぐって激しい議論が交わされた。

1980年代半ばまでは，旧ソ連の経済法学者ラプチェフの学説に影響を受けた「タテ・ヨコ統一説」に依拠する経済法論が優勢で，一時は通説的地位を確保した。この説によれば，社会主義社会の主要な企業間関係は，国家による経済計画・管理という垂直的契機（タテ）と企業間の平等な水平的契機（ヨコ）が結びついて一体となった特殊な性質を有するとし，伝統的民法の規律になじむ社会関係ではないとの認識から，経済法という新たな法部門による規律を主張した。逆に民法は，わずかに個人がかかわる，国家計画とは関係しない経済関係だけを規律するマイナーな法分野への縮小を余儀なくされた。1981年12月に制定された経済契約法（1982年7月1日施行，その後，1993年9月2日に改正，統一契約法の施行にともない1999年9月30日に失効）は，まさに経済法論の立場から社会主義セクター間の契約を民事契約とは法的性格を異にする経済契約と構成し，契約法を民法ではなく，経済法に位置づける立法であった。

講学上，経済法は経済計画法，基本建設法，工業企業法，農業法，交通法，商業法，税・財政法，金融法，会計・監査法，天然資源・エネルギー法，知的財産法，対外経済法，経済契約法，環境法，労働法，経済紛争解決手続法（仲裁，訴訟）などを包括する膨大な体系をなした。こうして一躍，経済法は法学における花形学科となり，全国の大学には相次いで経済法専攻が，はては学部までが設置され，経済法［熱］（ブーム）の様相を呈した。渉外

157

第 5 章　民　　法

関係法の制定が国内向け立法に先行したこともあり，渉外経済法はとくに人気を集めた。

(ii)　民法論の逆転勝利　　大民法論の方向へ流れを変える転換点となったのは，1984 年 10 月の中国共産党 12 期 3 中全会における「計画的商品経済」論の提起であった（「経済体制改革に関する決定」）。これをうけて「1980 年代中国の人権宣言」と讃えられる，現行の民事基本法＝民法通則（以下，通則ともいう）が 1986 年 4 月 12 日に採択（1987 年 1 月 1 日施行）された。民法通則は，2 条で「中華人民共和国民法は平等な主体の市民の間，法人の間，市民と法人の間の財産関係と人身関係を規律する」と大民法論にたつことを明言し，論争に一応の決着をつけた。すなわち，中国がめざす経済モデルが国家計画から商品関係，市場へと軸足を移すにともない，国家による行政的な経済管理よりも平等な主体間の自由な経済関係を重視する民法論のほうが，より適合的な法理論であるとして立法当局が選択したのである。民法通則の制定は，社会主義中国初の私権の保護を任務とする「私法」の誕生と評され，市民法形成の画期的な出来事と受け取られている。こうして契約法や知的財産法は，民法の一部を構成することが立法的に明確にされた。

　これにより経済法論は抜本的な見直しを迫られたわけであるが，その後も 1989 年の六・四天安門事件直後など，とくに守旧的ムードが支配する時期には，勢いを盛り返している。かえってカバー領域を会社法，手形小切手法，保険法，海商法，破産法などへも拡張して，民法通則に対抗して経済法綱要という基本経済法典を制定する動きをみせるなど，なおこの論争は完全に終息したとはいいがたい。

（ⅲ）　商法の誕生と新たな経済法概念　　従来，社会主義国に商法は無縁の存在と考えられてきたが，1993 年に所有形態による分類をとらない会社［公司］法（同年 12 月 29 日公布，1999 年 12 月 25 日，2004 年 8 月 28 日，2005 年 10 月 27 日，2013 年 12 月 28 日，2018 年 10 月 26 日一部改正・施行）が採択されるに及び，一転，商法がクローズアップされる。その後も，手形小切手法（1995 年 5 月 10 日採択，1996 年 1 月 1 日施行，2004 年 8 月 28 日一部改正），商業銀行法（1995 年 5 月 10 日採択，同年 7 月 1 日施行，2003 年 12 月 27 日一部改正），保険法（1995 年 6 月 30 日採択，2002 年 10 月 28 日，2009 年 2 月 28 日，2014 年 8 月 31 日，2015 年 4 月 24 日一部改正・施行），証券法（1998 年 12 月 29 日採択，1999 年 7 月 1 日施行，2005 年 10 月 27 日，2013 年 6 月 29 日，2014 年 8 月 31 日一部改正）などの商事立法が相次ぎ，海商法（1992 年 11 月 7 日採択，1993 年 7 月 1 日施行），信託法（2001 年 4 月 28 日採択，10 月 1 日施行）などを加えて，1990 年代半ばから商法が法学界では独立の法部門として承認された。もちろんその政治的背景として，鄧小平の「南巡講話」以後の社会主義的市場経済路線への明確な転轍があることは多言を要しない。

　商法は民法の特別法として私法に属し，「民商合一」の立法体制をとるべきであるとするのが支配的見解となっている。つまり，将来の民法典は民商統一法典の形をとり，他に商事単行法によりこれを補充するという構想が大方に支持されている。

　こうして経済法は民法ばかりか，商法にも規律対象をそぎ取られる結果となり，国民経済において国家の果たすべき役割が質的転換を求められるなか，自由で公正な市場競争秩序を維持し，経済活動に対する国家によるマクロコントロールを媒介する法領域としての経済法というコンセプトが有力となっている。たとえば，

第 5 章　民　　法

代表的な経済法教科書によれば，「経済法とは国家による介入を要する経済関係を規律する法律規範の総称である」（李昌麒編『経済法学』32頁）と定義される。具体的には各種企業法，政府によるマクロコントロールを媒介する法，市場競争（規制）法が含まれるとされる（詳細は本書第6章に譲る）。

(2)　民事財産法の法源

(i)　現行法体制　　一部の例外を除いて企業の生産活動にかかわる経済関係は，もっぱら行政的指令・計画に媒介されていたため，これを規律する民事法は 1980 年代に入るまでほぼ空白であった。わずかに個人がかかわる民事紛争の裁判準則として最高人民法院の「民事政策を貫徹執行する若干の問題に関する意見」(1963 年 8 月 28 日)，「民事政策法律を貫徹執行することに関する意見」(1979 年 2 月 2 日〔1996 年 12 月 31 日失効〕)，「民事政策法律を貫徹執行する若干の問題に関する意見」(1984 年 9 月 8 日) をはじめとする司法解釈とよばれる人民法院内部のマニュアル類が存在するだけであった。しかし，これらも大部分が婚姻・家族・相続に関する規定であり，取引法ではなかった。

現行の財産法の主要な法源について，1990 年代以降の活発な立法活動により，今日では民法・商法および経済法に関する主要な法律はすでに整備されている（巻末の「現代中国基本法令年表」参照）。関連する行政法規も多数制定されている。個々の制度の詳細を知るには，国務院所属の部・委員会などが制定する行政規則，省レベルの地方性法規および司法解釈にも目配りをする必要がある。裁判例には一般に法源性が認められていないが，最高人民法院公報，人民法院報，人民法院案例選に掲載された［案例］は下級法院に対して先例として一定の影響をもつといわれている。

2010 年からは最高人民法院が［指導性案例］として公布した案例に実質的な判例としての機能が与えられることになったが，2019 年 2 月末で 107 と件数は極めて少ない。

(ii)　今後の立法計画　　各分野で活発に立法・改正作業が進行中であるが，なかでも注目されるのが，民法典起草のゆくえである。2011 年までに民法典各編を構成すると見込まれる法律（契約法，物権法など）が単独で制定され議論が下火となった感もあったが，2014 年 10 月の中国共産党 18 期 4 中全会コミュニケ「法による国家統治の全面推進の若干の重大問題に関する決定」で民法典の編纂が強調され，その後 12 期全国人大常務委員会の立法計画に民法典編纂がくわえられたことから，にわかに動きが活発化した。これを受け，2017 年 3 月に民法総則が制定され，2018 年 8 月に民法典各則編（草案）が全国人大に提案された。世界最先端の民法典の制定をめざし，AI をはじめとする先端テクノロジーへの対応，人格的利益の重視といった内容が盛り込まれる見込みである。2020 年 3 月の全国人大での採択が目指されている。

2　総　　則

法部門としての民法には，総則，物権，債権，相続のほか，人格権や知的財産権が含まれる。また，本書第 7 章で述べるように，婚姻家族法を含める説も有力となっている。ここでは相続と家族を除き，財産法にしぼって論述する。

(1)　基本原則

一般条項にあたる基本原則には以下のようなものがある。

①当事者地位の平等原則（総則 4 条，契約法 3 条）　　行政機関であろうが，いかなる所有制の法人であろうが，民事法上の主体

としての地位は平等であり，国家機関や国有企業に優越的地位を
与えることを拒否する意味が込められている。

②自由意思原則（総則5条，契約法4条）　民事法律行為は当
事者の自由意思にもとづかなければならず，いかなる者も介入，
強要することは許されない。かつての国家による経済計画への従
属原則は，すでに実定法から一掃されている。1999年契約法の
制定に際しては，「契約自由」の原則を規定すべきだとする声が
学界から上がっていたが，立法当局にはまだ「自由」というター
ムにはアレルギーが強く，採択された成案では通則が使う［自
願］に統一された。

③公平・誠実信用の原則（総則6条・7条，契約法5条・6条）
日本法の信義則に相当するが，かつてはブルジョア法的である
として批判されてきたものである。

④合法的民事権利・利益保護の原則（総則3条）　権利の保障
こそが民事法の目的であることを明確にするもので，従来の義務
本位の法からの脱却を意味する。これをうけて，総則第5章では
各種の民事権利を，同第8章ではそれへの侵害が惹起する民事責
任を規定する。

⑤法令遵守原則（総則8条，契約法7条）　法律が許容する範
囲で民事権利は保護されることを意味する。通則では国家の政策
遵守義務を掲げ，政策の法源性を承認していたが，総則および契
約法では規定されていない。共産党の政策にも法としての効力を
認めていた往時とは一線を画す。

⑥公序良俗・社会公共道徳尊重，社会公共利益の不可侵，社会
経済秩序攪乱禁止の原則（総則8条・10条，契約法7条）　通則
では社会公共道徳を尊重・遵守すると規定されていたが（通則7

条），総則ではこれに代えて公序良俗概念が導入された。これらに反する民事行為は無効とされる（総則153条，契約法52条4号）。

⑦資源節約，生態系・環境保護の原則（総則9条）　日本でも中国の環境問題が盛んに報道されているが，このような現状に鑑みて総則に規定された。比較法的にもユニークな規定である。

(2)　民事主体

民事法の主体には自然人（総則第2章），法人（同第3章）および非法人組織（同第4章）がある。

(i)　自然人　民法通則では公民（自然人）として規定されていた。権利能力は出生に始まり，死亡に終わる（総則13条）。胎児には原則，権利能力はないが，例外的に相続の遺産分割および遺贈にあたっては相続分が留保される（総則16条，相続法28条）。自然人はその行為能力に応じて完全行為能力者，制限的行為能力者，行為無能力者に分けられる。満18歳以上は成年者として（総則17条），満16歳以上でも自分で生計を支えている者は完全行為能力者とみなされる（総則18条2項）。満8歳以上の未成年者，自己の行為を完全には弁別できない成人は，制限的行為能力者とされ，その能力を超える民事行為は法定代理人による代理か同意（ないし追認）を要する（総則19条・22条，契約法47条）。無能力者のための監護制度（総則27条〜39条），失踪宣告と死亡宣告の制度（総則40条〜53条）もある。個人工商業者，農村の請負経営者も自然人の一形態として扱われるが，家族経営の場合は家族財産が債務の引き当てに供される（総則56条）。

(ii)　法人　通則に先行して経済契約法などに「法人」という文言は現れていたが，通則は初めて法人制度に関する一般規定をおいた。通則では法人を企業法人，機関法人，事業単位法人，

第 5 章 民 法

社会団体法人等に区分していたが（通則 41 条～53 条），総則では
営利法人（総則 76 条），非営利法人（同 87 条）および特別法人の 3
種類に簡素化された。これは，企業と非企業という通則の区分を
継承するとともに，基金会や社会サービス機構等といった新しい
法人にも対応することが可能であるとの理由からである。法人の
設立は自由設立主義をとらず，原則として行政による許可主義ない
いし認可主義による。

　①営利法人　　利益を得て，それを株主等の出資者に分配する
ことを目的とする法人で，有限責任会社，株式有限責任会社およ
びその他の企業法人等が含まれる（総則 76 条）。会社法人（有限責
任会社および株式有限責任会社）は，法令でとくに設立の許可が必
要とされる場合を除き，準則主義を採り（会社法 6 条 2 項），非会
社企業法人は，業務主管機関による審査・承認を経て登記するこ
とで法人格を取得する（企業法人登記管理条例 14 条）。営利法人は
法による登記を経て成立し（総則 77 条），営業許可証が発行され
た日を成立日とする（同 78 条）。なお，企業法人には会社法上の
会社企業法人と全人民所有制工業企業法などの規律を受ける非会
社企業法人があり，中国語の［企業］は会社とは同義でないこと
に注意すべきである。また，国有単独出資企業については国有資
産監督管理機構によるさまざまな許認可手続を要する（会社法 66
条～71 条）。

　②非営利法人　　公益等の非営利を目的とし，得た利益を出資
者，設立者または会員に分配しない法人で，事業単位，社会団体，
基金会および社会サービス機構等が含まれる（総則 87 条）。この
うち，法により許可を要しないもの（中華全国総工会，全国婦女連
合会，中国社会科学院など）は，設立の日より法人格を有し，法に

　　　　　　　　　　　　　　　　　　　　　　　2　総　　則

よる許可を要するもの（各種学会，職能団体，基金会など）は，そ
れぞれの業務主管機関（管轄行政庁ないしそれから授権された組織）
による審査・承認のうえ，さらに社会団体登記管理機関の要件審
査を経て（社会団体登記管理条例3条1項・9条・12条），登録され
ることにより法人格を取得する（総則88条・90条・92条。なお，
基金会などの寄付法人については，社会団体登記管理条例ではなく基金
会管理条例6条・8条・9条・11条にもとづき人民政府民政部門による
審査認可を経なければならない）。

　③特別法人　　機関法人，農村集団経済組織法人，都市部・農
村部の合作経済組織および大衆的自治組織法人が含まれる。機関
法人は成立の日から，農村集団経済組織法人および都市部・農村
部の合作経済組織は法により，法人格を取得する（総則97条・99
条・100条）。大衆的自治組織である居民委員会および村民委員会
は大衆的自治組織法人資格を有し，その職能を履行するために必
要な民事活動に従事することができる（101条1項）。

　(ⅲ)　非法人組織　　これまでも自然人，法人以外の第三の法主
体を「その他の組織」と規定する法令は存在したが（民事訴訟法，
契約法など），総則では，法人格は有しないが，法にもとづき自己
の名義で民事活動に従事することができる組織を非法人組織と規
定し，これには個人独資企業，組合企業および法人格を有しない
専門サービス機構（弁護士事務所，会計士事務所など）等が含まれ
る（総則102条）。非法人組織として活動するには個人独資企業法
や組合企業法等の関連する法令の規定にもとづいて登記する必要
があり，関係機関の許可が必要とされる場合もある（103条）。こ
のように，いわゆる権利能力なき社団とは性質を異にする。非法
人組織の出資者および設立者は原則として無限責任を負う（104

条）。「非法人」であるにもかかわらず，総則の法人に関する一般規定（57条〜75条）を［参照適用］する（108条）。

(3) 法律行為

(i) 民事法律行為　　中国民法学はドイツ法流の法律行為概念を継承し，民法通則では合法的な法律行為をとくに民事法律行為とよび（通則54条），無効・取消しの対象となるものを単に民事行為として区別していた（同58条〜61条）。総則もまた民事法律行為という概念を使用してはいるが，このような区別は廃止している（総則133条）。法律行為の構成要素として意思表示概念を採用し，意思主義と表示主義の折衷的立場をとる。総則は，詐欺・［脅迫］・重大な誤解による意思表示，他人の困窮に乗じた真実の意思に背く行為については人民法院または仲裁機構に取消しの請求ができ（同147条〜151条），虚偽表示を無効と規定する（同146条・154条）。なお，契約法では，詐欺・［脅迫］，他人の危機に乗じ相手の真意に反して締結された契約が国家利益を侵害する場合を無効とする（契約法52条1号）。強行規定および公序良俗違反の法律行為の効力を無効とする（総則153条）。取消権・変更権は相手方に対する意思表示によってはこれを行使しえず，人民法院，仲裁機関に請求することを要する（契約法54条）。また1年間の除斥期間に服する（総則152条2項，契約法55条）。なお，心裡留保についての規定はない。意思表示の効力発生時期につき，対話方式による場合は相手方がその内容を知ったときに，また非対話方式による場合は相手方に到達したときに，効力を生じる（総則137条1項・2項前段）。契約法も到達主義を採用する（契約法16条1項・26条1項）。データメッセージによる場合，特段の定めがない限り，特定のシステムが指定されているときには当該システム

にデータメッセージが入った時点で，指定されていないときには受信者が自身のシステムにデータメッセージが入ったことを知りまたは知りうべき時点で，効力を生じる（総則137条2項後段，契約法16条2項・26条2項）。

(ii) 代 理　代理人は授権・法定された権限の範囲内で本人のために代理権を行使する（総則162条）。代理には本人の意思にもとづく委託代理，法定代理（未成年者や民事行為無能力者のための代理〔19〜23条〕など），復代理（169条）がある。代理人の民事行為能力の喪失を代理の終了事由としていることから（173条・175条），法は代理人に民事行為能力の具備を要求していると解される。これまで明確に禁止されていなかった双方代理について，総則で初めて明文化した（168条）。無権代理，代理権踰越による表見代理，代理権消滅後の表見代理行為については，本人の追認を得ていない場合，本人に対して効果は生じない（171条1項）。相手方は無権代理人である旨の通知を受領した日から1カ月以内に本人に追認を催告することもできる（本人が表示しない場合は拒絶したものとみなす）し，相手方が善意の場合は本人が追認する前において取消しの権利を有する（同条2項）。本人の追認を得ない場合，善意の相手方は行為者に対して債務の履行を請求することもできるし，損害賠償を請求することもできる。ただし，賠償の範囲は，本人が追認した場合に相手方が得られる利益の範囲内とされる（同条3項）。相手方が行為者に代理権があると信ずるに足る理由がある場合には，その無権代理行為を有効とし（172条，契約法49条），法人などの法定代表者などが権限を踰越して締結した契約も，相手方がそれを知っているか知るべきであった場合を除き，有効とする（契約法50条）など，取引の安全に対する保護を

第 5 章 民 法

強化した。

(4) 時 効

　時効には比較法的に取得時効と消滅時効があるが，中国法は社会主義法系の流れを継承し，なお立法上は取得時効制度を設けていない。民法通則（第 7 章），民法総則（第 9 章）ともに消滅時効を訴訟時効と表現する。しかし，通則では，消滅するのは実体法上の権利自体ではなく，訴権であると構成し，したがって，時効期間を超えて任意に履行が行われても，それは有効とされていた（通則 138 条）。他方，総則では，時効期間満了後，義務者は義務不履行の抗弁を提起できるとして（総則 192 条 1 項），抗弁権発生主義を採用したとされる。かつて時効は当事者の援用をまつまでもなく，人民法院が職権で成否を判断し，民事権利の保護を拒否しうると解されていた。今日では，時効には当事者の援用が必要となり（193 条），さらに人民法院も時効の完成について釈明をしてはならない（「民事事件の審理での訴訟時効制度の適用に関する若干の問題の意見」〔2008 年 8 月 2 日〕3 条）。時効期間は通常，権利侵害を知った時，ないし知りうべきであった時から 3 年間とされ，他の法令に特別な規定があるときにはそれに従うが，いずれの場合にも権利侵害の時から起算して 20 年経過すれば時効になる（総則 188 条）。未成年者が性的被害を被った場合の時効の起算点は成人となったときである（191 条）。契約法によれば，①身体傷害に対する損害賠償請求権，②瑕疵担保請求権，③賃貸料請求権，④保管物滅失毀損賠償請求権には 1 年の時効が（契約法 136 条），また国際動産売買契約，技術輸出入契約による紛争における訴訟提起や仲裁申立てには 4 年の時効が（同 129 条），適用される。不可抗力その他の権利行使をなしえない事由が時効期間の最後の 6 カ

月内に生じたときは，その事由が除去されるまで時効は停止する（総則194条）。また，訴訟の提起，請求，義務履行への同意は時効の中断事由とされる（195条）。20年の時効には中止や中断は適用されないので，除斥期間に近いが，特殊な状況があるときには例外的に法院に期間の延長を認めている（188条2項但書）。台湾との間の紛争などを念頭においているようである。

3　物　　権

物権法制定以前は社会主義法（旧ソ連法）の影響，すなわち，所有と利用の主体は常に一致しており，それゆえ用益物権等を観念する必要がないという考えから，そもそも物権という概念は否定され，単に所有権という用語が使われてきた。とはいえ，本法制定以前にも個別の立法，たとえば農村土地請負法等で，物権概念を事実上認める規定が設けられていたのも事実である。しかし，本法制定により物権概念が正式に肯定されることになった。物権に関する一般法が設けられた意義は大きい。

物権法は全5編19章と附則の計247カ条からなる。これまで民法通則，土地管理法，担保法等の法律・行政法規によって規律されていた物権法秩序が，本法の制定により一本化された。ただし，本法制定により新たな物権法体系が構築されたというよりは，むしろ既存の制度を確認したという側面が強く，これまでの立法を踏襲したものと評価できる。以下，物権法の構成に従って具体的な内容を概観する。

(1)　物権法総則

日本の報道等では，物権法の制定による私的財産・所有権の保護を過度に強調する傾向があったが，全国人大における草案説明

第 5 章　民　　法

や現地メディアの報道では，社会主義的基本経済システム（すなわち公有制）の堅持が強調されていた。条文上も同様である（物権法 3 条 1 項・2 項）が，民法通則に規定される国家所有権の優越原則（通則 73 条）は規定されず，国・集団・私人の物権の平等が強調されている（物権法 3 条 3 項・4 条）。物権法は有体物の排他的支配権を対象とするが，権利を客体とする物権も想定している（同 2 条 2 項）。不動産・動産を定義する規定は存在しない。最大の論点のひとつであった物権法定主義は，明文上は厳格なものが採用された（物権法 5 条，総則 114 条 2 項）。物権変動については，原則上，不動産の場合は登記を（物権法 9 条），動産の場合は引渡を（同 23 条），発効要件とする。ただし，いくつかの例外がある（不動産につき同 129 条・158 条，動産につき同 24 条・188 条・189 条）。

　登記制度については，土地と建物の登記機関がそれぞれ別である等の混乱が生じており，また，物権法で新たに更正登記（19 条 1 項），異議登記（同条 2 項），仮登記（20 条）の制度が設けられたことから，これらを統一し具体化する法令の制定が本法施行後半年以内に予定されていた。実際には 7 年を要して制定された不動産登記暫定［暫行］条例（2014 年 11 月 24 日公布，2019 年 3 月 24 日一部改正・施行）は，土地・海域および家屋等の定着物を不動産と定義し（条例 2 条 2 項），不動産の表題登記や変更・移転・抹消・更正・差押えにかかる登記に本条例を適用する（同 3 条）。登記の対象は，集団所有土地，家屋等の所有権，用益物権，抵当権等 10 の権利である（同 5 条）。国務院の国土資源を主管する部門が全国の不動産登記業務を指導・監督し（同 6 条 1 項），県クラス政府（直轄市は市政府，区のある市は市政府）が所管する不動産登記機構が不動産登記を取り扱う（同 7 条）。電子媒体による（同 9 条）

統一した不動産登記簿が構築される（同8条）。売買・抵当権設定等による不動産登記は，原則として当事者双方の共同申請でなければならない（同14条1項。登記内容の間違いを訂正するための更正登記は一方当事者が単独で申請できる。同条2項）。登記情報は税務，公安などの関連する行政部門と共同で統一したプラットフォームを構築し，情報を共有しなければならない（同23条・25条）。資産隠しを目的とした不動産取得，汚職，脱税などに狙いを定めた結果である。権利者・利害関係人には登記簿の照会・複製が認められるが（同27条），照会目的が説明できない者には照会が認められない（同28条）ことから，登記が権利関係の公示を目的とするものではない。登記が実際に統一されるまではなお時間を要するといわれる。

　物権が侵害された場合，物権的請求権として現物返還請求権（物権法34条），妨害排除・予防請求権（35条）が，また物権の存在を基礎とする物権確認請求権（33条），原状回復請求権（36条）および損害賠償請求権（37条）が，認められた。

(2) 所　有　権

　所有権をめぐっては，社会主義法・旧ソ連法の民法理論を踏襲した所有主体による所有権の分類を維持するか否か，維持するとすれば国家所有の特別保護を規定するか否かが主な論点となっていた。物権法では，国家所有権・集団所有権および私人所有権という3種類の所有権が規定され（第5章），同時に，これら3種類の所有権の平等がうたわれる（3条3項・4条）。なお，土地については，都市部の土地，森林，山地，草原については国家所有に（46条〜52条），農村部の土地は法が国有とするものを除き（47条）農民の集団所有に（58条〜60条），それぞれ帰属し，私的所有

第 5 章　民　　法

は認められない。国家所有権の主体は全人民であり，国務院が国を代表して所有権を行使する（45 条）。他方，本法には集団所有権の主体たる「集団」の構成員，および私人所有権の主体たる「私人」について，それを定義したり範囲を確定したりする規定が見あたらない。

(3)　区分所有権

都市部を中心に分譲型集合住宅に居住する人が多いことから，物権法では 1 章を割いて建物区分所有に関する規定を設ける。区分所有権者は建築物内の住宅・店舗等の専有部分に対する所有権を有し，専有部分以外の共有部分に対しては共有および共同管理権を有する（物権法 70 条）。道路，緑地，公共スペース，公共施設は建築物の付属施設とされ，区分所有権者に共有される（73条）。区分所有権者は区分所有権者大会（日本のマンション管理組合に相当）を組織し，委員を選挙することができる（75 条 1 項）。その際，地方人民政府の関係部門がそれらに指導・協力すべきであるとされている（同条 2 項）。大会および委員会の決定は区分所有権者を拘束し（78 条 1 項），それにより区分所有権者の権利利益が侵害された場合には人民法院に取消しの訴えを提起することができる（同条 2 項）。修繕積立金の収集・使用ならびに建築物およびその付属施設の修改築・建替にあたっては，総面積の 3 分の 2以上で，かつ全区分所有権者の 3 分の 2 以上の区分所有権者の同意が必要とされる（同項）。車庫・駐車スペースをめぐるトラブルが多いことから，これらについても規定が設けられている（74条）。

(4)　共　　　有

各自の持分が決まっている［按分共有］と持分が決まっていな

い［共同共有］が規定される（物権法 93 条）。［按分共有］の場合，共有物の変更には 3 分の 2 以上の持分を有する共有者の同意を必要とし（97 条），共有物を処分する場合には他の共有者に優先購入権がある（101 条）ほか，総じて日本民法の共有と共通する。講学上，夫婦共有財産，家族共有財産，共同相続財産に限って［共同共有］が認められてきた。家族を紐帯とする人的結合関係に着目した共有概念である。［共同共有］は以下の点で［按分共有］と異なる。共同共有物への変更には共有者全員の同意が必要であること（97 条），共有の基礎が失われたとき，または重大な理由がある場合に限って分割が認められること（99 条），対外的にも対内的にも連帯して債権を有し，債務を負うこと（102 条）。［按分共有］か［共同共有］か不明な場合は，家族関係が存しない限り，［按分共有］と推定される（103 条）。

(5) 所有権の原始取得

　処分権限を有しない者から不動産または動産を譲り受けたとき，①譲受けの時点で譲受人が善意であり，②合理的価格で譲渡され，③登記が必要なものは登記をし，必要でないものは譲受人に引き渡したこと，という 3 要件が満たされていれば，譲受人はその物の所有権を取得する（物権法 106 条 1 項）。このように，善意取得は動産に限らず，不動産にも適用され，無過失が要件とされていない。原所有者は所有権を失うが，処分権限を有しない者に対して損害賠償を請求する権利を有する（同条 2 項）。その他，遺失物についての詳細な規定（109 条〜112 条）および主物，従物，果実に関する規定が置かれていること（115 条〜116 条），贓物，無主物先取，添付に関する規定がないことが，比較法的な特徴といえる。

第 5 章　民　　法

⑹　用益物権

　物権法第 3 編では土地請負経営権，建設用地使用権，宅地使用権および地役権を用益物権として規定する。

　⒤　土地請負経営権　　その性質をめぐって物権か債権か論争が続けられていたが，物権法で用益物権と規定されたことで最終的な決着をみた。農地所有権の主体である集団の構成員たる農民は，世帯を単位として，集団との間で請負経営契約を締結することにより，土地請負経営権を取得する（物権法 124 条〜127 条）。農業経営を目的とする点で日本民法の永小作権に類似するが，理論上は，自己の所有権の上に自己のための永小作権を設定することになる。期間は農地の場合 30 年間（126 条 1 項）で，期間が到来すれば「引き続き請け負う」（同条 2 項）と規定される。土地請負経営権はこれを他の者に孫請けさせたり，交換・譲渡等により流通させたりすることができる（128 条）。物権法では集団所有の土地使用権上に抵当権を設定することはできないと規定する一方（184 条 2 号），入札や競売などの方法によって荒れ地などの農村土地を請け負う場合，当該土地請負経営権については抵当権等を設定することができるとした（133 条）。農村土地請負法は 2018年の改正で請負経営権を請負権と経営権（使用権）に分離し，経営権は制限なく金融機関の融資の担保に供することができるようにして，抵当権設定への道をひらいた（請負法 47 条）。許可なく農業以外の用途に用いることは許されない（物権法 128 条）。

　⒥　建設用地使用権　　国有土地を産業用に供給する場合に設定される当該土地の使用権を建設用地使用権という。これは，当該土地を占有・使用し収益をする権利で（物権法 135 条），日本民法の地上権に相当する。国家所有の土地であることから，設定に

あたっては払下げまたは割当ての方法が採られ（137条），書面による契約が求められる（138条）。集団所有の土地の建設用地使用権に関する［試点工作］については本章3(9)を参照されたい。

(iii) 宅地使用権　　農村部で住宅建設に用いられる土地の使用権を宅地使用権という（物権法152条）。取得，行使および譲渡等の具体的内容は土地管理法をはじめとする関連法規に委ねられているが，抵当権設定の禁止（184条2号）や自然災害等で欠失した場合の再配分（154条）を規定することから，農民の居住用地の確保と他目的利用を防ぐ目的で規定されたものと思われる。

(iv) 地役権　　土地所有権や他の物権との関係が複雑であることからか，比較的詳細な規定が設けられている（物権法第14章）。地役権の設定も書面が必要とされ（157条），登記は善意の第三者に対する対抗要件とされる（158条・169条）。

(v) その他の用益物権　　用益物権は不動産だけでなく動産にも設定できる（物権法117条）。しかし，本法が物権法定主義を採用し，かつ動産の用益物権に関する規定がないことから，具体的には特別法の制定を待つほかない。天然資源，海洋資源（122条）および試掘権，採鉱権，取水権，養殖・漁労権（123条）についても，用益物権として規定はされたものの，具体的内容については特別法によるとされる。なお，議論のあった典権については，規定が見送られている。

(7) 担保物権

債権の実現を担保するための制度については，法の整備が遅れ，通則89条に保証，抵当権・質権，手付，留置権について，旧経済契約法に手付（14条），保証（15条）について，ごく簡単な規定があっただけである。旧ソ連法の影響で担保物権概念が認めら

れず，担保は債権法の一部に位置づけられてきた。通則の特別法
として制定された担保法と，その司法解釈「担保法適用の若干の
問題に関する解釈」（全134ヵ条）は，人的担保として保証，物的
担保として抵当権，質権，留置権，手付の計5つを典型担保とし
て規定したが，なお担保を債権法上の制度として扱い，文言上，
物権とは位置づけていなかった。

物権法は担保法を継承・発展させるかたちで，抵当権，質権お
よび留置権を担保物権として規定する。物権法は担保法に優先し
て適用されるが（物権法178条），物権法が規定していない手付や
保証等については担保法が適用される（債権的手法である）が，便
宜上以下で説明する。

（i）抵当［抵押］権　　抵当権には，普通抵当権と根抵当権が
ある。抵当権の目的物としては，建築物その他土地の定着物，建
設用地使用権，入札・競売および公開の協議等の方式で取得され
た荒れ地等の土地請負経営権，生産設備，原材料，半製品・製品
等の動産，建造中の建物，船舶，航空機等があり（物権法180条1
項1号～6号），法律および行政法規で抵当権設定が禁止されてい
ない財産一般を抵当目的物とすることができる（同7号）。他方，
農村部の土地使用権や社会公益施設への抵当権設定は認められな
い（184条2号・3号）。建築物と建設用地使用権は一括処理が原則
とされる（182条・183条）。建設用地使用権の抵当権は抵当権設
定後に新築された建築物に及ばないが，抵当権が実行される際に
は建築物とともに一括して処理される。ただし，抵当権者は建築
物の代価相当額から優先弁済を受けることはできない（200条）。

企業，自営業者および農業生産経営者は書面により，現存およ
び将来所有する生産設備，原材料，半製品および製品に抵当権を

設定することができる（181条）。流動動産抵当権とよばれるもので，中小企業の融資の便宜を図ることが目的とされている。これには特別の登記が要求されるが，契約締結時から効力を生じ，他方，正常な経営活動における合理的な価格での譲渡には対抗できない（189条）。

抵当権の設定契約は書面が要件とされ，内容も条文で規定されている（185条）。流抵当契約は禁止されている（186条）。抵当権設定登記は効力要件となる場合と第三者に対する対抗要件となる場合がある（187条〜189条）。抵当権と利用権の優劣は先後関係による（190条）。

抵当目的物の譲渡は抵当権者の同意がないと無効となり，同意がある場合でも，被担保債権の弁済または供託が必要となる（191条）。これは，抵当権者と買受人を保護するためであるとされる。転質に関する規定はあるが（217条），転抵当に関する規定は存在しない。抵当権を債権と分離して，または単独で譲渡したり他の債権の担保としたりすることは禁じられており，債権譲渡に際しては，原則として当該債権を担保する抵当権と一括して譲渡される（192条）。抵当目的物の価値の減滅については，それら行為の停止請求権，価値回復請求権，補充担保請求権，即時弁済請求権等の規定が置かれている（193条）。

抵当権実行の方法には，競売，任意売却および評価買取がある（195条1項）。担保法では抵当権実行の訴えを人民法院に提訴し，債務名義を得た後で強制執行を求めるという手順であったが，物権法では，抵当権の証明をもって人民法院に直接競売もしくは任意売却を請求することができるように改められた（195条2項）。これによりコストと時間が大幅に節約できることとなる。抵当権

第 5 章 民　　法

実行に際する代価配当は，すでに登記されている抵当権どうしで
は先に登記された抵当権が優先し，登記されている抵当権は登記
されていない抵当権に優先し，未登記抵当権どうしでは債権額に
応じて，それぞれ配当される（199 条）。

　根抵当に関してはわずか 5 カ条しか規定がなく，内容も簡素で
ある。根抵当権の被担保債権は，一定期間内に継続して発生する
債権および合意により追加された既存債権である（203 条）。確定
前に，被担保債権の一部が譲渡されても根抵当権は移転しないし
（204 条），他の抵当権者を害しない限りその範囲や極度額を変更
することもできる（205 条）。約定した被担保債権の確定期日の到
来，確定期日に関する約定がない場合には根抵当権設定から 2 年
経過した後に債権の確定を請求されたとき，新たな被担保債権が
発生する可能性がなくなった場合，抵当財産の差押え，債務者ま
たは根抵当権設定者の破産もしくは営業許可の取消しおよび法律
の定めるその他の確定事由により，被担保債権は確定する（206
条）。その他の事由については，普通抵当権の規定が準用される
（207 条）。

　(ii)　質　　権　　質権には動産質権と権利質権があるが，不動産
質権は認められていない。抵当権同様，動産質権も書面による契
約が要件とされ，内容も条文で規定される（物権法 210 条）。質権
は質物の引渡によって成立する（212 条）。流質契約は禁止されて
いる（211 条）。質権者には質物の善管注意義務が課され，これに
違反して質物を減滅させた場合，質権者は損害賠償義務を負い，
質権者の行為が質物の減滅をきたすおそれがある場合には，質権
設定者は質物供託請求権および期日前弁済を条件とする質物返還
請求権を有する（215 条）。一方，質権者の責に帰さない事由で質

3 物 権

物の損傷または明らかに価値が減少するおそれがあり，質権者の権利に危害が及ぶ可能性が高い場合には，質権者は質権設定者に対して相当の担保の提供を請求することができる。担保が提供されない場合には，質権者は競売または任意売却することができる（216条）。設定者は，質権者に対して遅滞のない権利行使を請求する権利を有するとともに，質権者が権利行使を怠った場合には人民法院に質物の競売または任意売却を請求することができる。質権者の権利行使懈怠により設定者に損害が生じた場合，質権者はその賠償の責任を負う（220条）。なお，根質権の設定も可能である（222条）。

一方，権利質権は，為替手形，小切手，約束手形，債券，預金証券，倉荷証券，貨物引換証をはじめ，法がその設定を禁じない財産権一般に設定が可能である（223条）。動産質権同様，書面による契約が要件とされ，設定者から質権者への権利証書の引渡により効力を生ずるが，権利証書がない場合には，関係部門での質権設定登記により効力を生ずる（224条）。基金出資持分額，株式，知的財産権の中の財産権，売掛債権については，関係部門での登記が効力発生要件とされている（226条〜228条）。

(ⅲ) 留置権　　担保法では，寄託，運送，加工請負契約による債権を担保するために留置権の発生を認めていたが（担保法84条），物権法では，留置権の目的となりうる動産で法が禁止しないものすべてに対して留置権の行使ができるとする（物権法232条）。留置権の目的物が動産に限られている点が日本法とは異なる。留置権者には善管注意義務が課され（234条），留置権者に果実の収取権を認める（236条）。弁済期到来後，設定者は留置権者に対し権利行使を請求することができ，にもかかわらず留置権者

第5章　民　法

が権利行使しない場合には，人民法院に対し留置物の競売または任意売却を請求することができる（237条）。なお，質権・抵当権が設定されている動産を留置した場合，留置権が優位する（239条）。留置権者が留置物の占有を失った場合，または債務者が別途担保を提供し，かつ，留置権者がこれを受け取ったときに，留置権は消滅する（240条）。

(iv)　手　付　　手付を交付した側が債務を履行しない場合，手付金の返還を要求しえず，受け取った側が不履行の場合は手付を倍返ししなければならない（担保法89条，契約法115条）。手付額は約定によるが，主債務の 20% を限度とする（担保法91条）。

(v)　保　証　　債権者と保証人との間の契約により設定され（担保法6条），債務者が履行できないときに保証責任を負う一般保証と，債務者とともに連帯責任を負う連帯保証の別がある（同16条）。

(8)　占　　有

講学上，占有は権利としてではなく事実として認識されているため，物権法では占有権ではなく占有と規定されている。

物権法には占有の定義や様態，直接占有，間接占有に関する規定がない。日本法では占有で規定される引渡，善意取得についてはそれぞれ別のところで規定され，結果として占有者と所有者の関係および占有訴権についてわずか5カ条のみが規定されているにすぎない。占有者が占有物を使用することにより，占有物が損害を受けた場合，悪意の占有者は賠償責任を負う（物権法242条）。日本法とは異なり，善意の占有者にも果実取得権が認められていない（243条）。善意取得者には占有物の維持のために必要な費用が償還されるが，悪意の占有者にはそれも認められない（同条）。

3 物 権

有益費の償還に関する規定はない。占有物が減滅した場合，それにより取得した保険金，賠償金または保証金を権利者に償還すれば，善意の占有者はその余の責を免れるが，権利者の損害が充分に塡補されていない場合，悪意の占有者の場合は，さらにその損害を塡補しなければならない（244条）。これら善意者と悪意者との取扱いの違いも，占有が事実として認識されていることの帰結にほかならない。

その他，占有物の侵奪・妨害に対する占有者の返還請求権，妨害排除請求権，危険除去請求権および損害賠償請求権が規定されるが，占有侵奪の時から1年間行使しなければ，上記請求権は消滅する（245条）。

(9) 農村部土地制度改革

中国の土地所有制度は，都市部の土地は国有，農村部の土地は集団所有という二元構造が長く続いてきた。国有土地の使用権については，譲渡，相続，賃貸，抵当権の設定など使用・収益・処分のすべてがほぼ可能であるが，集団所有土地は，その多くは農地であるため，食糧安全保障の観点などから，農地以外への転用はおろか，譲渡，賃貸，抵当権の設定などが厳しく制限されてきた。くわえて，建設用地使用権の設定は国有土地にのみ認められるため，集団所有土地に建設用地使用権を設定するためには国が収用して国有土地とする以外に道がなく，しかも収用の際の農民に対する補償が充分でないことが社会問題化していた（土地収用が汚職の温床となっている点にも注意が必要である）。拡大する一方の都市部と農村部の格差を解消し，都市部と農村部の一体的な発展と［同権同価］（集団所有土地と国有土地とが同等の権利・市場価値であること）を実現し，農民も公正な利益配分を得ることができる

第 5 章 民　　法

ための農村土地制度改革が目指された。

　そこで，物権法の枠を変えるための改革として，2015 年には全国の 33 の県で農村部の土地が国有地と同等の権利・価格を享受できるようにする［試点工作］が始まり（2019 年現在も継続中），農村建設用地の市場取引改革などが実施されている。2017 年には，農民の権利強化，農地流動化と農業経営の大規模化を目的として，従来の農地所有権と農村土地請負経営権という二元構造から，農村土地請負経営権を土地請負権と土地経営（使用）権に分離した所有権・請負権・経営（使用）権の三元構造とし，請負権を農家の手元に置いたままで経営権を流動化させる［三権分置］の方針が示された。前述の土地経営権に抵当権の設定を可能とする農村土地請負経営法の改正や，農村の都市化（と大都市集中の緩和）という習近平政権の政策もこの流れの中にある。

　⑽　そ の 他

　物権法には国による土地の収用・徴用に関する規定が設けられていたり（42 条・44 条），物権侵害行為に対する行政・刑事処罰が用意されていたりと（38 条），私法と公法が混然一体となっている中国法の特徴が表れている。

　4　債　　　権

　通則は第 5 章「民事権利」の第 2 節を債権にあて，以下のように契約を中心に債権法の通則をごく簡単に規定する。債権の概念（通則 84 条），契約による債権（85 条），可分債権・債務（86 条），連帯債権・債務（87 条），契約の履行（88 条），債権の担保（89 条），契約による権利・義務の譲渡（91 条），不当利得（92 条），事務管理（93 条）。さらに第 6 章民事責任で一般規定（第 1 節：106 条〜

110条）をおいたうえで，契約違反（第2節：111条〜116条）と不法行為責任（第3節：117条〜133条）について規定し，最後に民事責任引受の方式（134条）を列記する（なお，民法総則も第5章に民事権利に関する1章を置くが，債権に関する規定はわずか2条で，具体的な内容については他の法令が規律するところによるとするだけである）。

このように中国民法の債権発生原因は，契約，不法行為，不当利得，事務管理からなり，ドイツ民法の系譜を引いていることがわかる。通則では債権総論についての規定は大綱的であったが，契約法総則（後述(1)(iii)）にそれにあたる規定がおかれた。民事責任の引受方法についての規定は，債権だけでなく物権や知的財産権，人格権侵害をも射程に入れたもので，侵害停止，妨害除去，危険除去，財産返還，原状回復，修理・作り直し・交換，履行の継続，損害賠償，違約金，影響除去・名誉回復，謝罪の11種類がある（総則179条1項）。くわえて，製造物品質［製品質量］法などの法令で規定される懲罰的損害賠償も民事責任の引受方法のひとつであると明確に規定され（同条2項），これらが単独で適用されることも，組み合わせて適用されることも可能であると規定する（同条3項）。なお，通則では，人民法院に当事者に対して「訓戒を与え，悔い改めの誓約書を書くことを命じ，不法活動に用いた財物と不法所得を没収」し，「法律の規定にもとづいて過料・拘留に処す」ことを認めていた。これは民事上の権利侵害に対する行政的処罰の規定であり，故意や重過失による不法行為や契約違反を行い，国家・社会に大きな損失をもたらした場合に科せられる。いわゆる［刑民不分］と呼ばれる，私法のなかに公法的責任をすべり込ませるもので，私法の自律性の弱さを示唆していると評価されていたが，民法総則では規定されていない。［刑民不

第 5 章 民 　 法

分］からの脱却として注目される。

(1) 契 　 約

(i) 経済契約から民事契約への転換　　中国にとってまとまっ
た最初の社会主義型契約法は，1981 年制定の経済契約法であっ
た。経済契約とは旧ソ連から継受された法概念で，主に社会主義
公有制組織間で国家計画の実現を目的として締結される契約を指
し，国家の経済計画と直接関連しない通常の民事契約とは原理的
に区別された。その特徴としては，①計画性（契約は経済計画具体
化の手段，計画＝法律），②協調原則（当事者，国家，社会への協力義
務），③現実履行原則（計画達成のため，当事者が履行に代えて，損害
賠償を選択できない），④契約に対する行政的管理，などが指摘さ
れてきた。1980 年代には渉外経済契約法，技術契約法が相次い
で制定され，経済契約法と併せて［三足鼎立］の情況が続いてい
た。その後，市場経済化に対応して 1993 年の経済契約法改正で
は，計画に関する規定がほとんど削除され，契約管理機関である
工商行政管理部門による契約の締結・履行状況に対する監督・検
査権，契約無効確認権，紛争解決の際の行政仲裁など，国家によ
る契約への直接関与の仕組みがほとんど廃止された。しかし，3
つの契約法は，制定された時期や規律対象の違いから，内容の重
複，相互の齟齬・矛盾を抱え，契約総則にあたる規定に空白が多
いなどの欠陥を有していた。くわえて計画経済から市場経済への
転換が進むにつれて，経済契約概念を維持する社会的必要性も失
われ，民事契約との統合，国内契約と渉外契約の統合をめざして
統一契約法の制定が進められた。幅広い比較法研究の成果をふん
だんに盛り込み，中華人民共和国の法としては建国以来最も多く
の条文からなる契約法（総則，各則を合わせ全 23 章 428 カ条）が，

184

4 債 権

起草開始から 6 年もの歳月を経て 1999 年 3 月，ようやく採択された。この新契約法の制定により，中国の契約法からかつての社会主義的な特色は消え失せ，資本主義国の法となんら変わらないルールが採用されるに至った。それは契約法の目的として，第 1 に「当事者の合法的権利・利益の保護」（1 条）がうたわれ，1993 年の経済契約法にあった「社会主義市場経済の健康的発展を保障する」（旧法 1 条）などという政治的スローガンが姿を消していることにも表れている。これで中国の契約法は完全に私法になった。

　顕著な変化は，計画経済を反映する条項がなくなり，当事者が自由に約定できる事項が大幅に増えたことである。工商行政管理部門による契約に対する管理権限（公法的介入）を規定するかどうかをめぐり，法案審議の最終段階まで見解が対立していたが，結局，「契約を利用した国家の利益，社会公共の利益を害する違法な行為に対して，責任をもって監督処理する」（契約法 127 条）とされた。こうして行政は，日常的な契約管理からは完全に撤退することとなった。旧経済契約法では契約方式として書面によることを要求していたが，契約法は法律や行政法規がとくに定めていない限り，方式を自由に選べることとした（10 条）。旧来は必要的契約条項を法があらかじめ規定し，いずれかが欠ければ契約を無効としていたが，契約法は一般的に含まれるべき条項を列記はするが，これに拘束力を付与することを止めた（12 条）。また，当事者の合意により原則として自由に契約を変更することを認め（77 条），渉外契約では，原則として紛争解決にあたっての適用法を当事者が選択できることとした（126 条）。従来，全契約の 10 ～15％ は違法のため無効となっていたといわれるが，こうした変化により無効となる契約の範囲は大幅に縮減した。

第 5 章 民 法

(ii) 全体的特徴　　契約法の起草過程で特徴的なことは，これまでの立法とは違って特定の行政部門により起草されたのではなく，最初に梁慧星をはじめとする 8 名の民法学者，裁判官によって［学者建議稿］が作成され，それが契約法起草作業の出発点となっている点である。これは学者グループによる法案起草への実質的参与の嚆矢となり，その後の起草・改正作業でも踏襲された。従来の中国の立法は［宜粗不宜細］（大まかに規定すればよく，詳細を規定しないほうがよい）という方針がとられ，いずれの法律も条文数が少なく，スローガン的な規定しかもたないのを常とした。それゆえその法の隙間を行政法規や司法解釈によって埋めることでしのいできたが，これが法体系をいたずらに複雑にし，理解を困難にしてきた。契約法ではできる限り詳しく規定するというスタンスに変化している。

　契約法は，全体としてはヨーロッパ大陸法への傾斜を鮮明にしている。具体的には誠実信用原則（信義則，6 条），同時履行の抗弁権（66 条），不安の抗弁権（68 条・69 条），債権者代位権（73 条），債権者取消権（74 条・75 条），供託制度（101 条～104 条），履行請求権（107 条）などが導入された。ただし，少数ではあるが，英米法や国際統一売買法から導入された規定もみられる。法定代理人の越権による契約の効力（50 条），付随義務（60 条 2 項），契約終了後の義務（92 条），相手方の違約が予想される場合の履行拒絶権・解除権（94 条 2 項），契約責任について過失責任ではなく厳格責任原則を採用したこと（107 条）などである。

　現代社会における最新の問題情況を反映した規定がみられることも注目に値する。各則ではファイナンス・リース契約を典型契約に取り入れた。電子情報交換や電子メールを書面形式の 1 つに

挙げ（16 条），知的財産権としてコンピュータソフトを挙げている（137 条）など，技術の進歩に対応した新しい規定を取り入れている。また，現代消費生活に不可欠となっている約款取引について，とくに消費者側に有利な規定をおくなど（39 条〜41 条），弱者保護を意識した規定がみられるのも，現代的契約法の特徴といえる。約款提供側の責任を免除し，相手方の責任を加重し，主要な権利を剥奪する条項は無効とされ，約款解釈については約款提供側に不利な解釈が採られる。人身傷害について免責することを定める条項は無効とされ（53 条），労働契約などにおける労働者の保護も図っている。

(iii) 契約法総則　契約法総則は一般規定，契約の締結，効力，履行，変更・譲渡，権利義務の終了，違約責任，その他の規定の 8 章 129 カ条からなる。これまで触れていない特徴的な規定には以下のようなものがある。契約は申込と承諾の一致により成立するとし，それぞれについて詳細な規定を設けた（13 条〜31 条）。契約締結の過程において相手方に損害を与えた場合に，損害賠償責任を負わせるいわゆる契約締結上の過失制度を取り入れた（42条）。債権譲渡は債務者への通知をもって行われ（80 条），契約上の義務の譲渡には債権者の同意を要する（84 条）。債務不履行責任には，現実の履行，補修措置，損害賠償，違約金などの給付があり，不可抗力による場合はその限りで免責される（117 条）。正式草案にはあった事情変更の原則の規定は，裁判官による裁量が過大になることに対する懸念から，全国人大での審議の最終段階で削除された。その後，2009 年の最高人民法院「契約法の適用に関する若干の問題の解釈(二)」26 条で肯定されるに至った。

(iv) 典型契約　契約法各則が規定する典型契約は，売買，電

気・ガス・スチーム供給，贈与，金銭消費貸借，賃貸借，ファイナンス・リース，請負，建設プロジェクト，運送，技術（開発，移転，コンサルタント・サービス），寄託，倉庫，委託，問屋，仲介の15種類である。社会主義法に由来する購入・販売契約という概念に代えて，より一般的に目的物の所有権を移転させることを目的とする売買契約（130条）が規定されたことは注目すべき変化である。特別の規定がない限り，その他の有償契約にも売買契約の条項が［参照］される（176条）。目的物の権利や物理的瑕疵についての担保責任（150条～158条），目的物の危険負担（142条～149条），割賦販売における契約解除（167条），見本売買（168条～173条），試用期限付き売買（170条・171条）など，これまで法に規定がなかった重要な問題につき，詳細に規定した。

旧技術契約法を管轄していた旧国家科学技術委員会（現科学技術部）が最後まで，技術契約法が新契約法に統合されることに抵抗したが，結局は契約法の1章に旧法の構成をそのまま持ち込む形で組み込まれた。このように特定の行政機関の事務とかかわりの深い契約類型を規定すると，さらに各方面から抵抗が強まり，契約法全体の採択が頓挫してしまうことを恐れて，貯蓄，コンサルタント，サービス，旅行，組合，雇用などの契約は，全国人大の審議段階になって削除された（このうち，旅行，雇用については後に旅行法，労働契約法で規律されることとなった）。

(2) 不法行為

2009年12月26日の11期全国人大常務委員会12回会議で不法行為責任法［侵権責任法］（以下，責任法という）が採択され，2010年7月1日から施行された。同法施行前の不法行為は民法通則（第6章）および特別法に規定されていたが，実務・学説上

で見解が大きく分かれる部分が少なくなかった。そこで，最高人民法院は「民事不法行為精神賠償損害責任の確定に関する若干の問題の解釈」(2001年2月26日採択，同年3月10日施行。以下，精神解釈という）および「人身損害賠償事件の審理の法律適用に関する若干の問題の解釈」(2003年12月4日採択，2004年5月1日施行。以下，人身解釈という）の2つの司法解釈を公布し，一定の指針を示していた。

　他の新法令同様，責任法もまたこれまでの個別法や司法解釈を一本化し，既存の制度を確認する側面が強く，一部新たな制度が創設されているものの，これまでの立法を踏襲していると評価できる。責任法の立法段階では法令名を日本法をはじめとする多くの国の法律のように，不法行為法とするか［侵権責任法］とするかで議論となっていた。結局，現在のそれに落ち着いた理由としては，同法が通則第6章の民事責任の延長線上にある立法であること，不法行為法は過失責任が強調されるが，現代社会ではむしろ結果に対する責任が強調されること，不法行為の結果は責任であって債権の発生原因にとどまるものではないこと，等が挙げられている。

　責任法は，契約法，物権法等とともに将来民法典の一部を構成することが予定されている。したがって，立法法にいう［基本法律］に該当するため，全国人大の本大会で採択されると考えられていたが，常務委員会によって採択された。常務委員会内部でも見解が割れていたようであるが，最終的には，通則第6章を具体化し補充するものであって新規の立法ではなく，常務委員会で採択されたとしても憲法および立法法の規定に違反しないと判断された。一部の学者および実務家は，全国人大の本大会で採択され

第 5 章　民　　法

るべきであり憲法に違反すると主張している。

　なお，責任法以外の法律に特別の規定が存在する場合は本法に優先し（5条），実務上もこれら司法解釈はなお裁判準則となっていることから，以下では責任法や通則，特別法の規定によりつつ，適宜これらの司法解釈に触れることとする。

　(i)　一般的不法行為　　一般的不法行為については，責任法2条1項で「民事的権利利益を侵害したときは，本法に従って権利侵害責任を負わなければならない」と規定する。ここにいう「民事的権利利益」とは，生命権，健康権，姓名権，名誉権，栄誉権（特定の法主体の傑出した業績や貢献に対して，国などから与えられる栄誉や称号を指す），肖像権，プライバシー［隠私］権，婚姻自主権，監護権，所有権，用益物権，担保物権，著作権，特許権，商標権，発見の先取権，株主権，相続権などの人身，財産についての権利利益を含む（同条2項）。なお，通則106条では「国家，集団の財産」の侵害も規律対象としていたが，責任法は民事主体の合法的権利利益の保護を目的としているため（1条），規定されていない。通則同様，責任法も過失責任原則を採用するが（6条1項），法の規定を根拠に行為者に過失が推定され，かつ，行為者がみずからの過失の不存在を証明できない場合には権利侵害賠償責任を負わなければならない（同条2項）。

　学説は不法行為の成立要件として，①損害発生の事実，②加害行為の違法性，③違法行為と損害発生との間の因果関係（以上，客観的要件），④行為者の責任能力，⑤主観的な故意・過失［過錯］を挙げる。効果としては，損害賠償が主たるものであるが，侵害停止，謝罪ほか種々の民事責任を生じさせる（15条）。したがって，責任法は単なる債権発生原因の枠を超えた性格を有している

といえる。

(ii) **特殊な不法行為**　責任法は一般には過失責任原則をとりながら，法が特別に規定をおく場合には無過失でも責任を負わせることとしている（7条）。実際，責任法や特別法には特殊不法行為に関して無過失責任（ないし厳格責任）を採用する多くの規定がある。責任法が規定する特殊な不法行為には次のような類型がある。

①製造物責任（41条～47条）　製造物品質法（1993年2月22日採択，2000年7月8日，2009年8月27日，2018年12月29日一部改正・施行）同様，責任法は製品に欠陥が存在したことにより他人に損害を与えたとき，被権利侵害者は製品の製造者または販売者に対して損害賠償を請求することができると規定する（43条1項）。一義的には製造者に賠償責任を負わせるが（41条），販売者の故意過失によって製品に欠陥が生じて他人に損害を与えたとき，および販売者が製品の製造者もサプライヤーも明示できないときには販売者に賠償責任を負わせる（42条）。製品の欠陥が製造者によって生じたものである場合，販売者は被権利侵害者に賠償した後に製造者に求償することができる（43条2項）。製品の欠陥が販売者によって生じたものである場合，製造者は被権利侵害者に賠償した後に販売者に求償することができる（同条3項）。運送業者等の第三者によって製品に欠陥が生じたときは，製造者または販売者が被権利侵害者に賠償した後に第三者に対して求償することができる（44条）。その他，責任法は製品が流通過程に乗せられた後に欠陥の存在を発見したときのリコール等の救済措置を製造者および販売者に課すとともに（46条），欠陥の存在を明らかに知りながら製造・販売を継続し，死亡または健康に重大な損害

第5章 民 法

をもたらす悪質な製造者・販売者に対する懲罰的賠償を明文化している が（47条），これらの点は，製造物品質法と異なる。

②自動車事故責任（48条〜53条）　自動車交通事故により損害が生じたとき，道路交通安全法の関連規定にもとづいて賠償責任を負うとする（48条）。賃貸，借用等で自動車の所有者と使用者が同一でない場合には，自動車強制保険（日本の自賠責保険に相当）の範囲内で保険会社が賠償を行い，不足部分については使用者が責任を負うことを原則とするが，所有者に過失がある場合には所有者も相応の賠償責任を負う（49条）。その他，自動車の所有権登記の完了前の事故（50条），窃盗・強盗・強奪された自動車による事故（52条），事故発生後の運転者の逃亡（53条）等の賠償責任に関する規定を設ける。

③医療損害責任（54条〜64条）　行政法規である医療事故処理条例（2002年4月4日採択，同年9月1日施行）等の関連する規定も盛り込むかたちで規定される。医療機関および医療従事者の過失責任を原則としつつ（54条），カルテの隠匿や提供拒否，改ざんや破棄された場合の過失推定原則（58条）が規定される。賠償義務は医療従事者個人ではなく，医療機関が負う（54条）。医療機関の患者に対する説明義務（55条），カルテ，検査記録等の作成・保管義務と患者の閲覧・複写請求権（61条），患者のプライバシー保護義務（62条）が規定されており，医療機関が不必要な検査を患者に課したり検査を口実にしてさまざまな費用を徴収したりする［乱検査］が社会問題となっていることをうけて，これを禁止する規定も設けられている（63条）。被害者は当該医療機関で受診したことと損害を被ったことについての証拠を提出すればよく，医療機関は自らの無過失を証明しなければならない（医

療損害責任紛争事件の審理において適用する法律に関する若干の問題の解釈〔2017年〕4条）。医療機器の製造者・販売者，血液提供機関の不法行為責任も問える（同1条）。

④環境汚染責任（65条～68条）　環境汚染に関する不法行為については，環境保護法，海洋環境保護法，水汚染防治法，大気汚染防治法などにも規定があり，無過失責任とされる。責任法も同様で（65条），汚染者側に減免責事由の立証責任を負わせる（66条）。複数の汚染者が存在するときは，汚染の種類，排出量にもとづいて分割して責任を負う（67条）。第三者の過失による損害について，被権利侵害者は汚染者または第三者のいずれに対しても賠償を請求でき，汚染者は賠償後に第三者に対して求償することができる（68条）。

⑤高度な危険作業による責任（69条～77条）　民間核施設（70条），民用航空機（71条），高空・高圧・地下掘削・高速鉄道輸送（73条）による事故は経営者が賠償義務を負う。可燃性・爆発物・猛毒・放射性物質などの危険物の占有・使用による損害は占有者・所有者が（72条），遺棄・廃棄による損害は所有者が（74条），それぞれ賠償義務を負う。これらの責任はいずれも無過失責任である（69条）。鉄路法，道路交通安全法などの特別法もある。

⑥飼育動物責任（78条～84条）　飼育動物による損害については被権利侵害者の故意または重過失が証明できない限り，飼い主または管理者が賠償責任を負う（78条）。遺棄または逃走した動物による損害は元の飼い主または管理者が賠償責任を負う（82条）。第三者の過失による損害についても，被権利侵害者は飼い主または管理者に賠償請求することができ，飼い主または管理者は賠償した後に第三者に求償することができる（83条）。

第5章 民　法

　⑦物件損害責任（85条〜91条）　　建築物その他の施設の脱落，落下（85条），倒壊（86条），建築物から投擲された物品など（87条），堆積物の崩落（88条），林木の切断（90条）による損害については，挙証責任が転換される。公共の道路の上に積載されたり散乱させたりした物品（89条），公共の場所や道路の掘削，地下施設の修繕に際する安全配慮義務違反（91条）により惹起された事故に関する責任も規定される。

　⑧責任主体に関する特別規定　　通則では特殊不法行為とされていた被監護人（行為無能力者，制限的行為能力者）による不法行為は，通則同様，監護人が責任を負う（責任法32条1項）。被監護人に資力がある場合には本人の財産から賠償費用を支払い，不足分は監護人が負担する（同条2項）。行為能力者が一時的に意識がないまたは自己制御が失われた状態で他人に損害を与えたとき，過失がある場合には本人が賠償責任を負う（33条1項）。酩酊，麻酔薬，向精神薬の乱用による場合も賠償責任を負う（同条2項）。

　その他，使用者責任（34条・35条），インターネットユーザー・プロバイダのインターネット利用にかかる賠償責任（36条），ホテル，ショッピングセンター，銀行，バス停，娯楽場などの公共の場所の管理者および集団活動を組織する者の安全配慮義務（37条），学校等の教育機関の児童・生徒等に対する安全配慮義務（38条〜40条）についても規定を設ける。

　(ⅲ)　効　果　　財産的損害には，現物の返還，原状回復，損害賠償を請求しうる。損害額には医療費，看護費，交通費等の治療およびリハビリのために支出する合理的な費用および休業によって減少した収入が含まれ（責任法16条前段），実際に生じた損害額の賠償を原則とする（20条）。障がいが残った場合には加えて障

194

がい賠償金が，死亡した場合には葬儀費用と死亡賠償金が，それぞれ請求できる（16条後段）。障がい賠償金および死亡賠償金の算定方法は人身解釈の規定が適用され，都市部住民は平均可処分所得，農村部住民は平均純収入を基準とした定額賠償である（人身解釈25条・29条）。被害者に障がいが残ったり死亡したりした場合，被害者の扶養家族の生活費が請求できるとの規定（通則119条）が責任法では規定されていない。これは，責任法採択時には障がい賠償金，死亡賠償金が被害者の逸失利益として構成されるようになったためであると説明されていた。その後の司法解釈で，被害者に被扶養者が存在する場合，その生活費を障がい賠償金・死亡賠償金算定時に算入することとされた（最高人民法院「不法行為責任法の適用に関する若干の問題の通知」2010年6月30日公布・施行）。

　ところで，人身解釈施行後，同一の事故の被害者間で賠償額に数倍の格差が生じる［同命不同価］（同じ命で異なる価値）という問題が生じた。これは，死亡賠償金の算定基準が上述のように異なるため，都市戸籍者と農村戸籍者の間で賠償額に数倍の開きが生じてしまうためである。責任法では，同一の権利侵害行為により複数の被害者が死亡したとき，同一の金額をもって死亡賠償金を確定することができると規定することで，この問題の解決を図ろうとしている（17条）。

　精神的損害については，建国後の長い間認められていなかったが，後述するように通則は姓名権などの人格権侵害に限って明文の規定でこれを肯定した（通則120条）。その後，製造物品質法（旧32条，現44条），国家賠償法（旧27条，現35条）などの個別立法のなかに，死亡賠償金などの名目で実質上，生命権・健康権侵

第5章 民 法

害などの場合にも精神的損害賠償を認める規定が増えていった。そこで精神解釈1条は、これまでの人格権侵害に加え、生命権、健康権、身体権、人格尊厳権、人身自由権の侵害に対しても精神的損害賠償を認めるようになった（人身解釈1条1項も同旨）。責任法はこれらを総括するかたちで、他人の人身についての権利利益を侵害し、重大な精神的損害をもたらしたときには、被権利侵害者は精神的損害賠償を請求できると規定するに至った（責任法22条）。

(iv) 公平原則　　過失責任、無過失責任のほか、中国法には不法行為の第3の帰責原理ともいうべきものとして、公平原則とよばれるものがある。それは当事者が無過失でも「実際の状況にもとづいて」、当事者間で責任を分担させうると規定する責任法24条に表れている。つまり被害者に一方的に損害を負担させることが、道徳的公平観念からみて酷であると感じられる場合に、無過失の関係者にその一部を負担させるものである。判断のポイントとなる「実際の状況にもとづく」とは、当事者の経済的負担能力、損害の程度と受益状況（加害者が何らかの利益を得ていたか）、被害の状況などを総合的に判断することを意味する。具体的には隣人・知人間の好意にもとづく行為による被害、明確な契約関係がない他人のためにした作業にともなう事故などに適用されている。過失責任を原則とし、例外的に特別な不法行為類型として個別に無過失責任を定める上述の法体系に、明らかに異質な要素を持ち込むものである。要件が明確でなく、裁判官の裁量の幅が極めて広く、法的安定性よりも具体的妥当性を優先した制度であるといえる。

なお、このほか一般的不法行為の損害額決定に際して、当事者

の経済状況，負担能力などを考慮するかたちで，公平原則が過失
責任の補充的原理としても機能する場合があると説く学説もある。

5　知的財産権

　通則は著作権（版権ともいう），特許［専利］権，商標権，発見
権，発明権，その他の科学技術成果を知的財産権として規定して
いたが（通則94条～97条），総則では，作品，発明・実用新案・
意匠，商標，地理的表示，商業秘密，集積回路の配置・設計，植
物の新品種および法令が定めるその他の客体について享有する専
有的権利を知的財産権と規定する（総則123条2項）。国の科学技
術の発展には知的財産権の保護が重要であり，またその重要性は
今後ますます高まるとの認識から，総則では「権利の名称」では
なく「権利の客体」を列挙し，これにより，今後の変化にも柔軟
に対応することを可能にしたという。これを具体化する各種知的
財産権立法は活発に行われ，著作権法，特許法，商標法などの法
律やソフトウエア保護条例，植物新品種保護条例，集積回路配
置・設計保護条例などの行政法規など，法制度の整備じたいは進
みつつある。また，早い段階から知的財産の保護を目的とする国
際条約には積極的に参加しており，それには「世界知的所有権機
関を設立する条約」（1980年加入。以下同様），「工業所有権保護に
関するパリ条約」（1985年），「文学的及び美術的著作物の保護に
関するベルヌ条約」，「万国著作権条約」（1992年），「許諾を得な
いレコードの複製からのレコード製作者の保護に関する条約」
（1992年）などがある。海賊版の跋扈とその対応に苦慮する一方
で，知財立国をめざし年間特許申請件数が世界で最も多い国
（2017年で138万件，全世界の4割に相当）でもある。以下，主要な

第 5 章　民　　法

知的財産権法制を概観する。

(1)　著　作　権

　著作権法に続いて，著作権法実施条例（2002 年 8 月 2 日公布，2011 年 1 月 8 日，2013 年 1 月 30 日一部改正，同年 3 月 1 日施行），ソフトウエア保護条例などが相次いで制定され，著作権の法的保護が強化されるようになった。保護される著作物の対象には，文学作品，口述の作品，音楽・演劇・曲芸・舞踏・サーカス芸術作品，美術・建築作品，撮影作品，映画などの映像作品，工事・製造物設計図，地図・説明図，コンピュータソフト，法律・行政法規が定めるその他の作品が含まれる（著作権法 3 条）。著作権には人格権的権利と財産権的権利の両面があり（10 条），署名権などを除いて保護期間は作者の死後 50 年間とされる（21 条）。著作権侵害の民事責任としては，侵害差止，影響の除去，公開の謝罪，損害賠償が定められ（47 条），剽窃などによる侵害には行政処罰（国務院国家版権局などによる）として不法所得の没収，過料がある（48条）。営利を目的に著作権を侵害した場合には刑事責任として，違法所得の多寡・情状に応じて 3 年以下，または 3 年以上 7 年以下の有期懲役ないし拘役，罰金が科される（刑法 217 条）。

(2)　特　許　権

　改革開放期に入るまでは発明，発見，合理化建議に褒賞を与える法令があっただけで（たとえば，発明奨励条例：1963 年 11 月 3 日公布・施行，1999 年 5 月 23 日失効），特許権として保護することはなかった。1980 年代以降，国務院に特許局（現知識産権局）が創設され，特許［専利］法，特許法実施細則（2001 年 6 月 15 日公布，2002 年 12 月 28 日，2010 年 1 月 9 日一部改正・施行）が制定された。中国の特許制度には発明，実用新案，意匠の 3 種が統合され，い

ずれも広義の特許権とされる（特許法2条）。知識産権局への出願，出願の公表，実質審査，承認決定を経て，特許証が発給され，登記・公告される。出願却下決定に不服な場合，知識産権局に設けられた特許再審査委員会に再審査の申立てができ，さらに再審査の結果にも不服な場合，人民法院へ提訴することができる（41条）。特許権の譲渡は特許局への登記を効力要件とする（10条3項）。発明と実用新案に特許権が認められるには，斬新性，創造性，実用性を具備していることを要する（22条）。発明の特許権は出願日から20年間，実用新案と意匠は10年間が有効期間とされる（42条）。特許権が侵害された場合，特許権者は知識産権局に処理を要求してもよいし，直接，人民法院に訴えることもできる。知識産権局は侵害行為の停止を命ずることができ，当事者が処分に不服があるときは，15日以内に人民法院へ行政訴訟を提起できる。損害賠償については，知識産権局は調停をなしうるのみで，調停が不調になったときは，民事訴訟で争うことができる（60条）。情状が重い特許権侵害には刑事制裁があり，3年以下の有期懲役および（もしくは）罰金が科される（刑法216条）。

　なお，2008年にはWTO加盟にともなう法整備の一環として特許法が改正された。TRIPS修正議定書の内容の反映，創造性・新規性の発揚および特許権保護の強化を主な内容とする。発明，実用新案および意匠の定義を具体化・明確化したこと（特許法2条），「出願前に国内外で公衆に知られている技術」でないことを明記して絶対新規性を採用したこと（22条），これに関連して公知技術の抗弁が採用されたこと（62条），特許権保護の強化を目的として，特許権者が侵害行為の差止に要した合理的費用（調査費，弁護士費用など）を損害賠償額算定に際して斟酌するこ

第5章　民　　法

ととし，あわせて賠償額の上限を旧法の 50 万元から 100 万元に引き上げたこと（65 条），これまで民事訴訟法・司法解釈に散在していた提訴前仮処分手続に関する規定を一本化するとともに（66 条），提訴前証拠保全手続を新たに設けたこと（67 条），特許強制実施許諾に関する規定を大幅に改正したこと（48 条〜57 条）が，注目される改正点として挙げられる。

(3)　商　標　権

　商標に関しては 1950 年代初期から法令の整備が進み，1963 年には商標管理条例およびその実施細則が制定されていた。その後，文革中も他の知的財産権とは異なり，商標の登録制度はほぼ中断することなく機能していた。1982 年には商標法（1993 年，2001 年，2013 年，2019 年に一部改正）が，翌年にはその実施細則（1988 年，1993 年，1995 年に改正。2002 年 8 月 3 日の商標法実施条例〔2014 年に一部改正〕により失効）がそれぞれ制定された。商標権は国家工商行政管理局内の商標局（ないしその地方の出先）への登録［注冊］により取得される。登録審査決定に対する異議申立ては，工商行政管理部門内に設置された商標評議審査委員会が受理し，再審査を行い，それにも不服な場合には人民法院に提訴することができる（商標法 34 条）。商標権は登録の日より 10 年間有効で，継続延期申請が認められれば何度でも登録更新が可能である（39 条・40 条）。商標権が侵害された場合には，人民法院へ提訴するか，工商行政管理部門に対して処理を求めることができる（60 条）。工商行政管理局は侵害行為の差止，商標権を侵害する商品などを没収・破棄するよう命じたり，過料を科すことができ，この処分に不服がある場合はさらに行政訴訟で争うことができる。特許法と同様に損害賠償額の認定については，行政庁は調停を行いうるの

みで，調停が不調に終われば，民事訴訟で争うことになる（60条
3項）。また，刑法213条〜215条にやはり刑事処罰の規定がある。
2013年改正法では音商標（8条），一出願多区分制度（22条）が導
入された。2019年改正法では，日本の地名や地域ブランド名等
を無関係の第三者が中国で商標出願・登録する冒認商標の問題を
念頭とした，使用を目的としない悪意の商標登録出願の規制（4
条1項）や，侵害品等の破棄命令（63条4項）が新たに規定され
た。

6　人　身　権

　通則は第5章民事権利の第4節を人身権にあて，8カ条を割い
て人身権について規定するという比較法的に異例の構成をとって
いる。これにはとくに文革中に多発した人身権侵害を反省し，教
訓とする意味が込められたといわれる。総則ではもっぱら人身権
を規定する章・節を設けなかったが，3条で人身権の保護を謳う
とともに，民事権利の章の冒頭で「自然人の人身の自由および人
格の尊厳は法による保護を受ける」と規定し（総則109条），これ
を重視する姿勢を維持している。中国では［人身権］は財産権と
対立する概念として用いられ，［人格権］と［身分権］から構成
される。このうち人格権はほぼ日本法でいう人格権と重なり，総
則では自然人の生命権，身体権，健康権，姓名権，肖像権，名誉
権，栄誉権，プライバシー［隠私］権および婚姻自主権など，法
人および非法人組織の名称権，名誉権および栄誉権など，が具体
的な権利として列挙されている（110条）。他方，身分権は法の保
護を受ける民事主体の行為・関係にもとづいて発生する，その身
分と関連する人身的権利をさし，監護権，親権，配偶者権，親族

権など家族構成員間の諸権利を含むとされる。人身権侵害には，不法行為責任の一般規定（責任法15条）に従い，侵害停止，妨害除去，危険の除去，原状回復，損害賠償，謝罪，影響の除去，名誉回復などの効果が発生する。通則制定後，人身権侵害の訴訟事件が多発し，その意味で法の規定は社会へ浸透しているといえる。

一般的に人格権保護を規定する条項は総則3条・109条・110条，責任法2条1項のほか，憲法が保障する人身の自由（37条），人格の尊厳不可侵（38条），住居不可侵（39条），通信の自由と秘密保持（40条）などの諸規定を根拠として，身体自由権，生命健康権，通信の自由・秘密，住居の自由，人格の尊厳などが民事上の人格権としても保護されると解されている。しかも人格権は憲法上の人権規定を具体化したものであり，人権の一部をなすと考えられている。抜本的な政治の民主化には踏み出せず，憲法上の権利について司法的救済を求める制度を欠く現状下で，「民法は〔市民社会〕の憲法である」との認識から，人格権保護を通じて，人権保障を図ろうとする実務と学界の営みは注目に値する。

総則109条・110条および責任法2条1項に規定される個別具体的な人格権としては以下のような諸権利がある。

①生命権，健康権，身体権　　財産的損害の賠償のほか，生命権・健康権侵害には精神的損害賠償を認める（責任法22条，人身解釈18条，精神解釈7条・9条）。身体権は臓器・器官に対する支配権を引き出し，本人の同意のない摘出はその侵害にあたるとされる。なお，遺体，遺骨の違法な利用や社会公共利益等に反する損害行為に対しても，その近親者に対する精神的損害賠償を認める（精神解釈3条3号）ことで，その保護を図っている。

②自然人の姓名権，法人・非法人組織の名称権

6　人身権

③肖像権

④自然人の名誉権，人格の尊厳　　名誉侵害の場合には，名誉回復措置として訂正や謝罪広告の掲載を命ずることもできる。精神解釈では人格尊厳権が規定された（1条）。死者の名誉についても精神解釈にもとづき保護の対象とされている（3条）。

⑤自然人・法人・非法人組織の栄誉権　　名誉権・栄誉権に関連して，総則の民事権利ではなく民事責任の章に，アヘン戦争以降に日本を含む列強や国民党との戦いにおいて犠牲になった者ならびに国または公共のために犠牲となった者（他国の独立戦争の支援や国連平和維持活動に従事し，その過程で犠牲になった者も含まれる）を英雄烈士とし，これらの者の姓名，肖像，名誉および栄誉を他の人格権と区別してとくに保護を図る規定が設けられている（総則185条，英雄烈士保護法22条2項）。

⑥プライバシー権　　個人の私的な生活上の事情を他人に知られず，他人の干渉を禁ずる権利と定義される。ただし，最高人民法院の司法解釈には，プライバシー［隠私］の公表によって名誉権を侵害する行為に関する規定がみられる（精神解釈1条2項ほか）。

⑦婚姻自主権　　先述の憲法から導かれる諸権利と同様の性質をもつとされる。

なお，総則では，列挙する権利の最後に「など」が付されているが，これは今後の社会の変化で新たな人格権が誕生した際に，裁判実務で対応できるためであると説明されている。

民法典起草をめぐる論争点の1つに，人格権に関する規定を独立の編とすべきかどうかという問題がある。この際，人格権の規定を大いに拡充して，その侵害，救済，保護の問題と併せて，総則や不法行為から独立した1編とさせる案が有力となっている。

203

第5章　民　　法

7　渉外財産関係（国際私法）

　開放政策の展開にともない国際的な物や人の往来が増加すれば，当然に国際間の民事紛争も多発し，紛争解決のための準拠法決定のルールが不可欠となる。かつては民法通則，契約法，婚姻法，相続法，民事訴訟法，各法についての司法解釈などに分散して規定がおかれていた。そのため，多くの領域で法の空白や齟齬が生じていると指摘されてきた。渉外民事関係の法適用を一本化・明確化し，当事者の合法的な権利利益を保護する目的で，［渉外民事関係法律適用法］（2010 年 10 月 28 日公布，2011 年 4 月 1 日施行。以下，適用法という）が制定された。なお，婚姻家族法および相続法に関する規定は，本書第 7 章で触れる。

　(1)　一般規定

　(i)　適用範囲　　適用法はもっぱら準拠法の確定に関するルールを規定し，管轄権の確定や外国判決や仲裁判断の承認・執行に関する規定はおいていない。これら国際私法の手続に関するルールは，これまで同様，民事訴訟法や仲裁法等の関連規定が適用される。

　　法適用の原則は，適用法以外の法令が定める特別なルール，適用法に定めるルール，適用法およびその他の法令に規定がない場合は当該渉外民事関係の最密接地法，の順で適用される（適用法 2 条）。

　(ii)　当事者自治の原則　　適用法は「当事者は，法の規定にもとづき，渉外民事関係に適用する法律を明示的に選択することができる」として，当事者自治の原則をもっとも重要な原則として採用した（3 条）。委託代理（16 条），信託（17 条），仲裁協議（18 条），動産物権（37 条），運送中の動産の物権変動（38 条），契約

204

7　渉外財産関係（国際私法）

（41条），消費者契約（42条），不法行為（44条），製造物責任（45
条），不当利得・事務管理（47条），知的財産権の譲渡および使用
許諾（49条）および知的財産権の侵害（50条）をはじめ計14カ
条で当事者自治の原則が採用されている。しかし，明文規定で認
められていない場合には当事者主義は認められない（渉外民事関
係法律適用法の適用に関する若干の問題の解釈㈠〔2012年12月28日公
布，2013年1月7日施行。以下，適用法解釈という〕6条）。

　㈢　強行規定・公序良俗　　中国法に強行規定が存在する場合，
それが優先する（適用法4条）。強行規定が具体的に何を指すのか
は適用法解釈10条に規定する。外国法の適用が中国の社会公共
の利益を害する場合は中国法が適用される（5条）。これは公序良
俗の原則にあたる。

　㈣　反　　致　　従来から中国国際私法では反致を認めてこなか
った（最高人民法院「渉外民事または商事契約紛争事件の審理での法適
用に関する若干の問題の規定」〔2007年7月23日公布，同年8月8日施
行〕1条）。適用法もその立場を維持し，反致を否定する（9条）。

　㈤　外国法の調査　　外国法の調査は人民法院，仲裁機関また
は行政機関が行い，当事者が外国法の適用を選択した場合には，当
事者が外国法を提供しなければならない。人民法院，仲裁機関ま
たは行政機関による調査ができない場合，または外国法に当該事
項に関する定めのない場合は中国法が適用される（適用法10条）。

　㈥　その他　　訴訟時効は当該渉外民事関係に適用される法が
適用される（適用法7条）。渉外民事関係の性質決定［定性］は，
法廷地法が適用される（8条）。

　⑵　民事主体

　自然人の民事権利能力（適用法11条），民事行為能力（12条1

項），失踪宣告および死亡宣告（13条）には，当該自然人の常居所地法が適用される。法人およびその支社，支店等の民事権利能力，民事行為能力，組織機構，出資者の権利義務等の事項は登記地の法が適用される（14条1項）。

(3) 物　　権

不動産物権は当該不動産の所在地の法が適用される（適用法36条）。動産物権に関する準拠法を当事者が選択しなかった場合，当該法律事実の発生時における当該動産の所在地の法が適用される（37条）。運送中の動産の物権変動に関する準拠法を当事者が選択しなかった場合，仕向地法が適用される（38条）。

有価証券は権利が実現される地の法または最密接地法が適用される（39条）。権利質は質権設定地法が適用される（40条）。

(4) 債　　権

契約に関する準拠法を当事者が選択しなかった場合，給付義務の履行が当該契約の特徴を最もよく表す一方当事者の常居所地法または当該契約の最密接地法が適用される（適用法41条）。消費者契約では，原則として消費者の常居所地法が適用されるが，消費者が商品・サービスの提供地の法を選択した場合または事業者が消費者の常居所において関連する営業活動に従事していない場合は，商品・サービスの提供地の法が適用される（42条）。労働契約は労働者の労務提供地法が優先的に適用される（43条）。

不法行為責任には不法行為地法が適用されるが，当事者が常居所地を同じくする場合には当該常居所地法が適用される。不法行為発生後に当事者の合意により準拠法を選択した場合，当該合意に従う（44条）。

製造物責任は被害者の常居所地法が優先的に適用される。これ

は弱者保護の観点からであるとされる。したがって，被害者みずから選択した場合，または権利侵害者が被害者の常居所において関連する営業活動に従事していない場合には，権利侵害者の主たる営業地の法または損害発生地の法が適用される（45条）。

　インターネットまたはその他の方法により氏名権，肖像権，名誉権，プライバシー権等の人格権を侵害した場合，被害者の常居所地法が適用される（46条）。人格権の内容は権利者の常居所地法が適用される（15条）。

　不当利得および事務管理について，当事者が準拠法を選択しなかった場合，当事者が常居所地を同じくするときは当該常居所地法が，常居所地が異なるときは不当利得または事務管理の発生地法が，それぞれ適用される（47条）。

(5) 知的財産権

　知的財産権の帰属および内容については，保護地法が適用される（適用法48条）。知的財産権の属地主義にもとづいて設けられた規定である。当事者が知的財産権の譲渡および使用許諾に関する準拠法を選択しなかった場合，契約に関する本法の規定により準拠法が決定される（49条）。知的財産権侵害の責任についても保護地法が適用されるが，当事者は，侵害行為発生後に法廷地法を合意のうえ選択することもできる（50条）。

　国際私法についても独自の法典とするか，民法典のひとつの編とするかをめぐり対立がある。2002年の民法典草案では最終編に「渉外民事関係の法律適用」がおかれていることから，国際私法が民法典に組み入れられる可能性が高い。

第6章　企業活動と法

改革開放がはじまると中外合弁経営企業法が制定され（1979年），例外的に外資の私有財産の保護をうたい，「資本」という概念，出資に応じた利益の分配が合法化された。つまり，「搾取」が容認されることで，商事法という法分野が渉外経済法という「出島」だけで限定的に形成されはじめた。社会主義市場経済への転換にともない，おおむね1992年以降これが国内法にも波及するようになり，商法という法分野が，1949年の「六法全書」廃棄以来，40数年を隔てて復活した。中国の財産法体系は民国期以来の伝統を引き継ぎ，「民商合一主義」をとり，商法典や商法総則的規定をもたない。そのため法分野としては「民商法」と総称される。

商法は商主体法と商行為法から構成されるとされる。商主体法とは，各種の営利法人の設立，解散，組織，運営，資金調達，管理などにかかわる諸法である。民法総則（2017年），会社法（1993年制定，1999年，2004年，2013年，2018年改正），全人民所有制工業企業法（2009年），城鎮集団所有制企業条例（1991年制定，2016年改正），組合企業法（2006年），個人単独出資企業法（1999年），外資系企業にかかわる諸法などがある。商行為法としては契約法（1999年）を筆頭に，海商法（1992年），手形小切手法（1995年制定，2004年改正），保険法（1995年制定，2014年，2015年改正），競売法（1996年制定，2004年，2015年改正），証券法（1998年制定，2004年，

2013 年，2014 年改正），信託法（2001 年），企業破産法（2006 年）などがある。契約法にはファイナンス・リース，建設プロジェクト，運送，技術，倉庫，問屋，仲介契約など商事契約に分類されうる契約類型も典型契約として規定されている。講学上の商法の体系については，いまだに見解が統一されず，教材類にもばらつきが見られ，後述の経済法との境界も不明瞭なままである。

また，本書第 5 章で触れたように，経済法は，現在では一般に政府による経済活動に対するマクロコントロール，競争秩序維持のための諸法と認識されている。その中核をなすべき独占禁止法は 2008 年 8 月 1 日から施行された。しかし，経済法にこのほか具体的にいかなる法分野が含まれるかについては，論者により見解に違いがある。

以下では商法と経済法の主要立法の概要について述べる。

1　企業法・会社法

中国でも商法を「企業に関する法」と定義し，広義の企業法は商法の中核的位置を占める。中国の企業法（広義）はレベルの異なる 2 つの規整方法をとっている。1 つは所有制別の旧来の社会主義型の分類に従い，所有制ごとに個別の立法を行うものである。たとえば全人民所有制工業企業法，農村集団所有制企業条例，都市集団所有制企業条例，私営企業暫定条例（廃止），個人単独出資企業法，中外合弁経営企業法，外資企業法，中外合作経営企業法（後三者はいわゆる［三資企業法］）などである。これらの企業は，企業法人登記管理条例（1988 年制定，2011 年，2014 年，2016 年改正）にもとづいて法人登記を行う。他方は企業の責任形態による分類で，有限責任会社を対象とする会社法，無限責任会社を対象

とする組合企業法などがある。会社法上の会社［公司］は，会社登記管理条例（1994年制定，2014年，2018年改正）により登記を行う。このように有限責任会社以外の企業（狭義）は会社［公司］ではなく，中国法では［企業］（狭義）と会社は一応別の法概念ということになる。企業（狭義）には多くの政治的な使命が付加されており，営利法人に純化されない側面をもつ。［単位］（所属先）としての企業は国の手足となって，構成員を国に代わって末端で管理，統制する役割を担っていた。これに対して少なくとも法律上は，会社はそうした夾雑物から解放された営利法人である。

1990年代半ば以降，国有企業などの「企業」は，会社法にもとづく有限責任会社へ改組を図り，大型国有企業のほとんどが「会社」へ転換したほか，中小国有企業には「株式合作制」という一種の協同組合的な運営方式により民営化されるものも少なくなかった。なお，［集団公司］などと名乗る持ち株企業が親会社として企業グループを統率しているケースが多い。集団公司が上場会社の持株会社になっているものもある。したがって，所有制別の企業は責任形態別の会社へと転換が進みつつある。

中国の企業は出資主体を基準にすれば，まず公企業（国有および集団所有）と私企業（私営企業および外資系企業）に分けられる。先述のようにそれぞれ別途の法制があり，さらに会社形態をとる場合には横断的に会社法の規律を受ける。ただし会社への改組，転換により，混合所有制になっている場合も多く，出資主体による伝統的な区分は有効性を失いつつある。

改革開放以降，国有企業改革と私的セクターの容認により，かつて圧倒的なシェアを誇っていた国有企業の比重が低下し，代わって私営企業や外資系企業が急速に増大し，三者が鼎立した構造

を呈するようになった。しかし，2008年のリーマンショック以後，国有企業の役割が見直されるようになり，近時は逆に［国進民退］とよばれる国有セクターの復興基調がみられる。中央政府が直接管理する国有企業［央企］は97社（2019年現在）にまで減っているが，石油，鉄道運輸，軍事産業，宇宙，金融・保険，電力，電話・通信，鉄鋼などの基幹業種ではなお巨大国有集団企業による自然独占（ないし寡占）市場が維持され，莫大な利潤を上げている。しかも，これら国有大企業の経営層は政治権力と結びついており，独特の政治・経済の一体化構造［権貴資本主義］をなしている。これら国有企業の経営陣の人事権も共産党のコントロールのもとにあり，会社法の規律を受ける場合には会社法上のコーポレートガバナンスとの間で緊張を生じる。上場会社のコーポレートガバナンス・コードとしては，中国証券監督管理委員会が定めた［上市公司治理準則］（上場会社ガバナンス準則）（2002年1月7日制定，2018年9月30日改正）があり，環境保護，社会的責任，株主の保護，機関投資家の経営参加，各種情報の開示などを定め，これらだけを見ると世界水準に達している。また，国有資産の運用，管理に関する企業国有資産法（2008年10月28日採択，2009年5月1日施行）が制定され，国の出資者としての地位が法定された。

(1) 国有企業

国有企業のなかには株式会社への改組を図ったり，内外の多様な主体から複合的に投資を受け入れる企業が現れるなど，今日，何をもって国有企業と定義するかは一義的ではなくなっている。企業国有資産法によると，国家出資企業（＝国有企業）には，①国有単独出資企業，②国有資本支配株会社，③国有資産による出

第6章　企業活動と法

資会社の3種類がある（5条）。①は100％国の出資によって設立された企業で，会社への転換を図っている場合（会社法上の国有単独出資会社）と会社制をとらない企業がある。②は典型的には国の出資が過半数を超えて，国が支配株を保有している会社である。③は国の出資が過半数に至らない，国が少数株主の地位にある会社であり，これを国有企業とよぶべきかどうかには異論がある。

　国有企業の財産は全人民所有（すなわち国有）に属し，企業自身は企業経営権を保有する。企業経営権には企業財産に対する占有，使用，処分の権利が含まれる（全人民所有制工業企業法2条2項）。一方，会社法上の会社に転換した企業については，独立した法人財産を保有し，それに対して法人財産権を有するものとされる（会社法3条2項）。出資者（国）は，資産からの収益，重大な決定への参与，経営者の選任などの権利をもつ（同4条）という異なる法的枠組を採用する。

　国民経済の命脈や国の安全にかかわる大型国有企業，重要インフラ施設や天然資源などの分野の企業は，国務院（具体的には傘下の国有資産管理委員会。以下，国資委という）が，その他の国有企業は地方政府の国資委が国を代表して出資者としての職責を行使する（企業国有資産法4条）。たとえば，企業経営陣の任免，人選，合併，分割，株式上場，増資・減資，社債発行，重大投資，利潤分配，解散，破産など重要経営方針の決定にさまざまな方法でかかわる（同法30条～38条）。ただし，国は［政企分開］（政府と企業機能の分離），社会公共管理権能と国有資産出資者権能の分離方針にのっとり，企業の自主的経営に介入しないとされる（同法6条，14条）。しかし，たとえば，国資委は会社の株主（総）会に対して国有資本支配株会社，国有資産による出資会社の取締役，監

査役などの人選につき提案［提出］するとされる（同法22条1項3号）。いわゆる「提案」に法的拘束力はないとしても，党の人事権に服す国有企業の経営ポストともなれば，会社法や上場会社ガバナンス準則が定めるコーポレートガバナンスに関する規定は意味を失う。実際，各クラスの国資委の幹部が国有企業の経営者として天下りするケースが多く，国有資産の運用と政企分離の両立は微妙なバランスの上にある。

(2)　集団所有制企業

社会主義的経済組織とされる集団所有制企業の法規整には，都市と農村の別がある。それぞれの法規定の特徴は以下のとおりである。

(i)　都　市　　都市部の集団所有制企業は，都市集団所有制企業条例により規律され，勤労大衆による集団所有，共同労働，労働に応ずる分配を主とすることを基本的属性とする（4条）。企業の所有権は，当該企業の勤労大衆ないし集団企業により結成された連合経済組織内の勤労大衆に属す。すなわち所有と労働の主体が一致していることを原則とする。ただし，集団所有の財産が原則として51％を超えていれば，ほかからの投資を受け入れることも許され，これには出資に応じた分配［股金分紅］も行われる（同条例5条・48条）。職員労働者が企業の主人とされ（同条例8条），職員労働者（代表）大会が権力機構として人事，経営の重要事項を決定する（同条例9条・28条）。都市の集団企業は法人格をもち，出資者からは独立した民事責任主体とされる（同条例6条）。

(ii)　農　村　　改革開放以後の経済急成長の牽引役となったのが，農村部の郷鎮企業と称される企業で，その多くは集団所有制企業である。これについては行政法規の郷村集団所有制企業条例

第6章　企業活動と法

があり，さらにその後，郷鎮企業法が制定されている（1996 年）。両者は農村部に立地し，農業支援という都市の企業にはない特殊な任務を負う企業を規整対象とする点で共通している。ただし，郷村集団所有制企業条例の規律を受ける企業は，当該企業が所在する郷村の農民全体の所有に属し，農民（代表）大会ないし農民全体を代表する農村集団経済組織（人民公社解体後，行政機能から分離された経済連合社，経済管理委員会，村合作社，村民小組など）が，所有権を行使する（同条例 18 条）。企業自体は所有者ではない。これらは人民公社時代の社隊企業の系譜を引くものであり，もっぱら地縁的に構成される特徴をもつ。

　これに対して郷鎮企業法上の企業は，集団経済組織のほか，農民の自発的な投資により設立されることもあり，くわえてそれらの投資が支配株を掌握している場合には，50％ を上回る外部投資を受け入れることができる（2 条）。農民による組合ないし単独出資により設立することも可能であり（同 10 条 3 項），この場合は組合企業ないし私営企業になる。都市集団所有制企業と違って，法人格をもたない企業もあるが，法人格を有する場合は企業に法人財産権が帰属する（同 11 条 2 項）。郷鎮企業は農業支援，農村への社会的支出を納税後の利潤から負担することが義務づけられ，同時に一定期間内の減税措置が適用される（同 17 条）。経営管理制度は投資者が決定する（同 14 条）。農村の集団所有制企業の多くが郷鎮企業として登録を受けており，両者はかなりの部分で重なり合う。

　会社法制定後，農村の集団所有制企業は出資に対する分配を併用した従業員持株協同組合企業への転換が進みつつあり，所有制という垣根が溶解しつつある。

(3) 私的所有企業

(ⅰ) 私営企業暫定条例の廃止　　私営経済が憲法改正で社会主義公有制経済の「補完物」とされた1988年，私営企業暫定条例が発布された。その後，1997年には組合企業法を制定し，1999年の憲法改正で私営経済が社会主義公有制の「重要な構成部分」と位置づけられ，私営企業のうち単独出資の企業については，同年，個人単独出資企業法が制定された。私的な所有に属す企業が，ますます経済全体におけるウェイトを高めつつあるなか，会社法制定後は，私人の出資により設立される有限責任会社は，会社法が規律することになっていた。いまだに国の企業統計には私営企業という項目が残されているが，私営という所有制に対応した法規律はとうに意味を失っていた。このため遅まきながら，私営企業暫定条例は歴史的役割を終えたとして，2018年に正式に廃止された。これにより私営企業は，個人単独出資企業，組合企業，有限責任会社の3類型に整理された。私営企業法人として登記された法人は1437万社あった（2017年）。

(ⅱ) 組合企業　　民法上の組合の形式をとる企業についての特別法として制定されたのが，組合企業法（1997年制定，2006年改正）である。あまり活用されていなかったが，2006年の改正により，より使いやすい制度に生まれ変わった。組合企業とは，「自然人，法人およびその他の組織が本法にもとづき中国国内に設立した一般組合企業および有限組合企業をさす」（2条1項）。一般組合企業とは当該企業の債務につき無限責任を負う社員のみによって設立された企業であるのに対して（同条2項），有限組合企業とは無限責任を負う社員（一般組合員）のほか，出資額を限度とする有限責任しか負わない社員（有限組合員）から構成され

第6章 企業活動と法

る企業である（同条3項）。後者は地方性法規により一部の地方で導入されていたものの，法改正によりはじめて承認された形式であり，国家単独出資会社，国有企業，上場会社，公益性のある非営利事業体，社会団体は，一般組合員にはなれないとする（3条）。有限責任組合員を認めることで，国有企業などからの出資受け入れを促進しようとするものである。有限組合企業は，2人以上50人以下の組合員により設立され，そのうち少なくとも1人は一般組合員であることを要する（61条）。一般組合企業の一類型として「特殊な一般組合企業」なる形態も規定された（56条）。これは専門的な知識や技能をもち専門的なサービスを提供するために設立された組合企業であり，すでに現実には相当普及しているパートナーシップ制〔合夥制〕の会計事務所や資産評価事務所，弁護士事務所などを想定したものである。この形態では組合員が重過失や故意によって企業に債務を生じさせた場合に限り，その他の組合員の責任を出資額に限定するという例外を認める点に特徴がある（57条）。

　旧法では組合企業自身にも納税義務を規定していたが（旧法37条），これでは二重課税になることから，2006年改正法では組合員がそれぞれ所得税を納めればよいとされた（6条）。また，組合企業の設立は許可主義から準則主義へと改められたばかりか，申請書類が整い，それらが法定の形式に符合していれば，企業登記機関（工商行政管理部門）はその場で登記を行い，営業許可証を発給するとした（10条）。なお，組合企業にも破産が適用されることとなった（92条）。

　(ⅲ) 個人単独出資企業　　個人単独出資企業とは，中国国内に設立され，自然人1人が出資し，その財産が投資者個人の所有に

属し，その個人財産をもって企業の債務に無限責任を負う経営体をさす（個人単独出資企業法 2 条）。設立要件を満たしていれば登記が認められ，営業免許が発給され（準則主義：同 12 条），登記の拒否処分の適否を行政不服審査ないし行政訴訟で争うことができる（同 46 条）。出資金額や従業員の数に制限はないが，外国人の出資した企業には適用されない（同 47 条）。従業員についてその権利・利益保護，労働安全の確保，社会保険費の負担などが義務づけられている（同 22 条・23 条・39 条）。なお，私人が出資して設立された有限責任会社については，(5)で述べる会社法が適用になる。

(iv) 個人工商業世帯　　個人工商業世帯［個体工商戸］は法人組織ではなく，民法上の自然人のカテゴリーに属す経営体であるが，行論の便宜上，ここで扱う。今日でこそ，上述のように広範に私的セクターが認められているものの，改革開放当初は零細の個人経営だけが控えめに容認されるにすぎなかった。先述（本書第 5 章 2 (2)(i)）のように，個人工商業者は民法通則（26 条・28 条・29 条）で自然人の一形態として承認され，その後，増加の一途をたどった。民法総則でも 54 条，56 条 1 項に自然人の法主体として規定された。今日なお個人工商業者は 6579 万世帯，従業員 1 億 4225 万人（2017 年末現在）と，多くの就職先を提供する重要な役割を果たしている。

　個人工商業世帯について詳細を定めたのが，都市農村個人工商業世帯管理暫定条例（1987 年 8 月 5 日発布。以下，暫定条例という）であった。これが個人工商業世帯条例（2011 年制定，2014 年，2016 年改正。以下，新条例という）として全面改正された。以下のように，それまであった種々の制限を緩和し，法人格を取得しない個

人経営を大幅に自由化した。もっとも，すでに事実上は緩和されていた現実を追認し，それを合法化するものである。

①雇用できる被用者の人数制限を撤廃し，［個体大戸］（大規模個人経営世帯）を追認した。これで被用者7人以下が個人工商業世帯，8人以上が私営企業とされていた区分は消失した。②従事資格制限を緩和した。暫定条例では都市住民については原則として職のない者だけが個人工商業世帯となることを申請できたが，新条例では「経営能力がある者」となった。これで完全民事行為能力を欠く者や未成年者にも主体が拡大された。③申請許可制から登録制へと変更された。暫定条例下では工商行政部門への申請により，許可された者だけが登記を経て資格を取得したが，新条例では事務的な登記手続に改め，「登記申請書類が揃っていて，書類形式が法定の様式に沿ったものであれば，その場で登記をする」（9条1項1号）とした。個人工商業世帯は個人でも，世帯単位でもよいとされているが，世帯の場合，その構成員の氏名を［個体工商戸注銷登記申請書］に記入し，全員がこれに署名をすると定めた。これは責任財産の範囲を明確にする重要な意味をもつ。④管理費の徴収を廃止した。その代わり登録時に登記費用を納めるだけでよしとした。⑤経営範囲の制限を緩和した。暫定条例では工業，手工業，建築業ほかが列記されていたが，新条例では法令が禁止していないすべての業種が対象とされた。

⑷　外資系企業法の終焉

外国資本が中国内に投資して設立する企業については，改革開放路線への転換後，国内企業とは別の法律により規律してきた。具体的には中外合弁経営企業法，中外合作経営企業法，外資企業法（以上を三資企業法という）である。外資系企業による空前の製

造業の繁栄が，中国を「世界の工場」へと押し上げ，中国経済の高度成長を牽引した。

しかし，こうした発展モデルがしだいに有効性を失いつつあるなか，改めて外資を引きつける必要が生じていた。そこで外資を内国企業とは別立てに扱う法の枠組みは，中米貿易戦争に起因するプレッシャーもあり，その歴史的使命を終えることとなる。外国からの投資に関する基本法，全国人大の制定による基本的法律として外商投資法（2019年3月15日採択，2020年1月1日施行）が制定され，施行と同時に三資企業法は廃止されることとなった（42条）。三資企業法にもとづく外資系企業は，5年以内に会社法が規律する有限責任会社，株式会社，一人会社ないし組合企業法が規律する組合企業へと改組されることとなった。

会社設立にあたっての商務主管部門による個別の許可制は，参入前内国民待遇およびネガティブリストによる例外的規制へと変更された（4条1項）。外資向けの規制としては，ネガティブリストが残るが，これは国務院が公布もしくは許可するものとされた（4条2項）。外商投資法は外資の投資，収益にかかわる権利・利益保護を謳い（5条），むしろ国の外資への行動に規制を加える規定をおく。たとえば，特殊な状況において公共の利益の必要のためにだけ，例外的に外資に対する収用，徴用を認め，その際には公平で合理的な補償を与えるとし（20条2項），行政や公務員による行政手段による技術移転の強要を禁止している（22条2項）。他方で，外資にも「中国の国家安全に危害をもたらし，社会公共の利益に損害を加える」ことを禁止する（6条）。行政による権利侵害については外商投資企業不服申立業務メカニズムによる解決を図ることとし，行政不服審査請求や行政訴訟を提起することも

第6章　企業活動と法

認めた（26条）。全体として外資への規制を緩和し，安定的で透明，公平な投資環境を創出することを意図したものである。なお，外商（foreign investment）には香港，マカオ，台湾からの投資を含む。

今後，本法をふまえて外資による投資に関する細則が制定されることになるが，基本的には外資系企業だけに別の法規律を行う方式をやめ，内外企業の平等化へと踏み出すことになる。1979年の中外合弁経営企業法にはじまる外資企業特別法（およびそれらに附属する大量の行政規則）の時代が終わり，所有制によって異なる法規律を行う企業法制は，責任形態によるそれへと統一されようとしている。

(5)　会　社　法

完全な独立法人化に向けた国有企業改革の切り札として，1980年代後半からテスト事業［試点工作］として行われていた株式会社化は，1993年12月29日に会社法（以下，旧法という）が採択されることで，本格的な法的根拠が与えられた。しかし，旧法は完全な市場経済モデルへの転轍以前に起草されたため過渡的な性格をもち，多くの欠点，不都合を抱えていた。そこで市場経済に適合的な本格的な法への転換を目指して2004年から改正作業が進められ，2005年10月27日には新会社法が採択された。旧法のうちの20カ条余りが変更されなかったにすぎず，ほぼ全面的な改正となった。同時に改正された証券法に一部の条項が移されたため，条文数は旧法の11章230カ条から13章219カ条と微減となった。全体としては会社に対する行政的規制を緩和し，任意規定を増やして定款自治を強化し，経営活動の自由を拡大したといえる。会社法は中国国内に設立される有限会社と株式会社に適

1　企業法・会社法

用され，出資者が国であるか外資であるかの別を問わない。

　さらに，2013年および2018年に2度改正され，各種会社の最低資本金額を撤廃するとともに，出資方法のさらなる規制緩和を行い，会社設立の自由を大幅に拡大し，自社株取得制限を緩和した。3度の改正のおもなポイントは以下のとおりである（なお，条文数は最新法による）。

　①会社設立の要件を緩和　　有限会社については最低資本金が10万元から原則3万元に引き下げられ，最終的にはその制限も削除された（26条）。株式会社については同じく1000万元から500万元を経て，法律や行政法規，国務院の決定などにより最低資本金額が定められていない限り，最低資本金を一律に定めることをやめた。会社形態によって資本金額の下限を定めるという規制を撤廃し，資本金1元でも株式会社が設立できることとなった。また，設立時に現実に払い込む資本金の最低割合や期限を会社法上は撤廃した。貨幣以外の物（ないし権利）による現物出資に対する制限を緩和（貨幣による出資の最低割合を30％とする）し，さらに2013年改正で完全撤廃した。株式会社設立（および合併，分離，新株発行）について要求していた国務院が授権した部門，省クラス人民政府による許可手続を廃止し，会社設立を準則主義に変更した（2005年改正）。

　②一人会社の承認　　一人有限会社についての特別規定をおき，一般的に一人会社を認めた（57条〜63条）。旧法では国有と外国投資家に限っていた一人会社を一般に開放した。2005年改正では有限責任会社については最低資本金を10万元とし，会社設立時の全額払い込みを要求していたが，2013年改正ではこれを撤廃，代わりに1人の自然人は1つしか一人会社を設立できず，一

人会社の出資によって一人会社を設立することはできないとした（58条）。なお，国有単独出資一人会社については特別規定がある（64条～70条）。

③定款・私的自治の拡大　　強行規定を任意規定に変更し（以下は2005年改正による），経営範囲，法定代表者の指定，株主総会，取締役会の議事・評決・権限，配当の分配方式，出資に対する評価，対外的投資・担保提供の決定などを定款，会社の決定に委ねた。

④取締役会，監事会の権限明確化，詳細化，代表取締役の権限制約　　上場会社には社外取締役を新設した（122条）。会社法は分権型のコーポレートガバナンスを規定するが，現実の運用との間にはギャップが大きく，実際には大株主，代表取締役，総経理などが会社経営を取り仕切っていることが多いと言われる。

⑤少数株主の利益保護強化　　株主の知る権利を拡大（33条・97条・116条），臨時株主総会の招集に必要な表決権を4分の1以上から10分の1以上に引き下げ（39条・100条），株主訴訟を提起できる場合を明定した（22条・33条・74条・151条・152条・182条など）。

⑥法人格否認の法理の導入（20条）　　株主が会社の独立的地位，有限責任を濫用し，会社債権者に重大な損害を与えた場合には，会社債務につき連帯責任を負うとした。

⑦証券法との役割分担変更　　株式の公開発行，社債発行申請手続，上場条件，上場停止・廃止などに関する規定は証券法に移された。

⑧自社株取得制限緩和（142条）　　自社株を取得することは原則として禁止されるが，例外的に認められる事由が拡大され，手

続も緩和された。追加された事由は，「将来，上場会社が発行する株券に転換しうる会社債券に用いる」場合（1項5号），「上場会社が会社価値および株主の権利利益を保護する上で必要な場合」（同6号）である。さらに，これらの事由がある場合には，従業員持ち株計画などに用いられる場合（同3号）と併せて，株主総会ではなく，取締役会での決議でこれをなしうるとした（同2項）。

社会主義体制に由来する規定としては，会社に当該会社の共産党組織の活動のために便宜を提供することを義務づける規定を新設したことが目を引く（19条）。末端党組織の強化をねらう近時の党の方針を反映する。また，従業員の意見を経営，労働条件に反映させようとする制度をおいたことも注目に値する。たとえば，監事会は3分の1以上が選挙で選ばれた従業員代表によって構成されなければならない（117条2項）。「会社のなかの国有資産の所有権は国家に属す」（旧法4条3項）という国有資産を優先的に保護するかのような規定は削除された。

このように会社法は出資者がいかなる主体であるかにかかわらず，責任形態として有限責任をとる企業を規律対象としているので，国有，集団所有，私有（外資を含む）の別は意味をなさない。この点は株式を広く一般に売却する上場株式会社にとくに顕著である。会社法による会社が主要な形態となりつつあり，公有制を主体とするという社会主義のメルクマールは意味を失っている。

(6) 倒 産 法

長い間，社会主義と倒産は無縁のものと考えられ，実際，企業はいくら債務超過に陥っても倒産するということはなかった。しかし，国有企業を含めてすべての企業を独立した法人として扱う市場経済のもとでは，倒産もまた必然的な現象ととらえられるよ

第 6 章　企業活動と法

うになった。国有企業の破産手続だけを定める企業破産法（試行）が 1986 年に制定され，民事訴訟法（第 19 章に規定，1991 年採択。2007 年 10 月 28 日の同法改正により削除）や両法に関する司法解釈にも破産手続が規定されていたものの，所有制の別を越えて企業の市場からの退場手続について一般的に定める規則を欠き，また会社更生手続はまったくの空白であった。長い間の議論の末，2006 年 8 月 27 日にようやく「経済憲法」ともよばれる新しい企業破産法（全 12 章 136 カ条）が制定された（2007 年 6 月 1 日施行）。くわえて，本法の施行に備えて，最高人民法院は企業破産法に関連する 3 件の司法解釈を 2007 年 4 月 12 日に発布した（「企業倒産事件審理の管財人指定に関する規定」「企業倒産事件審理の管財人報酬確定に関する規定」「破産法施行時にまだ審理を終えてない企業倒産事件の法律適用の若干の問題に関する規定」）。企業破産法は WTO 加盟，市場経済システムへの移行に対応した倒産法であり，市場法制整備が新たな段階に到達したことを象徴するものと評されている。本法には以下のような特徴がみられる。

　①本法の目的が，公平に債権・債務を精算し，債権者，債務者の権利を保護することにあることを明記（1 条）　倒産申請にあたり当該企業の主管部門の許可は不要となった。ただし，国有企業については政府の許可を要することがある（企業国有資産法 34条）。企業破産法の適用対象をすべての企業法人に拡大し（2 条），金融機関にも適用することとした（134 条）。こうして旧法にあった計画経済の痕跡は消失した。なお，個人破産は適用対象外である。

　②破産管財人制度を導入（第 3 章）　人民法院が企業関係部門の人員からなる清算チームや弁護士事務所，会計事務所，破産清

算事務所などの専門家から，破産管財人を指定して，破産事務を遂行させることとなった（22条・24条）。

③会社更生［重整］手続を新設（第8章）　債務者と債権者が更生計画に合意するなら，すぐに倒産させるのではなく，会社更生手続を選択することもできることとなった。

④債権者自治の強化　債権者会議は破産管財人がその任を全うできないと判断すれば，その交代を人民法院に申請でき（22条2項），債権者会議により選任された債権者委員会の職権を定め，破産管財人や債務者側に説明を求め，資料を提出させる権限などを同委員会に与えた（68条）。

⑤倒産に至らしめたことに対する責任を明記　忠実義務，勤勉義務に反したことにより，企業を倒産に至らしめた取締役，監査役，高級管理者には法にもとづき民事責任を負わせ，倒産手続終了後，3年間は一切の企業の取締役等に就任できないとされた（125条）。

⑥債権者と従業員の利益の調整　清算手続において破産債権のうち従業員の給与，社会保険費用など，いわゆる労働債権が一般債権に優先して弁済を受けることは当然としても，一般債権に担保権が付されている場合に両者の優劣関係をどうするかについては見解が対立していた。妥協の産物として，一般的には破産財産のうち特定の財産に担保権をもつ債権者は，優先的にその財産から弁済を受ける権利を有するが（109条），例外的な経過措置も設けている。すなわち，法の公布前に発生していた労働債権に限り，担保なし債権だけでは完済できない部分につき担保付き債権に優先して弁済を受けることを認めた（132条）。

企業破産法は，基本的に倒産にともなう企業の従業員の失業な

225

第 6 章　企業活動と法

どの社会問題への対処を企業破産法から切り離し，それらは労働法や社会保障法の問題とするという政策選択をしており，中国の倒産法が市場経済型のそれへ転換を図ったことを印象づけている。しかし，人民法院が果たしてそうした切り分けを徹底して，倒産事件を処理できるかどうかは別の問題であろう。

2　その他の商事法
(1)　手形小切手法

　計画経済時代には手形も小切手も必要性を認められず，銀行決済にかかわる行政規則があるだけであった。手形や小切手による支払い，取立て，送金，信用などの需要に応えるため，現行の手形小切手［票据］法が 1995 年 5 月 10 日に採択された（翌年 1 月 1 日施行，2004 年 8 月 28 日一部改正）。同法が規定するのは為替手形［匯票］，約束手形［本票］，小切手［支票］の 3 種類の有価証券である。総則をおいたうえで，為替手形につき振出，裏書，引受，保証，支払い，遡求について規定し，約束手形と小切手については若干の独自規定を設けたほかは，為替手形の規定を準用するという立法技術を採用している。

　本法には以下のように，手形・小切手の円滑な利用を害する市場経済に相応しくない不適切な規定が多いといわれている。①銀行決算の名残をとどめ，手形の使用範囲に厳格な限定がある。為替手形には銀行手形と商業手形しかない（19 条 2 項）。約束手形は中国人民銀行が審査・指定した銀行にしか振出を認めていなかったが（旧 75 条），2004 年の改正で本条は削除された。②無因性を否定していると読める条項がある。10 条 1 項は手形などの振出，取得，譲渡にあたり，「真実の取引関係および債権・債務関

係が存在しなければならない」と規定し，手形関係と原因関係を結びつけている。資金関係を要求する条項も多い（21条1項・82条2項・87条1項・89条2項）。③白地小切手につき，これを「使用してはならない」と規定するのみで（85条），振出人の責任，善意の所持人の保護に関する規定を欠く。①②の諸規定は詐欺行為などの防止，通貨膨張，金融危機の予防を意図して，多くは全国人大での審議段階で設けられたものである。なお，手形不渡時の銀行取引停止処分の制度や手形訴訟の手続はない。

中国の手形小切手法は，いまだ市場経済型のそれへの転換途上にあるといえる。

(2) 証 券 法

会社法が制定され，株式，社債などの証券の発行，取引が現実に広く行われるようになった。これを法的に規律する証券法の制定は，難航を極めていたが，1998年12月29日，ようやく採択された（全12章214ヵ条）。最初の草案が全国人大常務委員会に提出されて（1993年8月）から数えても，5年以上もの月日を要したことになる。

証券法は特定の行政部門の利益擁護に偏ることをさけるため，全国人大の専門委員会である財政経済委員会が中心となって起草にあたった。その後，2003年から改正作業が進められ，会社法と同時に2005年10月27日に全面改正が行われた（全12章240ヵ条）。新法についても旧法の制定時と同様，全国人大財政経済委員会が中心になって起草を担った。旧法はアジア金融危機という特殊な時期に制定されたこともあり，リスクの発生を防止するという発想に立っていたため，国家による市場介入，行政的管理を際立たせていたといわれる。そこで新法では証券市場のいっそ

227

第 6 章　企業活動と法

うの発展を促し，投資者保護により配慮したものになっている。旧法では株式，社債の発行・取引についての手続，管理だけを対象としていたが，新法は政府系債券（国債，地方債など），投資ファンド，証券派生商品などにも適用を広げている（2 条）。さらに 2013 年 6 月 29 日，2014 年 8 月 31 日に小規模ながら 2 度改正された。主な改正点は以下のとおりである。

　①各種規制の緩和。証券，銀行，信託業務，保険の混合業態を許す余地を与えた（6 条）。取引対象となる新たな証券の登場を可能とする規定をおいた（2 条 3 項）。国有企業，国有株が支配する会社にも株の取引を認めた（83 条）。②実務上行われてきた制度（証券発行・上場推薦人制度〔11 条〕，発行申請にあたっての事前情報公開制度〔25 条〕，証券会社による資金の不正流用などによる損失を補塡するための投資者保護基金制度〔134 条〕）を法に組み入れた。③民事損害賠償に関する規定を拡充した。インサイダー取引（76 条），相場操縦（77 条），メディアなどによる虚偽の情報提供による市場攪乱行為（78 条・79 条）により損害をあたえた場合には，加害者に民事損害賠償を命じた。④証券監督委員会の準司法的権限を強化。たとえば，違法な資金，証券などの関連財産の移転・隠匿，証拠の隠匿・偽造・毀損がなされたか，その可能性がある場合，司法機関の許可なく，証券監督委員会は凍結ないし差押えができ，相場操縦やインサイダー取引など重大な違法行為につき調査するに際しては，その者の取引を制限することができる（180 条 5 号・7 号）。行政的処罰としての過料の徴収につき，きわめて多くの条項を割いて規定していることも，改正法の際立った特徴である（188 条〜229 条）。

　なお，旧法同様，改正法も人民元建てで発行されるいわゆる

Ａ株にだけ適用され，外貨建てのＢ株については，国務院が別に定めをおくとされている（239条）。

(3) 保 険 法

中国人民保険公司に独占されていた保険市場が多くの会社に開放され，保険業の発展にともなう新たな法的規律の必要性に対応して，それまでの単行法規を基礎に，1991年から中国人民銀行が起草し，1995年6月30日に保険法が採択された（同年10月1日施行，2009年，2014年，2015年改正。改正後全8章185ヵ条）。中国法によくみられる典型的な公法・私法融合型立法である。すなわち，保険者（保険会社），保険契約者，被保険者，受益者などの私人間関係を規律する保険契約法（損害保険および人身保険），および保険会社の設立・変更，内部組織，解散・清算などを規律する保険会社法からなる民商事法と，保険業の所轄庁である中国人民銀行による保険会社に対する行政的監督・管理にかかわる経済行政法の性格を併せもつ。本法第7章は刑事責任や行政的管理に違反する保険会社への行政処罰についての規定を含む。WTO加盟をうけて2002年の改正により，保険業に対する規制をいくぶん緩和した。

さらに，保険会社による保険金の払い渋り［理賠難］が深刻な社会問題となり，保険システムに対する信用危機を招いていたことをうけて，2009年にも大幅改正を行った。ここでは保険契約の拘束力を強め，契約からの離脱，賠償の免責を容易に認めない工夫がなされた。たとえば，改正法16条では保険契約者に過失による告知義務違反があった場合の保険会社の契約解除権につき，それが重大な過失による場合に限定し（2項），かつ解除権は解除事由を知ったときから30日以内に行使されなければ消滅し，契

第6章 企業活動と法

約成立から2年を経過すれば保険会社は契約を解除できないとした（3項）。また，契約締結時に保険契約者が告知義務を果たしていないことを知っていた場合には，保険会社はおよそ解除をなしえないとされた（4項）。保険会社の免責条項についても，効力発生にはより厳格な条件を付した（17条2項）。

海上保険については海商法に特則があり，農業保険は本法の対象外である。

(4) 海 商 法

海商法は簡潔な規定しかもたない中国法のなかでは全15章278カ条と比較的詳細な規定をもつ。船舶（所有権，抵当権，先取特権），船員，海上貨物運送契約，海上旅客運送契約，船舶借用契約，海上曳海契約，船舶の衝突，海難救助，共同海損，海事賠償責任制限，海上保険契約，時効，国際私法などについて規定する。不動産物権の移転は登記を効力発生要件とするが，船舶の所有権，抵当権については，契約・引渡によって移転・発生し，登記は第三者対抗要件とされている（同法9条・13条）点が特徴的である。

3 経 済 法

経済法の要となるべき独占禁止法などが制定され，本格的な市場経済型の経済法が整備されつつある。現行の主な経済法としては以下のような諸法がある。

(1) 独占禁止法

1994年から起草に着手し，難航を極めた独占禁止法は2007年8月30日にようやく採択にこぎ着け，2008年8月1日から施行された。そもそも現段階で独占禁止法が必要であるかどうかをめ

230

ぐって意見がまとまらず，採択までに異例の長時間を要すること
となった。本法の制定に続いて，「経営者集中申請基準について
の規定」（国務院，2008 年），「独占行為が引き起こした民事事件の
審理に際しての法律運用の若干の問題に関する規定」（最高人民法
院，2012 年），「知的財産権濫用による競争排除・制限行為を禁止
することに関する規定」（国家工商行政管理総局，2015 年）が制定さ
れるなど，規範の詳細化が図られた。

　独占禁止法は全 8 章 57 カ条からなり，独占行為の予防・制止，
公平な競争確保，経済運営効率の向上，消費者の権利・利益保護，
社会公共の権利・利益保護，社会主義市場経済の健全なる発展促
進を目的とする（1 条）。本法は具体的には①競争関係にある業者
間の独占協議（各種カルテル），②市場支配的地位にある業者によ
るその濫用行為，③過度な経営統合を独占行為として禁止する。
ただし，中国経済の構造上の現実的特徴をふまえて，国民経済や
国家の安全の命脈にかかわる重要産業について，法にもとづいて
独占を許された国有事業には法的保護を与えるとしている（7 条
1 項）。具体的には，電力，電信・電話，鉄道，航空，エネルギー，
たばこ，食塩などの業種であり，これらの業種において生じてい
る独占は本法による禁止の対象からは除外される。社会主義市場
経済システムにおける国有経済の特殊な位置づけを反映するもの
と説明される。

　起草段階で最大の焦点の 1 つとなっていた行政機関による競争
阻害行為（いわゆる行政独占）が一応，本法の規制対象とされたこ
とは注目に値する（第 5 章に 6 カ条）。行政独占とは，行政権力に
よる競争制限，競争阻害的行為をさす。経済システムの転換期に
ある中国に特有の現象であり，特定地域，部門の利益を図ること，

第6章　企業活動と法

地方の行政指導者による自身の実績稼ぎのために行われるといわれる。本法は特定業者の商品だけを購入させるような取引制限，商品の自由な流通の阻害，不当な入札制限，地元以外の地域の業者に対する差別的な取り扱いなどを禁止するとした。ただし，他の独占行為と違って，行政独占には課徴金，民事損害賠償などの直接的な制裁はなく，本法の執行機関は単にその上級機関に対して処理に関して建議できるにとどまる（51条1項）。したがって，形式的には行政独占をも規制の対象としたかにみえるが，実質的な強制力はないことになる。

　本法の執行機関をいかに設計するかも，起草のプロセスで激しく論議されたが，結局，国務院のもとに反独占委員会なるマクロ的な政策決定機構を設置すると同時に，個々の独占行為の取り締まり・規制については，従来からの経緯を引き継いで3つの行政機関が分担することとなった（二階建て，分散方式）。具体的には，商務部（競争阻害行為，経営統合規制など）のほか，国家発展改革委員会（価格カルテルなど），国家工商行政管理総局（不正競争行為，消費者保護など）が分担して法執行にあたり，独立性の高い統一的な準司法的執行機関構想は実現しなかった。

　ところがその後，2018年3月の「党と国家機構改革を深化させる方案」により，この3機関は工商行政管理総局を基礎に新設された国家市場監督管理総局の反独占局に統合された（市場監督管理総局「独占禁止執法授権に関する通知」2018年12月28日）。改組後，「経営者集中案件名称申請を規律することに関する指導意見」（2018年），「カルテル禁止暫定規定」（2019年），「市場支配的地位濫用行為禁止暫定規定」（同年）など，市場監督管理総局は独占禁止法を具体化するための細則を精力的に整備しはじめた。

違法な独占行為があるとされた場合には，違法行為の停止が命ぜられ，違法所得の没収と前年の売り上げの 10% を上限として課徴金が課される（46条・47条）。また，合併禁止などの決定については，執行機関における行政不服審査，さらには行政訴訟の提起によりこれを争うことができるとした（53条）。本法施行後，2009 年 3 月 18 日に商務部によりはじめて合併禁止の裁決が下され，内外の注目を集めた。これは米国コカ・コーラ社が国内有力飲料企業，匯源ジュース会社を買収しようとした案件で，両者の経営統合には競争制限的効果があるとして（27条・28条），買収を認めなかった初の事例となった。とくに外資系企業をねらい打ちにする傾向もあり，外資は本法を視野に入れた経営戦略を求められる。

(2) 不正競争防止法

公平な競争の確保，不正競争行為の抑止，経営者・消費者の権利を保護するため，独占禁止法の制定に先立って，1993 年には不正競争防止法［反不正当競争法］が制定されていた。その後，独占禁止法，入札応札法（1999 年制定，2017 年改正）が制定され，新たな類型の不当な競争行為も登場した。そこで隣接する法との規律領域の調整，規定の統一性の確保，規制手段の強化などのために，不正競争防止法が 2017 年に全面改正された（2018 年 1 月 1 日施行。2019 年にも再改正）。

本法にいう不当な競争行為とは，「経営者が生産経営活動において，本法の規定に違反して，市場競争秩序を攪乱し，他の経営者または消費者の合法的権利・利益に損害を与える行為」をさす（2条2項）。具体的には，競争相手の商標，商品名，企業名，品質表示などを勝手に用いたり，それらと紛らわしい表示をして販

第6章　企業活動と法

売するなどの行為（6条），リベート提供やキックバック，贈賄などの方法による販売（7条），広告などによる虚偽の宣伝により消費者を欺罔・誤解させること（8条），さまざまな方法による商業秘密の侵害（9条），違法な懸賞付き販売（たとえば，5万元を超える懸賞金付き販売など。10条），ニセの情報を流布することで相手方の信用を毀損すること（11条）などが規定されている。これらの規定はインターネットによる経営活動にも適用される（12条）。

2017年，2019年の改正で本法が規定する各種の不正競争行為に対する民事責任，行政責任が大幅に加重された。たとえば，経営者が故意に商業秘密を侵害する行為をなし，その情状が重い場合，実際の損失ないし不法行為によって得た利益の5倍以下の賠償を求めることができる（17条3項。懲罰的賠償）。6条や9条に反して損害を与えた場合で，不法行為者が獲得した利益を確定しがたいときには，情状によっては500万元以下の賠償を命じることができる（同条4項）。さらに行政的処罰として，商業秘密を侵害した場合，監督検査部門が違法行為の停止を命じ，違法所得を没収し，かつ10万〜100万元，情状が重い場合には50万〜500万元の過料に処すとされた（21条）。行政処分に不服な場合は1クラス上の監督検査部門への行政不服審査請求を経て，または直接，行政訴訟で争うことができる（29条）。

(3)　消費者法

市場経済の拡大にともない，中国では偽物（ニセ薬，ニセ酒など）の横行，そしてそれらによる人体被害が深刻な社会問題となっている。このためつぎのように，消費者の利益を保護するための法的措置が講じられている。

(i)　製造物品質法（1993年採択，2000年，2009年，2018年改正）

3 経済法

同法は，製造物の品質に対する行政による監督・管理と，被害を受けた消費者に対する民事上の責任について規定する，行政法と民事法が一体となった立法である。行政的管理として品質認証制度を定め（第2章），国家基準，業界基準に合致しない製品の製造業者に対しては，生産停止，製品・違法所得の没収，生産・販売額の3倍を限度とする過料，営業許可の取消しを命ずることができる（49条）。民事責任としては修理，交換，返品，損害賠償があり，人身被害には医療費，つきそい費用，休業補償，身体障害の自助器具費，生活補助費，障害賠償金，被扶養者の生活費，死亡の場合には葬儀費用，死亡賠償金，死者の扶養家族の生活費などの賠償を求めることができる（44条）。製造物の欠陥により損害を与えた場合には，厳格責任が適用され，当該製品がまだ流通段階におかれていなかったこと，流通させた時点では欠陥は存在しなかったこと，ないし当時の技術水準では欠陥を発見しえなかったことを生産者が証明できないかぎり，免責されない（41条）。

なお，不法行為責任法（2009年12月26日採択）でも，製造物責任について7カ条がおかれた。規定の詳細は本書第5章に譲るが，本法との優先劣後の関係，規定の整合的理解が問題となる。

(ii) 消費者権利利益保護法（1993年10月31日採択，2009年8月27日，2013年10月25日改正）　同法はもっぱら消費者保護を目的とした法律で，消費者の権利，経営者の義務，国による消費者の権利・利益の保護措置，紛争解決方法，業者の民事および行政上の責任について規定する。注目すべきなのは，社会団体としての消費者協会の設立について規定していることである（第5章）。同法にもとづき実際，各地に消費者協会が設立され，情報提供，相談，検査・監督，行政への申入れ，紛争の調停，消費者訴訟支

第6章　企業活動と法

援などを行っている（32条）。消費者協会といっても，行政的色
合いの濃い官製 NGO である。製造物品質法と違って，同法は商
品のほか，サービスをもカバーし，展示即売会やテナントなども
視野に入れている。業者が提供した商品・サービスにより人身被
害を受けて心身に障害が残った場合には，障害賠償金として慰謝
料的な給付を命じている。同じく死亡した場合には，死亡賠償金
の給付を命じる（49条）。

(4)　国内産業保護法

　外国企業のダンピングによる中国に対する輸出や外国政府など
から補助金を供与されて低価格で輸出することにより，国内産業
に打撃を与える行為を規制するため，行政法規が制定されている。
アンチダンピング条例（2001 年 11 月 26 日公布，2004 年 3 月 31 日一
部改正）は，ダンピングがあったかどうかの調査権，輸入業者に
対してアンチダンピング税を課す権限などを，商務部に付与して
いる。補助金供与による国内産業への打撃については，アンチ補
助金［反補貼］条例（2001 年 11 月 26 日公布，2004 年 3 月 31 日一部改
正）が，同様の規定をおいている。緊急輸入制限措置については，
緊急輸入制限措置［保障措施］条例（2001 年 11 月 26 日公布，2004
年 3 月 31 日一部改正）が定められている。いずれも WTO 加盟に
ともなう国内産業保護のための措置である。

第7章　市民生活と法

　本章では市民の日常生活に密接にかかわる法領域を扱う。具体的には主に家族法，労働法，社会保障法が考察の対象となる。

1　家　族　法
(1)　家族法総説
(i)　法源・法体系　　中国共産党は女性を家父長的支配から解放することを革命の課題の1つとし，家族法では建国以前の根拠地（1930年代）の時代から豊富な立法の経験をもつ。建国後も土地法，労働法とならび，真っ先に婚姻法（1950年4月13日，全27ヵ条）が制定され，文革中を含めて人民法院はほぼ一貫して家族紛争だけは受理し続けてきた。このため最高人民法院の司法解釈にも，家族関係の紛争解決基準が多く含まれていた。とくに1984年の「民事政策法律を貫徹執行する若干の問題に関する意見」には，離婚，財産分与，扶養，養子，相続など家族にかかわる規定を52ヵ条もおいている。このように家族法は，中国法のなかでは建国初期から立法が整備され，法実務が機能していた例外的な法領域である。改革開放路線への転換直後の1980年には，1950年婚姻法が全面改正された（全37ヵ条）。

　現在は，法律としては2001年に再改正された婚姻法（1980年9月10日採択，2001年4月28日改正。以下，01年婚姻法あるいはたんに婚姻法という），民法通則，民法総則，相続法（1985年4月10日採

237

第7章　市民生活と法

択，同年 10 月 1 日施行），養子法（1991 年 12 月 29 日採択，1992 年 4 月 1 日施行，1998 年 11 月 4 日改正），行政法規には婚姻登記条例（2003 年 10 月 1 日）があるほか，「婚姻法適用の若干の問題に関する解釈㈠」（2001 年 12 月 27 日。以下，婚姻法の解釈㈠という），「同㈡」（2003 年 12 月 4 日。婚姻法の解釈㈡という），「同㈢」（2011 年 7 月 4 日。婚姻法の解釈㈢という），「同㈡補充規定」（2017 年 2 月 28 日），「夫婦債務紛争に関連する事件への法律適用に関する解釈」（2108 年 1 月 16 日）など多くの司法解釈が出されている。1990 年代に入って相次いで制定されている弱者保護のための一連の法律，未成年者保護法（1991 年 9 月 4 日採択，2012 年 10 月 26 日改正），女性権利利益保障法（1992 年 4 月 3 日採択，2005 年，2018 年改正。以下，女性法という），高齢者権利利益保障法（1996 年 8 月 29 日採択，2012 年，2015 年，2018 年改正。以下，高齢者法という）にも，婚姻，扶養など家族にかかわる規定が含まれている。

　中国が多民族国家であることを反映して，婚姻法 50 条は民族自治地方の人大に，婚姻法の規定を一部変更・補充する規定［変通規定］の制定を認めている。これにもとづいて新疆ウイグル自治区（1980 年 12 月 14 日）を皮切りに，チベット，寧夏回族，内モンゴルの各自治区を含む多くの民族自治州・県で［変通規定］が制定されている。内容としては，婚姻適齢を婚姻法より男女それぞれ 2 歳ずつ引き下げる規定などを含むが，各地の規定は大同小異である。

　家族法は講学上，旧ソ連法学の影響を受けて，最近まで民法とは別の独立した法部門として［婚姻家庭法］と称されてきたが，民法通則が家族関連規定を包含させて以来，親族・相続法として民法の一部をなすとする説が一般に支持されるに至っている。改

238

革開放以来の家族をとりまく状況の変化をうけて，1995 年から 80 年婚姻法の全面改正作業が行われ，2001 年に改正法が採択された。80 年法の 22 カ条を変更，15 カ条を新設した結果，全 51 カ条に拡充された。しかし，当初目論まれていたような，婚姻法の枠をこえた本格的な親族法とはならなかった。現在，民法典各則の起草が進められ，現行法と司法解釈を基礎に拡充された婚姻家族編，相続編として，ようやく民法典に統合されようとしている。

他方，2016 年から一部の法院ではじまっていた家事事件処理手続の改革が，最高人民法院の「家事裁判方式および業務メカニズムの改革に関する意見（試行）」（2018 年 7 月 18 日）にもとづき，全国へと拡大された。改革には以下のようなポイントを含む。①外部の調停委員を含む家事調停委員会を設置し，家事調停手続を新設。②外部から推薦された家事調査員制度の新設。③心理カウンセラーによるカウンセリングサービスの新設。④中級，基層法院内に家事事件担当の機構設置。今後，全国での試行後，法律により正式の制度へと格上げされていくものと思われる。

以下，01 年婚姻法を中心に，家族にかかわる現行法制度の特徴を概述する。

(ⅱ)　婚姻法の基本原則　　中国の法学ではいずれの法分野でも「××法の基本原則」という項をたて，全体を支配する原理を探求する。家族法の基本法である婚姻法に関しては，通常，以下の 5 点が基本原則とされる。

①婚姻自由　　婚姻自主権は婚姻法（3 条 1 項）のほか，憲法（49 条 4 項）や民法通則（103 条）にも規定され，旧時代の当事者の意思を無視した売買婚や［童養媳］（幼女を買い受け，将来息子の嫁とする風習）などの廃絶をめざしている。近時，いったんは消

第 7 章　市民生活と法

失したこうした現象が復活しているほか，高齢者の再婚に子女が干渉することが社会問題となっている。そこで父母の再婚，結婚後の生活への干渉を明文で禁止している（30条）。なお，婚姻自由にはそのコロラリーとして離婚の自由が含まれると解されているが，後述するように実際には離婚にはさまざまな制限が課されている。

②一夫一婦制　　現代の家族法としてはほぼ普遍的にみられる原則（2条1項）であるが，中国では重婚ばかりか，［納妾］（妻ではなく「妾」として同居すること），婚姻外の性的関係（これを［第三者挿足］という）までが一夫一婦制にもとる行為と法的に評価される。事実上の一夫多妻や重婚が再び増加の趨勢にあり，これは離婚原因，家族の安定への危機要因とされ，いまだにこの原則の徹底が強調される。後述するように2001年の改正で制裁が強化された（46条）。

③男女平等　　これは憲法上の原則でもあり，革命根拠地の時代以来一貫して家族法に規定されてきた（2条1項）。中国革命は確かに女性の地位を向上させ，男女の平等をかなりの程度，現実社会に根づかせたといえる。しかし，近時はむしろ逆に女性差別が復活する傾向すらあり，セクシュアル・ハラスメント，ドメスティック・バイオレンス（DV）などが社会問題化している。DV問題が深刻化するなか，家庭内暴力防止法が制定された（2015年12月27日採択，2016年3月1日施行）。DV被害者の一時的な避難場所（シェルター）の設置（18条），人民法院に対して人身安全保護令の発令を求めることができるとされた（第4章）。女性法では2005年の改正で男女平等の実行を「基本的国策」に位置づけ直した。

④女性・児童・高齢者の権利利益保護　　家族のなかでも弱者をとくに保護するもので，婚姻法は高齢社会の到来，老親の遺棄の増加に対応して，女性・児童にくわえて，高齢者の保護を規定している（2条2項）。老親への扶養義務を強調するのは中国家族法の特徴である。しかし，これらの者への権利侵害が多発しているため，高齢者法のような一連の特別の保護法が制定されている。未成年者保護法，女性法は改正され，権利保護を厚くしている。

⑤計画出産の実施　　80年婚姻法の改正のポイントの1つが，夫婦の義務として計画出産の実施を規定したことであったが，01年婚姻法でもこの方針は維持された（2条3項・16条）。現行82年憲法49条にも同様の文言がおかれ，中国家族法の際立った特徴となっていた。具体的には婚姻適齢を男女ともに従来から2歳ずつ引き上げて，男性22歳，女性20歳という世界的にも異例の高い年齢としたうえで，さらに［晩婚晩育］（婚期，出産を遅らせること）を提唱していた（6条）。この原則は相続法，養子法などにも反映されていた。この原則の導入をうけて強力な産児制限，いわゆる一人っ子政策が全国レベルで展開された。計画出産の具体的な奨励，制裁などの措置については，人口および計画出産法（2001年12月29日採択，2002年9月1日施行。以下，計画出産法という），流動人口計画出産業務管理辦法（1998年9月22日発布，1999年1月1日施行）のほか，省レベルの地方性法規などでも規定していた。計画出産法によれば，計画出産は基本的国策とされ（2条），国は「晩婚晩育を奨励し，1組の夫婦に1人の子どもを提唱する」（18条1項）と規定していた。超過出産した場合は，サンクションとして多額の「社会扶養費」を納めることを要した（同法41条）。

第 7 章　市民生活と法

　1970 年代後半からの計画出産政策により，約 3 億人の人口増加を防ぎ，経済発展，国力増強に寄与したといわれている。本書第 3 章（3 ⑵ ⒢）で触れたとおり，人口の高齢化を加速させたため，計画出産政策はその歴史的役割を終えた。計画出産法が 2015 年 12 月 27 日に改正され，2 人生むことを推奨することとされた（2016 年 1 月 1 日施行）。国による優生主義的な出産コントロールはなお続いている。

　⑵　婚　　姻

　⒤　婚姻の成立　　⒜　婚姻成立の条件　　有効に婚姻が成立するための条件として，①双方の完全な自発的意思によること（婚姻法 5 条），②婚姻適齢に達していること（同法 6 条），③直系血族，［三代以内］の傍系血族でないこと，または医学的に婚姻すべきではない疾患がないこと（同法 7 条）を要求する。

　［三代］の傍系血族とは，（外）祖父母を同じくするそれをさし，血族関係にあるいとこ同士，おじ・めい間，おば・おい間などでは婚姻が禁じられる。医学的に婚姻すべきでない疾病には，［先天性痴呆］，統合失調症などの精神病，治癒していない性感染症（梅毒，淋病など），法定伝染病（HIV 感染，肝炎，肺結核など）があたるとされている。婚姻登記機関はこうした婚姻障害が存在しないかどうかにつき，実質的審査権限を有し（婚姻登記条例 6 条・7 条），該当すると判断されれば登記は拒否される。HIV に感染している者は子への感染の可能性があるとして，婚姻が許されない場合がある。

　母嬰保健法（1994 年制定，2009 年，2017 年改正）では，婚前に深刻な遺伝性疾病，特定伝染病，精神病に関する医学検査を義務づけ，重大な遺伝疾患が子どもに現れかねないことが判明した場合，

242

不妊手術などをしてはじめて結婚できると規定する（10条）。特定伝染病とは，HIV，淋病，梅毒，ハンセン病など結婚，出産に影響を及ぼしうるとされる伝染病を指す（38条）。同法は出生人口の資質向上を目的に掲げ（1条），障害をもった子どもの出産を事前に防ぐことを目的としている。なお，2001年の婚姻法改正で，80年法には婚姻障害の例示として明文で規定されていたハンセン病は削除されたものの，優生主義（命の選別）を当然と考える立場がとられている。

　(b)　手　続　　婚姻は，当事者双方が婚姻登記機関へ直接出向いて登記申請を行い，婚姻証の発給を受けて成立する（登録婚主義：婚姻法8条）。登記機関は県クラスの民政部門ないし郷・鎮の人民政府とされ，農村部については省ごとに具体的機関を定める（婚姻登記条例2条1項）。申請にあたり，本人の戸口簿，身分証明証，本人に配偶者がいないこと，当事者間に直系血族関係ないし三代以内の血族関係がないことの声明書を提示する必要がある（同条例5条1項）。旧婚姻登記管理条例が要求していた職場［単位］ないし居住する地区の居民委員会，村民委員会発行の両当事者が未婚であることの証明書，婚前健康検査証明は不要になった。登記は真意にもとづいているか，婚姻条件を満たしているか，婚姻障害がないかなどについて，登記機関による実質的審査を経て（職権により調査を行うこともある）はじめて行われる（同条例7条）。つまり，中国の婚姻登記は単なる届出ではない。婚姻登記手続に瑕疵がある場合（当事者が登記機関に出頭していなかった，他人の身分証明書を提示していた，登記機関管轄違い，当事者が提出した書類に瑕疵があった場合など）には，登記機関である民政行政部門に対する行政不服審査ないし行政訴訟により無効確認を求めることがで

第 7 章　市民生活と法

きるとされた（婚姻法の解釈㈢1 条）。

　(ii)　婚姻無効・婚姻の取消し　　これらは 2001 年改正により
新設された制度で，婚姻登記を経由しても以下のような場合は，
その婚姻は無効とされる。それは，①重婚，②禁婚範囲内の近親
関係，③婚前に医学上結婚すべきでない疾病に罹り，結婚後も未
治癒，④婚姻適齢に達していない場合である（婚姻法 10 条）。強
迫によって婚姻に至った場合には，被強迫者は 1 年以内に登記機
関ないし人民法院に取消しを請求しうる（同 11 条）。

　(iii)　事実婚　　婚姻法は上述のような手続を要求しているが，
民衆の間では婚姻が行政への登記により法的に成立するという意
識が必ずしも浸透しておらず，また婚姻適齢規定や計画出産など
の潜脱を目的として，農村部を中心に未登記のまま事実上の夫婦
生活を営む例が後を絶たない。そこで事実婚を法的にいかに評価
するかという問題が生じる。

　1994 年 2 月 1 日の婚姻登記管理条例施行以前は，登記を欠く
だけで法律婚の他の要件を備えた事実婚には婚姻としての効力を
認め，その解消は離婚手続を準用し，夫婦財産制や相続について
も正式の婚姻と同様の扱いをしてきた。ところが同条例では，登
記を経ていないかぎり，いかなる事実上の関係も婚姻としての法
的保護を与えないことが明記されるに至り（24 条），対応が変更
された。ただし，司法解釈によれば有配偶者が他の者と事実上，
夫婦として同居することは，重婚にあたり，刑事処罰の対象とさ
れる。つまり重婚罪の認定にあたっては，なお事実婚で足りると
されている。

　現実には登記を経ない事実上の婚姻的関係が相当数あるといわ
れる。こうした状況で法の規定どおり一切法的効力を認めないと

すれば，結局，不利益を被るのは女性や子どもなどの弱者なのではないかが危惧されていた。そこで婚姻の実質要件を欠く場合に，その婚姻を無効とする一方，登記だけを欠く事実上の婚姻については，「登記手続を補完しなければならない」（婚姻法8条）と規定した。さらに，婚姻登記手続を補完した場合，婚姻の効力は婚姻法が要求する婚姻の実質要件を具備したときに遡って生じるとされている（婚姻法の解釈㈠4条）。要するに，登記を欠いていても，実質要件をクリアしていれば，事実婚に何の効力もないということではない。

(3) 夫婦関係

(i) 婚姻の効果　中国では伝統的に婚姻後も姓は不変であり，しかも同姓不婚が原則とされたので，妻が自分の姓に重ねて夫姓を冠することはあったものの，夫婦は通常，別姓であった。現行法では同姓間の婚姻を禁じる規定はなく，婚姻後もそれぞれの姓を用いる権利を認める（婚姻法14条）。ただし，婚姻を一方が他方の家に入ることと定義し，男性が女性の家族の構成員となることもできると，とくに明言する（同9条）。なお，子どもの姓は父姓，母姓のいずれを選択することもできるが（同22条），実際には母姓に従うことは稀である。全国人大常務委員会が民法通則99条1項，婚姻法22条について，民事法としてははじめて立法解釈（＝法律と同等の効力あり）を示し（2014年11月1日），以下の3つの場合には例外的に，父母以外の姓を称することもできるようになった。①父母以外の直系尊属の姓，②法定扶養者以外の者に養育されている場合にはその養育者の姓，③公序良俗に反しないその他の正当な理由がある場合。なお，本解釈では，少数民族の姓については文化伝統，風俗習慣に従うこともできるとされている。

245

第 7 章　市民生活と法

　夫婦は相互に扶養義務を負い（婚姻法 20 条），相続権を有する（同 24 条 1 項）。双方が生産・業務・学習・社会活動に参加する権利を有し（同 15 条），実際，都市の女性はほとんどが婚姻後も就業を継続するが，富裕層には専業主婦も現れつつある。同居義務や貞操義務，居所決定権，相互の代理権などについての規定はなく，この点で法の不備が指摘されている。

　(ii)　夫婦財産制　　婚姻法は契約財産制と法定財産制を併用する（19 条）。すなわち，とくに夫婦間で約定した場合にはそれに従うが，基本的には法定財産制として共有制を採用する。契約財産制は 80 年婚姻法ではじめて導入されたもので，01 年婚姻法ではいくぶん規定が詳細化されたものの，契約財産制をとる場合には，書面で契約することとされただけで（19 条 1 項），契約の締結時期，契約の公示方法など手続の詳細などについては依然として具体的な規定を欠いている。再婚の夫婦に財産契約を結ぶ者が比較的多いというが，一般に夫婦間で契約を締結する習慣は定着していない。現実には大多数は，共産党政権下で一貫して法定財産制とされてきた共有制に従う。

　夫婦共有財産には一方ないし双方が得た以下のような財産が含まれる（婚姻法 17 条 1 項）。①給与・ボーナス，②生産・経営の収益，③知的財産権による収益，④相続あるいは贈与によって得た財産（ただし，遺言・贈与契約で一方のみに帰属することが明定された財産を除く），⑤その他の共有に属すべき財産。一方の個人財産による投資に対する収益，住宅手当や住宅積立金，養老年金や破産による配当金は⑤に相当する（婚姻法の解釈㈡11 条）。共有財産に対して，夫婦双方は収入の多寡にかかわらず，平等な占有・使用・収益・処分の権利を享有する（婚姻法 17 条 2 項，女性法 43 条）。

246

1　家族法

日常生活上の必要による共有財産の処分については，一方が単独でそれを決定することができ，非日常的な目的での処分行為であっても，それを共同の意思表示だと信じた善意の第三者には対抗できないとされる（婚姻法の解釈㈠17条）。

　他方，一方の特有財産になるものとしては，①婚前財産，②身体傷害に対する医療費，身体障害者生活補助費などの金員，③遺言・贈与契約で一方のみに帰属することが明定された財産，④一方が専用する生活用品，⑤そのほかの一方に属すべき財産がある（婚姻法18条）。特有財産を投資することで得られた収益は共有財産になるが（婚姻法の解釈㈡11条3号），特有財産の果実および自然増加分については特有財産のままとされる（婚姻法の解釈㈢5条）。株などへの投資による収益は共有財産だが，銀行預金に対する利息は特有財産である。また，夫婦の一方の父母が子のために購入し，その子の名義で所有権登記を経由している場合，夫婦の一方に対する贈与であると見なして，一方の特有財産となる（同解釈㈢7条）。一方が婚前に住宅を購入し，一方の個人財産で頭金を支払い，銀行ローンを組み，一方の名義で所有権登記を経由した後，婚姻後は夫婦共同でローン返済を行っていたケースで，住宅ローン完済前に離婚に至った場合，不動産分割につき協議が調わないときには，当該不動産は登記名義のある一方に帰属する（同解釈㈢10条）。住宅価格が高騰しているおり，結婚に際して親が頭金を負担して住宅を買い与えるケースが多く，その場合，通常は長期の銀行融資で住宅を購入している。こうしたケースで婚姻を解消するとなると，住宅の帰属をめぐって争いになりやすい。

　このように01年婚姻法および婚姻法の解釈㈢は，夫婦一方の特有財産の範囲をいくぶん拡大している。しかし，なお原則とし

247

第 7 章　市民生活と法

てほとんどすべての財産が夫婦の共有とされ，それは財産の名義がどちらであるか，収入があるかどうかなどにかかわらない。夫婦関係解消時には双方は共有財産に対して機械的に半分の持分を認められ，相続時には夫婦財産の半分を特有財産として控除した後，残りの半分に対しては，さらに配偶者として相続が生じる（相続法 26 条 1 項）。

　こうした制度は，現実には男女間に経済的格差があることを前提に，妻を保護する意図にもとづくが，中国で伝統的に行われてきた［同居共財］の家産制度の継承とも考えられる。

　(4)　離　　婚

　改革開放政策以前，離婚は極めて少なかったが，近年，都市部を中心に離婚が年々増加し，全国で登記離婚が年間 381.2 万組，訴訟離婚が 64.9 万組に達し，婚姻件数（1013.9 万組）の約 43.9％を占めるまでになっている（2018 年）。人口 1000 人のうち 3.2 人が離婚したことになる。離婚の方式には，当事者双方の合意による登記離婚と，一方が人民法院へ訴訟を提起して行う訴訟離婚がある。以下，それぞれの方式について概説し，離婚の効力にも言及する。

　(i)　登記離婚　　両当事者がともに離婚を望み，婚姻登記機関へみずから離婚を申請し，登記機関の実質審査を経て，登記され，離婚証が発給されることにより離婚が成立する（婚姻法 31 条）。離婚登記の申請にあたっては，本人の戸口簿，身分証明証，結婚証，双方が署名した離婚協議書を提示しなければならない（婚姻登記条例 11 条 1 項）。登記機関は，離婚申請が真意によるか，書類が真正なものか，子どもの養育や夫婦共有財産の分割方法，負債などについて意見が一致しているかを職権で調査し，問題があれ

ば離婚を認めない。以上の条件を満たしている場合には，その場で登記をし，離婚証を発給しなければならない（同条例13条）。

(ii) 訴訟離婚　　登記機関により登記が認められなかったり，調停の結果，当事者が合意に至らなかった場合には，人民法院に離婚訴訟を提起することができる（婚姻法32条1項）。離婚事件ではまず調停が行われ（調停前置主義：同条2項），不調になった場合に判決による。婚姻法では，人民法院は，以下の場合に離婚を許すべきであると規定する（同条3項）。すなわち，①重婚ないし配偶者が他人と同居した場合，②家庭内暴力ないし虐待，遺棄，③賭博，薬物吸引などの悪習が改まらない場合，④感情の不和により別居が満2年を経過した場合，⑤その他夫婦感情が破綻した場合，である。さらに，一方が失踪宣告を受け，その後，他方が離婚を申し立てた場合にも離婚を許すとされた（同条4項）。80年婚姻法ではたんに感情が破綻したことをもって離婚を認める要件としていたが，01年婚姻法で司法解釈を法に織り込んだ。

　一応，破綻主義をとっているといえようが，①〜④に該当せず，裁判官が関係修復が可能であると判断すれば，離婚を認めないことができるので，変則的な破綻主義である。何をもって「破綻」したと判断するかは，いわゆる［五看］によると解されている。つまり，婚姻基礎（婚姻時の感情），婚後感情，離婚原因，夫婦関係の現状，関係修復の可能性をみて，総合的に判断される。有責配偶者からの離婚請求でも，そのことを理由として離婚を認めないという扱いにはしないとされる（婚姻法の解釈㈠22条）。

　人民法院は子どもの生活環境や社会秩序の安寧を守るという動機から，一般にできるかぎり仲直り［合好］させるよう説得し，簡単には離婚を認めようとしない。また，離婚しても別々に住む

第 7 章　市民生活と法

ための住宅を得るすべがなくて，離婚させるわけにはいかないという住宅難も背景にある。その結果，離婚訴訟のうち，離婚が認められるのは，調停で 8 割，判決では 7 割程度にとどまる。

特殊な問題として，現役軍人にかぎっては軍人側が同意しないかぎり離婚は認められない（婚姻法 33 条）。妻の妊娠中，分娩後 1 年以内，さらに妊娠中絶後 6 カ月以内は，原則，夫は離婚訴訟を提起できない（同 34 条）。

(ⅲ)　離婚の効力　　離婚により夫婦関係が解消されるが，その際，重要なのは財産分与，損害賠償と子どもの養育問題である。

(a)　財産分与　　財産分与は双方の協議によるが，合意が形成されなければ，人民法院が財産の具体的状況，妻と子どもの利益に配慮しつつ判決するとされる（婚姻法 39 条）。離婚原因作出における有責性の有無は考慮事由とはせず，それは離婚の際の損害賠償の問題として別に処理することとした（同 46 条）。この点は 2001 年改正における重要な変更点である。分割の対象となる共有財産の範囲は，先述した同法 17 条，18 条，19 条にもとづいて確定され，基本的には折半にされる。共同生活のために負った債務については，まず共有財産をもって弁済し，それでは完済できない場合ないし別産制を約定していた場合には，双方の協議により弁済することになる（同 41 条）。出資金や単独出資企業については，一方に財産を帰属させ，他方に金銭で半分を補償するという方法をとることができる（婚姻法の解釈(二)16 条～18 条）。住宅の所有権，居住権が職場を通じて供与されることがある中国では，離婚の際，これをいかに分割するかは困難な問題を含む。一方が引き継ぐ場合には，他方には金銭で補償することになる（同解釈(二)20 条）。また，01 年婚姻法では農村の土地請負経営権を侵さな

250

いようにすべきことが明記されたが（39条2項），これは夫の家庭に入り，夫を戸主として請負経営契約を結んで生活していた妻の権利を保護しようとする趣旨である。一方が共有財産を隠匿，移転，売却，毀損，あるいは債務のでっちあげなどにより，他方の財産を横領しようと目論んだ場合には，その者に対しては分与割合を削ったり，分与しないことも可能としている（同47条）。

　本来，財産分与という問題が生じないはずの契約による別産制をとっていた場合でも，子の扶養，高齢者の世話，仕事上の協力などにおいて貢献度に差があるときには，他方に対して補償を請求することができる（同40条）。また，離婚後，一方の生活が困窮する場合には，他方は住宅などの財産から適度な援助を提供すべきとされる（同42条）。

　(b)　損害賠償　　2001年改正の背景には，重婚的同棲・不倫の蔓延や配偶者間暴力の猖獗に直面して，制裁を強化すべきであるとする世論の声があった。そこで新設されたのが，以下のような事由により離婚に導いた有責方に対して損害賠償の請求を認める46条の規定である。①重婚，②第三者との同棲，③家庭内暴力，④家族の虐待・遺棄。この損害賠償には物質的な賠償と精神損害賠償が含まれるとされ（婚姻法の解釈㈠28条），離婚に際して請求することができる。とくに精神損害の賠償は2001年改正前には認められていなかったもので，改正法の施行後，実際，離婚訴訟において一方から他方に給付を命じられる金員の価額が顕著に引き上げられている。

　(c)　子どもの養育　　父母が離婚しても，当然ながら親子間の法律関係に変動はなく，父母は子どもに対して扶養・教育の権利を有し，義務を負う（婚姻法36条1項・2項）。都市ではほとんど

第 7 章　市民生活と法

が一人っ子であり，離婚に際して子どもをどちらが引きとり養育するかは，しばしば重要な争点になる。婚姻法，女性法および司法解釈によれば，次のようなルールでそれを決めている。

授乳期の子ども（2歳未満）は，特別の理由があって養育できない場合を除いて，原則として母親が引きとる（同条3項）。2歳以上10歳以下の子どもは，父母双方の意思，養育能力，生活環境，子どもとの関係などを考慮して決定する。父母が一定期間ごとに交代で養育することを許す場合もある。不妊手術をしているなど，生殖能力がないことは，子どもの引きとりを主張するうえで有利に働く（女性法50条）。10歳以上の子どもについては，子ども自身の意見も考慮しなければならない。なお，現行法では親権という法概念を採用していない。

子どもを引きとらなかった方は，他方に養育費の一部または全部を支払わなければならない（婚姻法37条1項）。養育費の金額は通常，月収の20〜30％程度で，子どもが複数いる場合はさらに上乗せするが，月収の50％を超えない。給付は原則，子どもが18歳になるまで続けられる。子どもを引きとらなかった方に子との面接交渉の権利を認める（同38条）。

2006年に改正された未成年者保護法では，人民法院が離婚事件を審理するにあたり，未成年子の扶養が問題となる場合には，未成年子自身の意見を聴取し，子どもの権利・利益保護原則，双方の具体的状況に照らして処理すると規定した（同52条2項）。

（5）計画出産

夫婦の義務として計画出産の実行を掲げたことで，中国の家族法はさまざまな面で影響を受けていた。そのいくつかを挙げれば，以下のような点があった。

252

1 家族法

　女性が計画出産政策の要請で妊娠中絶をしたときには，手術後
6カ月間は，原則として男性の側から離婚を提起できない（婚姻
法34条，女性法45条）。庶民に根強い男児選好に加えて，第2子
の出産を厳しく制限していたことから，女児殺しや女児を出産し
た母親への差別・虐待が後を絶たず，ことさらこれを禁止する規
定があった（女性法38条，計画出産法22条。婚姻法21条4項も参照）。
養子縁組を利用して事実上，計画出産の法律・法規に背くことは
禁じられる（養子法3条2項）など，後述するように養子制度には
計画出産政策の強い影響がみられた。なお，先述のように計画出
産政策はすでに終了しているので，これらの規定のなかには，近く
成立する民法典婚姻家族編では削除されるものがあると思われる。

　(6)　親　　　子

　(i)　親子法の特徴　　親子法は現行法のうちでもっとも空白の
多い分野であり，親族法制定時に補充すべき重点の1つとなって
いる。現行法の主な特徴は以下のとおりである。

　親子には相互に扶養義務と相続の権利があり（婚姻法21条1
項・24条2項），父母は子どもを教育・保護する義務を負う（同23
条）。扶養義務の詳細については後述する。非嫡出子については，
相続を含めて嫡出子とまったく同等の権利を有するとし，あらゆ
る差別が禁止されている（同25条1項）。ただし，非嫡出子の父
の認知をめぐる規定はないが，婚姻法の解釈㈢2条で，夫婦の一
方（多くの場合は妻であろう）が親子関係存在ないし不存在確認の
訴えを提起した場合に，他方（多くは夫であろう）が反証のための
証拠を提出できず，かつ親子関係存否（DNA）鑑定を拒否するな
らば，人民法院は原告の主張のとおりに存否確認を行うとされた。
現実には婚姻関係にない男女が，子どもを生むことはきわめて稀

第 7 章　市民生活と法

である。

　継親子間でも継父母が継子と共同生活を送り，養育していた場合，逆に成年の継子が継父母を扶養した場合には，事実上の［扶養関係］が形成されたとして，養子縁組がなくても，実親子と同様の規定が適用される（同 27 条 2 項）。相互の扶養義務，相続権が発生するほか，実親と継親が離婚しても継親子関係は当然には解消されないなど，ユニークな制度となっている。

　(ii)　養子法　　養子についても 80 年婚姻法 20 条のほかは，司法解釈や養子縁組公証手続試行辦法といった行政規則があるだけで，制定法の空白が続いていた。しかし，1991 年には 33 カ条からなる単独の養子法が採択され，1992 年 4 月 1 日より施行された。その後，1998 年 11 月 4 日には大規模な改正が施された（1999 年 4 月 1 日施行。以下，98 年改正法という）。

　(a)　実質要件　　計画出産政策の抜け道に利用されないように，養子，養親，養子に出す者の資格には厳しい制限が課されている。まず，養子は原則として 14 歳未満であること，孤児・実親とはぐれた子または実親に養育能力がないことが要求される（98 年改正法 5 条）。つまり，法は主に家庭のない子に新たな家庭を与えることを養子の目的としているのである。これに対して養親となるには，子女がなく，養育能力を備え，医学上養子をもらうに適さない疾病にかかっていないうえに，原則満 30 歳以上の者でなければならない（同 6 条）。配偶者ある者が養子をもらう場合は，夫婦は共同で行うことを要する（同 10 条 2 項）。配偶者のない男性が女児を養子とするときは，養子との間に性的関係を生じさせないように，40 歳以上の年齢差が必要とされる（同 9 条）。養子は孤児，障がい児でないかぎり，1 人に限定される（同 8 条）。養子

を送り出した実親は，それを理由として計画出産の規定に反して再度出産してはならないとされる（同19条）。

このように一人っ子政策の徹底を図るための工夫が随所にみられるが，現実には偽装捨て子や養子縁組に形を借りた人身売買など，脱法行為が後を絶たない。そこで98年改正法では，養子に名を借りた児童の売りとばしは，法により刑事責任を追及すると規定する（同31条）。

(b)　例外的成年養子　　中国では伝統的に男児が生まれない場合に，兄弟の子など，同宗の血族のうちで子の世代に相当する者を養子とする［過継］の習慣があった。現行法も主に実子のない高齢者の老後の扶養を確保するために，三代以内の［同輩］の傍系血族の子女（父母あるいは祖父母を同じくし，子の世代にあたる者。典型的にはおい・めい）にかぎり，養子が14歳未満，養女と養父の年齢差が40歳以上という制限をはずして，成年者でも養子とすることを認めた（98年改正法7条）。この場合は養親，実親の扶養能力の有無も問われない。

加えて，98年改正法ではこの例外をつぎの場合にも拡大した。すなわち，継父または継母が継子女の実父母の同意を得て，継子女を養子とする場合である（14条）。

このように成年養子の許容範囲を拡大することは，高齢社会への対応という政策的配慮があるにせよ，「副作用」も懸念される。つまり，「子のための養子」制度を志向する現行法に，「親のための養子」の要素をまぎれこませるもので，跡継ぎの調達，一族継承のための旧時の養子の再生を，結果として許す可能性がある。

(c)　手　続　　1991年の養子法制定前は，事実上の養親子間に親子としての生活実態があれば，その関係をそのまま法律的な

養子と認めていた。制定当時の養子法では，養子縁組は養子に出す者，養親，それに養子が満 10 歳以上の場合は養子本人の間で，縁組意思が一致していることを前提に，通常，くわえて書面による取り決めを締結することだけで成立するとし，裁判所など公的機関による認証は縁組自体の成立要件とはなっていなかった。98 年改正法では法定の実質要件を備えない事実上の養子の発生を防ぐために，一律に民政部門での実質審査を経たうえでの登記を義務づけ，それを成立要件とした（15 条 1 項）。当事者が希望する場合には，これにくわえて養子縁組の取り決めを締結したり，公証を受けることもできる（同条 3 項・4 項）。養子縁組登記の具体的手続については，中国公民養子縁組登記辦法（1999 年 5 月 25 日，民政部）に従う。登記機関は県クラス人民政府の民政部門とされ，登記にあたっては，各要件につき実質的審査が行われる。なお，2018 年に行われた縁組の登記は，全国で約 6 万 6000 件（うち外国人による縁組は 1685 件）であった。

(d) 効 果 縁組成立により養親子間には，実親子関係と同様の法律関係が形成され，実親およびその近親者との法律関係は近親婚禁止を除いて一切消滅する（98 年改正法 23 条）。つまり，すべてが日本法でいう特別養子となる。養子の姓は養父ないし養母の姓に改めるか，原姓を変更しなくてもよいが（同条），多くは養父に従う。

(e) 離 縁 養子が未成年のうちは，養方と実方の意思が合致した場合を除いて，養親のほうから離縁することはできない（98 年改正法 26 条 1 項）。養親が養子に対して養育義務を怠ったり，虐待する場合には，実方から離縁を求めることはできる（同条 2 項）。養子の成人後は，養親子間で離縁の取り決めをすることが

できるし，人民法院に訴えを提起する道もある（同27条）。離縁も民政部門への登記によって行われる（同28条）。離縁後，未成年の養子と実方との法律関係は当然に復活し，養子がすでに成人しているときは双方の協議に委ねる（同29条）。

なお，里親については家庭寄養管理暫定辦法（2003年）に代わって家庭寄養管理辦法（国務院2014年9月14日制定，同年12月1日施行）が規律する。民政部門の監護のもとにある18歳以下の孤児に家族のなかで育てられる環境を与えようとする制度であり，養育費の一部を政府が負担し，里親の負担を軽減する。

(7) 扶　　養

中国法では，扶養義務（広義）をそれが行われる世代間関係の違いに応じて3つのサブカテゴリーに区分する。夫婦間およびきょうだい間のそれを［扶養］（狭義），親から子，祖父母から孫のそれを［撫養］，子から親，孫から祖父母といった上の世代に対する扶養を［贍養］とよんで区別する。とくに子から親への扶養義務は憲法にまで規定され，高齢者法にも詳細な規定をおくなど，その履行がとりわけ強調されている。80年婚姻法では，高齢者の権利・利益保護を基本原則にまで高め，01年婚姻法でも踏襲した。扶養には経済的扶養のほか，生活面での面倒見・介護，精神面での安逸までが含まれると解されている。きょうだい間，祖父母・孫相互間の扶養義務は，父母ないし子が死亡したか，扶養能力を欠く場合にかぎり現実化する。

低レベルの社会保障しか整備されていない現状では，家族間の私的な扶養がそれに代わって機能することが期待され，同時に倫理的にもそれが伝統的美徳として奨励されている。中国では強引な人口抑制策の影響もあり，猛スピードで高齢化が進みつつある

第7章　市民生活と法

が，高齢者の扶養・介護は主に家族によって担うことを国家的な戦略としている。

(8)　相　　　続

現行相続法（37 ヵ条）はそれまでの裁判経験，司法解釈をふまえて，1985 年に制定された。同年，最高人民法院は「相続法を貫徹執行する若干の問題に関する意見」（64 ヵ条）を通達し，目の粗い相続法を補っている。近く民法典相続編の制定により，現行法を拡充・修正して，民法典の独立の 1 編となる予定である。

現行相続法がもつ原理的特徴は次の 3 点に整理できる。①相続が生前の扶養と密接に結びつき，遺産は扶養に対する報酬のようにその帰趨が決められる。これを学説は「権利義務一致の原則」と称し，中国相続法の一大特徴としている。それは法定相続人・相続分の決定，特別遺産分与の可否など，制度の根幹に流れる価値原理となっている。相続法は，私的扶養を積極的に促進・奨励する役割を担わされている。②相続を通じて遺産の周囲にいる者の生活を保障することがめざされている。③定型的，機械的な遺留分制度をもたず，広い遺言処分の自由を認めている。遺言の自由に対する唯一の制約は，労働能力がなく，ほかに生活の糧をもたない相続人に必要な遺産分を遺すことを命じていることである（相続法 19 条）。これらの原理は，起草中の民法典相続編でも維持されようとしている。

全体として，千差万別な家族関係の機微を柔軟に相続に反映できるように，法はあらかじめ幅をもって定められており，紛争の具体的実質を考慮して「情にかない，理にかなった」解決が可能なように仕組まれている。

(i)　相続財産　　法により所有が許されるあらゆる個人財産が，

相続の対象となる（相続法3条）。以前は生活手段に限定されていたが，近時は営業財産や株式などの比重も増しつつある。相続紛争で争いの中心となるのは，私有住宅である。土地には所有権はないが，土地の使用権は家屋の所有権とともに当然に移転する。有償譲渡を受けた宅地の都市部国有土地使用権も，相続の対象となる。相続を放棄しないかぎり債務も相続されるが，あえて限定承認をするまでもなく，相続人の責任は積極財産の実際の価額を限度とする（同33条1項）。個人財産は夫婦財産やその他の家族との共有財産として存在していることが多く，実務では相続を論ずる前にそれらを分割し，遺産の範囲を確定することから始めることが強調される（同26条）。

(ii) 法定相続　　個人財産の死後継承のルートには法定相続，遺言相続・遺贈，遺贈扶養取決めの3種がある。遺贈扶養取決めも遺言もない場合に，はじめて法定相続に従う。

第1順位の相続人は配偶者，子ども，父母であり，第2順位が兄弟姉妹，祖父母，外祖父母とされ，第1順位に相続が生じないときにかぎり，第2順位の相続人が相続する（相続法10条）。配偶相続人，血族相続人という系統の別はない。被相続人の子どもが先に死亡していたときには，その直系卑属に代襲相続が生じる（同11条）。注目すべきなのは，配偶者の死後もその親である被相続人に対して主要な扶養を提供した嫁や婿を，第1順位の相続人としていることである（同12条）。扶養をしたという実績が相続権を生み出すもので，中国相続法がいかに扶養との関連を重視しているかがわかる。

同一順位の相続人間での相続分は原則として均等であるが，これには同時に以下の2つの修正原理が適用され，調整が図られる。

第7章　市民生活と法

第1に生活に困窮する相続人には多めに配分され，第2に生前の被相続人に対する扶養実績を反映させ，相続分を加減する。つまり，同居するなどおもに扶養義務を果たした相続人には加重配分し，逆に扶養能力がありながら扶養しなかった相続人からは削減する（ゼロにまでできる。同13条）。修正原理の具体的な適用は裁判官の裁量に委ねられ，分数的割合は明示されていない。

　(iii)　遺言相続　　遺言により法定相続人に相続させることを遺言相続，それ以外の者に継承させることを遺贈という（相続法16条）。遺言の方式としては，公証遺言，自書遺言，代書遺言，録音遺言，危急時の口頭遺言がある（同17条）。先述のように，遺言の自由を一般的に制限する遺留分制度はなく，労働能力がなく，ほかに生活の糧をもたない相続人には必要な遺産分を与えることを命じるだけである（同19条）。被相続人の扶養義務の一環と考えられ，これに反する遺言は無効になると解されている。現実には遺言が作成されることはそれほど一般的ではなく，ほとんどは法定相続によっている。

　(iv)　遺贈扶養取決め　　当事者の意思によって生前の扶養と死後の遺産継承を明確な有償双務関係にする生前契約を遺贈扶養取決めという（相続法31条）。これは扶養者が被扶養者を終生扶養し，葬送することを約し，被扶養者は死後，その遺産を扶養者に贈与することを約束するもので，扶養と遺産の取得を意思的に結びつける法技術である。農村では一種の生活保護施策として食・衣・住・医・葬を保障する［五保戸］の制度が行われてきたが，その受給者と農村集団所有制組織（かつての生産隊など）の間で，死後の遺産の帰属について締結されていた契約が，相続法制定時に相続法上の制度として取り入れられた。扶養義務を負う法定相

続人は，この契約の当事者とはなれない。年金制度が不十分な農村部において，おもに住宅しか財産をもたない高齢者の扶養を確保するための巧みな手法である。

(v) 特別縁故者制度　　相続人ではないが生前，被相続人から扶養されていた者や，逆に被相続人を扶養していた者には，適度な遺産の分与をなしうる（相続法14条）。日本の特別縁故者制度と違うのは，ほかに相続人がいる場合でも，それと同時にないしそれに優先して遺産分与を受けうる点である。

(9) 渉外家族関係

建国後，はじめての国際私法典として渉外民事関係法律適用法（以下，適用法という）が2010年10月28日に制定され，翌年4月1日から施行された。適用法は渉外的な民事法律関係において準拠法を決定するためのルールである。適用法と抵触する民法通則146条，147条，相続法36条の規定は効力を失った（適用法51条）。家族法に関しては，適用法第2章が婚姻家庭（10カ条），第3章が相続（5カ条）について詳細な規定をおいた。具体的には以下のような順で準拠法が指定される（次頁**表**7-1参照）。①に該当する法がない場合は②が，それもない場合には③が準拠法となる。それでも準拠法が決まらない場合には，当該関係にもっとも密接な関連を有する法が適用される（適用法2条2項）。

2　労　働　法

(1) 労働法総説

(i) 労働立法の沿革　　中国共産党は労働者階級が指導する国家の樹立をめざし，現在もこれを憲法上の国是としているため，労働者の地位確立，権利保障にかかわる立法は比較的重視されて

表7-1　渉外家族関係の準拠法（渉外民事関係法律適用法）

事　項	準拠法	該当条文
婚姻の成立	①共通の常居所地法，②共通の本国法，③当事者一方の常居所地ないし国籍を有する国で婚姻が挙行された場合は婚姻挙行地法	21条
婚姻の方式	婚姻挙行地法，当事者の一方の常居所地法ないし本国法のいずれかに適合する場合，有効	22条
夫婦の身分関係	①共通の常居所地法，②共通の本国法	23条
夫婦財産制	①当事者が協議により一方の常居所地法，本国法，主要な財産の所在地法から選択する。当事者が選択していない場合，②共通の常居所地法，③共通の本国法	24条
親子間の身分，財産関係	①共通の常居所地法，②当事者の一方の常居所地法，本国法のうち弱者の利益保護に資する国の法	25条
協議離婚	①当事者が協議により一方の常居所地法ないし本国法を選択する。当事者が選択していない場合，②共通の常居所地法，③共通の本国法，④離婚手続地法	26条
裁判離婚	裁判所所在地法	27条
養子縁組の成立，方式	養親および養子の常居所地法	28条
養子縁組の効果	縁組当時の養親の常居所地法	28条
離　縁	縁組当時の養子の常居所地法ないし裁判所所在地法	28条
扶　養	当事者の一方の常居所地法，本国法ないし主要な財産の所在地法のうち養子の利益保護に有利な国の法	29条
後　見	当事者の一方の常居所地法，本国法のうち被後見人の利益保護に有利な国の法	30条
法定相続	被相続人死亡時の常居所地法。ただし，不動産の相続については不動産所在地法	31条

遺言の方式	遺言作成時ないし死亡時の常居所地法，本国法，遺言作成地法のいずれかに適合する場合，有効	32 条
遺言の効力	遺言作成時ないし死亡時の常居所地法，遺言作成時ないし死亡時の遺言人の本国法のいずれかの法	33 条
遺産管理などの事項	遺産所在地法	34 条
相続すべき者がいない財産の帰属	被相続人死亡時の遺産所在地法	35 条

きた。1931 年の中華ソビエト共和国労働法にはじまり，抗日戦争期，革命根拠地の諸立法を経て，建国直後には土地改革法，家族法と並ぶ三大立法として労働組合法（1950 年 6 月 29 日），労働保険条例（1951 年 2 月 26 日）などが制定されている。

　しかし，1950 年代後半以降，生産手段に対する社会主義的改造が進むにともない，労働関係から契約的，法的要素が消失し，国が行政的に労使関係を規律するいわゆる［固定工］制度が普及した。つまり，新規労働者について国が統一的に就職を斡旋し，配属先を決める［統包統配］制度が行われ，いったん就職すれば，配転も解雇もない，雇用期間の定めがない労働者・職員となったのである。固定工には賃金のほか，諸手当，住宅，教育，医療保険，老齢年金など，各種福祉も職場［単位］を通じて，平等に保障された。こうした待遇は［鉄飯碗］（食いっぱぐれがないの意）とか，［大鍋飯］（極端な平等主義）と表現され，都市に戸口をもつほとんどの労働者・職員に適用された。こうした労働関係の非法化傾向に法全般に対するニヒリズムの蔓延が加わり，その後，労働法の整備は頓挫してしまう。

第 7 章　市民生活と法

1980 年代に入り，こうした制度の非効率性が意識されるようになり，行政法規や行政規則の制定を通じた労働制度の大改革が開始された。その中心は，固定工に代えて契約工制度を導入することにより，労使関係を法的契約関係に改変するというもので，国有企業の新規採用労働者については，1986 年 10 月以降一斉に契約工制度が施行された（「国営企業で労働契約制を実施する暫定規定」1986 年 7 月 12 日）。親の退職と引き替えにその子どもが就職すること［頂替］や，既存の労働者・職員の子弟のなかから新規採用者を募集すること［内招］も，徐々に廃止され，就職にも競争原理が導入された。

こうした労働制度の改革措置は，1990 年代に入って，ようやく法律としてまとめられ，現行の労働法制が形成された。主要なものとして，労働組合［工会］法（1992 年 4 月 3 日，2001 年 10 月 27 日および 2009 年 8 月 27 日一部改正），労働［労動］法（1994 年 7 月 5 日採択，2009 年，2018 年改正），労働契約法（2007 年 6 月 29 日採択，2012 年 12 月 28 日改正），就業促進法（2007 年 8 月 30 日採択，2015 年 4 月 24 日改正），労働紛争調停仲裁法（2007 年 12 月 29 日採択，2008 年 5 月 1 日施行），職業病防止法（2001 年 10 月 27 日採択，2011 年，2016 年，2017 年，2018 年改正）がある。なかでも労働法は，労働者の権利保護を目的に掲げ（1 条），就業促進策，労働契約・協約，労働条件，労働安全・衛生，女性・未成年労働者保護，職業訓練，社会保険，労働紛争処理，法的責任など労働関係を包括的に規律する基本法である。さらに，労働契約について詳細に規定した労働契約法が制定された。以下では，現行法の内容を中心に労働法制を概述するが，その前に，中国独特の人民掌握システムである職場［単位］についてふれておきたい。

(ii) 単位システム 　[単位]とは労働を媒介として全人民を組織化し，政治・行政・経済・思想のあらゆる面から支援・管理・支配する現代中国の政治体制の基層システムである。すべての中国人がいずれかの単位に所属し，それからの分配と福祉に依存して生計を立てていた。さらに，[戸口]という身分制にも似た住民登録制度により，出生により人民を都市戸口と農村戸口に分かち，農村から都市への移動を厳格に制限したうえで，都市の単位は相対的に水準の高い手当，住宅，医療，年金を提供した。その結果，都市の労働者については，各人の能力や努力・成果にかかわらず，平等にある程度の生活が単位によって保障される中国型「社会主義」が形成されていたといえる。

　また，都市の単位は全構成員について，出身階級，出生以後のすべての個人情報，政治行為記録をファイルした[档案]を保管し，終身にわたり，人身的支配を行う。档案は本人に開示されることはなく，転職すればそれもいっしょに管理換えとなり，繰り返される政治キャンペーンの折には査問対象の割り出しに一役買った。档案制度は法律上の制度ではなく，人事管理の内部規則により運用されてきたが，政治的服従を強要するツールとして機能した。

　そのほか，単位は旅行，外泊，転職，婚姻，離婚，養子縁組など，あらゆる場面で必要となる身分証明のための紹介状[介紹信]を発行し，構成員の行動全般を統制・支配した。単位は日本の行政の窓口業務的な仕事も受け持っていたため，単なる職場の枠を超えて，行政機関の末端，警察的監視機関として直接，人民を支配・掌握した。

　ところが，1980年代前半以降，農村では人民公社が解体し，家

第 7 章　市民生活と法

族経営が復活した。都市への出稼ぎは，これを送り出す農村では
奨励され，受け入れ側の都市でも黙認されるようになった。中国
社会を都市と農村という 2 つの別世界に隔ててきた戸口管理にも
弾力化の兆しが表れ，都市への合法的移住の道が限定的にせよ開
かれつつある。また，都市では単位に所属しない個人経営者が現
れ，私営企業や外資系企業はそれまでの公有セクターの単位が担
ってきた経済外的諸役割を脱ぎ捨てつつある。国有企業や国家機
関もこれまで負担してきた住宅，年金，医療，教育などの福利厚
生機能をしだいに外部化しつつある。このように単位の統制力は
弱体化し，単位社会といわれた中国はいま，大転換の最中にある。

　(2)　労働契約

　1986 年以前に採用されたかつての固定工を除き，企業等にお
いて新たに雇用関係を形成するには労働契約を結ぶことが前提と
なる（労働法 16 条 2 項，労働契約法 2 条 1 項）。使用者側と労働者側
が契約により雇用関係を形成するには，当然ながら使用者側には
労働者の採用権，人事権があること，労働者側には職業選択権が
あることが前提となる。従来の行政機関の付属物たる国有企業に
はそうした権限はなかったし，労働者の側も国から職業の配分を
受けるほかはなかった。中国では改革開放以後，こうした前提が
ようやく現実のものとなった。

　労働法の規定を具体化し，罰則を強化する労働法の特別法とし
て，労働契約法が採択され，2008 年 1 月 1 日から施行された。
さらに，行政法規として労働契約実施条例（以下，条例という）が
制定された（2008 年 9 月 18 日）。これらは不安定な雇用関係のな
かで犠牲を強いられてきた労働者を保護することに傾斜した社会
立法であり，労働コストを上昇させるのではないかとして広く注

2 労働法

目を集めた。安価な労働力を求めて中国に投資を集中させていた外国企業には，転機となる立法ともなりうる。以下，労働契約法制の内容を概観する。

　労働契約法（以下，法という）は中国国内のすべての企業，個人経済組織，民営非企業組織（以上は法2条1項），会計事務所，法律事務所などの組合組織，基金会（以上は条例2条）が，労働者と雇用関係を形成する際に適用となる。当然，外資系企業や農村からの出稼ぎ労働者も例外ではないし，国家機関，非営利性事業体，社会団体にも［参照］される（法2条2項）。雇用関係を成立させるには，書面による労働契約の締結を要するとする（法10条1項）。しかし，書面契約の有無にかかわりなく，使用者が労働者を使用した日から雇用関係は形成され，使用者はこの者を従業員名簿に登載しなければならない（法7条）。使用開始から1カ月経過後，1年未満の間に，書面契約が締結されない場合，使用者は毎月2倍の給与を支払わなければならないとされる（法82条1項）。

　労働契約には期限付きと期限の定めのない契約がありうるが，一定の場合に法は使用者に無期限の契約締結を義務づける。すなわち，10年以上継続して勤務している場合，期限付き契約を2回連続して締結し，労働者に法定の解雇事由がない場合がそれにあたる（法14条2項）。勤務開始から1年を過ぎても書面による契約を締結しない場合も，無期限の労働契約を締結したものとみなされ（同条3項），使用者に無期限契約締約義務発生日以降についても毎月2倍の賃金を支払うことを命じている（法82条2項）。労働契約をできるだけ長期化させ，安定した雇用関係を形成させようとする趣旨である。

　試用期間については，3カ月〜1年未満の期限付き契約では1

267

第 7 章　市民生活と法

カ月，1 年〜3 年未満では 2 カ月，3 年以上ないし無期限の契約
では 6 カ月を最長とし，いずれにしても試用は 1 回に限定される
（法 19 条）。また，試用期間中の賃金は当該事業所の同一職種の最
低賃金ないし労働契約で定めた賃金の 80% を下回ってはならず，
当該事業所の所在地の最低賃金水準より低くすることができない
（法 20 条）。試用期間の濫用に歯止めをかけようとするものである。

　賃金の未払い，遅配，欠配が社会問題化していることを受けて，
賃金の請求については，人民法院に直接，支払命令を求めること
ができ，本案判決を経ずに，人民法院は支払命令を下すことがで
きることとなった（法 30 条 2 項）。労働契約の解除と終了につい
ては，法第 4 章が規定する。条例はそれらをわざわざ労働者から
の解除事由（18 条），使用者からの解除事由（19 条）にまとめて
規定し直した。本法制定後，解雇が事実上できなくなり，かつて
の「割れない茶碗」［鉄飯碗］といわれた終身雇用制への逆戻りだ
とする誤解を解こうとするものである。もっとも解雇事由がある
場合でも，解雇にはさまざまな制限が加えられている。20 人以
上ないし全従業員の 10% 以上を整理解雇するには，30 日前まで
に労働組合に事情を説明し，組合ないし従業員の意見を聴取し，
リストラ案を労働行政所轄庁に報告することを要する（法 41 条 1
項）。疾病，負傷の治療中，妊娠や哺乳期間中，15 年以上連続し
て勤務し，定年まで 5 年未満の者などは，解雇事由があっても解
雇しえない（法 42 条）。

　労働者による契約解除，解雇，さらには期限付き契約の期限到
来による契約終了時には，使用者は経済的補償をすることが義務
づけられる（法 46 条）。補償金額は原則として雇用期間 1 年につ
き 1 カ月分の本人の賃金相当額とされる（法 47 条）。使用者が本

268

2 労 働 法

法に反して解雇ないし契約を終了させた場合には，この補償金額の2倍の賠償金を支払わなければならない（法87条）。ただし，この場合は補償金は支払う必要はない（条例25条）。このようにいかなる名目にせよ雇用関係の打ち切り・契約終了には，高いコスト負担が使用者側に課されている。本法では集団的労働契約，近時中国でも増加しつつある派遣労働や週あたりの労働時間が24時間未満の短時間労働についても特別の規定が設けられている。なお，労務派遣業務を営むには，労務派遣行政許可実施辦法（2013年6月20日）による許可を要する。

後述のように労働組合が党により統制され真に労働者の利益を代弁する労働者の組織になりきっていない現状では，資本主義国以上に国が公権的に労働契約関係に介入し，労働者を保護することがより重要になる。

(3) 労働者の権利

中国では日本の労働三権のようなかたちで労働者の権利を総称することはないが，労働者が国の主人公であるという建前を反映して，企業管理に対する民主的参与の権利を強調する（労働法8条）。具体的には国有企業には権力機関として職員労働者代表大会が組織され，経営にかかわる重要事項を審議する（全人民所有制工業企業法51条以下）。しかし，民主的管理権は実際には形骸化し，ほとんど機能を果たしていないし，大多数の非国有企業では代表大会すら組織されていない。

ついで，労働者の権利で重要なのは労働組合を組織し，それに参加する権利である（労働法7条）。労働組合〔工会〕は，「職員・労働者が自発的に結合した労働者階級の大衆組織」（労働組合法2条1項）と定義される。さらに「中国工会章程」（1988年10月25日，

第 7 章　市民生活と法

2013 年，2018 年改正）によれば，それは「中国共産党が指導する」組織で，党と職員・労働者をつなぐ橋梁・紐帯，国家政権の重要な社会的支柱，組合員と職員・労働者の代表とされる（総則）。唯一のナショナルセンターである中華全国総工会の傘下に属さない第二組合を結成する権利は認められない。これは労働者階級の根本的利益は一致し，利益の衝突はなく，複数の組合を存在させる理由がないからであると説明される。つまり，日本などでいう団結権とは，およそ異質な権利である。2001 年の労働組合法改正の際に，工会が社会主義の道や中共の指導などいわゆる四つの基本原則を堅持しなければならないと明記された（4 条 1 項）。

　中華全国総工会の下に省クラスの総工会，産業別の工会（10 業種）が設置され，その下に県・市クラスの工会，末端に企業ごとの工会が組織されている。国有企業内の工会は職員労働者代表大会の常設事務機構として労働者を代表するという建前がある。近年，非国有企業でも組織化が進み，2017 年末現在，末端の工会は 280.9 万，組合員は 3 億 311.2 万人を超えている。外資系企業でも工会が組織されるようになっている。

　工会は共産党と表裏一体の組織として，党の意思を生産現場に伝達し，大衆を動員する媒体として機能する一方，従業員に福利厚生，サービス，娯楽などを提供する役割を担ってきた。しかし，経済の市場化を通じて労働者の利益と企業経営者の利益は対立する方向に進み，または労働者の利益を守ることと党の方針に従うことが明らかに両立しない場面が現れるようになっている。とくに党の意を受けて国有企業では大量の整理解雇が断行されるなか，工会はその存在意義をめぐり，岐路に立たされた。2001 年の労働組合法改正では，工会の基本的任務が職員労働者の権利・利益

270

を守ることにあることが明文に規定される（6条1項）など，あらためて文言上は労働者側に立つ存在であることを強調している。他方で，中国工会章程は工会が職員労働者が党の言うことを聞き，党と共に歩む［聴党話，跟党走］よう導く政治的責任を負うと明記する。

　なお，ストライキなどの争議権については，現行法上，明文の規定はない。ストライキ［罷工］権については，78年憲法に規定されたことがあるが（45条），その後，同条は削除され，82年憲法でも規定されなかった。国家の利益と労働者の利益は一致しており，ストライキという手法は必要がないというのが通説であるが，すべてのストライキが違法とされているわけではない。実際，外資系企業などを中心に，大規模な争議行為がしばしば発生している。

⑷　労働基準規制

　労働法などに定められる労働条件の基準規制には次のようなものがある。

①労働時間・休暇　「職員労働者の勤労時間についての規定」（1994年1月24日）により，労働時間は同年3月から全国一斉に1日8時間，週平均44時間となったが（労働法36条も同じ），翌年すぐに同規定が改正され，完全週休2日制（週労働時間が40時間）となった（1995年5月1日より）。ほかに元旦，旧正月，メーデー，国慶節（10月1日），それ以外の法が定める休日がある（労働法40条）。勤続1年以上の者には，勤続年数に応じて有給の年休が与えられる（同45条）。残業は1日通常1時間以内，特別の事情がある場合でも3時間を超えてはならず，しかも毎月36時間を限度とする（同41条）。残業には50％増しの賃金を支払わなければ

第 7 章　市民生活と法

ならない（同 42 条）。

②賃　金　　賃金にはボーナス，各種手当・補助，残業報酬などが含まれ，労働に応じる分配，同一労働同一賃金が原則とされる（労働法 46 条）。法定祝日，産休，直系血族などの忌引休暇，別居家族訪問，社会活動（人民代表の選挙，人大，民主党派，労働組合，共産主義青年団，婦女連合会などの代表会議への出席，人民法院での人民参審員就任など）は，給与支払いの対象となる（同 51 条）。法定最低賃金は省ごとに決定され，国務院に報告・記録される（同法 48 条）。賃金は貨幣で毎月，本人に支払われる（同 50 条）。

③女性・年少労働者の保護　　女性労働者の保護については，「女性職員労働者特別保護規定」（2012 年 4 月 18 日発布。以下，特別規定という），女性法，労働法第 7 章などに規定がある。鉱山の坑内など，とくに過酷な肉体労働に女性を従事させることは禁じられる（労働法 59 条・60 条，特別規定附録）。月経期，妊娠中，出産前後，哺乳期には特別の保護が与えられる。産休は通常で 98 日（うち 15 日は産前），哺乳期には 1 日 2 回 30 分ずつの授乳時間が有給で保障される（同法 62 条・63 条，特別規定 7 条）。1990 年代に入り出産費用や手当を社会保険から支出する出産保険が整備されはじめた。

年少労働者保護については，「少年工［童工］の雇用禁止規定」（1991 年 4 月 15 日），未成年者保護法，労働法，中国が加入する各種国際条約などが規定する。改革開放以後，幼い子どもを雇用する現象が蔓延し，就学放棄の主因として深刻な社会問題となってきた。現行法では原則として，満 16 歳以下の児童の雇用を禁止する（労働法 58 条 2 項，未成年者保護法 28 条 1 項）。

④社会保険・福利　　この点については 3 の社会保障法のなか

で詳述する。

(5) 労働紛争処理

労働紛争の処理に関する手続は，従来，労働法第10章のほか，行政法規の企業労働紛争処理条例やその他の行政規則が定めてきた。労使間ないし労働組合や第三者を交えた話し合いで解決に至らないか，当事者が話し合いの結論を自主的に履行しない場合には，調停を申し立てることができる。調停に不服の場合は，労働紛争仲裁委員会への申立てが可能であり，さらに最終的には民事訴訟を提起する道がある（労働法77条1項）。近時，労働紛争が激増し，紛争処理に時間がかかり過ぎることが問題となるとともに，法が想定していないストライキや実力行使による抗議活動に転化することもあり，労働紛争をいかに平和裏に効率的に処理し，労使の対立を制御するかが治安の確保，政情安定化の面からも強く要請されるに至っていた。そのため2007年末に労働紛争調停仲裁法（以下，労働紛争法という）が採択され，手続の改革が図られた。

労働紛争処理のしくみとしては，調停，仲裁，民事訴訟の3つの手続があり，基本的にはいわゆる「1回の調停，1回の仲裁，2審制の裁判」［一調一裁両審制］からなる（労働法79条，労働紛争法5条）。

(i) 調 停　労働紛争を調停する組織として，労働紛争法10条1項は企業内に設立された調停委員会（労働法80条）に加えて，法にもとづいて設立され末端の人民調停組織，郷鎮，街道に設立された労働紛争調停を行う機能を備えた組織を挙げている。企業内調停委員会は従業員の代表と企業側代表から組織され，労働組合員ないし労使双方が推挙した者が主任を務める（労働紛争法10条2項）。近時，企業内調停委員会の機能が低下してきたた

第 7 章　市民生活と法

め，地域ごとに労働紛争調停を行う委員会を別途設ける動きが現れている。未払賃金，労災にともなう医療費，労働契約法が定める経済的補償，賠償金の支払いについて調停が成立したにもかかわらず使用者が決められた期限内にそれを履行しない場合には，労働者は人民法院に支払命令を出すよう求めることができるとされる（同法 16 条）。いったん調停が成立してしまえば，これらの紛争については，仲裁，裁判を経ることなく執行が可能となった。

　(ii)　仲　裁　　県・市・市轄区レベルには必要に応じて，省クラス政府により労働紛争仲裁委員会が設置される。区を設ける市にも設置することができる（労働紛争法 17 条）。仲裁委員会は労働行政所轄庁の代表，労働組合の代表，企業経営側の代表から構成され（合計人数は必ず奇数），事務局をおいて日常業務を処理する（同 19 条）。①裁判官経験者，②法律の研究教育に従事し，講師以上のポストにあった者，③法律知識があり，人材管理，労働組合などの専門的な業務への従事経験 5 年以上の者，④弁護士実務経験 3 年以上の者から仲裁人が選ばれ，仲裁委員会ごとに名簿に登載される（同 20 条）。具体的な事件処理は，この名簿のなかから首席仲裁人を含む 3 名の仲裁人が選ばれて仲裁廷が組織され（同 31 条），原則として公開で行われる（同 26 条）。

　労働仲裁の申立ては，原則，権利侵害を知った日ないし知りうべきであった日から 1 年の時効に服す。ただし，賃金不払紛争についてはこの時効は適用されず，労働関係の終了から 1 年以内であればよいとされる（同 27 条）。仲裁委員会は申立てを受け付けてから 5 日以内に受理するかどうかを申請者に通知しなければならず，これを徒過しても通知がなければ，申請者は人民法院に訴訟を提起できる（同 29 条）。仲裁廷では仲裁の裁決に先立ち，調

停を勧試することとされ，合意に至れば調停書が作成され，両当事者がこれに署名することにより法的効力が生じる（同42条）。調停が不調に終わるか，調停書送達前に一方が再度争うこととした場合には，仲裁廷は仲裁裁定を下す。仲裁事件の処理は受理日から45日以内になされることを原則とし，例外的に複雑な事件についてはさらに15日の延長が認められる。この期限が徒過した場合には，仲裁裁定を待つことなく，当事者は人民法院に訴訟を提起することができる（同43条1項）。このように原則として仲裁前置主義がとられている。

　仲裁審理における証拠提出については，請求と関連する労働者側が提供困難な証拠について仲裁廷が使用者にその提供を命じる制度を設け，期限内に提供されなければ使用者に不利な結果を負わせるとし，労働者の挙証責任を軽減している（同39条2項）。賃金，労災医療費，経済的補償，損害賠償金の請求にかかる事件については，申請者の生活に重大な影響を与えるなどの事情がある場合には，仲裁裁決が下りる以前にあらかじめ執行するよう仲裁廷に申請し，人民法院に送付して執行してもらうことができる（同44条）。

　労働紛争処理に時間がかかることが問題とされていたことを受けて，以下の場合には仲裁裁決に直接，法的効果を付与し，仲裁裁定後，さらに裁判で争う道を狭めることとした（一定範囲での仲裁の終局性）。具体的には，①賃金，労災医療費，経済的補償，損害賠償金の請求額が当該地方の最低賃金月額の12カ月分を超えない事件，②国が定めた労働基準のうち労働時間，休息・休暇，社会保険などにかかわる事件である（同47条）。この2類型についても，労働者側には裁定を受け取ってから15日以内であれば，

第 7 章　市民生活と法

理由を問わず人民法院への提訴を認めるが（同 48 条），使用者に
は法律・法規の適用間違いなど限定的な事由がある場合にのみ中
級人民法院に対して仲裁裁定の取消しを求めることができるとし，
提訴権を限定した（同 49 条）。後者の場合でも仲裁裁定には法的
効果が生じているので，執行は停止されない。この 2 類型以外の
事件については，従来どおり，双方は仲裁後，さらに裁判で争う
ことができる。

　調停・仲裁の申立件数は，1992 年以降，急速に増加する傾向
にあり，それは労働紛争自体の件数の増加と質の複雑化・法化の
反映である。2018 年には全国の労働人事紛争調停仲裁機構での
総処理件数が 182.6 万件に達している。

　(ⅲ)　民事訴訟　　仲裁を経て最終的には，通常の民事訴訟とし
て仲裁委員会所在地の人民法院に提訴しうる。また，仲裁の効力
が発生しても当事者が履行しないときには，人民法院に強制執行
を求めることになる（労働法 83 条）。

　(ⅳ)　労働協約をめぐる紛争の処理　　以上は通常の労使間の紛
争解決手続であるが，労働協約の締結，履行などをめぐる組合と
企業間の紛争については，つぎのような特則がある（労働法 84
条）。この種の紛争はまず，政府労働部門が間に入り，話し合い
による解決が図られる。それが不調に終わると，仲裁委員会の特
別仲裁廷での特別審理手続による仲裁が行われ，処理結果は当地
の人民政府に報告される。それにも不服な場合は，最終的には人
民法院での裁判となる。

3 社会保障法

⑴ 社会保障法総説

　54年憲法（93条）に続いて，現行憲法でも「中華人民共和国公民は老齢・疾病ないし労働能力を喪失した状況下において，国および社会から物質的な援助を受ける権利を有する」（45条）と規定し，いわゆる社会権的権利を認めている。しかし，これを具体化するための法律としては，長い間，1951年に制定された労働保険条例（その後，1953年に改正）があるだけで，講学上も社会保障法という法分野は存在しなかった。社会保障法という法領域が明確に登場するのは，社会保障制度の抜本的改革の要が痛感されはじめた1980年代半ば以降のことにすぎない。1994年の労働法が第9章を「社会保険および福利」にあて，7カ条の簡単な規定をおいたほか，個別の分散した行政法規・規則，地方性法規，地方政府の行政規則などによって制度が形成されてきた。市場経済が本格的に導入されるにともない，社会的セイフティネットの整備が焦眉の課題となっているが，法制度はなお形成の途上にある。2004年の憲法改正の際に，「国は経済発展水準にみあった社会保障制度を整備，健全化させる」（14条4項）との規定を書き加えた。これはただちに具体的な請求権を国民に保障することを意味するものではないが，社会保障の制度化が重要な国家的課題として意識されるようになったことを表す。

　社会保険制度の基本的な枠組みを法定する待望の社会保険法が採択され（2010年10月28日），翌年7月1日から施行となった（2018年12月29日改正）。本法は総則以下，基本養老保険，基本医療保険，労災保険，失業保険，出産保険，社会保険料徴収，社会保険基金，社会保険事務機構，社会保険監督，法的責任，附則の

第7章　市民生活と法

全12章98カ条からなる。社会保障領域でのはじめての国レベルの法律であるが，5種類の社会保険の仕組みのごく大枠を決めたにすぎず，各保険制度はこの前後に公布された（る）諸々の行政法規，規則，地方性法規，地方の行政規則により具体化されるという構図に変更はない。このように社会保険制度はなお暫定的，流動的，試験的段階にあり，法律によって全国一律に安定的に実施されるには至っておらず，以下の記述はその一端をさしあたり素描するにすぎない（以下，カッコ内の法条は断らないかぎり社会保険法をさす）。

　なお，本法では新たに農村からの出稼ぎ労働者（95条），集団所有制の土地を収用され土地を失った元農民（96条），中国国内で就業する外国人（97条）をも社会保険に加入させる方針を示した。すでに各地で具体的な動きが現れているが，例によって地域によりバラバラに対応しており，混乱がみられる。外国人の付保義務問題は外資系企業における賃金の実質的な上昇を引き起こすもので，外国企業の関心が高い。日中社会保障協定は2018年5月9日に締結され，2019年9月1日から発効した。中国の被用者基本老齢保険と日本の国民年金及び厚生年金とについて定めている。

　現行の社会保障制度は，大まかには以下の4つの分野から構成される。

　①社会保険　　老齢，医療，労災，失業，出産などの社会保険

　②社会救済　　貧困救済，生活保護，災害救済など

　③社会福祉　　高齢者，孤児，身障者のための施設・サービスなど

　④戦没者・軍人遺族，傷痍軍人への優遇・補償，除隊軍人への再就職斡旋など

3　社会保障法

　以下では，社会保障法のなかでもとりわけ重要で，法的整備も比較的進んでいる社会保険と生活保護にしぼって概述する。社会保険制度は近年，市場経済型の制度へと原理的な転換をともなう改革が進みつつあり，また都市部では生活保護制度も整備された。まず従来の制度の枠組みを素描し，ついでそれがどう改革されようとしているのかを概観する。

　(i)　改革開放期以前の社会保障制度　　建国後，労働保険条例にもとづいて，都市の職員・労働者を対象とする労災保険，医療保険，老齢年金，出産保険などの制度がつくられた。同条例によると，総賃金の3%を企業が保険料として拠出し，労働組合（中華全国総工会に30%，当該企業内の工会に70%）に管理・運用が委ねられた。これを原資として企業ごとに上記の保険事業が運営され，資金が不足する場合には中華全国総工会から補助が行われた。国家機関，非営利性事業体でも，1950年代半ば以降，同様の基準で国庫が直接，これらの給付を行った。

　その後，文革の混乱のなかで工会の機能停止により，1969年には国営企業は保険料の拠出を停止し，企業が直接諸保険金を支給する［企業保険］制度へと変質した。この当時，企業の利潤はすべて国庫へ上納し，欠損はすべて国庫が補塡したので，実質的には公務員などと同様，単位を通じて国が年金，医療費などを負担していたことになる。「企業が社会を運営する」といわれるこうした「社会保険」制度には，つぎのような特徴がみられた。

　①就業保障による社会保障の実現　　労働保険条例には「失業保険」の項目はなく，実際，建国直後の混乱期を除いて，都市において失業という現象は文革が終わるまでは存在しなかった。国は個々の企業の労働力に対するニーズを顧慮することなく，すべて

279

第 7 章　市民生活と法

の合法的な都市住民に就業を保障し，単位を通じて平等に社会保障を提供した。その結果，各企業・組織は大量の冗員 [隠形失業] を抱え込み，生産性の向上に価値はおかれなかった。文革後は農村に [下放] されていた青年たちが大量に都市へ舞い戻ったため，職のない者が街にはあふれたが，社会主義社会に失業は無縁のものであるとする観念により，これらの者も一時的な [待業] と表現された。法律の文言上，[失業] というタームがはじめて使われたのは，1994 年の労働法（70 条・73 条）においてであった。

　②単位による全面負担　　社会保険の原資はすべて企業，国家が負担し，勤労者個人の負担部分はゼロであった。そのため勤労者には保険に加入しているという意識は生まれなかった。

　③所有制による明らかな格差　　基本的には国有セクターの企業と国家機関だけが対象とされ，集団所有制企業には適用されなかった。いかなる所有制の単位に属しているかにより雲泥の格差が生まれた。

　④都市と農村の二元化　　上記のような単位丸抱えの社会保険は都市においてのみ実施され，約 8 割の人民が住む農村部では，空白のままであった。[戸口] 制度により，農民が都市へ移住することを厳禁し，農村に閉じこめることによって，都市での皆就業と当時の中国としては相対的に高レベルの給付を実現しえたのである。農村では 16 歳になれば全員が当然に人民公社員となったが，老齢，病気やけがなどによるリスクは家族が引き受けた。ただし，身寄りのない高齢者，身障者，孤児にだけは，生産隊が [五保]（食，衣，燃料ないし住，医療，葬祭ないし教育の保障）を提供した。医療については，ほとんどの農村で [合作医療] という医療補助が普及していたが，その後，これは人民公社の解体とと

もにほとんどの地域で崩壊した。

　(ii)　**改革の進展と方向性**　　以上のような特徴をもつ社会保険制度は，経済システムの転換にしたがい，抜本的な改変を迫られた。国有企業を国庫から独立した市場主体とし，他の所有制企業と同等の競争条件を与えるためには，冗員の整理と企業が全面的に請け負っていた社会保険の負担を軽減することが要請された。優勝劣敗の競争原理を導入し，企業の統廃合，倒産もタブーではなくなり，事実上の失業も増大した。また，労働者の流動性を高め，労働力市場を形成するためには，社会保障制度の統一が前提となった。こうして社会保険制度は 1980 年代半ば以降，急速に変化をとげた。保険の種類によって別々の行政庁が管掌していたが，1998 年 3 月の国務院の大規模な機構改革により「労働および社会保障部」が新設された（現在は「人力資源および社会保障部」に改称）。同部が統一的に社会保障を管轄するようになってから，それまで各地で独自の法令により［試行］が続けられていた老齢，医療，労災，失業，出産の各種社会保険は，国務院による行政法規の制定によって全国統一の制度へと整理された。なお，2016年から一部地域で介護保険制度の試点工作がはじまっている。近い将来，全国で実施される可能性がある。

　(2)　社会保険法

　(i)　**概　要**　　社会保険法を除き，社会保険に関して制定された法令はいずれも行政法規，行政規則である。具体的には老齢，医療，失業の 3 保険に共通する社会保険料徴収暫定条例（1999 年1 月 22 日），「全国社会保障基金条例」（2016 年 5 月 1 日），基本老齢年金について「企業職員労働者の統一的な基本老齢年金制度を確立することに関する決定」（1997 年 7 月 16 日），「企業職員労働

第 7 章　市民生活と法

者基本養老保険制度を完全化することに関する決定」(2005 年 12
月 3 日),「統一的都市・農村基本養老保険制度を確立することに
関する意見」(2014 年 4 月 21 日), 医療保険について「都市部職員
労働者の基本医療保険制度確立に関する決定」(1998 年 12 月 14
日),「都市部住民基本医療保険のテストを展開することに関する
指導意見」(2007 年 7 月 10 日), 失業保険について失業保険条例
(1999 年 1 月 22 日), 労災保険について労災保険条例 (2004 年 1 月 1
日) などがある。いずれも暫定的な制度で, 恒久的な制度ができ
るにはしばらく時間を要しよう。実験段階にとどまっている場合
も多い。また, 各地方ごとでも独自の取り組みが行われ, 地方間
のばらつきも大きい。以下, これらの法規に表れた社会保険制度
の主な特徴を挙げる。

　①保険の社会化　　税務機関ないし社会保険事務機構が雇用主,
被保険者から規定にもとづいて一定の保険料を徴収し, 保険ファ
ンドを形成する。基本養老保険, 基本医療保険, 労災保険, 失業
保険, 出産保険は, それぞれ別々のファンドとして独立採算制が
とられる (64 条 1 項)。運営単位は基本養老保険は国レベル, そ
の他の保険については省レベルをめざすとしているが, 現在は県
レベルにとどまるものも多く, ファンド形成のレベルが低いとい
う問題がある。いまや雇用主の各種社会保険料負担は総賃金の
33.5〜34% に達し, 人件費引上げ要因となっている。雇用主の保
険料納付がない農村や非就業者を対象とする老齢年金や医療保険
には, 中央, 地方の財政からの支出が行われる (5 条 2 項)。また,
個人ごとの社会保障番号としては, 従来からある身分証明証番号
が使われる (58 条 3 項)。

　②賦課方式を基本　　先述のように長年, 保険料の積立がなさ

れていなかったことから，その年の保険料収入から保険給付の支払にあてるという賦課方式［現収現付］をとらざるをえない。近い将来，高齢化社会が到来するにもかかわらず，それに備えた積立を行えずにいる。思い切って巨額の財政出動をするか，支給水準を切り下げないかぎり，社会保険財政は破綻することになろう。

③個人口座への記帳　　基本養老保険や医療保険では統一ファンドとは別に個人口座を設けている。負担と給付を目に見える形で対応させ，保険料納付のインセンティブを確保しようとするものである。しかし，とくに養老保険では個人口座は実際には空っぽであり，通帳の上だけの幻の数字に終わる危険がある。

④都市と農村の二元化　　老齢年金，医療保険については，都市と農村は別立ての保険となっており，農村の保障水準は極めて低く，そもそも加入が義務づけられていない。労災保険，失業保険，出産保険は農村では展開されていない。農村から都市へ出稼ぎに来ている農村戸口の労働者については，各種社会保険への加入を推進している最中である（95条）。

⑤社会保険運営経費　　社会保険を運営する事務機構の経費は国家財政から支出し，保険料を使わないこととしている（72条2項）。

(ii)　老齢年金　　老齢年金は現在，対象者を異にする5つの保険が併存している。すなわち，①職員労働者基本養老保険，②政府機関・非営利性事業体養老保険，③新型農村社会養老保険，④都市部住民社会養老保険，⑤農地被収用農民養老保険がある。

このうち①は，企業の従業員を対象とする，もっとも歴史が長く，社会ファンドの規模が大きい代表的な年金制度である（2018年末積立残高5兆901億元）。被保険者数は約4億1902万人，うち

第7章　市民生活と法

受給者数は1億1798万人，支出額は4兆4645億元に達している（2018年現在）。給付額に比して積立金は少なく，基本的には賦課方式で運営されていることになる。保険料は一般に賃金総額の28％，うち企業負担は20％，被保険者個人負担が8％となっているが，企業負担が重すぎるとして，一部に引き下げる動きがある（保険料率は地域により違いがある）。個人負担分は給与天引きで個人口座に付けられ，記帳される（12条2項）。個人口座は死後，残額がある場合には相続の対象となる（14条）。満15年保険料を納付することで月ごとの受給資格が与えられ，期間が15年に満たない場合でも退職後も保険料を納付して合計15年に達すれば受給資格が得られるし，新型農村社会保険ないし都市部住民社会養老保険に転換することをも認めている（16条）。退職年齢について社会保険法は規定していないが，通常，男性は60歳，女性幹部は55歳，女性の職員労働者は50歳と，男女に大きな格差がある。男女平等化や退職年齢の引き上げが議論されている。毎月の年金支給額は保険料納付期間，本人の給与金額，その地方の平均給与，個人口座残高，平均寿命などを考慮して決定するとされる（15条2項）が，実際には給与代替率としては5〜6割程度の金額となっている。被保険者が退職前に死亡した場合には，遺族は養老保険から葬儀補助金，見舞金を受け取ることができる。また，同様に労働能力を喪失した場合には，疾病障がい手当を受け取る（17条）。なお，個人商工業者や事業所が基本養老保険に加入していないパートタイム労働者などについては，個人で保険料を全額負担すれば加入できるとされた（10条2項）。

　この基本養老年金に加えて，企業ごとに付加することができる2階部分に相当する企業年金について，2005年5月1日より「企

業年金試行辦法」が施行された。その後 2016 年 12 月 20 日に企業年金辦法が採択，2017 年 12 月 18 日に公布，2018 年 2 月 1 日に施行された。負担能力のある企業が労働組合や従業員代表との団体交渉にもとづいて運営するもので，保険金は雇用主と従業員が分担する。年金ファンドは完全積み立て方式を採用し，個人ごとに記帳が行われる。退職時に運用益を含めて一括ないし年金として受け取ることができ，使い切る前に死亡した場合には，残額はあらかじめ指定しておいた受益者ないし相続人が一括して受け取る。すでに優良企業 8.74 万社で企業年金がはじまり，2388 万人が参加している（2018 年末）。なお，中国では年金のことを［退休金］ないし［養老金］と称してきたが，本辦法では日本や台湾と同様に［年金］という用語を使っている。

②は公務員などを対象とするが，かつては保険料を徴収せず，国による丸抱えが続いていた。しかし，「機関事業単位業務人員養老保険制度改革についての決定」（国務院，2015 年 1 月 3 日）が出され，公務員（および公務員と同等の扱いを受けている職員労働者）にも基本養老保険が適用されることとなった。①と同様に，雇用主が賃金総額の 20% を支払い社会ファンドに積み立てる。被用者は賃金の 8% を保険料として給与天引で負担し，個人口座に記帳することとされた。加入 15 年で受給資格を得る。これに加えて，機関事業単位職業年金辦法（国務院辦公庁，2015 年 3 月 27 日）が出され，企業年金に相当する 2 階建ての年金制度が用意されている。

③は人民公社解体後，年金制度の空白地帯であった農民を対象に，社会保険法 20 条を根拠として 2009 年からテスト的に導入されている制度で（「新型農村社会養老保険テストを展開することに関す

第 7 章　市民生活と法

る指導意見」国務院，2009 年 9 月 1 日），被保険者が保険料を拠出し，国が財政補助を行う。対象は 16 歳以上の職員労働者基本養老保険に加入していない農村住民で，個人保険料は年額 100〜500 元の範囲で各自選択し，地方政府からの補助と合わせて個人口座に記帳される。財政からの補助が過半を占める。この保険開始時にすでに 60 歳を超えていて，職員労働者基本養老年金の支給を受けていない者は，保険料を支払っていなくても基礎養老金を支給する。基礎養老金の支給額は極めて低く，この年金だけではとうてい生活を支えることはできない。

④は社会保険法 22 条にもとづき，都市の 16 歳以上（学生を除く）で無職の者を対象とする新しい年金保険で，2011 年から試験的に導入されている（「都市部住民社会養老保険テストを展開することに関する指導意見」国務院，2011 年 6 月 7 日）。③の都市部版であり，これまで制度の枠外にあった障がい者などにも年金保険の網を被せようとするものである。制度の骨格は③と同様であるが，個人の保険料だけは年額 100〜1000 元の間と幅が広くなっている。

③と④は 2014 年に統合され，「都市農村居民基本養老保険」へ移行した（国務院「統一的都市・農村基本養老保険制度を確立することに関する意見」）。個人保険料は年額 100〜2000 元から各自選択し（上海市では 500〜3300 元），個人口座へ積み立てる。基礎養老金については政府（中央および地方）の補助金によって賄われ，制度発足時にすでに 60 歳を超えている者については，自己負担なしで基礎養老金を受給できる。2018 年末時点で被保険者 5 億 2390 万人，受給者 1 億 5898 万人に達する最大規模の養老年金である。

(ⅲ)　医療保険　　社会保険法が規定する医療保険には，①職員労働者基本医療保険，②新型農村合作医療，③都市部住民基本医

療保険の3種類がある。

①は1980年代以来，各地での試行錯誤を経て，1998年の医療保険決定により一応制度化された，都市の正式の就業者（公務員を含む）を対象とするメインの医療保険である。農村からの出稼ぎ労働者を含む3億322.7万人が加入し，8034.3万人が受給している（2017年）。この保険には政府の財政からの補助はない。医療保険決定では雇用主が総賃金の6%，被用者本人が賃金の2%を保険料として納付するとされていたが，先進地域では雇用主の負担を引き上げているところもある（たとえば，上海では10%，北京では9%）。雇用主納付分の3割と個人納付分は保険ファンドとは別に個人口座に記帳されるのが原則であるが，個人口座を設けていない地域もあり，社会保険法では個人口座には言及していない。

現在，医療保険ファンドは県ないし地区クラスの市を単位としており，小さな単位に区切られている。そのため他地域の医療機関で保険医療を受けるのに困難が生じている。低額医療は個人口座から，高額医療（当地の年平均給与の1割〜4倍程度までの金額）は保険ファンドから医療費の8割程度が支払われる。4倍を超える超高額医療については商業保険に各自加入するしかない。診療時にまず個人で全額を立替払いし，後に保険に対して精算を求めるという方式が主流であるが，社会保険法では社会保険事務機構が医療機関，薬品業者と直接，精算すると改められている（29条1項）。

計画出産政策の緩和にともなう出産数の増加に備え，2017年以降，職員労働者基本医療保険と出産保険を統合する試行が一部の地方で行われ，2018年からはそれを全国へ拡大することとなった。近く社会保険法が改正されて，正式な制度となるものとみられる。

第 7 章　市民生活と法

②は人民公社解体後，いったんは医療保険が空白となっていた農村に改めて低水準の医療保険を導入するもので，2003年頃から試験的にはじまった。任意加入が原則で，加入者が負担する保険料は年額180元（2017年）にすぎない。これに国からの補助が一定額あるものの，平均で1人450元程度というレベルである。入院などの高額医療費の一部を保険から支給する。

③は都市部の非就業者を対象とした医療保険で2007年から試験的に始まった（「国務院・都市部住民基本医療保険テストを展開することに関する指導意見」）。加入者は小学生以上の在学生（大学生を含む），未就学児童，無職の者のうち加入を希望する者で，なんと8億7358.7万人に達している（2017年）。加入は任意が原則で，個人口座はない。保険料は地域ごとにまちまちで，加入者の経済力も考慮される。財源のうち国の財政からの補助がかなりの比重を占める。保険給付は入院費などの高額医療費だけに適用され，年間可処分所得の6倍程度（おおむね10万元）を上限とする。保険からは適用となる医療費の50～60％がカバーされ，残りは自己負担とされる。国務院「都市農村居民基本医療保険制度を統合することに関する意見」（2016年1月12日）により，2017年から②と③を統合し，都市農村居民医療保険へと改革されつつある。

(iv)　労災保険　　労災保険については社会保険法33条～43条，労災保険条例（2003年4月27日採択，2010年12月2日改正。以下，条例という）によって制度化されている。労災保険は法的な加入義務があり，雇用主だけが保険料を支払うとされる（社会保険法33条）。条例の改正で加入義務を非営利性事業体，社会団体，民営非企業組織，基金会，弁護士事務所，会計事務所などにも拡大した（条例2条1項）。賃金に対する保険料の割合は業種ごとに国務院が決

定するとされ，実際には 0.5〜2% の間で決められている。加入者は 2017 年には 2 億 2273.7 万人に達し，192.8 万人が労災保険からの支給を受けた。全就労者の 40% にも満たないカバー率しかなく，多くの農村からの出稼ぎ労働者は加入していない。

被用者が仕事上の原因により事故に遭い負傷したり，職業病に罹ったりした際に，保険から医療費，入院時の食費補助，交通費，医療器具費，介護費用，傷害補助金（一時金），傷害手当（毎月）などが支給される。また，条例改正で出勤退勤時の本人の責めによらない交通事故を労災給付の対象とした（条例 14 条）。死亡した場合には遺族に葬儀補助金，遺族見舞金，労災死亡補助金が支払われる（法 38 条）。労災死亡補助金は前年度の全国都市部住民の平均可処分所得年額の 20 倍になった（条例 39 条 3 号）。雇用主が労災保険金の未納期間中に労災事故が発生した場合には，雇用主が代わって保険給付をしなければならない（法 41 条）。満足なトレーニングや研修の機会もなく，劣悪な職場環境で働く出稼ぎ労働者に事故が頻発し，大きな社会問題となっている。

(v) 失業保険　　1990 年代にはのべ 4000 万人もの余剰労働力が排出され，登録された失業者と［下崗］（レイオフ）を合わせると実質的な失業率は全国の都市部の平均で 7〜8% に達していたといわれ，失業問題は極めて深刻であった。そこで全国統一の失業保険条例を制定し，以下のような制度が形成された。なお，社会保険法 44 条〜52 条にも規定をおいた。失業保険には 2018 年には 1 億 9643 万人が加入し，223 万人に保険給付がなされた。公式統計では 2018 年の全国の登録失業率は 3.8%，974 万人とされるので，失業保険金の給付を受けたのはごく一部にとどまる。農民工など多くの非正規労働者が未加入のままになっているのである。

第 7 章　市民生活と法

　雇用主が賃金総額の 2% を，被用者が自己の賃金の 1% を保険料として納めるとされるが，雇用主負担は暫定的に 1% に引き下げられている。雇用主と被用者が支払った保険料はいずれも統一的なファンドに入れられ，個人口座はない。農村からの契約制労働者には，被用者個人の保険料納付義務はないので（これらの労働者の賃金も当該事業所の総賃金に含まれるので，雇用主は保険料を負担していることになる），失業保険の支給対象とはならないが，1 年以上勤めた場合には，勤続年数に応じて一時金が支払われる（失業保険条例 6 条・21 条）。各ファンドから一定割合ずつ拠出して，省クラスには失業保険調整金を設けることができ，各ファンドで不足が生じたときには調整金およびその地方の財政から補助を行う（同条例 8 条）。失業者には失業保険金のほか，医療費補助，その期間に死亡した場合には葬儀費用と被扶養配偶者・直系血族に対する見舞金が支払われる。再就職のための研修費や就職斡旋のための費用としても支出がなされる（同条例 10 条）。受給資格は 1 年以上保険料を支払い，本人の意思によらない事由により就業が中断され，失業の登録をした求職中の者に与えられる（社会保険法 45 条）。登録された失業者には，保険料納付期間が累計 1 年以上 5 年未満の場合は最長で 12 カ月，同じく 5 年以上 10 年未満では 18 カ月，10 年以上では 24 カ月間，失業保険金が支払われる（同法 46 条）。給付額は当地の法定最低賃金と都市住民最低生活保障水準との間で，省ごとに決められるが，金額は低く抑えられている。

　(3)　生活保護法

　1990 年代に入り社会救済の一環として地方ごとに独自に取り組まれてきた都市住民の最低生活保障制度は，レイオフされた労働者が大量に湧出し，それが社会の不安定要因となるに至り，国

務院は行政法規として都市住民最低生活保障条例（1999年9月28日，同年10月1日施行）を制定し，全国的に制度を拡大した。都市戸籍をもつ都市住民で生計を共にする家族の1人あたり収入が，当地の最低生活保障水準を下回る場合には，当地の政府から基本的生活物資の援助を受ける権利を有するとされた（同条例2条1項）。県クラス以上の行政の民政部門が責任を負い，日常的な事務は大衆的自治組織である居民委員会が担当する（同条例4条）。生活保護費は地方の財政のうち社会救済の費目から支出される（同条例5条1項）。収入状況によって全額支給と差額支給の場合がある（同条例8条）。2018年の平均支給月額は579.7元，全国で605.1万世帯，1007万人に支給された。省別では上海で最高額の1160元，北京は1100元支給されるのに対して，新疆ではわずか443.6元，湖南省では479元と，地域による格差も大きい（2018年4月現在）。不正受給を防ぐために，生活保護世帯に認定されると名前が公表され，大衆の監督にさらすというユニークな制度があるが（同条例9条），不正が後を絶たない。生活保護の認定処分に対して不服な場合は，行政不服審査を求めることができ，さらに不服がある場合は行政訴訟を提起することも許されている（同条例16条）。

　農村では生活保護制度の整備が遅れ，省ごとに独自に取り組まれている状況にあり，全国レベルでは制度化されていない。2018年にはすでに全国で1901.7万世帯，3519.1万人に最低生活保障が支給された。年平均の支給額は都市の10分の1にも満たない1人あたり年間4833.4元にとどまっている。農村では最低生活保障のほか，改革開放以前から［五保戸］の制度があり（本章1(8)(iv)参照），特別困窮者救助の対象者が455万人いる（2018年）。

第8章　民事訴訟法

　他の法分野と同様に，民事訴訟法もまた中華人民共和国建国後長きにわたって制定されなかった。法律の形式で民事訴訟に関する手続が制定されるのは 1982 年の民事訴訟法（試行）（以下，旧法という）であり，現行民事訴訟法は 1991 年に制定された。旧法が制定されるまでは，民事裁判は 1956 年の「各級人民法院の民事事件裁判手続に関する総括」や 1979 年の「民事事件の裁判手続に関する規定（試行）」等の司法解釈にもとづいて行われた。これらは外部には公表されない，人民法院内部のマニュアルである。

　現行の民事訴訟に関する主な法令としては，民事訴訟法（1991年 4 月 9 日採択，2007 年 10 月 28 日，2012 年 8 月 31 日，2017 年 6 月 27日一部改正，同年 7 月 1 日施行），海事訴訟特別手続［程序］法（1999 年 12 月 25 日公布，2000 年 7 月 1 日施行），仲裁法（1994 年 8 月31 日公布，2009 年 8 月 27 日，2017 年 9 月 1 日一部改正，2018 年 1 月 1日施行），訴訟費用納付［交納］辦法（2006 年 12 月 19 日公布，2007年 4 月 1 日施行。以下，費用辦法という）等があり，また主な司法解釈としては，民事訴訟の証拠に関する若干の規定（2001 年 12 月21 日公布，2002 年 4 月 1 日施行。以下，証拠規定という），民事訴訟法の適用に関する解釈（2015 年 1 月 30 日公布，同年 2 月 4 日施行。以下，解釈という）等がある。なお民事訴訟法には，民事訴訟手続だけでなく，日本の人事訴訟，家事事件手続，民事執行手続，民事保全，非訟事件手続および民事訴訟規則に相当する規定が盛り

込まれている（以下，カッコ内の法条は断らないかぎり民事訴訟法を
さす）。

1　総　　論

　民事訴訟法（以下，民訴法という）は平等な権利主体たる個人，
法人およびその他の組織の間に生じた財産関係および人身関係に
より提起された民事訴訟で（3条），中国の領域内で生じたものに
適用される（4条）。行政訴訟に民事訴訟法は［参照］することが
できるとされるだけで（行政訴訟法の執行に関する若干の問題の解釈
97条），行政訴訟は人民法院の行政廷で，民事訴訟は民事廷で，
それぞれ審理される。中国国籍者と外国籍者，無国籍者，外国企
業・組織は平等に扱われる（5条1項。なお，平等原則につき8条）。
民事訴訟についても裁判の独立がうたわれる（6条2項）。

　民事裁判にあたっては，講学上，①客観的真実の原則，②大衆
路線堅持の原則，③人民内部の矛盾を正しく処理する原則，④社
会主義民主と法制の原則，⑤当事者の自由処分と国家の関与の結
合の原則，の堅持が貫徹されるべきとされている。これらは以下
の民事訴訟の特徴につながる。

(1) 調停主義

　民訴法の原則の柱に調停主義がある（9条）。調停主義は根拠地
時代に形成された「馬錫五の裁判方式」を源泉とする。それは，
裁判員がみずから現地に赴き，大衆の中に深く入って調査・研究
し，大衆の発言に耳を傾け，当事者を説得・教育し，可能な限り
当事者が得心する調停による解決を試み，それがどうしても実現
しない場合にのみ判決する，というものである。

　旧法施行前まではこの方式が維持され，民事紛争解決にあたっ

第 8 章 民事訴訟法

ては調停優先もしくは調停を主とするとされていた。旧法では「調停を重んずる」（旧法 6 条）とされ，現行法では「自由意思と合法の原則に基づく調停」（9 条）と変遷し，文言上はその地位が低まった印象を受ける。事実，1990 年代には調停よりも判決によるほうが，当事者の権利利益を守るうえでも，法や人民法院の権威を守るうえでも望ましいとされた。また，人民法院での紛争件数が激増し，調停のような手間暇のかかる解決方法が限界に達していたことも相まって，調停から判決へという流れができた。その結果，かつて 90％ 以上の訴訟が調停で解決されていたが，2001 年には実に 40％ を割り込むようになった。他方，当事者が判決に納得しないケースが増加し，それが上訴率や陳情件数の増加に現れたと指摘された。これは，社会秩序の維持擁護と紛争の予防という民事訴訟の最大目的に反する，きわめて重大な事態であると認識されたのである。

　それをふまえ，2002 年以降調停による処理を促す司法解釈が相次いで制定公布された。そこでは旧法の調停を重視する方針が明確に示されており，現行法 9 条もその文脈で理解されている。中国における紛争解決ではとくに社会の安定，矛盾の解消と予防が強調されており，調和のとれた社会［和諧社会］のスローガンとも相まって，調停はそれを実現するための重要な手段と認識されている。その結果，今日では調停優先の方針が打ち出され，訴訟のすべての段階のみならず，［立案］・受理・執行や再審の段階でも調停での解決が推奨されている（122 条・133 条・142 条・172 条）。

(2)　職権主義的裁判モデル

　中国の民訴法では，馬錫五の裁判方式に代表されるように，かつては超職権主義的裁判モデルが採用され，人民法院は実質的真

実の発見・追求のために，職権によって証拠を収集し調査していた。民訴法64条1項では当事者はみずから提出した主張について証拠を提供する責任を負うと定め，当事者主義へのシフトを示した。その背景には，激増する民事訴訟件数に職権主義では対応しきれなくなったことがある。しかし，当事者および訴訟代理人が客観的原因によりみずから収集できない証拠，または人民法院が事件の審理に必要と認める証拠は人民法院が調査収集しなければならない（同条2項）との規定が残された結果，当事者主義への転換は中途半端なかたちにとどまった。

　証拠規定では，訴訟ないし反訴提起時に証拠の提出を求め（同規定1条），証拠がないまたは証拠が不足している場合には挙証責任を負う当事者に不利な結果がもたらされることを明言し（同規定2条2項），民訴法64条2項の審理のために人民法院が必要と認める証拠や当事者および訴訟代理人が人民法院に収集を請求できる証拠を限定する（同規定15条）などの手当てを行い，2012年の民訴法改正では，当事者に対し時宜にかなった証拠の提出を義務づけ（65条1項），これまで人民法院の職権で行われていた鑑定の申請を当事者の権利と規定する（76条）など，当事者主義への一層の転換が志向されている。解釈もこの流れをくみ，人民法院の職権による証拠収集・調査を制限する規定を設けたり（解釈94条・96条），当事者主義を前提とする規定を設けたり（解釈108条ほか）している。なお，中国では，当事者主義への転換は訴訟の効率アップに主眼がおかれている。このことから，論点整理と訴訟進行の効率化を目的として口頭弁論開始前での弁論準備手続が解釈で導入されたが（解釈225条），これも当事者主義への流れのひとつといえよう。

第 8 章　民事訴訟法

(3)　執 行 難

　1990 年代中期以降，判決を執行できないという［執行難］の
問題が深刻化してきた。信用度の低い社会，被執行人の財産隠し
や遁走，あるいは地方保護主義や部門保護主義等がその原因とし
て指摘されてきた。近時の法改正では執行協力義務不履行に対す
る罰則の強化（114 条 2 項・115 条 1 項），上級人民法院による強制
執行（226 条），被執行者に財産状況報告義務を課しこれに違反し
た場合には過料や拘留を科したり（241 条），義務を履行しない被
執行者には出国制限を科したり（255 条）する制度が導入された。
中共 18 期 4 中全会でも着実に執行難を解決することを重要政策
のひとつに掲げ，最高法院は執行難の基本的解決をスローガンに，
司法解釈で給付義務を履行しなかった執行対象者の高額消費を禁
止したり，被執行者が他所に財産を隠匿する等の場合，執行管轄
を有する人民法院は当該地域を管轄する人民法院に執行を委託す
ることができるようにしたり，執行を妨害する者の名簿を公表し
たり，執行段階での和解を促進したりと，さまざまな対策がなさ
れているが，抜本的な解決には至っていない。なお，最近，強制
執行に関する情報がインターネットで公開され，検索できるよう
になった。

(4)　裁判監督手続

　社会主義法に共通する制度として裁判監督がある（本書第 10 章
2 (iv)参照）。これは当事者の申立てによらずとも，上級人民法院・
人民検察院が裁判の誤りを是正するために提起する監督審である。
中国では人民法院，人民検察院および当事者が，すでに法的効力
を生じている判決，決定［裁定］および調停合意（以下，判決等と
いう）に確かに誤りがあると認識する場合，再審の提起ないしは

申請をすることができる。このような蒸し返しを許す構造となっていることから，判決の確定という概念は用いられていない。

　裁判監督には3つのルートがある。第1は人民法院で（198条），各クラス人民法院院長はみずからの法院の判決等に確かに誤りがあることを発見した場合，裁判委員会の討論を経て再審を開始する。最高人民法院や上級人民法院が下級人民法院の判決等に誤りを発見した場合には下級人民法院に再審を命ずることができる。第2は当事者および判決等の執行目的物に対して権利を主張する第三者で（199条），これらの者が判決等に誤りを発見した場合は，原審の1クラス上の人民法院に再審を申し立てることができ，一方当事者の人数が多いかまたは両当事者が市民である場合には，原審法院に再審の申立てができる。ただし，すでに法的効力が生じている離婚判決は除外される（202条）。第3は人民検察院で（208条1項），人民検察院による再審の提起はとくに［抗訴］という。2012年の民訴法改正で検察の監督権は強化され，対象がこれまでの民事裁判活動から民事訴訟に変更されるとともに（14条），執行段階も監督する（235条）。地方各クラスの人民検察院は同クラスの人民法院の判決等に誤りを発見した場合，または調停調書が国や社会公共の利益に損害をもたらすことを発見した場合，同クラスの人民法院に建議を提出するとともに上級の人民検察院に登録するか，上のクラスの人民検察院が同クラスの人民法院に［抗訴］を提起するよう求めることができる（208条2項）。また，当事者から人民検察院に対して建議や抗訴するよう申し立てることも可能である（209条）。［抗訴］を受けた人民法院が法定要件に該当すると判断した場合は，原審法院に再審を命じる（211条）。［抗訴］の場合，検察官も法廷に出頭する（213条）。

第 8 章　民事訴訟法

　かつては再審の回数や申請期間に制限が設けられていなかった
ため，何十年にもわたって再審が繰り返されるという現象も存在
した。その結果，判決の法的安定性が著しく阻害され，［執行難］
の問題の遠因となっていると指摘されている。現在では，当事者
および第三者による申立ては，原則として判決等の法的効力発生
後 6 カ月以内に制限され，裁判官の汚職等による法をまげた裁判
行為が存在した等の場合には，それを知りまたは知りうべき日か
ら 6 カ月以内に行うことができる（205条）。これらの期間は中断
したり延長したりできない（解釈127条）。人民法院および人民検
察院の裁判監督についてはこの制限はかからないが，人民法院の
再審提起は 1 度限りに制限されている（人民法院の民事事件審理差
戻しおよび再審指令の関係する問題に関する規定 3 条）。再審請求が棄
却されたり，再審判決・決定が下されたり，当事者の申請に対し
て人民検察院が抗訴しないと決定したりした後の再審請求は認め
られない（解釈383条 1 項）。みずから再審請求を取り下げた後に
あらためて再審請求をすることも，原則として認められない（解
釈401条）。再審にも一審・二審と同様の審理期間が設けられ（解
釈129条），これらによって審理の迅速化・蒸し返しの防止がはか
られている。

　(5)　中国民事訴訟手続の特徴

　講学上，日本では，民事訴訟における私的自治の原則の現れに
処分権主義と弁論主義があるとされる。すなわち，訴えの提起，
審判の対象・範囲の特定および訴訟の終了は当事者に委ねられ
（処分権主義），判決の基礎となる事実と証拠の収集・提出はもっ
ぱら当事者の権限であり責任であるとされる（弁論主義）。(1)〜(4)
に挙げた調停主義，職権主義的訴訟モデル，裁判監督手続といっ

た中国の民事訴訟の特徴や，後述する［立案］をめぐる問題や独立請求権のない第三者の訴訟参加などから見ると，中国の民事訴訟における私的自治の空間が今なお相当狭いことが理解できよう。

2　民事訴訟手続

(1)　管　　轄

管轄には事物［級別］管轄，土地［地域］管轄，管轄の移送および指定がある。

(i)　事物管轄　　原則として基層人民法院が第一審を担当する（17条）。例外として，①重大な渉外事件，中級人民法院の管轄区内に重大な影響を及ぼす事件，最高人民法院が指定する事件については，中級人民法院が（18条），②一級行政区内に重大な影響を及ぼす事件については高級人民法院が（19条），③全国に重大な影響を及ぼす事件および最高人民法院がみずから審理すべきと判断する事件については最高人民法院が（20条），それぞれ第一審を担当する。最高人民法院が指定する事件とは知的財産事件および海事・海商事件であり，知的財産事件は北京・上海・広州の知的財産［知識産権］法院，最高人民法院が指定する中級人民法院および基層人民法院が，海事・海商事件は海事法院が，管轄を有する（解釈2条）。解釈が示す「重大」の基準がきわめて曖昧（訴額が大きい，事案が複雑，当事者の人数が多い）であるため（解釈1条），実際には個別のケースで判断されている。

(ii)　土地管轄　　原則は被告住所ないしは居所所在の人民法院が管轄する（21条）。民訴法（22条〜35条），解釈（解釈3条〜42条）に，管轄に関する例外規定を設けている。

(iii)　管轄の移送・指定　　管轄権を有しない人民法院が訴訟を

第 8 章　民事訴訟法

受理した場合，管轄権を有する人民法院に事件を移送し，移送された人民法院は必ず受理しなければならない（36条）。人民法院間で管轄に関する争いが生じた場合にはまず人民法院間で協議し，それでも解決しえない場合には，共通の上級人民法院に管轄の指定を仰ぐ（37条2項）。所属する一級行政区が異なる人民法院の間で管轄権に争いのある場合は，それぞれの属する高級人民法院が協議し，それでも解決しない場合は最高人民法院が指定する（解釈40条）。

(2)　裁判組織

(i)　第一審　　簡易手続訴訟（後出(6)(ii)参照）の場合は裁判官1人の単独法廷［独任庭］で行うが，その他は合議法廷［合議庭］で行う（39条1項・2項）。合議法廷は裁判官だけで構成されるものと，裁判官と参審員［陪審員］（本書第10章1(5)参照）とで構成されるものとがあり，人数は決まっていないが，奇数名でなければならない（同条1項）。なお，参審員が参加する合議法廷の人数は3人または7人（裁判官3名＋参審員4名）で（人民参審［陪審］員法〔2018年4月27日採択・同日公布・施行〕〔以下，参審員法という〕14条），3名の場合の参審員は裁判官と同等の権利義務を有するが（同条3項，参審員法21条），7名の場合の参審員は事実認定のみ裁判官と同等の権限を有し，評決には参加できない（22条）。いずれの場合も参審員は合議法廷の裁判長は担当できない（41条，参審員法14条）。参審員裁判は第一審にのみ適用される（参審員法15条〜17条）。

(ii)　第二審・差戻審・再審　　裁判官による合議法廷で審理される。人数は第一審と同様である（40条1項）。なお，差戻審および再審は原審合議法廷と異なる構成メンバーで審理され（同条

2 民事訴訟手続

2項・3項），簡易手続（単独法廷［独任庭］）での審理は認められない（解釈403条・419条・426条）。

(3) 訴訟参加者

訴訟参加者とはみずからの民事上の権利利益を維持し擁護するために訴訟に参加する者およびその代理人を指す。訴訟参加者には当事者および訴訟代理人がある。

(i) 当事者　　当事者には原告，被告，共同訴訟人および第三者がある。当事者には委託代理人（後出(ii)）の選任，調停の請求，上訴の提起および執行の請求等を行う権利を有するとともに，法廷秩序の遵守および法的効力の生じた判決書等の履行の義務が課される（49条1項・3項）。当事者双方は審理過程における和解をすることができる（50条）。和解は調停と異なり，人民法院のイニシアチブの下で行われるものではないが，これも判決によらない当事者双方の納得ずくでの解決への志向を表している。

当事者の一方または双方が2人以上で，訴訟物［訴訟標的］が同一または同種であり，人民法院が審理を合併できると判断し，当事者が同意した場合，共同訴訟となる（52条1項）。一方当事者の人数が10名以上の共同訴訟は，当事者が代表者を選任して代表訴訟を行うことができる（53条前段，解釈76条・77条）。

第三者には独立請求権のある第三者とない第三者がある（56条，解釈81条）。独立請求権のある第三者は日本法の独立当事者参加に類似する。他方，独立請求権のない第三者は当事者間の訴訟物に対して独立した請求権を有しないものの，事件の処理結果に自己の法律上の利害関係がある第三者をさし，自己の利益のために，当事者の一方に与するかたちで訴訟に参加する。日本の補助参加に類似するが，みずから申請する場合だけでなく，人民法院の指

301

第 8 章　民事訴訟法

示により強制的に参加させられる点と，民事責任を負うと判決される可能性があり，その場合にはみずから上訴できる点で異なる。

　2012 年の民訴法改正で，第三者からの取消しの訴えと公益訴訟が導入された。前者は，第三者の責に帰すべき理由がなく訴訟に参加しなかったものの，法的効力が生じた判決等の内容の一部または全部に誤りがあり，その結果第三者が損害を被った場合，被害を被ったことを知り，または知りうべき日から 6 カ月以内に，当該判決等の取消しを訴えることができるというものである（56 条 3 項）。典型的なケースとしては，夫が愛人と共謀して虚偽の訴訟を提起し，判決等で夫婦共有財産のほとんどを愛人のものとしてしまうというものであり，このようなケースが社会問題化しているという。結審前であれば前述の第三者の制度を利用することができるが結審後ではそれもできず，また第三者が自らの権利利益が侵害されたとして別途訴訟を提起することも可能であるがむしろ煩瑣となるため，この制度が導入された。判決等の誤りを訂正する点で裁判監督（再審）に類似するため，再審が開始された後には審理は再審に統一される（解釈 301 条）。

　環境汚染や消費者問題等の社会公共の利益を侵害する行為に対しては，法の定める機関および関係する組織に原告適格が認められた（55 条）。これを公益訴訟という。もっとも，公益訴訟に関する規定はわずか 1 カ条しかなく，管轄（原則として不法行為地または被告所在地の中級人民法院）等の具体的な内容は解釈に委ねられている（解釈 284 条～291 条）。しかし，肝心の公益訴訟の原告適格については解釈にも具体的な規定がなく，環境保護法や消費者権利利益保護法および公益訴訟に関する司法解釈（環境民事公益訴訟事件の審理に適用する法律の若干の問題に関する解釈〔2015 年 1

302

月6日公布，同月7日施行。以下，環境公益解釈という〕，消費民事公益訴訟事件の審理に適用する法律の若干の問題に関する解釈〔2016年4月24日公布，同年5月1日施行。以下，消費者公益解釈という〕，検察公益訴訟事件に適用する法律の若干の問題に関する解釈〔2018年2月23日公布，同年3月2日施行。以下，検察公益解釈という〕）などに委ねられている。

これらによれば，環境公益訴訟では区のある市クラス以上の人民政府民政部門に登記された社会団体，民営の非企業単位および基金会などが（環境公益解釈2条），消費者公益訴訟では中国消費者協会（全国）および省クラスに設置された消費者協会ならびに法令または全国人大および同常務委員会から授権された機関または社会組織が（消費者公益解釈1条），公益訴訟の原告となることができる。また，13の一級行政区では，環境汚染，生態系の破壊，食品や薬品の安全上の問題で多数の消費者の合法的な権利利益が侵害され社会公共の利益に損害が及ぶ行為が発生し，公益訴訟の原告となる資格を有する主体が存在しないか，存在するものの公益訴訟を提起しない場合，人民検察院が原告となることができるという試点工作が実施されている（人民法院が人民検察院の提起する公益訴訟事件を審理する試点工作実施辦法1条）。なお，検察院が提起する公益訴訟の第一審には参審員制度を適用することができる（検察公益解釈7条）。いずれも個人は原告となりえない。また，公益訴訟では個々の被害者の損害賠償は請求できず，別途訴訟を提起する必要がある（環境公益解釈10条3項）。その場合，公益訴訟の結果は個々の被害者の損害賠償訴訟に影響を与えない（解釈288条）。なお，公益訴訟の被告からの反訴は認められない（環境公益解釈17条，消費者公益解釈11条，検察公益解釈16条）。

第 8 章　民事訴訟法

(ii)　訴訟代理人　　訴訟代理人には法定代理人，指定代理人，および委託代理人がある。訴訟行為無能力者（行為無能力者，および制限的行為能力者〔解釈 83 条前段〕）の訴訟には，監護者が法定代理人として本人に代理して訴訟を行う（57 条前段）。法定代理人間で責任を押しつけ合う場合，人民法院がそのうちの 1 名を指定して訴訟を代理させる（同条後段）。弁護士，基層法律サービス工作者，当事者の近親者または従業員，当事者が居住する社区・所属する［単位］または関連する社会団体が推薦する者のうち 1〜2 名を訴訟代理人として委任できる（58 条）。行為無能力者，制限的行為能力者および法令により不適任とされる者は，訴訟代理人とはなれない（解釈 84 条）。

(4)　証　　拠

証拠には書面，物証，視聴覚資料，デジタルデータ，証言，当事者の陳述，鑑定，検証記録がある（63 条）。デジタルデータには E メール，EDI（電子データ交換），携帯電話のショートメッセージ，チャットやブログの履歴等が含まれる（解釈 116 条）。視聴覚資料には録音，ビデオ，CD や DVD が含まれる（証拠規定 22 条）。これらを証拠として提出する際には，原則として原本や現物であることが要求される（70 条 1 項）。事情を知る者は出廷して証言する義務を負う（72 条）。滅損等のおそれのある証拠に対しては訴訟中に保全請求ができるほか，緊急性が認められる場合には，訴訟前にも保全請求ができる（81 条）。

(5)　調　　停

民訴法第 8 章では法院調停が規定される。9 条にも規定されているとおり，調停は当事者の自由意思の原則にもとづいて，事実が明らかであるという基礎の上に，是非を明確に区別して，行わ

れる（93条）。原則としてすべての民事紛争を調停で解決することが可能であるが，特別手続（民訴法第15章），督促手続（同第17章），公示催告手続（同第18章）が適用される事件（解釈143条），婚姻無効事件（婚姻法適用の若干の問題に関する解釈㈠〔本書第7章参照〕9条），婚姻関係や身分関係確認事件（解釈143条）は調停できない。調停は訴訟の全段階（〔立案〕から判決言渡しの直前まで）で行うことができる（23項目の市民のための司法の具体的措置に関する指導意見7項）。

調停は裁判官が主宰して行うが（94条1項），関係する［単位］や個人の協力を得ることもできる（95条）。これらには，当事者や事件と一定の関係を有するものだけではなく，社会団体や専門家・機関等も含まれる（人民法院の民事調停活動の若干の問題に関する規定〔2004年8月18日公布，同年11月1日施行〕3条）。調停合意も自由意思によらねばならず，強迫によるものや法に違反するものであってはならない（96条）。調停が不調に終わったり，調停書送達前に一方が翻意したりした場合，人民法院は適宜速やかに判決を下さなければならない（99条）。なお，調停の場合，事件受理費は半額に減額される（費用辦法15条）。これには当事者に調停を積極的に利用させるためのインセンティブを与える狙いがある。

(6)　訴訟手続

(i)　第一審　　(a)　提　訴　　原告は本件と直接の利害関係がある市民，法人およびその他の組織でなければならず，明確な被告が存在し，具体的な請求，事実および理由があり，人民法院の受理範囲にある民事訴訟でかつその管轄に属していなければならない（119条）。日本と同様，訴えの提起は訴状によらなければな

第8章 民事訴訟法

らないが，訴状をしたためることが確実に困難な原告は口頭で提訴することもでき，その場合には人民法院が筆記し，他方当事者に告知しなければならない（120条）。これは，市民の教育水準の格差に配慮したものであるとされる。訴状記載事項は日本法とほぼ同様である（121条）。

　(b)　［立案］・受理　　119条所定の提訴要件に合致している場合，［立案］（受理事件として登録すること）される（123条）。民訴法および関係する司法解釈を見る限りでは，［立案］にあたっては形式審査にとどまるようであるが（124条，人民法院の立案登記の若干の問題に関する規定4条），運用上は形式要件以外の要素を考慮しているともいわれる。これが，当事者が訴訟を提起しようにも受理されなかったり，長期間放置されたりする［立案難］の原因であると指摘されてきた。そこで，解釈は訴訟提起の要件を満たしている場合には必ず［立案］し，訴状から要件を満たしているか否か判断できない場合でもひとまず訴状を受領し，受領日を明記した証憑を発行するとともに，7日以内に［立案］するか否かを決定しなければならないとした（208条）。これを［立案］登記制といい，当事者の訴権の保障と市民のための司法の実現につながるとされる。「人民法院が立案登記制の改革を推進することに関する意見」（2015年5月1日施行）でより具体化しているが，そこでは国の安全に危害を与えたり，国の統一・民族団結を乱したりする事件は［立案］しないとされており，環境問題や立ち退きの問題など政治問題化しかねない事件は今後も［立案］されない可能性がある。

　人民法院は，受理後口頭弁論終結までの間，原告の訴訟請求の追加，被告の反訴，本案と関係する第三者の訴訟請求につき，合

併して審理することができる（解釈232条）。共同訴訟の当事者で訴訟に参加していない者に対して，人民法院は参加の通知を行う（132条）。正当な理由なくこれを拒み，また審理途中で退廷したものは，訴えの取下げとして処理する（解釈236条）。

(c) 審　理　　国家機密，個人のプライバシーおよびその他の法律で規定されたものにかかわる事由以外，審理は公開される（134条1項）。離婚事件，商業秘密にかかわる事件については，当事者の請求があれば非公開とできるが（同条2項），判決の言渡しはすべて公開して行われる（148条1項）。人民法院は必要に応じて巡回審理を行い，現地での審理も可能である（135条）。当事者と人民法院双方の便に鑑みた規定である。第一審の審理期間は［立案］後6カ月以内と定められており，必要な場合は院長の承認を経て6カ月間延長できる。再延長の必要がある場合は上級人民法院の承認を要する（149条）。

(d) 訴訟手続の中止および終結　　当事者が死亡しその相続人が当該訴訟に参加するか否かを表明していない等の場合，審理は中止する（150条）。原告が死亡し相続人がいない等の事由が生じた場合，訴訟は終結する（151条）。

(e) 判決と決定　　判決書には事案，請求内容，争いのある事実とその理由，人民法院が認定した事実，理由およびその法的根拠，判決の結果と訴訟費用の負担，上訴期間と上訴法院を明記し，裁判官（参審員裁判の場合は参審員も），書記官がそれぞれ署名し，当該人民法院の印を押す（152条）。日本のように冒頭に主文（判決の結論）は記されない。かつてはおよそ関係のない条文が引用されている判決書も散見された。今日その水準は向上しているものの，細かな事実認定や解釈論が展開されている判決書は総じて

第 8 章　民事訴訟法

少ない。また，中間判決も可能である（153 条）。

　不受理，管轄権異議，却下，財産保全および事前執行，取下げの許可・不許可，訴訟の中止または終結，判決文の誤字脱字の訂正等については決定［裁定］がなされる（154 条 1 項）。最高人民法院の判決および決定，また，上訴が許されない，もしくは上訴期限を超過しても上訴されない判決および決定は，法的効力が生じる（155 条）。

　(ii)　簡易手続　　事実が明らかかつ権利関係が明確で，争いが大きくない簡単な民事事件（157 条 1 項），または両当事者が合意している事件（同条 2 項）の一審審理には簡易手続が採用される。中級以上の人民法院では，いかに簡明な事件であっても，簡易手続は適用されない。審理期間は［立案］後 3 カ月以内を期限とし（161 条），当事者双方が同意し，院長が許可した場合には延長できるが，合計で 6 カ月を超えてはならない（解釈 258 条 1 項）。審理過程において簡易手続に合致しない事件であると判明した場合には通常手続に移行する（同条 2 項）。その逆は認められない（解釈 260 条）。

　157 条 1 項の簡易手続の要件に合致しており，かつ訴額が人民法院所在の一級行政区における前年度の就業者平均年収の 30%以下である場合，一審終審となるとされた（162 条）。これを少額訴訟制度といい，解釈 274 条に列記される事件に適用される。人身関係，財産の権利確定に関する紛争，渉外民事紛争，知財紛争，評価・鑑定をめぐる紛争およびその他一審終審制を適用するのがふさわしくない紛争には適用されない（解釈 275 条）。

　(iii)　第二審　　一審判決や決定を不服とする当事者は 1 クラス上の人民法院に上訴することができる（164 条）。上訴は上訴状の

308

提出によって行われ，記載内容は日本の控訴状とほぼ同様である（165条）。日本と同様，上訴状は一審法院に提出しなければならないが，上級人民法院に直接提出された場合には，上級人民法院から一審法院に移送しなければならない（166条）。第二審は必ず合議法廷で審理され，口頭［開廷］審理を原則とするが，それが不要と判断したときには一審証拠のみにもとづいて判決や決定を下すことができる（169条）。二審審理は当該法院で開くこともできるし，事件発生地の人民法院や一審法院で開くこともできる（同条2項）。調停，訴えの取下げの扱いは一審同様であり（172条・173条），その他の事項についても一審手続が準用される（174条）。第二審の裁判は終審として行われる（175条）。第二審の審理期間は，判決の場合，上訴の［立案］の日から3カ月以内に結審しなければならず，延長の必要がある場合には院長の承認を要する。決定の場合は同じく30日以内になされなければならない（176条）。

(7)　妨害に対する強制措置

不出頭，法廷侮辱，虚偽の陳述，証拠の偽造等に対しては訓戒，退廷，過料［罰款］，拘留が科せられ，情状が著しく重い場合には刑事罰が科せられる（109条〜117条，解釈174条〜193条）。

(8)　訴訟費用

訴訟費用は一審・二審の事件受理費（再審は原則不要）とその他の費用に分かれており，その他の費用には申請費，証人，鑑定人，通訳・翻訳担当者にかかる費用等が含まれる（費用辦法6条）。訴訟費用は敗訴者負担とし（費用辦法29条），一部敗訴の場合は具体的な状況にもとづいて，共同訴訟の場合は訴訟物に対する利害関係に応じて，人民法院が決定する（費用辦法29条）。

第8章　民事訴訟法

3　執 行 手 続

⑴　執行管轄

原則は一審法院または第一審と同クラスで執行財産所在地の人民法院が執行するが，人民法院が執行する民事判決，決定および刑事判決，決定の財産部分以外の法律文書（仲裁裁定等）は被執行者住所地または被執行財産所在地の人民法院が執行する（224条）。

⑵　期　　　限

判決，仲裁裁定［裁定］等の執行申請は履行期の最後の1日，定期履行の場合は毎回の履行期間の最後の1日，履行期間が定められていない場合は法的効力の生じた日から2年と定められる（239条）。人民法院が執行しない場合，申請者は1クラス上の人民法院に執行申請ができ，当該人民法院は審査の後，原審法院に執行を命じるか，もしくはみずからまたは他の人民法院が執行するよう決定する（226条）。

⑶　執行機構

基層，中級および高級人民法院には執行廷が，最高人民法院には執行局が，設置されている。執行にあたっては，これら執行機構に属する［執行員］が行う（228条）。

⑷　執行延期

被執行者は申請者の同意を得て，人民法院に対して担保を提供することで，執行の延期を認められる場合がある（231条）。期間は1年以内とされる（解釈469条）。担保は被担保債権を充足させる額を要し，第三者の提供する担保でも構わない（解釈470条）。

調停合意の執行にも，執行手続の規定が準用される（234条）。

4 その他の手続

(1) 特別手続

選挙人資格，失踪宣告および死亡宣告，民事行為無能力および制限的民事行為能力，無主財産認定，調停合意事件および担保権実行事件に関する規定が設けられている（177条〜190条）。いずれも一審終審とする。

(2) 保全，事前執行

保全については，民訴法（100条〜108条）のほか，海事手続法，特許法，商標法，著作権法にも規定がある。2012年の民訴法改正では作為・不作為を命じる保全も可能とされた（100条1項）。当事者間の権利義務関係が明確で，被申請者に履行能力がある場合には（107条），扶養費，養育費，医療費，労働報酬，その他緊急を要する費用（即座に侵害・妨害の排除を必要とするとき，速やかに特定の行為を制止する必要があるとき，保険金の支払い請求が生産の恢復・経営のうえで緊急を要するとき，社会保険金・社会救援金を速やかに返還しなければならないとき，速やかに返還しなければ，権利者の生活および生産・経営に重大な影響を及ぼすとき。解釈170条）につき，判決が出される前に事前に一方当事者に一定の財産を給付させるという事前執行［先予執行］制度がある（106条）。日本のような仮執行宣言制度は存在しない。

(3) 督促手続

督促手続は，債権者が一定数量の金銭または有価証券の給付を証拠を添えて人民法院に申し立て，人民法院が債務者に対しその弁済を督促するための命令［支付令］を発するという制度である。金銭には人民元および外国通貨が，また有価証券には為替手形，約束手形，小切手，株式，社債，国庫債券および譲渡可能な預金

第8章　民事訴訟法

証書が，含まれる。債務者からの異議申立てがない場合，命令には確定判決と同一の執行力が生じ，債権者は命令をもって直接法院に債務の強制執行を申し立てることができる（216条3項）。簡便な手続と低コストで債権を実現するための制度である。

(4)　公示催告手続

裏書譲渡が可能な証券（小切手，為替手形，約束手形，支払指図書および会社法上の記名株式）を盗難，紛失または滅失した場合，当該証券の最後の所有者が証券の支払地の基層人民法院に対して公示催告を申請する（218条）。上訴は認められない。

(5)　渉外民事訴訟手続に関する特別規定

民訴法第4編（259条～283条）では，中国国内で行われる渉外民事訴訟の管轄，送達，期間，仲裁，司法共助（外国裁判所の判決の国内効も含む）に関する特別規定が設けられている。

第9章 犯 罪 と 法

　本章では，刑法・刑事訴訟法のほか，行政処罰をあわせて概観する。行政処罰は行政法を扱う章においてふれるという構成も可能であるが，中国においては行政処罰制度は刑罰制度と連続しており，実務では1つの事件が両者を行き来することもある。またこうした制度・運用の背後には中国社会にユニークな法観念があると考える。そこでこのような構成をとった。なお，その行政行為としての側面については第4章でふれている。

　1で刑法を，2で刑事訴訟法を，3で行政処罰を概観し，4では法的制裁システムの構造を検討する。

　1　刑　　法
　⑴　総　　説
　(i)　沿　革　　建国時に中華民国法を否定した後，1950年には刑法典起草作業が始まったが，それが結実したのは1979年のことであった。その間の刑法規範は特別刑法（単行刑法・付属刑法），党・国家の政策，最高人民法院・最高人民検察院・公安部等の文書（司法解釈，行政解釈等），刑法典草案（1957年の第22稿および1963年の第33稿）などにより構成された。もっとも文革期を筆頭に［無法無天］と揶揄される時期もあった。

　文革終結後はその反省に基づく適法性［法制］強化方針から，起草作業が再開・急ピッチで進められ，1979年7月1日に採択

第9章 犯罪と法

に漕ぎ着けた（192カ条。以下，79年法と呼ぶ）。それは当初から万全を期したものではなかったため，最高法院の許可を要件とする類推適用を認めた（79条）。しかも改革開放以降は，結果的には計画経済から市場経済への過渡期であった。計画経済下で起草された79年法ではこうした変化に対応しきれず，また治安悪化も重なり，多くの特別刑法が制定された（単行刑法は24件）。それらは基本的に犯罪化・厳罰化を図ったものであった。

　79年法は1997年3月14日に単行刑法の内容を取り込み，全面改正［修訂］された（同日公布，同年10月1日施行）。これが現行刑法典である（改正時は452カ条。以下のカッコ内の条数は原則として現行のそれを指す）。

　(ii)　法　源　　罪責認定・科刑の根拠は法律（狭義）でなければならない（3条，［罪刑法定原則］）。現行法下でも1998年に外国為替犯罪に関する特別刑法が制定されたが，その後は刑法典を直接改正する刑法改正法［刑法修正案］が用いられ，刑罰法規は基本的に刑法典に集約されている（**表9-1**。ちなみに枝番号は1から始まる）。総じて立法は機動的である。かつては過渡期（市場化）の大変動に対応するための犯罪化・厳罰化という色彩が濃厚であったが，そうした色彩は薄まってきている。

　全国人大常務委員会の［法律解釈］（本書第3章）もこの領域では活発に採択されている。たとえば「刑法第93条第2項に関する解釈」は，同項所定の「法律により公務に従事するその他の人員」（みなし公務員に相当）について，村民委員会等の村基層組織人員が人民政府に協力して所定の行政管理業務に従事するときはこれに当たるとする。

　最高法院・最高検察院・公安部の諸文書（司法解釈・行政解釈，

表 9-1　刑法改正法［刑法修正案］一覧表

名称	採択・公布	施行	変動状況（条ベース）			
			改正	新設	削除	小計
刑法改正法	1999.12.25	公布の日	7	1		8
刑法改正法(2)	2001. 8.31	公布の日	1			1
刑法改正法(3)	2001.12.29	公布の日	6	2		8
刑法改正法(4)	2002.12.28	公布の日	7	1		8
刑法改正法(5)	2005. 2.28	公布の日	2	1		3
刑法改正法(6)	2006. 6.29	公布の日	12	8		20
刑法改正法(7)	2009. 2.28	公布の日	10	4		14
刑法改正法(8)	2011. 2.25	2011. 5.1	42	7		49
刑法改正法(9)	2015. 8.29	2015.11.1	40	15	1	56
刑法改正法(10)	2017.11. 4	公布の日	1			1
		計	128	39	1	168

出所：著者整理

指導性案例等）も実際上重要な役割を果たしている。近年は関係機関が歩調を合わせるために連名で発布することが多い。最高法院の司法解釈は法律や法律解釈とともに裁判書に「裁判の根拠」として引用しなければならない（最高法院「裁判書に法律・法規等の規範的法律文書を引用することに関する規定」〔2009 年 11 月 4 日施行〕1 条・3 条）。

　(iii)　基本的特徴　　中国刑法全体にわたる基本的特徴としては，次の 3 点を挙げることができる。

　(a)　実質的妥当性への志向　　その理論的基礎（あるいは反映）は「社会的危害性中心論」である。「社会的危害性」とは刑法の保護客体＝［社会関係］に危害を及ぼす（危険の惹起を含む）行為の特性であり，回顧的な社会的・政治的評価である。同論は，こ

315

うした社会的危害性が刑法（ひいては制裁法）の中軸に位置し，犯罪の成否に強く影響していることを意味する。

(b) 旧ソ連法・固有法・西洋法の影響　中華人民共和国刑法（学）は旧ソ連法（学）を継受して立ち上がった。現在でもその影響は刑法典の立法目的規定（1条），任務規定（「社会主義建設事業の順調な進展を保障すること」。2条）や犯罪概念規定（後述(2)），社会的危害性中心論・実質的犯罪観に色濃く残っている（社会的危害性は旧ソ連刑法の「社会的危険性」に由来する）。これらの点から「社会主義型刑法」とされる。なお，旧法にはあったマルクス・レーニン主義，毛沢東思想といった文言はなくなっている。

他方，固有法に似た発想も見られる。たとえば上の実質的犯罪観はこれにも当たる。このほか共同犯罪の規定（25条〜29条）では，正犯と従犯という立て方（中華民国や旧ソ連はこれ）をせず，主犯と従犯という枠組みを用いている。主犯とは主要な役割を果たした者である。この枠組みにおいては共謀共同正犯という概念は不要である。また，死刑には即時執行と2年執行猶予付きがあり，清代の［立決］（皇帝の裁可後直ちに執行）と［監候］（死刑に擬することは裁可するが執行はとどめる。実際には多くは執行を免れた）との関係に似ている。

さらに近年では（かつては批判の対象でしかなかった）西洋法の影響力が増し，比較法的知見・示唆の主な出所となっている。また国際条約等の影響も増している。

(c) 政策主導型　法形成・法運用は時々の情勢に応じた政策により変わるべきとされ，また実際に変わる。懲罰と寛大の結合の政策（旧1条），「政策は法の魂」，寛厳よろしきを得る［寛厳相済］刑事政策や［厳打］（犯罪への厳しい打撃）キャンペーンはそ

1 刑 法

の典型例である。最上位の政策決定者は党中央であり、「党の指導」の言い換えである。

(2) 犯罪概念

刑法 13 条は「①社会に危害を及ぼす行為で、②法律により③刑罰の処罰を受けなければならないものは、すべて犯罪であるが、④ただし情状が顕著に軽く危害の大きくないものは、犯罪とは認めない」と犯罪概念を定める（旧 10 条も同旨。丸数字は筆者）。通説は①社会的危害性、②［刑事違法性］（犯罪成立要件〔［犯罪構成要件］という。責任を含む〕に該当すること。日本の違法性とは異なる）、③可罰性［応受懲罰性］という３つの基本的［特徴］を抽出したうえで、一定の社会的危害性（①④）を犯罪の最も基本的な特徴と位置づける。日本の３段階の犯罪成立論（構成要件該当性—違法性—有責性）とは枠組み自体が異なる。

かつての通説は社会的危害性中心論を徹底し、①を本質的特徴とする実質的犯罪概念をとっていた（その後通説は②〔形式〕をも不可欠とする混合的犯罪概念へと移行した）。その重要な帰結は、社会的危害性が僅少な行為には実体法上そもそも犯罪が成立しないとしたこと、および 79 年法における類推適用の承認である。

前者は現行法の立場でもある（13 条但書。旧 10 条但書も同旨。ここでは［特徴］が要件として機能している。なお、但書の判断には人的危険性［人身危険性］も含まれうる）。各則にはこのことが条文化されている犯罪もある。たとえば窃盗罪の成否は、財物を窃取したか否かだけでは決まらず、さらに社会的危害性（・人的危険性）に影響しうる数額・回数・行為態様を見る必要がある（264 条。次頁**表9-2** の下線部）。数額等の具体的基準については、最高法院が大枠を定め、その中で高級法院が具体的に定めることが多い。

317

表 9-2　条文の構造

刑法	治安管理処罰法
第264条　公私の財物を窃取し，<u>数額が比較的大きい者，または多数回窃取し・住居に侵入して窃取し・凶器を携帯して窃取し・スリをした者</u>は，3年以下の有期懲役，拘役または管制に処し，罰金を併科し，または単科する。数額が巨大であり，またはその他の**重い情状がある**者は，3年以上10年以下の有期懲役に処し，罰金を併科する。数額が特に巨大であり，またはその他の特に重い情状がある者は，10年以上の有期懲役または無期懲役に処し，罰金または財産没収を併科する。	第49条　公私の財物を窃取し，詐取し，略奪し，奪取し，恐喝し，または故意に損壊した者は，5日以上10日以下の拘留に処し，500元以下の過料を併科することができる。**情状が比較的重い**者は，10日以上15日以下の拘留に処し，1000元以下の過料を併科することができる。

　本罪の「数額が比較的大きい」については，最高法院・最高検察院「窃盗刑事事件の処理における法律の適用の若干の問題に関する解釈」(2013年4月4日施行)1条1項が，1000〜3000元以上の場合とし，これを受けてたとえば北京市高級法院「窃盗刑事事件の処理における司法解釈の適用に関する若干の意見」(2013年6月28日実行)1条1項は，2000元以上の場合とする。

　そしてこの下限に至らなければ一般に無罪となる。もっとも，多くの場合，受皿として行政処罰が用意されている。たとえば下線部の数額等を充たさない窃取行為は，治安管理処罰法49条違反が問題となる。犯罪と行政処罰の対象＝秩序違反(後述3(1))は，実体法上連続している。そしてこの関係は，手続法にも反映される(後述2(2)(i))。なお，情状の程度は各法領域で相対的に判断される(**表9-2**の太字部分は連続しているわけではない)。ちなみに，

1 刑 法

数額・情状により法定刑を複数の「量刑枠」[量刑幅度]に分ける点も，中国刑法の特徴的な造りといえる。これらも同様の手法で具体化されることが少なくない。さらに窃盗罪等の頻発犯罪については，最高法院や高級法院によって，より木目の細かな「量刑指導意見」が作成されている（たとえば「窃取額〇元増える毎に刑期を×月増やす」）。基準を客観化，さらには数値化して量刑裁量を統制しようとする現象は，量刑因子をすべて構成要件化して，犯罪と刑罰とを一対一で対応させた律（固有法）に近づいているようにも見える一方で，アメリカの量刑ガイドライン等の研究もなされている。

　他方，後者の類推適用は 1997 年改正時に削除された。それと同時に現行法は[罪刑法定原則]なるものを規定した。3 条は「法律に犯罪行為であると明文規定しているものは，法律により罪責を認定して刑に処する。法律に犯罪行為であると明文規定していないものは，罪責を認定して刑に処することはできない」と定める。後段は「法律なければ犯罪なし」を意味するが，前段は一般に「法律あれば犯罪あり」を意味すると解されている（いわゆる積極的罪刑法定原則）。だとすれば，それは罪刑の形式的な法定およびその中立的な遵守を要請するものであり，人権保障の原理としての罪刑法定主義とは異質なものとなる。

　また同条後段によれば，いくら社会的危害性が大きくとも，「法律なければ犯罪なし」である（混合的犯罪概念）。だが実際には個別具体的裁判や司法解釈等により類推解釈がなされている（実質的犯罪観）。しかもより深刻な問題は，不明確な条文が少なからずあり，それらについてはそもそも「法律なし」とは言い難いことである（いわゆる[口袋罪]，[兜底条款]）。

319

第9章 犯罪と法

(3) 各則の定める罪

罪のカタログについては**表9-3**を参照されたい。刑罰法規は基本的に刑法典に一元化されている。章・節の分類基準は犯罪が侵害する［社会関係］のグループ（［同類客体］という）により，総体的な社会的危害性が重い順に配置されている。

全面改正時の各則の条文数は，旧法下の単行刑法を取り込んで飛躍的に増大し，79年法制定時の103カ条から350カ条となった。とくに経済システムを保護する第3章の変化が大きく，章名の変更のほか（改正前は「社会主義的経済秩序を破壊する罪」），条文数も15カ条から92カ条にまで増えた。計画経済から社会主義的市場経済への移行に伴う法的規制の必要性の増大を如実に反映している。なお2019年現在は100カ条であり，増え幅は鈍化している。

一元化方針の下，刑法典には多くの現代的な犯罪類型が規定されている。たとえば組織犯罪に関連してテロ組織や黒社会的組織［黒社会性質組織］の組織・指導・参加罪（120条・294条1項），資金洗浄罪（191条），犯罪所得・同収益仮装・蔵匿罪（312条）などがある。このほか，知的財産権を侵害する罪（第3章第7節），コンピュータ犯罪（285条〜287条の2），環境・資源の保護を破壊する罪（第6章第6節）や，人体器官組織的販売罪（234条の1），市民個人情報侵害罪（253条の1）などもある。

また多民族国家という特徴を反映し，民族的怨恨・民族差別せん動罪，市民宗教信仰自由不法はく奪・少数民族風俗習慣侵害罪（249条・251条）などがある。なお民族自治地方においては，全国人大常務委員会の承認の下で自治区・省人大が刑法の変通規定を設けることができる（90条）。罪刑法定原則の法定例外であるが，実例は管見に及ばない。

320

表 9-3　現行刑法の定める罪

第 2 編　各　則

第 1 章　国の安全に危害を及ぼす罪（102 条〜113 条）

第 2 章　公共の安全に危害を及ぼす罪（114 条〜139 条の 1）

第 3 章　社会主義的市場経済秩序を破壊する罪

　第 1 節　偽・粗悪品を生産し・販売する罪（140 条〜150 条）

　第 2 節　密輸の罪（151 条〜157 条）

　第 3 節　会社・企業の管理秩序を妨害する罪（158 条〜169 条の 1）

　第 4 節　金融管理秩序を破壊する罪（170 条〜191 条）

　第 5 節　金融詐欺の罪（192 条〜200 条）

　第 6 節　租税徴収管理に危害を及ぼす罪（201 条〜212 条）

　第 7 節　知的財産権を侵害する罪（213 条〜220 条）

　第 8 節　市場経済を壊乱する罪（221 条〜231 条）

第 4 章　市民の人身の権利・民主的権利を侵害する罪（232 条〜262 条の 2）

第 5 章　財産を侵害する罪（263 条〜276 条の 1）

第 6 章　社会管理秩序を妨害する罪

　第 1 節　公共の秩序を壊乱する罪（277 条〜304 条）

　第 2 節　司法を妨害する罪（305 条〜317 条）

　第 3 節　国（辺）境の管理を妨害する罪（318 条〜323 条）

　第 4 節　文化財の管理を妨害する罪（324 条〜329 条）

　第 5 節　公共の衛生に危害を及ぼす罪（330 条〜337 条）

　第 6 節　環境・資源の保護を破壊する罪（338 条〜346 条）

　第 7 節　薬物を密輸し・販売し・運搬し・製造する罪（347 条〜357 条）

　第 8 節　売春を組織し・強要し・誘引し・場所提供し・周旋する罪（358 条〜362 条）

　第 9 節　猥藝物を製造し・販売し・伝播する罪（363 条〜367 条）

第 7 章　国防の利益に危害を加える罪（368 条〜381 条）

第 8 章　公務上領得・賄賂の罪（382 条〜396 条）

第 9 章　瀆職の罪（397 条〜419 条）

第 10 章　軍人職責違反の罪（420 条〜451 条）

　現行法には，社会主義国の刑法にはお馴染みの「反革命の罪」の姿が見えない。79 年法各則では第 1 章にそれが規定されていたが，「国の安全に危害を及ぼす罪」に改正された。「反革命」と

いう政治的色彩が濃厚な文言は刑法からなくなったものの，結局は党が指導する「社会主義国家」（憲法1条）の安全を守るものであり，また「反革命目的」要件が削除されたため，認定のハードルが下がった。とりわけ近年は，そうした「国家」に対する「挑戦」に対しては，より厳しく対応するようになっている。2015年にはテロ活動幇助罪（120条の1。2001年，「9・11」後に新設）の射程を拡張する改正がなされたうえで，テロ活動実施準備罪（120条の2），テロリズム・過激主義宣揚物不法所持罪（120条の6）などが新設された。また公共の場で中華人民共和国国旗等を侮辱し，情状が重い行為については，すでに国旗・［国徽］侮辱罪（299条。現1項）があったが，2017年には国歌法制定に合わせて国歌侮辱罪（同条2項）が新設された。このほか運用レベルでは，「国の安全に危害を及ぼす罪」に問うほどではない，あるいは問うことができないものの政治問題化しかねない［政治敏感］行為に対しても，挑発的騒動［尋衅滋事］罪（293条。［口袋罪］の1種）が適用されるようになっている。

(4) 刑　　　罰

刑罰（第1編第3章）は主刑と付加刑に分かれる。主刑には［管制］・［拘役］・有期懲役［徒刑］・無期懲役・死刑の5種類がある。［管制］は一定の自由を制限する社会内処遇である。従来は公安機関が執行していたが，2011年改正により，コミュニティ矯正機構（県クラス司法行政機関に設置）が主体となり，ソーシャルワーカー・ボランティアや関係部門，所属単位・学校，家族等の参加・協力の下で，コミュニティ矯正［社区矯正］を施すこととなった（刑訴法269条，最高法院・最高検察院・公安部・司法部「コミュニティ矯正実施辦法」〔2012年3月1日施行〕3条）。拘役およ

表 9-4 管制・拘役・有期懲役の刑期一覧

	短期	長期	数罪併合処罰時の長期（69 条）	
管制	3 カ月	2 年	3 年	
拘役	1 カ月	6 カ月	1 年	
有期懲役	6 カ月	15 年	宣告刑の総和が 35 年	未満→20 年 以上→25 年

び有期・無期懲役は自由刑であり，労働能力のある懲役囚については労働が強制される。これは労働を通じた教育・改造を目指したものである。刑期については**表 9-4**を参照されたい（有期懲役の長期については後述②も参照）。

死刑については一貫して［少殺］政策が唱えられており，79年法以前から死刑を抑制する仕組みがあった。もっとも旧法期は立法・運用レベルで厳罰化が進み，死刑が増加したという（なお，「懲役 5 年以上死刑まで」の言渡数は公表されているが，死刑のみについての統計は国家秘密に当たる〔最高法院・国家保秘局「人民法院の活動における国家秘密およびその秘密ランクの具体的範囲に関する規定」(1989 年 10 月 24 日施行)〕）が，とくに 2000 年代後半以降，死刑抑制措置が拡充されている。その主な到達点は以下のとおりである（便宜的に手続もここで扱う）。

①適用対象の限定　死刑の適用は「犯行が極めて由々しい犯人」に限られる。ⓐ犯罪時 18 歳未満の者（未成年者），ⓑ公判時に懐胎している女性，およびⓒ公判時満 75 歳以上の者（とくに残忍な手段で人を死亡させた者を除く）には適用しない。ⓑの「公判時」は捜査段階の身体拘束開始以降と拡張解釈されており，その後に自然流産・人工妊娠中絶があっても，適用しない（最高法院「人民法院が重大刑事犯罪事件を審判〔審理および裁判——著者〕する際

第9章　犯罪と法

の法律の具体的応用の若干の問題に関する答復」〔1983年9月20日〕，同「懐胎中の女性が拘禁期間中に自然流産して審判する場合に死刑を適用できるか否かの問題に関する批復」〔1998年8月13日施行〕）。ⓒは2011年に新設された。死刑適用の可能性のある行為類型も制限傾向にある。とくに2011年・2015年改正では，計22種の犯罪の法定刑から死刑が削除され，法定刑に死刑を定める犯罪は68種から46種になった。なお，削減対象は基本的に死刑の適用実績が少ない・ない犯罪とされる。

　②［死緩］　　死刑という刑種の執行方法として即時執行と執行猶予2年付きがある（後者は［死緩］とよばれる）。両者の分水嶺は「必ず即時に執行しなければならない」か否かであり，具体的な手掛かりは乏しい。1997年改正時の［死緩］は，猶予期間を無事経過すれば無期懲役に，さらにⓐ大功績を挙げたときは15年以上20年以下の懲役に減刑されるが，ⓑ故意犯罪を行えば最高法院の許可を経て，死刑が執行されるというものであった。その後2011年改正により，死刑即時執行と［死緩］とのギャップを狭めて，［死緩］をより選択しやすくするために，ⓐの場合に一律に懲役25年に減刑することとしたうえで，「減刑制限」が新設された。これは累犯および所定の重罪犯を対象に，無事経過による減刑後に実際に懲役を執行しなければならない（減刑することができない）最低期間を，通常の場合よりも長くするものである。無期懲役を例にすると，通常は13年であるが，制限されれば25年となる。これは［死緩］言渡時に裁量で言い渡す（50条2項・78条2項。仮釈放も認められない。81条2項，最高法院「減刑・仮釈放事件における法律の具体的応用に関する規定」〔2017年1月1日施行〕25条2項）。また2015年改正により，公務上領得罪［貪汚

罪］および収賄罪について減刑・仮釈放を認めない終身監禁が創設された。これも［死緩］言渡時に言い渡すが，効力が生じるのは無期懲役に減刑されたときのみであり，大功績を挙げれば回避できる（383条4項・386条）。このほか同改正においては，ⓑの場合に一律に執行するのではなく，情状が悪質なものに限定し，それ以外は猶予期間を再起算することとされた（50条1項）。

③判決発効の特別要件・手続　通常手続を尽くせば判決・裁定は発効するのが原則であるが，死刑については許可［核準］権者が判決する場合を除き，その許可が必要である。許可権者は原則として最高法院であるが，［死緩］については高級法院もなりうる（48条2項）。なお79年法制定時もこの枠組みであったが，厳罰化の一環として1980年から2006年まで，人民法院組織法を根拠に一定の犯罪類型について許可権が高級法院に委譲されていた。許可基準は一般に最高法院のほうが厳しいとされる。

もっぱら許可権者に許可を求める特別な手続を死刑再審査［復核］手続という。これは上訴できなくなった後に，許可権を有する法院に至るまで直近上級法院が順に審査していくという，基本的には法院系統の内部手続である。上級法院が死刑判断に同意しないときは，破棄して差し戻すか，自判する。

付加刑には罰金，政治的権利剥奪および財産没収ならびに外国人専用の域外追放がある。これらは主刑に付加し，または単独で科せられる。犯罪は成立するが，情状が軽く刑に処す必要がない場合には刑を免除することができる。いわゆる［定罪免刑］であり，有罪を認定することから「非刑罰的処罰方法」とされる。この場合，必要に応じて法院が訓誡を与え，もしくは始末書提出・謝罪・損失賠償を命じ，または主管部門が行政処罰・懲戒処分

［行政処分］を科すことができる。さらに一定の職業に関連して犯罪を行ったような場合には，刑の言渡しと同時に，刑の執行完了・仮釈放の日から3～5年間，関連職業に従事することを禁止することができる（2015年改正により創設）。

ところで，14歳未満の者は絶対的に，また14歳以上16歳未満の者は所定の重罪以外は刑事責任を負わない（18歳未満の者は責任軽減）。この場合は家長・監護人に［管教］（しつけ）を命じ，必要なときは政府が収容矯正［収容教養］をする（17条）。また責任無能力の触法［精神病人］については家族・監護人に監護・医療の強化を命じ，必要なときは政府が強制医療を行う（18条1項）。この「必要なとき」の判断は，かつては公安に委ねられていたが，［被精神病］（［精神病］とされること）等の濫用が問題視され，2012年の刑訴法改正により「暴力行為を実施して，公共の安全に危害を及ぼし，または市民の人身の安全に由々しき危害を及ぼし，法定手続を経て法により刑事責任を負わない［精神病人］と鑑定され，引き続き社会に危害を及ぼす可能性がある」ことと明記された（現行刑訴法302条。強制医療手続により法院が決定する）。

2 刑事訴訟法

(1) 総 説

(i) 沿 革 中華人民共和国最初の刑事訴訟法典は，刑法典と同時に1979年に採択され，1980年1月1日に施行された。法典制定までの間の刑訴法の歩みは刑法と概ね重なる。その間は憲法，人民法院組織法，人民検察院組織法，［逮捕拘留］条例（いずれも1954年制定）のほか，最高法院「各級人民法院刑事事件裁

判手続総括」(1956年。[参酌試行])等の内部的な文書により枠組み作りが進められた。もっとも，それらは文革中に実効性を喪失した。また刑訴法典起草作業は1954年から始まったが，これも政治運動による中断を余儀なくされた。起草作業が再開されたのは，刑法典より少し遅れた1979年2月のことであった。

79年法は164カ条からなる。その最たる特徴は高純度の職権主義であった。[審判人員]は検察人員・捜査人員と同様に証拠を収集して証明しなければならないという[証明責任]を負っていた（32条）。公訴提起後，法院は同時に送致される一件記録[案巻]・証拠に基づき裁判官予審を行い，犯罪事実明白・証拠十分の心証を得たときは，開廷して審判することを決定しなければならなかった（108条）。このとき，裁判官は必要に応じて捜索・差押え等をすることもできた（109条）。なお，予審裁判官は一般に公判合議法廷の主審裁判官であったため，[先定後審]等の問題が生じた。証拠調べは[審判人員]による被告人[審問]（真実供述[如実回答]義務あり。なお，79年法の[被告人]には起訴前の被疑者も含まれていた）から始まり，その後も[審判人員]が主導した（114条～116条）。また合議法廷は必要に応じて審理を延期して調査することができた（123条3号）。さらに法院が同意した微罪事件においては，検察官の出席すら要しなかった（112条1項）。

1996年3月17日に79年法が改正された。大幅な改正と目されるが，[修訂]ではなく[修正]である（以下，96年法とよぶ。1997年1月1日施行）。96年法は225カ条からなり，法制工作委員会から受託した陳光中（中国政法大学教授）が学者チームを率いて改正建議稿を作成し，その条文の65％が少なくとも部分的に採用されたとされる。同改正では，[控審分離]の見地からアメリ

第9章　犯罪と法

カ法を参考にして，当事者主義的要素を一定程度導入した。検察が公訴提起時に送致するのは，起訴状のほか（一件記録ではなく）証拠目録，証人名簿および主要証拠の写し・写真とされ（150条），法院の審査の重点は手続面にシフトした。また証拠の顕出・取調べは基本的に訴追・防御［控弁］双方が担うとされた（155条〜158条）。なお，検察官は［公訴人］であり，刑事訴訟の当事者とはされなかった（82条2号。現在も同じ）。弁護人選任権の行使可能時期も遅くとも開廷7日前から，起訴審査のために検察に送致された日にまで前倒しされた（33条1項。さらに96条）。このほか，改正と同時に［収容審査］が廃止された。これは身元不明な，または放浪しながら・多数回・徒党を組んで事件を起こした嫌疑のある軽微な［違法］犯罪行為者を最長3カ月間（身元不明時は起算しない），公安の決定により収容して取り調べる行政強制手段であり，刑訴法の規律を潜脱するものとして批判が強かった（ここでの［違法］は行政法違反を指す）。なおその廃止の善後策として，［逮捕］・［拘留］の要件の緩和および期間延長がなされた。

　2012年3月14日に96年法が改正された（以下，12年法と呼ぶ。2013年1月1日施行）。12年法は290カ条からなる。本法は憲法改正を受けて人権の尊重および保障を掲げ，犯罪被疑者［犯罪嫌疑人］（以下，単に被疑者とよぶ）・被告人の権利保障の拡充を図ると同時に，特殊な捜査手段を刑訴法で明文規定した。また特別手続（5編）も設けた。さらにその後，2018年10月26日に12年法が改正された（以下，18年法とよぶ。採択の同日公布・施行）。これが現行法であり，全308カ条からなる。主な改正点は［反腐敗］と手続の効率性向上に関する規定の新設であった。前者については同年に採択された監察法に呼応する改正のほか，特別手続の1つ

328

として欠席裁判手続が創設された。後者は［認罪認罰従寛］制度と迅速裁判手続［速裁程序］の創設であり，全国人大常務委員会の決定に基づく［試点工作］を経て導入された。

現行の主な法源は刑事訴訟法典およびこれに関する司法解釈等の文書である。後者の代表例は最高法院・最高検察院・公安部・国家安全部・司法部・全国人大常務委員会法制工作委員会「刑事訴訟法の実施における若干の問題に関する規定」，最高法院「刑事訴訟法の適用に関する解釈」，最高検察院「人民検察院刑事訴訟規則（試行）」，公安部「公安機関刑事事件処理手続規定」である（いずれも 2013 年 1 月 1 日施行。以下，前三者を刑定，刑解，刑則と略す。また以下のカッコ内の条数は原則として現行刑訴法を指す）。

(ii)　基本的特徴　　中国刑訴法の基本的特徴としては次の 3 点を挙げることができる。

(a)　客観的真実の追求　　まず刑訴法の目的としては，一般に真相解明と人権（あるいは権利）保障が考えられる。中国では従来，真相解明（犯罪懲罰）を主旨とし，人権保障の精神を欠いてきたとされる。もっとも，［人権］保障は 12 年改正により，すでに法の立場となっている（2 条）。

次に，追求される「真実」は「客観的真実」（客観的な真理としての事実）とされてきた。これは可知論に立脚したものであり，理論的にはさらにその土台に，弁証法的唯物論的認識論が据えられる（もっとも固有法も可知論であった）。［実事求是］，［不枉不縱］，［有錯必糾］等の原則・方針や裁判監督手続はその表れである。また真偽不明はあってはならないことであり，そのために被疑者・被告人が無罪になるということは，政権の存立にかかわることであった。こうした真実観から 79 年法下の［証明責任］観念

329

が生まれ，また人権保障の精神の欠如も相俟って，無罪推定の原則が否定された。その後，学界を中心に「法的真実」（法定手続を経て認定された事実）論の受容が進んだものの，党中央は認定事実が客観的真実に合致することを目指している（「法による国家統治の全面的推進における若干の重大問題に関する決定」〔2014年〕四㈢。以下，党2014年決定と呼ぶ）。技術面では無罪推定の原則に適合的な制度（たとえば挙証責任，証拠不足無罪，未決拘禁を避けるための非拘禁措置の整備）の導入が進んでいるが，こうした「土壌」においてはその精神は根付きがたく，制度の実効性も減殺されている（とくに未決時の処遇面）。

　(b)　社会主義型　　刑訴法1条は立法目的として，犯罪を懲罰して人民（中華人民共和国籍保有者全体ではない）を保護し，社会主義社会秩序を維持する等の「刑法の正しい実施」を掲げ，また同2条はその総任務として「社会主義建設事業の順調な進展を保障すること」を定める。なお，79年法は懲罰対象を「敵」としていた。この点でその色彩は若干希薄になったとはいえるが，なお色濃い。

　(c)　法院・検察院・公安の関係　　刑事訴訟においてこれら三者は分業責任・相互協力・相互制約の関係に立つ（憲法140条，刑訴法7条）。比較法的にとくにユニークなのは相互制約であり，法院は検察のプロテスト［抗訴］に法的に拘束される（後述(2)(iv)）。なおプロテストとは，検察が法律監督の一環として，法院に誤った裁判のやり直しを求めることを指す。他方で，裁判官令状主義は採られていない。

　また相互協力とは，三者が犯罪懲罰・人民保護という共通の任務を協力して実現することである。運用では相互協力が重視され

ており，［流水作業］式と評されている。その実態は捜査・公安主導型の刑事手続であり，えん罪発生の要因の1つとされた。党2014年決定は，手続の重心を捜査から公判段階に移す「公判中心の訴訟制度改革」を提起し，それに沿った制度改革が進められつつある。

(2)　手続の流れ

　手続は起訴の主体により公訴手続（検察院）と自訴手続（被害者等）に二分される。公訴が原則であり，その手続は［立案］（自訴事件では法院がする）→捜査→起訴審査→公判→執行の順に進んでいく。他方，自訴は①訴えを待って処理する事件（［告訴才処理］。対象となる犯罪を［親告罪］というが，［告］＝［告訴］は被害者等が法院へ訴えることを指すため，日本の親告罪とは異なる），②被害者が証拠を有する軽微な事件，③被害者が自己の人身・財産権を侵害した被告人の行為を法により刑事責任を追及すべきことを証明する証拠を有するが，公安・検察が追及していない事件に限られる（210条）。なお①は自訴しかできない。③は本来的には公訴事件であり，不当な刑事責任の不追及に対する救済措置である。自訴事件については法院の調停（③を除く）・自訴人と被告人との和解による決着が認められている（212条1項）。以下，公訴手続の基本形態を順に述べる（執行は省略）。

　(i)　［立案］・捜査・起訴審査　　生の「事件」は，［立案］管轄（公訴事件では捜査職責とセット）を有する機関の［立案］決定を経て，はじめて法的な意味において刑事事件となる。その後，刑事責任を追及しない法定事由（16条。刑法13条但書該当，刑事責任追及［追訴］時効の経過，［親告罪］について訴えなし，被疑者・被告人死亡など）があれば，手続は打ち切られる（事件取消し，不起訴，

第 9 章　犯 罪 と 法

無罪判決など）。

　［立案］の端緒には告訴［控告］，通報［報案］，摘発［挙報］，自首のほか，秩序違反事件の調査，人民警察法（1995年）9条が定める違法犯罪の被疑者に対する現場職務質問・検査および継続的職務質問（所定の要件の下で最長48時間留め置くことができる）などがある。管轄は原則として公安機関にある（以下，基本的にこの場合について述べる）。例外には2つのタイプがある。1つは事件・犯罪類型による例外であり，国家安全機関は国の安全に危害を及ぼす刑事事件（刑法各則第1章が主だが，それに限らない）を，検察は訴訟監督中に発見した訴訟手続における司法職員の職権濫用による市民の権利・司法の公正を害する等の犯罪を，監察委員会は公務上領得・賄賂，失職・瀆職等の職務犯罪（・違法）を管轄する（4条・19条，監察法11条2号）。もう1つは事件発生領域による例外であり，軍隊・監獄・海上で生じた事件は，それぞれ軍隊保衛部門・監獄・海警局が管轄する（308条）。管轄機関は犯罪事実が存在し刑事責任を追及する必要があれば，［立案］決定をする。不［立案］決定をする場合，告訴人がいれば同人にその理由を通知し，告訴人は再議を請求することができる（109条・112条。さらに上述の自訴事件の②③）。

　「捜査」とは公安・検察が刑事事件について法律により行う証拠収集・事件事実解明の活動および関係する強制的措置［強制性措施］を指すと定義されている（108条1号）。前者は取調べ（対被疑者は［訊問］，対証人・被害者は［詢問］という），検証，検査，技術的捜査措置（通信傍受等の技術的な措置のほか，身分秘匿捜査，コントロールド・デリバリーをも含む）などである。重大事件の被疑者訊問については，12年法以降，全過程の録音・録画が義務づ

けられている（123条）。後者は強制措置［強制措施］（第1編第6章），指名手配および捜索・差押え・凍結等である。いずれについても裁判官令状主義は採られておらず，［逮捕］（後述）を除き，実施機関またはその上級機関の判断で実施することができる。

　強制措置はもっぱら人身の自由を対象とし，制約の強度が低いものから順に勾引［拘伝］・［取保候審］（保証〔金・人〕を提供し，一定の遵守事項が課される非拘禁措置）・居住監視・［拘留］・［逮捕］の5種がある。これらは起訴審査・公判段階でも用いられ，刑訴法第1編第6章は共通の規律を定める。なお［拘留］には複数の意味があり，ここでのそれは講学上［刑事拘留］とよばれる。このほか訴訟秩序を壊乱した者への制裁である［司法拘留］，行政処罰の1種である［行政拘留］などがある。

　実務は「人質司法」の様相を呈していることから，身体拘束措置である［拘留］・［逮捕］がひときわ重要となる。原則は［逮捕］であり，［拘留］は［逮捕］手続の履践が間に合わない緊急時に公安が先に用いる臨時的措置と位置づけられる（検察が管轄する事件も公安が執行する）。もっとも，［拘留］の対象には放浪しながらの犯行・複数回の犯行・集団での犯行の嫌疑が濃厚［重大］な被疑者を含み，またその拘束期間は原則として10日以内，最長で37日に達する（下線部はとくに収容審査廃止の善後策として96年改正時に導入）。さらに実務では継続的職務質問や召喚等で取調べを進めてから，［拘留］することも少なくないという。

　［逮捕］は訴訟妨害または社会的危険性の発生の防止を目的とした身体拘束である。社会的危険性は，新たな違法・犯罪のおそれのみならず，罪証隠滅・被害者等への報復・自殺・逃走のおそれをも含む（旧ソ連刑法の「社会的危険性」とは別概念）。［逮捕］の

第9章 犯罪と法

基本的な要件は①犯罪事実があったことを証明する証拠があること，②懲役以上の刑が見込まれること（以下，見込まれる刑を見込刑と呼ぶ），③［取保候審］では社会的危険性の発生を防止できないことである。捜査段階における［逮捕］後の拘禁［羈押］期間は原則2カ月である。ハードケースについては直近上級検察院の承認を得て1カ月延長することができる。それでも捜査を終えることができない場合には，省クラス検察院の承認・決定を得て，さらに2カ月延長することができる。見込刑が懲役10年以上であるときは，同様の手続によりさらに2カ月延長することができる。これらを合わせれば7カ月となる（さらなる例外的延長もある）。捜査中に別の重要な犯罪を発見したときは，その日から再起算し，身元不明者については身元が判明した日から起算する（156条～160条）。［逮捕］は起訴前においては検察の承認・決定，起訴後においては法院の決定に基づき，公安が執行する。

なお，12年改正では拘禁の抑制が図られた。居住監視（最長6カ月）は拘禁の代替措置と位置づけられ（草案説明），要件が厳格化されると同時に，被監視者に対する制約も強化された。要件面では，従来は［取保候審］と同じであった（96年法51条1項）が，［逮捕］の要件に該当することが前提要件とされた。また制約面では，従来から無許可の外出（原則は自宅）・接見等が禁止されていたが，通信も制約されるようになり，さらに国家安全危害・テロ活動犯罪の嫌疑があり，捜査に支障を来すおそれがあり，直近上級公安機関の承認を得たときは，自宅以外の場所を指定して執行することもできるようになった。また［逮捕］後の拘禁に対して，検索による必要性審査手続が設けられた。検察が必要性なしと判断したときは，釈放・強制措置変更を事件担当機関に建議す

ることができる（法的拘束力なし）。

　捜査の結末は送検または事件取消しである。公安が犯罪事実明白，証拠確実・十分であり，刑事責任を追及すべきと思料するときは，起訴意見書および一件記録・証拠を同級検察院に送致する。そうでないときは，事件を取り消さなければならない（162条・163条）。

　送致を受けた検察は当該事件を審査し，公訴提起をするか否かを決定する。いわゆる起訴審査である。この権限は検察が独占し，監察調査事件も例外ではない（169条・170条）。審査過程で補充捜査が必要と思料したときは，差し戻すか，自ら捜査する（175条2項・3項）。審査の結果，犯罪事実明白，証拠確実・十分であり，刑事責任を追及すべきと思料するときは，管轄法院に公訴を提起する。その際，一件記録・証拠を送致する（176条）。効果的な法廷の訴訟指揮および弁護人による記録・証拠へのアクセスを確保するために，12年法が96年法（(1)(i)参照）を改めた。

　不起訴は4種類ある。①犯罪事実が存在せず，または刑事責任不追及の法定事由に該当するときは，不起訴を決定しなければならない（177条1項）。これを法定不起訴という。②相対的不起訴（微罪不起訴）は，刑の免除が見込まれる場合に裁量である（同条2項）。79年法ではこの場合の選択肢は起訴か起訴免除であった。起訴免除とは，実質的には検察による有罪の認定であって，無罪の推定が否定されていたことを前提としていた（96年改正時に削除）。③証拠不足と思料したときは，まず補充捜査をしなければならない。それでもなお証拠不足と思料したときにする不起訴が，証拠不足不起訴である。補充捜査を2回した後になお証拠不足と思料するときは，不起訴を決定しなければならない（175条4項）。

第 9 章　犯罪と法

④条件付不起訴は未成年の被疑者に特別に認められた不起訴である。被疑犯罪が刑法各則第 4 章〜第 6 章に当たること，見込刑が懲役 1 年以下であること，および悔悟の状を示したことを要件に裁量でこれを決定した後，6 カ月以上 1 年以下の観察期間を無事経過すれば不起訴を決定しなければならない（282 条〜284 条）。

　(ii)　第一審手続　　管轄には主に土地管轄と事物［級別］管轄がある。土地管轄は原則として犯罪地の法院にあるが，被告人居住地の法院がより適切であるときは，これが管轄する（25 条）。「より適切である」とは，執行猶予が見込まれる場合や，［民憤］が大きく大衆が当地での審判を求めた場合などである。事物管轄は原則として基層法院にある。国家安全危害・テロ活動事件や見込刑が無期懲役・死刑である事件は中級法院，省レベルの重大事件は高級法院，全国レベルの重大事件は最高法院にある（20 条〜23 条）。なおかつては外国人が被告人・被害者である事件も中級法院が管轄していた（前者は 96 年法まで，後者は 79 年法）。

　公訴を受けた法院が，12 年法以降はまず起訴状を審査し，そこに明確な犯罪事実の訴追がありさえすれば，開廷して審判することを決定しなければならなくなった（186 条）。実体審理は開廷後に行うという流れにある（79 年法・96 年法について(1)(i)参照）。次いで合議法廷（原則態）を組織する。その構成は基層・中級法院の場合は，①［審判員］3 名，②［審判員］と人民参審員［人民陪審員］の計 3 名，③［審判員］3 名と人民参審員 4 名の計 7 名の 3 通りである（183 条 1 項，人民参審員法 14 条〜17 条。本書第10 章 1 (5)）。もっとも，裁判の名義人は人民法院であり，合議法廷・単独法廷［独任庭］の判断が直ちに裁判となるとは限らない。

　公判手続は開廷→法廷調査→法廷弁論→被告人の最終陳述→判

決宣告の5段階に分けられる。審判は原則として，とくに判決宣告は一律に公開で行う（11条前段，202条1項，本書第10章1(4)）。12年法は，審理の効率化を図り開廷前［庭前］会議を創設した。これは主に［回避］（除斥・忌避・回避を含む）・違法証拠排除等の手続的問題について意見を聴取するものであり，何らかの決定をする権限はない（現187条2項。なお，公判中心改革の一環として，2018年から一部の問題について決定できるようにする試みが開始された）。

　開廷に際して，裁判長はまず当事者（被害者，自訴人，被疑者，被告人，附帯民事訴訟の原告・被告を指す。108条2号）の在廷の有無を調べたうえで事件類型名を読み上げる。次いで合議法廷構成員・書記員・公訴人・弁護人・訴訟代理人・鑑定人・通訳人の名簿を読み上げたうえで，当事者に対してこれら（弁護人・訴訟代理人を除く）の［回避］申立権があることを告知する。さらに被告人には［弁護権］があることを告知する（190条1項）。

　法廷調査（証拠調べ）では，まず公訴人が起訴状を朗読する。次にその訴追する犯罪事実をめぐり，被告人・被害者は陳述し，公訴人は被告人に訊問することができる。被害者・附帯民事訴訟原告・弁護人・訴訟代理人も裁判長の許可を受けて被告人に［発問］し，［審判人員］も訊問することができる（191条）。被告人に黙秘権は認められていない。2012年改正により捜査官・検察官・裁判官が被告人に自己負罪的供述を強要することは禁止された（52条）が，従来通り被告人は［本案］について真実供述義務を負う（120条1項は捜査段階の同義務の規定である。起訴審査・公判段階に関する規定はないが，当然に負うものと解されている）。証拠の顕出は公訴人・弁護人が行うが，合議法廷は証拠に疑問があると

きは，職権で検証・差押え等をして証拠を調査確認することができる（195条・196条）。証人は出廷して証言することが原則であるが，実際には原則と例外が逆転し，証人の［出廷難］は一貫して大きな問題であった。主に調書［案巻筆録］により心証をとる実務は，直接・口頭主義などの見地から，調書中心主義と批判的によばれる。12年改正では証人の保護・補償や出廷の直接強制などを規定した（現63条〜65条・193条。また61条・192条）。

　法廷弁論は裁判長の許可の下で公訴人→被害者・訴訟代理人→被告人→弁護人の順で発言した後，双方が弁論する（198条2項，刑解229条）。近年では「量刑の規範化」に力が入れられており，検察が量刑建議をするようになっている。建議は一般に幅をもってすべきとされている（刑解230条。なお刑則399条・400条）。なお，量刑建議は原則として法院を拘束しない（例外として(5)(i)）。弁論終了後，被告人が最終陳述を行い，その後合議法廷は休廷したうえで評議し，判決する（198条3項・200条）。

　刑訴法上の終局判決には，有罪判決と無罪判決とがある。法院は受理してから原則2カ月以内に判決を宣告しなければならない（［審理期限］，略して［審限］。208条1項）。なおこうした期限は第2審や起訴審査などにも定められている。徒過すれば手続が打ち切られるわけではないが，これらが起訴審査以降の各手続段階における拘禁期間の上限を画す（98条）。

　(iii)　第二審手続　　訴訟は二審制である。第二審は直近上級法院であり，上訴（広義）は主体により上訴（狭義。以下，単に上訴とする）とプロテストの別がある。検察は法律監督機関として，第一審判決・裁定に確かに誤りがあると思料したときは，プロテストをしなければならない。他方，被告人と自訴人は上訴権を有す

る（法定代理人にもある。以下同じ）。被告人の弁護人・近親者もその同意を得て上訴することができる。附帯民事訴訟の原告・被告は民事部分について上訴権を有する。上訴理由に制約はない。上訴（広義）期間は判決書受領の翌日から10日間である。被害者も刑事訴訟の当事者ではあるが，上訴権は認められておらず，検察にプロテスト提起を請求することしかできない（227条～230条）。

　第二審は開廷審理が原則とされ，非開廷審理（被告人訊問，弁護人等の意見聴取は必須）は例外と位置づけられる（234条）。しかし，実際には原則と例外が逆転しており，問題視されている。近年は若干改善したという調査結果もある。第二審は第一審の事実認定および法律適用を全面的に審査し，上訴（広義）の主張する範囲に制限されない（233条。全面審査原則）。被告人側しか上訴しなかった場合は，第1審判決よりも刑罰を重くすることはできない。なお，このことは破棄差戻し後の第1審にも妥当するが，追起訴があったときはこの限りでない（237条。［上訴不加刑原則］）。

　判決・裁定は法的効力が生じた後に執行される。法的効力が生じる（発効。これと裁判の「確定」は別物）のは，上訴期間を経過した判決・裁定，終審の判決・裁定，および許可権者が許可した死刑判決である（259条）。

　(iv)　裁判監督手続　　これは本質的には国家機関である法院および検察院による監督作用に基づく再審であり，客観的真実主義を色濃く反映し，発効判決・裁定に確かに誤りがあることを発見したときはいつでも，法院は再審開始を決定する権限を有し，また検察院は同級法院にプロテストをする権限を有し（刑則582条では義務），これにより再審が始まる。当事者等は両者に再審を求めて［申訴］することができ（252条。実務では主な端緒），罪責認

第9章　犯罪と法

定・量刑に影響する可能性がある証拠があるとき，排除すべき証拠の未排除，著しい量刑不当，公正な審判に影響する可能性がある手続違反，［審判人員］の収賄・枉法裁判などがあったときは，再審しなければならない（252条〜254条，刑則591条）。不利益変更は，プロテストがあった場合を除き，原則禁止である（刑解386条）。

(3)　証　拠　法

伝統的立場によれば，証拠が事件の終局的決定［定案］の根拠となるためには，客観性（真実性）・関連性・合法性が不可欠とされてきたが，実務は必ずしもそうではなかった。代表的な問題は違法収集証拠である。刑訴法は一貫して拷問等の違法収集を厳禁してきたが，違法に収集した証拠の取扱いを規定してこなかった。その排除が法律化されたのは2012年のことであった。

［非法証拠排除規則］が排除するのは，①拷問等の違法な方法で収集した被疑者・被告人の自白［供述］，②暴行・威迫等の違法な方法で収集した証人の証言・被害者の供述［陳述］，③法定手続に合致しない方法で収集した物証・書証である（56条1項）。①②は絶対的排除であるのに対して，③を排除しなければならないのは，司法の公正に著しく影響する可能性があり，補正または合理的な説明ができないときに限られる（相対的排除）。ここにも客観的真実主義が色濃く表れている。①を排除する主な根拠は，拷問等の重度に違法な方法で得た不任意自白は真実性に問題がありうることとされる。その論理は違法排除というよりも（違法ではある），むしろ虚偽排除説的な自白法則（刑訴法は規定していない）である。また③の排除のハードルを上げるのも，同じく真実性の枠組みで理解することができる（通常その問題はない）。そも

340

2　刑事訴訟法

そも本法則の主な創設目的がえん罪防止にあると考えられること
から，こうしたあり方は合目的的と評価できる。なお以上の動き
に連動して，証拠能力・証明力概念が浸透しつつある。

　証拠価値（証明力）の評価方法について，かつて自由心証主義
は不可知論・主観的唯心主義の表れであり，ブルジョア的と批判
されたが，1990年代以降は中立的な立場から研究が進められて
いる。現在，刑訴法には評価方法に関する一般的な規定はない
（自白補強法則について55条1項）が，近年，刑解等で多くの規制
がなされている。

　有罪の挙証責任は訴追者が負い（51条），有罪というには事実
が明白で，証拠が確実・十分の程度に達する必要がある。「証拠
が確実・十分」とは，①罪責認定・量刑の事実のいずれもが証拠
で証明されたこと，②終局的決定の根拠とする証拠がひとしく法
定手続を経て事実と確かめられたこと，③全証拠を総合して，認
定事実について合理的な疑いを排除したことを指す。この程度に
至らなければ，証拠不足による無罪となる。このほか，罪となら
ないときも当然に無罪である（55条・200条）。

（4）弁　護　権

　［弁護権］には弁護人の弁護を受ける権利と自ら弁護する権利
を含む。憲法には一貫して［被告人］の弁護を得る権利が規定さ
れており，［弁護権］を有することは憲法原則とされている。弁
護人には弁護弁護士［弁護律師］と，それ以外の弁護人［其他弁護
人］の2種類がある。後者は主に弁護士の量的不足から認められ
てきたものであり，たとえば被疑者・被告人の親族友人［親友］
がなることができる（以下，非弁弁護人とよぶ）。

　これまでの訴訟構造の変化（当事者主義的要素の導入）に伴い，

341

第 9 章　犯罪と法

弁護人選任可能時期が早期化され，また弁護人の権利も拡充されてきた。79 年法では弁護人選任権の行使可能時期は起訴以降であったが，96 年改正で起訴審査以降に（先述(1)(i)），12 年改正では捜査機関の初回訊問・強制措置執行日（捜査段階）以降になった。もっとも，捜査段階で依頼できるのは弁護士に限られる（33条）。なお 96 年法ではこの段階で「弁護人」を選任することはできなかったが，弁護士に法律相談の提供等を依頼することはできた。主な違いは，弁護人としての権利（たとえば調査・証拠収集権）が認められるか否かである。

　「人質司法」的な実務においては，捜査段階における接見交通がひとしお重要となるが，従来から［接見難］は［弁護難］の最たるものであった。96 年法では，国家秘密関連事件については接見自体（さらには弁護士依頼）に捜査機関の許可が必要とされ，また一般に捜査機関は必要があれば接見に立ち会うことができた（96条）。2008 年 6 月 1 日に施行された改正弁護士法（採択は 2007年）は，捜査機関の接見許可権限を規定せず，弁護士執務証書や委任状等に基づき接見権を認め，また弁護士の接見一般について会話傍受［監聴］を禁止した（33条）。もっとも，これに対応した刑訴法改正が直ちには行われなかったこともあり，その実効性は大きく減殺されていた。12 年改正は折衷であり，会話傍受禁止を維持したうえで，弁護士が委任状等に基づき接見を求めた場合には 48 時間以内に手配しなければならない（刑定 7 条によれば，48 時間以内に接見させること）とした一方で，国家安全危害・テロ活動・特大賄賂犯罪事件の被疑者との接見については捜査機関の許可を必要とした（37条）。なお 18 年改正では，特大賄賂犯罪事件の管轄が監察委員会に移されたことから，同事件に関する許可

権限が削除された（39条）。起訴審査以降は非弁弁護人も接見交通が可能であるが，起訴審査段階では検察院の，公判段階では法院の許可が必要である。

　規定上，被疑者・被告人や弁護人の権利は拡充されているが，近年，実際に弁護士が弁護した事件は3割ほどであり，権利保障の実効性は減殺されている。その背景としては，弁護士の量的不足・都市偏在や経済的コストの高さなどのほか，弁護活動に対する報復的な取締り・責任追及がある点にとくに留意しなければならない。その代表格は刑法306条の弁護人証言妨害等罪である。最終的に同罪を認定された弁護士は少ないが，その萎縮効果は小さくないとされる。

　憲法上の「弁護を得る権利」の実効性を担保する制度として，弁護人を選任していない者に対する刑事法律扶助がある（かつては一般に［指定弁護］）。79年法27条2項は，聾・唖・未成年の被告人について，法院が職権で弁護人を指定しなければならないとしていた。その後対象が拡張され，現在は盲・聾・唖の，限定責任能力の［精神病］の，未成年の，および見込刑が無期懲役・死刑の被疑者・被告人となっている。また枠組みも変わっており，現行制度では法院に法律扶助機構への通知が，また同機構には弁護士の選定［指派］が義務づけられている。なお，これら以外の者でも，経済的困窮等を理由に法律扶助を申請することができる（35条・278条。なお特別手続について293条・304条2項）。

　また法律扶助の一環として当番弁護士［値班律師］制度が［試点］を経て18年改正で正式制度化された。本制度は，法律扶助機構が法院・看守所（日本の拘置所に相当）等に当番弁護士を派遣し，これが弁護人未選任の被疑者・被告人に法律相談，手続選択

第9章 犯罪と法

の建議，強制措置の変更申立て，事件の処理についての意見提出
等の「法的支援」（弁護ではない）を担うというものである（36 条
1 項）。弁護人選任までの「救急弁護士」とされる。さらに 2017
年からは一部地域で被告人を対象とする「弁護士弁護の全件カバ
ー」（一部自己負担の模索を含む）の［試点］が始まり，2018 年末
には試点地域がさらに広げられた。

　(5)　合意・取引

　(i)　国と被疑者・被告人　　18 年改正により，中国版司法取
引ともいうべき［認罪認罰従寛］制度が法律化された。本制度は，
追及されている罪を被疑者が任意で認め，検察院の予定する量刑
建議および手続（簡易・迅速裁判・通常手続）を受け入れる，とい
う被疑者と検察院との合意を内容とする。被疑者にとっては量刑
上の寛大な取扱いおよび手続負担の軽減が高い確度で見込まれる
点でメリットがある（前者は自首・自白［坦白］の場合にもありうる
が，法院の裁量による。刑法 67 条）。

　本制度は事実・罪名・罪数を対象とせず，起訴罪名について証
拠上有罪を認定しうることを前提とする。被疑者は原則として
［認罪認罰］誓約書に署名しなければならず，署名時には弁護
人・当番弁護士の立会いが必要である（15 条・174 条）。公判にお
いては検察に量刑建議が，また裁判長には被告人の合意の任意性
および上記誓約書の真実性・合法性の審査が義務づけられる
（176 条 2 項・190 条 2 項）。審判の公正を損なうおそれがあるとき
を除き，法院は原則として起訴罪名および量刑建議を採用しなけ
ればならない。このほか，量刑建議が著しく不当であり，または
被告人・弁護人が量刑建議に異議を申し立てた場合，検察には調
整の機会が与えられ，それでも解消されないときは，法院は量刑

344

建議に拘束されない（201条）。

　さらにこの場合，基層法院が管轄する事件であれば簡易手続，さらに見込刑が3年以下であれば，より簡略化された迅速裁判手続を適用することもできる（第3編第2章第3節・第4節）。後者の最大の特徴は，原則として法廷調査・法廷弁論を行わない点である（必要があれば可能）。もっとも，ここでも証拠上有罪を認定しうることが前提である。この点で，〔認罪認罰従寛〕制度や迅速裁判手続はアメリカの答弁の取引とは本質的な違いがあるとされる。

　(ⅱ)　加害者と被害者　　公訴事件においては，加害者（被疑者・被告人）と被害者が示談等により決着させること＝〔私了〕は認められていなかった（自訴事件については(2)参照）。もっとも，被害弁償や被害者の宥恕などは，被告人の刑事責任を軽減する事情とされてきた。2000年代以降，とくに調和のとれた社会建設が提唱されてから，実務では附帯民事訴訟における調停が奨励され（とりわけ死刑即時執行を回避する事情とするため），また「刑事和解」が模索され，12年改正ではこれらが法律化された。刑事附帯民事訴訟での賠償状況は，反省を示す事情として量刑時に考慮しなければならないとされている（刑解157条）。他方，刑事和解（第5編第2章）は比較的軽微な事案を対象とし，原則として民間紛争に起因する刑法各則第4章・第5章の犯罪の嫌疑があり，見込刑が懲役3年以下である事件，または見込刑が懲役7年以下の過失犯罪（瀆職犯罪を除く）事件について，被疑者・被告人が悔悟し，賠償・謝罪等により被害者の宥恕を得，被害者が和解を望んだ場合に認められる。和解が成立すれば，検察院・法院は寛大に取り扱うことができる。相対的不起訴も可能である。中国では以上の動向を修復的司法論と結びつけて論じる向きもあるが，これらの

345

重点は被害者救済の充実にあり，両者の重点は必ずしも一致しない。

(6) 犯罪被害の回復

犯罪被害は主に物質的損害と精神的損害に大別できる。主な損害回復手続としては不法占有・処分による場合（たとえば窃取された物）には追奪［追繳］等が，それ以外の場合には民事訴訟が用意されている（国家賠償も重要だが，本章では割愛する）。

追奪は犯罪者の［違法所得］物の占有を強制的に取得することである。当該原物が使用・毀損・費消されたときは，その価額の納付を命じる（［責令退賠］。最高法院「全国法院農村安定維持刑事裁判活動座談会紀要」〔1999 年 10 月 27 日〕三㈤）。これらは本来的には利益はく奪措置であるが，そのうち，被害者の合法的財産は遅滞なく還付される（刑法 64 条）。以上は法院が職権でなすべきとされ，現在，被害者が民事訴訟を通じて請求することは認められていない（刑解 139 条，最高法院「刑法第 64 条の適用の関連問題に関する批復」〔2013 年 10 月 21 日〕）。

民事訴訟は刑事訴訟に附帯して，またはそれとは別に提起することができる。前者が附帯民事訴訟である。後者は独立民事訴訟などとよばれる（以下，それぞれ附帯民訴，独立民訴とよぶ）。独立民訴の場合，実務では一般に刑事裁判が発効するまで民事訴訟は進められない（いわゆる［先刑後民］原則）。

附帯民訴で賠償請求できる損害は［物質損失］（101 条 1 項）・［経済損失］（刑法 36 条 1 項）であり，文理上，精神的損害は対象外である。最高法院は独立民訴で請求しても不受理とする（刑解 138 条 2 項）。また物質的損害についても限定的である。不法占有・処分による損害の回復は追奪等が独占し，また附帯民訴にお

いては人身解釈（本書第5章）よりも賠償費目が限られ（刑解155条2項），さらに賠償額の算定に当たっては被告人の資力を適度に考慮すべきとされている（上記座談会紀要）。犯罪とは重大・特殊な不法行為であり，民事不法行為［民事侵権］とは異なるとされるように，犯罪に起因する民事紛争は，通常のそれとは区別されている。なお実務上，賠償すれば量刑において有利に取り扱われる（刑解157条など）。他方で調停・和解においては上述の制約はない（同155条4項）。調停・和解は被害者側・被告人（加害者）側の双方にとってメリットのある賠償問題の解決方法となる。最高法院もこれを推奨している。

3　行 政 処 罰

(1)　概　　観

　行政処罰についても建国後長らく一般法はなく，個別の法令に委ねられていた。計画経済システムにおいては，行政管理秩序の維持は多くの場合，内部的な懲戒処分で対処でき，また［単位］の財産は国有であったため，一般に経済的制裁を科さなかった。行政処罰を必要とする領域は限られ，主には治安管理領域であった。しかし改革開放の進展に伴ってこうした前提が崩れ去り，行政処罰の必要性が増した。だが，行政処罰の［設定］（違反類型を創設し，それに対応する行政処罰を規定する立法行為）・［実施］（具体的行為について違反を認定し，行政処罰を科すこと）権限や，明確な手続などの統一的な規制がなかったため行政処罰が濫用された。とくに経済的利益目的の過料濫用［乱罰款］が問題であった。そこで1996年に基本的ルールを定める行政処罰法が制定された（3月17日全国人大採択，同年10月1日施行。その後，2009年，2017年に

第 9 章　犯罪と法

全国人大常委会により一部改正。以下，行処法と略す）。同法が法定の根拠がなく，または法定手続を遵守しなかった行政処罰は無効であり，また公布していない規定を行政処罰の根拠とすることはできないとわざわざ規定した（3条2項・4条3項）のは，こうした事情による。

　行政処罰の対象となる行為は「行政管理秩序に違反した行為」（秩序違反）であり，それは一般になお犯罪が成立していないものとされる。ここでの両者の区別は主に社会的危害性の程度に求められている。行政処罰の種類としては，行処法に警告，過料，違法所得・不法財物の没収，生産営業停止命令，許可証・免許の停止〔暫扣〕・取消し，行政拘留が例示列挙されている。法律・行政法規でこれら以外の行政処罰を定めることもできる（8条）。

　行政処罰の設定権限についても，法形式毎に限界が画された。法律はすべての行政処罰を，また行政法規は人身の自由を制限するもの（これは法律の専権事項であり，この点で労働矯正（後述(3)）は問題視された）を除くすべての行政処罰を設定することができる。地方性法規および規則も一部設定可能である。またこれら以外の規範的文書には設定権限がないことが明記された（行処法9条〜14条）。行政処罰の実施主体は原則として法定の行政機関であるが，公共事務管理職能を有する組織に授権・委託することができる。なお人身の自由を制限する行政処罰は，公安機関しか実施することができない（同15条〜19条。なお国家安全機関による行政拘留を定めるものとしてスパイ防止法29条〜32条）。処罰の実施に際しては行政処罰決定書を当事者に交付・送達しなければならない（行処法34条・39条）。

(2) 治安管理処罰

治安管理処罰（以下，治安罰とよぶ）は行政処罰の1種である。
これは中華人民共和国においてある程度まとまった形で法律化さ
れた最初の制裁であり，その歴史は1957年に制定・施行された
治安管理処罰条例に始まる（類推適用を認めていた）。同条例は文
革後の1980年に，なお有効であることを示すために再公布され
た。その後，1986年にこれに取って代わる新条例が制定された
（1987年施行，1994年一部改正）。そして2005年に新たに治安管理
処罰法が制定された（2006年3月1日施行）。その後同法は，2012
年に刑訴法改正に合わせて一部改正された（2013年1月1日施行。
以下，治処法とよぶ）。以下，これを中心に概述する。

治安罰の対象は治安管理違反行為とよばれ（以下，治安違反と呼
ぶ），それは公共の秩序・安全，人身権・財産権，社会管理を侵
害・危殆化し，社会的危害性を有するが，なお刑事処罰に至らな
い行為を指す。犯罪を構成するときは刑事責任を追及する（2条）。
先述（**表9-2**）のように，犯罪と治安違反は社会的危害性を主軸
に連続しており，原則としては1個の行為にはいずれかしか成立
しない（例外としてたとえば［定罪免刑］。先述1(4)）。

処罰には警告・過料・行政拘留・公安機関発行の許可証の取消
しなどがある（10条）。行政拘留（治処法上のそれは治安拘留ともい
われる）は1日以上15日以下である（併合処罰時の長期は20日。16
条）。条例時代はこの間の食費は被拘留者の自己負担となってい
たが，行処法・治処法にはこれに関する規定はない。拘留所条例
（2012年2月15日国務院採択，同年4月1日施行）17条は，拘留所
（刑事拘留以外の拘留等の執行を担う。公安部・拘留所条例実施辦法
〔2012年12月14日施行〕5条）に飲食の提供を義務づけた。また拘

第 9 章　犯罪と法

留所が被拘留者に生産労働への従事を強要することは禁じられている（同条例 21 条 3 項）。

　公安機関は違反事実を認定するために，調査を行う。強制力を伴う処分も可能である。たとえば取調べ［詢問］のために違反被疑者を召喚［伝喚］したが，同人が正当な理由なくこれに応じず，または逃げたときは，「強制召喚」をすることができる（治処法 82 条 2 項）。取調べは原則 8 時間以内，状況が複雑で拘留が見込まれるときは，24 時間以内である（83 条 1 項）。

　処罰決定権者は原則として県レベル公安機関であるが，警告・500 元以下の過料は公安派出所が決定することができる（91 条）。さらに事実が明白で証拠が確実な違反行為に警告・200 元以下の過料を科すときは，警察官がその場で決定をすることができる（24 時間以内に所属機関に届け出なければならない。100 条・101 条）。このほか調停という結末もある（［公安調解］という）。民間紛争に起因する喧嘩・器物損壊等の治安違反で情状が比較的軽いときは，公安機関が調停し，合意に至れば処罰しない。社会的紛争の解決を目指すものであり，公安部は調和のとれた社会構築の見地から，これを推奨している（公安部「公安機関の治安管理処罰法の執行における関連問題に関する解釈」〔2006 年 1 月 23 日〕1 条）。合意が成立せず，または合意が成立したが履行しなかったときは，公安機関が処罰する。また民事紛争については民事訴訟を提起することができる（治処法 9 条）。

(3)　労働矯正

　1950 年代中頃に生まれた強制収容措置である労働矯正［労動教養］はすでに廃止されたが，最盛期には 30 万人以上を収容するなど，制裁システムにおいて小さからぬ存在であった。当初，労

働矯正は強制的な教育改造および就業措置と位置づけられた（国務院「労働矯正問題に関する決定」（1957 年 8 月 1 日全国人大常委会承認）2 条。収容期間の定めもなかった）が，その後就業措置が脱落し，代わりに「人民内部の矛盾」（本書第 2 章 2 ⑹）の処理が（とくに 1980 年代以降は明示的に）掲げられるようになった。こうした変化に伴い，労働矯正の重心も軽微な違法・犯罪者へと移り，またその法的性格についても実質的な行政処罰であるとする学説が主流となっていった（⑴参照）。以下，1980 年代以降のそれを概観する。

収容対象はまず空間的に原則として都市部に限られ，また行為類型については公安部「労働矯正試行辦法」（1982 年 1 月 21 日国務院転達）10 条が大枠を定めたが，中央・地方で拡張されていた。おおむね治安罰では軽いが，刑罰を科すまでもない，あるいは科すことができない者を対象とした。刑罰・労働矯正・治安罰は「3 級制裁体系」とよばれたが，労働矯正の収容期間は 1〜3 年で，さらに 1 年延長することができ，期間・内容において短期の懲役に匹敵した。労働矯正は他の二者に比して人的危険性を重視するものと説かれた。

制度上，決定権は労働矯正管理委員会にあったが，実際は公安機関が掌握していた。法的効果に比べて要件・手続は緩やか，といういかにも危うい制度であり，実際，当局に都合良く使われた（たとえば［邪教］・［民族分裂主義］・［非法宗教活動］・［上訪］の対策や刑事強制措置・収容審査の代用）。そのため批判は絶えず，本制度の存続を図って公安部が自主規制（手続的保障の強化，期間短縮など）を進めるなどしたが，結局，2013 年に制度は廃止された。

第 9 章　犯罪と法

4　法的制裁システムの構造

(1)　基本的コンセプト

　法的制裁システムの基本的コンセプトは，犯罪—秩序違反—［民事違法行為］を社会的危害性の程度により画したうえで，それぞれの社会的危害性に応じた制裁および手続を設定する，というものと考えられる（民事制裁について民法通則 134 条 3 項）。ここでは刑事・行政・民事の各パッケージが，別次元・異質のものとしてではなく，社会的危害性の 1 本の軸上に段階的に配置されている。しかも，犯罪・治安違反の調停等による解決や［定罪免刑］時の行政処罰などが示すように，それぞれの境界は不分明である。このほか，犯罪に起因して損害賠償責任も生じるが，制度上それと民事不法行為に起因する損害賠償責任（その制裁的側面について不法行為責任法 1 条）との取扱いには違いがある。また実務では，刑と賠償・行政処罰を択一関係と捉える考え方・現象（主には批判的な文脈で［打了不罰，罰了不打］などという）も見られる。

　こうした刑事・行政・民事法の三者は，社会的危害行為への対処のために連携・協働が求められる。その典型例は社会治安総合ガバナンス［社会治安綜合治理］である。これは「社会主義現代化建設の順調な進展の保障」のために，社会治安の問題に対して刑事・行政・民事法やその他のリソース（政治・行政・経済・文化・教育など）を総合的に運用してガバナンスを行う，というものであり，民事法にも積極的に刑事・行政法などと協働して治安問題に貢献することが求められている。

　以上の基本的コンセプトの背景には，生の社会的紛争を複数の次元を異にする法的紛争・問題として分けず，そのまま一体的に捉える紛争観（たとえば犯罪と民事不法行為，治安調停，さらに［民

352

転刑］という発想），およびそうした「紛争」を解決すべきとする
法システムへの役割期待がある（たとえば［案結事了人和］）。

(2) 実装された制度とその運用

もっとも，以上の基本的コンセプトは，そのまま具体的な制度
として実装されているわけではない。コンセプトと制度，さらに
はその運用には一定のギャップがある。ここでは次の2点につい
てふれておきたい。

まず刑事と行政の段階的関係については，少なくとも形式論と
しては治安違反を除き，すでに維持しがたい。というのも，刑罰
と行政処罰の併科が一般的に認められているからである。1個の
行為に犯罪と秩序違反が重畳的に成立しうるのであり，社会的危
害性により秩序違反の「上限」を画すことはできないことになる。
もっとも，行政処罰の併科が認められるのは，刑罰によりはく奪
した法益と異なる種類の法益をはく奪する場合に限られる（行処
法28条。なお刑罰優先が法の立場である。同22条）。そしてこの場面
を例外と位置づけ，段階的関係を維持しようとする立場も有力で
ある。

また刑事と民事の関係について，犯罪に起因する精神的損害賠
償を再び取り上げる。最高法院は附帯・独立民訴の判決ではこれ
を認めていないが，批判論は根強く，下級審にはそれを別の費目
に潜り込ませて実質的に認める裁判例もあるという。これは，犯
罪に起因する損害賠償が民事に純化しようとしていること，ある
いは刑事と民事の二元的分化の進行を示す現象と解釈できるのか
もしれない。

第10章　紛争処理システム

　中国にいう司法機関には，広義には裁判機関，検察機関，行政機関たる人民政府に属する司法行政機関や警察に相当する公安機関および国家安全機関が含まれる。これは，根拠地・解放区における司法制度では人民検察が人民法院の一機構に位置づけられ，人民検察の権限が人民法院および公安によって行使されていたという歴史的な背景によるところもあるし，民主集中制を採る中国では司法権として独立することがないことにもよる。

　本章では裁判制度を中心とする司法制度および裁判外の紛争解決制度を概観する。

1　裁 判 制 度

(1)　裁判制度の沿革

(i)　建国初期　　国共内戦の大勢が決した1949年2月，中共中央は「国民党の六法全書を廃棄し，解放区の司法原則を確定することに関する指示」を公布した。これは中国共産党による指示であって国家法ではないが，解放区およびその後の中華人民共和国の司法活動の方針が示された。まず，中華民国法の適用が否定され，人民の新しい法を根拠とし，新しい法がなお系統的に発布されていない段階では共産党の政策や人民政府・人民解放軍がすでに公布している各種綱領・法令および決議を根拠とし，それすら存在しない場合には新民主主義の政策を根拠とする。また，司

法従事者に対しては，マルクス・レーニン主義，毛沢東思想に依拠した国家観・法律観の確立を要求する。

同年9月の中国人民政治協商会議で採択された共同綱領もまた，中華民国の法令および司法制度を廃棄し，人民を保護する法令を制定し，人民の司法制度を打ちたてると規定し（17条），六法全書廃棄指示と同様の方針を示している。これらは中華人民共和国の司法が解放区・根拠地でのそれの延長線上にあることを明らかにしている。もっとも，新しい法なり人民を保護する法令なりは80年代まではほとんど制定されていないことから（巻末の「現代中国基本法令年表」参照），司法実践では政策に依拠していたことがわかろう。また，司法従事者には中華民国期に就任した者が多数留任したが，1952～53年の司法改革運動期に排除されている。

この中国人民政治協商会議では中央人民政府組織法が採択され，最高人民法院および最高人民検察署を組織し，これを国の最高裁判機関および検察機関とすると規定した（5条）。解放区・根拠地では裁判機関内部に検察機構が設置される［審検合署制］が採られていたが，同法により人民検察と人民法院が独立した組織となった。

この時期の裁判制度の特徴としては，三級二審制が採られていたこと，各クラス人民法院は上級人民法院および同クラス人民政府の指導・監督を受ける二重指導体制が採られていたこと，人民陪審制（現行の人民参審制とは異なり，人民法院が陪審事案と認定した場合に，陪審員は調査に協力したり審理に参加して意見を提出したりしていた）が裁判活動の原則とされていたこと等が挙げられる。

(ii) 54年憲法体制　1954年の1期全国人大1回会議で憲法および人民法院組織法，人民検察院組織法が制定され，今日の司

第 10 章　紛争処理システム

法制度の原型が形作られた。たとえば，人民法院を最高人民法院，地方各クラス人民法院および専門法院の 3 種とし，地方各クラス人民法院は高級・中級および基層の 3 級に分かつ。結果，人民法院は四級制となり，第二審を終審とする四級二審制が採用された。裁判の独立，法律の適用における市民の一律平等，民族の平等，裁判の公開，弁護権の保障等の裁判活動の諸原則も 54 年憲法下で打ち出された。各クラス人民法院の院長，副院長等の任免権についても規定されたが，裁判官・検察官の試験によるリクルートシステムについては，1995 年の裁判官法・検察官法の制定を待たねばならなかった。

　(iii)　政治運動に翻弄される司法制度　　表面的には司法制度の正規化・体系化が 54 年憲法体制によって達成されたが，1957 年の反右派闘争を皮切りに相次いで発生する政治運動によって翻弄される。とくに，1966 年からの文革による影響は甚大かつ深刻であった。人民法院と人民検察院が廃止され，公安機関軍事管制委員会にその機能・職権が統合されるなど，司法機関は壊滅的状況に陥った。文革末期の 1972 年には人民法院の再建がはじまるが，75 年憲法では検察の職権は各級公安機関が行使すると規定され（25 条），文革が終了するまでは混乱した状態が続いた。結局，人民検察院が再建されるのは 78 年憲法まで待たねばならなかった。78 年憲法は裁判の独立などの一部を除いて 54 年憲法の諸規定を復活させ，それが現行制度に引き継がれることとなる。

　(2)　現行制度の概要

　現行裁判制度は 82 年憲法，人民法院組織法（以下，組織法。1979 年 7 月 5 日公布，1983 年 9 月 2 日，1986 年 12 月 2 日，2006 年 10 月 31 日，2018 年 10 月 26 日一部改正，2019 年 1 月 1 日施行）により規

律される。人民法院は国の裁判機関である（憲法123条）。

　(i)　人民法院の組織系統　　憲法は人民法院の種類を最高人民法院，地方各クラス人民法院および専門法院の3種類とする（124条，組織法12条1項）。最高人民法院はこれまですべての機能を北京に集中させていたが，2014年に深圳および瀋陽に，2016年に南京，鄭州，重慶および西安に，巡回法廷［法庭］が設置された。名称には巡回とあるが，場所は固定されている。地方各クラス人民法院は高級（省・自治区・直轄市），中級（直轄市内，地区，自治州，区のある市）および基層（県，市，市轄区，自治県）の3級に分かれる（組織法13条2項）。人民法廷とよばれる組織も存在するが，これは基層人民法院の派出機構であり，基層人民法院の一部をなす（同26条）。専門法院には軍事法院，海事法院，知的財産法院および金融法院などがあり，それらの設置，組織，権限および裁判官の任免は全国人大常務委員会の規定による（同15条）。知財法院は北京市，上海市および広州市に，金融法院は上海市に，設置されている。2015年に杭州市に，2018年には北京市，広州市に，提訴，立案から審理，調停，判決，執行にいたるまでのすべてのプロセスを，オンラインの顔認証・生体認証システムなどを駆使して行うインターネット法院が設置されたが（インターネット法院が事件を審理する若干の問題に関する規定［2018年9月7日施行］），これは専門法院ではなく基層法院の業務を一部分担する法院と位置づけられている。

　人民法院の体系は最高人民法院を頂点とする四級制であり，旧法では第二審を終審判決とする四級二審制であると規定されていたが（旧組織法11条1項），改正法では削除された。刑事・民事・行政の各訴訟法は原則二審制を採るが，事件によっては一審終審

357

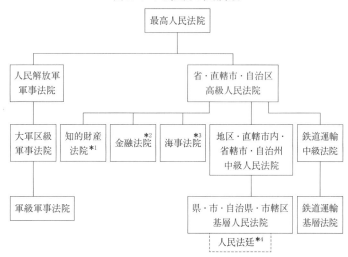

図10-1 人民法院の組織系統

*1 北京市，上海市，広州市に2014年設置。
*2 上海市に2018年設置。
*3 広州，上海，青島，天津など主要大都市に1984年設置。
*4 基層人民法院の分廷＝派出機構は地域的，人口的な事情に応じて設置される。
(出典　何蘭階＝魯明健主編『当代中国的審判工作上』(当代出版社，1993年) 159頁から作成)

もあることから，各訴訟法の規定に委ね，組織法からは削除された。上訴は一審判決を下した人民法院のひとつ上のクラスの人民法院に提起されるのが原則であるが（組織法16条・21条・23条），知財訴訟では専門性の高い紛争については最高人民法院知財法院が二審の審理を担当する（知的財産権法廷の若干の問題に関する規定〔2019年1月1日施行〕2条）といった例外もある。現行の法院組織系統を図式化したものが**図10-1**である。

(ii) 人民法院の内部構成　人民法院の勤務要員のうち，国の

1 裁判制度

裁判［審判］権を行使する裁判要員を裁判官［法官］といい，こ
れには院長，副院長，裁判委員会委員，廷長［庭長］，副廷長および［審判員］が含まれる（裁判官法2条）。かつては裁判員補助
［助理審判員］も［法官］に含まれ（同旧2条），実際にも裁判業
務に従事していたが，現行法では廃止された。

多くの基層人民法院および中級以上の人民法院には刑事，民事
および行政裁判廷が設置され，必要に応じてその他の専門事件を
取り扱う裁判廷が設置されるが，裁判官の人数が少ない中級・基
層人民法院では専門で区分しない総合裁判廷を設置するか，裁判
廷を設置しなくともよい（組織法27条1項）。それぞれの裁判廷の
責任者が廷長，副廷長である。ちなみに，最高人民法院には刑事
（1〜5廷），民事（1〜4廷），環境資源，行政の各裁判廷，第1〜第
6巡回法廷，知的財産［知識産権］法廷ならびに立案廷，裁判監
督廷および執行局が設置されている。2018年には深圳と西安の
巡回法廷に国際商事紛争を専門に取り扱う国際商事法廷が設置さ
れた（深圳が第1，西安が第2。一審終審制で，最高人民法院民事4廷
が指導監督にあたる）。中級以上の人民法院には3名以上の奇数名
の裁判官からなる国家賠償事件を専門に審理する賠償委員会が設
置される（組織法35条）。

人民法院内部では院長の強力な職権の下での集団指導体制がと
られている。その代表例として，各人民法院に設置されている裁
判委員会を挙げることができる。その職務は，裁判の経験を総括
すること，重大な事件・難しい事件・複雑な事件への法令の適用
を討論すること，再審を決定すべきか否かを決定することおよび
その他裁判活動に関係する重大な問題を討議することである（組
織法37条1項）。かつての裁判委員会の構成メンバーは法院の指

359

導者クラスとされていたために官僚主義的であり専門性が足りないとか，個別の合議法廷の判断に干渉することも多いといった批判が強く，2000年代に入ると裁判委員会の改革が司法改革の柱のひとつとなった。2018年の改正法では，裁判委員会の構成メンバーは院長，副院長および若干名のキャリアの長い裁判官奇数名とされ（同36条1項），裁判委員会は全体会議と専門委員会会議からなる（同条2項）とされるなど，専門性の強化が図られた。しかし，改正法でも裁判委員会には同クラスの人民検察院検察長もしくは副検察長も出席することができる（同38条3項）とされるなど，後述する裁判の独立との関係でもしばしばその存在が議論されている。なお，最高人民法院が制定する司法解釈および［指導性案例］も最高人民法院の裁判委員会での討議を経て公布される（37条2項）。

(3) 裁判官の選任方法

かつては最高人民法院の院長，副院長，廷長および裁判官については憲法でおおまかに規定されていただけで，裁判官の具体的な任用条件については空白の状態が続いた。1954年および1979年人民法院組織法で規定される任用条件は選挙権・被選挙権を有する満23歳以上の市民と規定されるだけであったし（54年法31条，79年法34条），1983年人民法院組織法もこれに法律の専門知識を有することという抽象的な文言が付け加わっただけであった（83年法34条）。当時は軍隊や行政機関からの転出組が裁判官の主な供給源であった。法律や裁判に関する専門的なトレーニングもほとんど行われておらず，それどころか，最高人民法院が1983年に四川省で実施した調査によれば，当時四川省内の裁判官の15％が小学校卒業以下の学歴しか有しておらず，その大半は文

字の読み書きも覚束なかったという状態であったという。

　裁判官のリクルートシステムが法定化され，法律専門職としての知識が求められるようになるには1995年の裁判官［法官］法（1995年2月28日公布，2001年6月30日，2017年9月1日，2019年4月23日一部改正，同年10月1日施行）の制定まで待たねばならなかった。同法は裁判所内部での試験制度を導入したが，その後法曹三者の統一司法試験を経て，2018年からは法律専門職資格試験［国家統一法律職業資格考試］が導入された。現行法では，これに合格することと全日制普通大学法学部（本書第11章参照）卒業以上の学歴（法学部以外の学部卒業者は法律修士または法学修士以上の学歴を要する）および満5年（学歴が学部卒の場合。法律・法学修士取得者は満4年，法学の博士学位取得者は3年）以上の実務経験等が任用要件とされる（裁判官法12条1項各号）。各一級行政区に裁判官選抜［法官遴選］委員会が設置され，初任裁判官の選抜にあたる（同16条1項）。最高法院にあっては最高人民法院裁判官選抜委員会が行う（同条4項）。これまで裁判官は各人民法院が独自に採用するシステムとなっており，原則として転勤制度はなかったが，2019年改正裁判官法では，初任裁判官は原則として基層法院に配属され，上級法院の裁判官は下級法院で一定程度のキャリアを積んだ裁判官の中から選抜されることとされる（同17条）。同クラス人大および同常務委員会が裁判官を任免する（同18条各項）。

　現在，裁判官は主席大裁判官（最高人民法院院長），大裁判官（1～2級），高級裁判官（1～4級）および裁判官（1～5級）の12級に等級化され（裁判官法26条2項），これにもとづき，各クラス人民法院の院長，副院長，廷長，副廷長等の各職務を担当できる裁判官の等級が指定されている（法官等級暫定規定6条）。

第 10 章　紛争処理システム

⑷　裁判活動の原則

(ⅰ)　法律の適用における一律平等　　人民法院が事件を審理するにあたって，法の適用において一律平等であり，いかなる組織および個人も特権をもつことも許されず，いかなる差別も許されない（組織法 5 条）。なお，憲法には法の下の平等が規定されている（33 条 2 項）。外国人も平等に扱うという意味から個人という用語が使われている。

(ⅱ)　公正な司法・人権保障の原則　　中国共産党 18 期三中全会以降，あらためて法治社会の構築が強調されたことから，2018 年改正組織法でも，人民法院は公正な司法を堅持し，事実を根拠とし法律を拠り所とし，法の定める手続を遵守し，法にもとづき個人および組織の訴訟上の権利およびその他の合法的な権利利益を保護し，人権を尊重し保障することが強調されている（6 条）。

(ⅲ)　裁判の「公開」　　国家機密や個人のプライバシーに関する事件および未成年者の刑事事件を除きすべて公開して行われなければならない（憲法 130 条，組織法 7 条，民訴法 134 条 1 項，刑訴法 11 条，行訴法 7 条・54 条）。離婚や商業秘密に関する事件も，当事者の申請により非公開とすることができるが（民訴法 134 条），判決の言渡しはすべて公開されなければならない（民訴法 148 条，刑訴法 202 条 1 項，行訴法 80 条）。組織法 58 条では情報ネットワークを駆使して司法の公開と効率アップを図ると規定する。ここにはインターネットでの裁判の公開も含まれており，2016 年 9 月から 2019 年 10 月末までの間で累計 527 万余件の法廷審理が中継され，199 億件以上のアクセスがあったという。もっとも，すべての裁判がインターネットで中継されているわけではないことに注意すべきである。傍聴を希望しても認められないケースが多い

362

1　裁判制度

ともいわれ，とくに傍聴希望者が外国人の場合には管轄する高級人民法院の許可が必要とされるなど，実際にはさまざまな制限が課されている。

　なお，旧組織法で裁判活動の原則とされていた各民族の言語・文字を使用する権利（旧6条），弁護権の保障（旧8条）および合議制（旧9条1項）は，2018年の改正で削除されたが，各民族の言語・文字使用権については憲法139条で，弁護権の保障については刑事訴訟法11条で，規定されており，今回の措置は立法技術上のものと思われる。また，合議制については，訴訟件数の増加に伴い簡易手続（単独法廷）による審理が増加してきたことから，組織法29条1項は「合議法廷または裁判官一人の単独法廷で審理する」と改められた。

　(iv)　司法責任制　　2018年の組織法改正で司法責任制が規定された（8条）。司法責任制とは「審理する者に裁判をさせ，裁判をする者が責任を負う」という原理にもとづくもので，前者は裁判官・合議法廷の裁判の独立（(6)参照）を保障し，これまでの人民法院の指導者が事実上判断を下すという官僚主義的な運用を改めることを目的とする。それに伴い実際に裁判する裁判官が当該裁判の一切の責任を負うとした。とはいうものの，同時に院長・副院長および廷長の管理監督責任や裁判委員会が当該法院内部における判断基準の統一を行うことも強調されており（以上，人民法院司法責任制を完全なものにすることに関する若干の意見〔2015年9月21日施行〕），その理念との乖離が懸念される。

　(5)　人民参審制
　人民参審員制度は根拠地・解放区での司法原則にその原型が求められ，54年憲法下で法定化された制度である。82年憲法には

363

第 10 章　紛争処理システム

規定されていないものの，基本的な司法制度のひとつとされてきた。これまで参審員の選任については関連法令に大まかに規定されるだけであったが，2004 年の全国人大常務委員会「人民参審員制度を完全なものにすることに関する決定」（失効）を経て，人民参審員法（2018 年 4 月 27 日公布・施行）の制定にいたった。主な内容は以下のとおりである。

①　参審員は，刑事・民事・行政事件の第一審のうち，法令により裁判官の単独法廷または裁判官だけからなる合議法廷で審理すると規定される事件を除く，集団［群体］・公共の利益に及ぶ事件，大衆に広く注目されるまたは社会に対する影響が比較的大きな事件，事案が複雑またはその他の状況から参審員が参加する必要がある事件（組織法 15 条）に，裁判官と同等の権限で参加する（同 2 条 2 項）。ただし，後述する 7 人の合議法廷の参審員は，事実認定については裁判官と同様に評決に参加するが，法令の適用（量刑など）では自らの見解を表明することはできるが，評決には参加できない（同 22 条）。

②　参審員と裁判官とで組織する合議法廷には，3 人（参審員は 1〜2 名）からなるものと 7 名（3 名の裁判官＋4 名の参審員）からなるものがある（組織法 14 条）。10 年以上の有期懲役・無期懲役または死刑の判決が下される可能性のある，社会への影響が重大な刑事事件，民訴法・行訴法にもとづく公益訴訟，土地収用・立ち退き，生態環境保護，食品・薬品の安全に関係する社会への影響が重大な事件およびその他の社会への影響が重大な事件は 7 名の合議法廷が審理する（同 16 条）。刑事訴訟の被告人，民事訴訟・行政訴訟の原・被告が参審員裁判を希望する場合，参審員を含む 3 名の合議法廷で審理する（同 17 条）。

364

1 裁判制度

③　人民法院の管轄区内に［戸口］があり，憲法を擁護する，年齢が満 28 歳以上で，法令を遵守し品行方正で正義感に溢れた真面目な人物で，高校卒以上の学歴を有する市民であることが参審員の要件とされる（組織法 5 条）。人民代表大会常務委員会の構成メンバー，監察委員会，人民法院，人民検察院，公安機関，国家安全機関および司法行政機関の勤務要員，弁護士，公証人，仲裁人および基層法律サービス工作者などや（同 6 条）刑事処罰を受けたり公職を免職されたりなどした者は（同 7 条）参審員になることはできない。司法行政機関と人民法院は，有資格者の中から当該人民法院の裁判官の定数の 5 倍の者を無作為抽出して参審員候補者とし，資格審査を行うとともに参審員候補者の意向を確認して（同 7 条），裁判官数の 3 倍以上の人数を参審員名簿に掲載し，当該名簿を同クラス人大常務委員会に提出して確定する（同 8 条）。基層人民法院と同クラス司法行政機関は，当該名簿の中から無作為抽出で参審員を選出する（同 10 条前段）。

これまでと同様に，個人の申請または所属する［単位］または［戸口］所在地もしくは常居地の大衆的自治組織や人民団体の推薦によって選出することも可能ではあるが，裁判活動上の必要性があるという条件が付されており，原則は無作為抽出による。この場合，基層人民法院が同クラス人民政府司法行政部門および同公安部門と合同で資格審査を行う（組織法 13 条）。個人の申請や団体の推薦による参審員の人数は全参審員数の 5 分の 1 を越えてはならない（同 11 条）。いずれの場合も参審員に選出された後，基層人民法院院長が同クラス人大常務委員会に任命を要請する（同 10 条後段・11 条）。人大常務委員会に任命された参審員は公開の場で就任宣言をしなければならない（同 12 条）。

365

第 10 章　紛争処理システム

④　参審員の任期は 5 年で，原則として再任されない（組織法
13 条）。

⑤　参審員には裁判活動に参加した日数に応じて手当や交通
費・食事代が支給される（組織法 30 条各項）。参審員として裁判活
動に参加している期間，所属する［単位］が経済的に不利益とな
る扱いを禁止する規定も設けられた（同 29 条）。その他，研修
［培訓］や考課（同 25 条），奨励・顕彰（同 26 条）に関する規定や
参審員の人身・居住の安全の確保に関する規定（同 28 条）なども
設けられた。

　参審員法の立法にあたっては日本の裁判員制度はじめ諸外国の
制度が参考とされ，市民の司法参加が強調され，えん罪事件の発
生の回避などが期待されている。もっとも，大量の市民を候補者
とする参審員制度は初めての取り組みであり，その実効性につい
て疑問視する専門家も少なくない。

(6)　裁判の独立

　人民法院は法の定めるところにより独立して裁判権を行使し，
行政機関，社会団体および個人による干渉を受けない（憲法 126
条，組織法 1 条）。これを裁判の独立の原則とよぶ。裁判の独立は
人民法院の独立として理解されている。

　市民革命によって誕生した近代国家では，国家の編成原理とし
て三権分立を採用する。法原理としての権力分立論は，国家権力
の恣意的行使ないしは濫用を排し，市民の権利と自由をよりよく
保障するために，とくに英米法系の憲法論では行政権からの司法
権の独立が主張される。これに対して，社会主義型国家では，近
代（資本主義型）国家が依拠する法原理としての国民主権・権力
分立を否定し，人民主権・民主集中制の原理にもとづき，国家機

構（＝国家諸機関の総体）が編成される。中国を含む社会主義型国家における国家論・憲法論では，司法権は立法権・行政権と並んで国家権力の不可分の構成部分であると把握される。しかし，国家権力を行使する国家諸機関相互の関係は分業にもとづく機能分担にすぎないのであるから，裁判権を行使する人民法院が国家権力から分離独立すること，すなわち司法権の独立は原理的にも制度的にもありえないと観念されている。その結果，国家裁判機関である人民法院がその職権を行使するにあたり，法的判断の形成に他からの圧力や干渉を排し，公正かつ厳格な判決を下すことを保障するために，裁判の独立が憲法上の原則として採用された。

　裁判の独立原則は，少なくとも法理論的には人民法院の名義において第一義的に係争事件を審理し判決を下すのは通常合議法廷であるから，その合議法廷が他からの圧力や干渉を受けることなく独立して職権を行使することでなければならない。しかし，実際にはそれを制約する要因が存在する。たとえば，各クラス人民法院の党委員会が「党の指導」の名の下に行う審査承認制，人民法院内部における院長・廷長による審査承認制や裁判委員会と合議法廷の関係，上級人民法院や人民検察院の裁判監督に名を借りた圧力，さらには人民法院の財政・予算を握る同クラス人民政府や人事権を握る同クラス人大や党委員会組織部からの圧力などがある。また，中央から地方に至るまでの各クラス共産党委員会に政法委員会が設置されており，司法，治安管理を担当している。人民法院のみならず公安や人民検察院が政法委員会の指導の下にあり，全般的な活動に対する指導のみならず，個別の裁判についても具体的な指導を行っている。ちなみに，政法委員会のメンバーは公安，人民検察院，人民法院のいわゆる司法機関のみならず，

国家安全機関や司法行政機関，解放軍・武装警察から構成されている。これらには憲法や法律上の根拠が一応存在しているが，圧力や干渉と協働の線引きが曖昧なグレーゾーンが大きい。これらの圧力や干渉が，結果として［先判後審］（院長や廷長，裁判委員会が先に決定をして，その後に合議法廷が審理を開始する），［審而不判］（審理は合議法廷が行うが判断・判決はしない）といった合議法廷審理の形骸化，ひいては裁判の独立の阻害を惹起しているともいわれており，裁判の独立は矛盾した建て前ともいえよう。

　近時では，法的判断の形成にほかからの圧力や干渉を排し，公正かつ厳格な判決を下すことを真に保障するためには，裁判の独立ではなく，裁判官の独立が必要であるとの意見が，学界のみならず裁判官からも提起されている。その他，大衆路線の堅持，調停優先・重視，職権主義的訴訟システムなどの特色が指摘されるが，これらについては各訴訟法の章を参照されたい（本書第4章，第8章，第9章）。

　(7)　裁判官定員制

　かつて中国には二十数万人の裁判官がいるといわれていたが，実際には裁判業務に一切かかわっていない者も少なくなく，裁判業務をこなす裁判官は数万人とかなり少ないといわれていた。このことが［立案難］（本書第8章2(6)(b)参照）や訴訟期間の遅延といった弊害や裁判官の業務多忙の原因であると指摘されていた。そこで，最高人民法院は「人民法院第4期5カ年改革綱要（2014–2018）」を公布し，裁判官の定員管理を行う制度（［員額制］）に着手し，組織法で明文化した（46条）。これは，裁判官の能力アップ，プロフェッショナル化により冗員を減らし，その分の人件費を廻すことで待遇を向上させ，さらなる質の向上を図るという

循環を形成することで，公正・効率的・権威ある司法を実現しようともくろむものでもある。

　裁判官の定員は訴訟件数，法院所在地の経済・社会の発展状況，人口規模および法院のクラスなどにもとづいて決定する（同条1項）。最高人民法院の定員は関係部門と調整の上決定し，地方各クラス人民法院の定員は省・自治区・直轄市ごとに総量規制・動態管理を行う（同条2項）。定員に選ばれた裁判官［員額法官］は裁判業務に専念し，しかも一般には優秀・経験豊富な裁判官から選出されるため，少数精鋭による業務の効率化が期待されている。2017年7月に第1回目の定員化が完了し，それまでの21万人の裁判官から12万人の［員額法官］が選出された。

　⑻　司法制度改革

　中国で裁判官の独立が採用されなかった理由としては，院長の強力な職権を背景にした集団指導体制も影響していたが，一義的には裁判官の資質の低さが指摘されてきた（本章1⑶も参照）。ところで，1980年代半ばには，改革開放政策への移行に伴い訴訟件数が爆発的に増加した（次頁**表10-1**参照）ことから，訴訟の効率性の追求を目的とした改革に着手することとなる。そのために，裁判官の資質の向上とともに，民事訴訟の分野では超職権主義的訴訟モデル（本書第8章1⑵参照）から当事者主義モデルへの転換が図られた。これを民事裁判方式の改革とよぶが，1990年代初頭から，改革の重心が司法腐敗の防止，公正・公平な裁判へとシフトしていき，名称も司法制度改革へと変化していった。21世紀に入ってからは，くわえて裁判官のプロフェッショナル化や前述の裁判官定員制も，公正かつ効率的な権威ある司法への取組みと位置づけられている。

表 10-1　全国各級人民法院訴訟事件別件数の推移（第一審終局）

	刑事訴訟		民事訴訟[*1]		行政訴訟[*2]	
	受　理	結　審	受　理	結　審	受　理	結　審
1950年	470,058	451,764	659,157	616,649	—	—
1960年	533,078	522,503	308,024	312,113	—	—
1970年	246,188	206,621	103,293	102,443	—	—
1980年	197,856	195,137	565,679	555,078	—	—
1990年	459,656	457,552	2,444,112	2,452,214	13,006	12,040
2000年	560,432	560,111	4,710,102	4,733,886	85,760	96,614
2010年	779,595	779,641	6,090,622	6,112,695	129,133	129,806
2014年	1,040,457	1,023,017	8,307,450	8,010,831	141,880	130,964
2015年	1,126,748	1,099,205	10,097,804	9,575,152	220,398	198,772
2016年	1,101,191	1,115,873	10,762,124	10,763,889	225,485	225,020
2017年	1,294,377	1,296,650	11,373,753	11,651,363	230,432	229,112

＊1　1990年以降は経済事件と合算した件数を示している。
＊2　行政訴訟は1989年以降。

（出典：1950～86年は最高人民法院研究室編『全国人民法院司法
統計歴史資料匯編1949-1998（刑事部分）（民事部分）』（人民法院
出版社，2000年），1987年以降は『中国法律年鑑』各年号）

　1999年10月に最初の「人民法院5カ年改革綱要」が発表され
てからこれまでに5つの5カ年改革綱要が最高人民法院から発表
されており，内容は多岐にわたる。もっとも，これら改革綱要は
将来あるべき司法制度の青写真を提示し，それに向けてのロード
マップを提供するというものではなく，次々と目の前に登場する
問題を処理することに汲々としている感が否めない。また，改革
の結果，官僚主義的な裁判官制度が形成されるといった皮肉な現
象も生じている。

2　検 察 制 度

現行検察制度は82年憲法，人民検察院組織法（以下，検察組織

法。1979 年 7 月 5 日公布，1983 年 9 月 2 日，1986 年 12 月 2 日，2018 年 10 月 26 日一部改正，2019 年 1 月 1 日施行)，検察官法 (1995 年 2 月 28 日公布，2001 年 6 月 30 日，2017 年 9 月 1 日，2019 年 4 月 23 日一部改正，同年 10 月 1 日施行) などにより規律される。人民検察院は国の法律監督機関である (憲法 134 条)。

(i) 人民検察院の組織系統　憲法は人民検察院の種類を最高人民検察院，地方各クラス人民検察院および専門人民検察院の 3 種類とする (135 条)。地方各クラス人民検察院は，省クラス人民検察院 (省・自治区・直轄市人民検察院)，区のある市クラス人民検察院 (省轄市・自治区轄市人民検察院，自治州人民検察院，省・自治区・直轄市人民検察院の分院) および基層人民検察院 (県・自治県，区のない市および市轄区人民検察院) からなり，それぞれ高級・中級・基層人民法院に対応する (検察組織法 13 条)。専門人民検察院には，現在，軍事検察院などがある。

(ii) 人民検察院の内部構成　各クラス人民検察院は検察長，副検察長，検察委員会委員および検察官からなり (検察組織法 35 条)，検察長が検察活動を指導し，行政事務を管理する (同 36 条)。

(iii) 検察官の選任方法　裁判官同様，検察官もまた長きにわたってその選任方法などのリクルートシステムが空白であり，法定化は 1995 年の検察官法の制定まで待たねばならなかった。現在の選任の要件・方法については，裁判官のそれとほぼ同様である (本章 1(3)参照)。新任検察官の選抜は検察官選抜委員会 (最高検察院にあっては最高検察院検察官選抜委員会) が担当し (検察官法 16 条)，新任検察官は基層人民検察院からキャリアをスタートさせる (同 17 条) 点も，裁判官と同様である。

(iv) 検察活動　人民検察院が事件を直接捜査することは少な

い。日本のように警察の捜査を指揮するのではなく，公安機関の捜査した事件を審査し，逮捕の可否を判断し（逮捕状の発付），起訴・不起訴を決定する。公安機関の捜査活動そのものが適法であるか否かについても監督を行う。また，刑事事件について公訴を提起し，公判を維持する。法にもとづいて公益訴訟を提起する。人民法院の裁判活動が適法であるか否かについての監督を行う。さらに，判決・決定の執行および刑務所・看守所の活動が適法であるか否かについて，監督を行う（以上，検察組織法20条）。これらが法律監督の具体的な内容とされる。

　人民法院の裁判活動および判決・決定の執行についての監督に関連して，人民検察院の職権のひとつに裁判監督がある。具体的には，地方各クラス人民検察院は同クラス人民法院の判決・決定に誤りがあると判断した場合，上訴手続に従って［抗訴］を提起するか，修正意見または検察建議を提出することができる（検察組織法21条1項）。刑事訴訟法・民事訴訟法・行政訴訟法では［抗訴］を提起しなければならないと規定する。［抗訴］とは人民検察院の職権にもとづく上訴・再審請求である。刑事訴訟に限定されずすべての訴訟に適用される点に特徴がある。

　なお，旧ソ連をはじめ（旧）社会主義国に多く規定されていた検察による一般監督，すなわち国家機関，国家勤務要員，法人，市民およびその他の組織が法律を遵守しているか否かについて検察権を行使して監督することは，54年憲法には明文で規定されていたが（81条1項），現行憲法および検察組織法には規定が設けられていない。しかし，たとえば人民検察院検察建議工作規定（2018年）では，検察機関が業務活動の過程で公益訴訟の条件に合致するケースを発見した場合，法にもとづき職責を履行するよ

う関係する部門に検察建議を行い（10条），当該部門がその職責を履行しないときは，法にもとづき公益訴訟を提起する（25条）と規定している。規定上，公益訴訟は検察による法律監督の一機能と位置づけられているが，その機能からは限りなく一般監督に近い機能が付与されているようにもみえる。

3　弁護士制度

弁護士は漢語で［律師］というが，元々この用語は英語のlawyer の訳語である。

(1)　沿　革

中華民国期の法令と司法制度の否定からはじまった現代中国の司法制度であるが，弁護士制度も中華民国期の弁護士制度の否定と解体から着手された。1950 年 12 月には中央人民政府司法部「ヤミ弁護士および訴訟ゴロ取締事件に関する通報」を公布し，旧体制下の弁護士制度を廃止し，弁護士による法院の威信を失墜させ人民の利益を損なうとみなされる活動を取り締まることを明らかにした。その背景には，旧体制下で活躍した弁護士の多くが旧体制＝ブルジョア側の利益を代弁していたとみなされていたことが大きく影響していた。新たな弁護士制度への動きは，1953 年初頭に上海市人民法院が公設弁護人室を設置し，刑事事件の被告人の弁護にあたらせたことを嚆矢とする。その後，54 年憲法の制定を契機に弁護士制度の本格的な整備に着手した。1957 年 6 月には全国 19 の一級行政区に 817 の［法律顧問処］（公設の弁護士職務機構）が設置され，専従弁護士 2878 名，兼業弁護士 350 名がここに所属し活動していたといわれる。

その後，裁判制度同様に，1957 年の反右派闘争では多くの弁

第 10 章 紛争処理システム

護士に右派のレッテルが貼られ，迫害を受けた。[法律顧問処]
は有名無実と化し，弁護士制度はブルジョア階級的であるとして
徹底的に否定され，破壊された。

弁護士制度の再建は 78 年憲法に刑事弁護制度が規定されたこ
とを契機とする。その後，弁護士暫定条例（1980 年 8 月 26 日公布，
1982 年 1 月 1 日施行）が制定され，弁護士の任務，業務，資格な
どが規定され，正式に再建の目を見た。同条例の特徴は，弁護士
の身分を国の法律工作者つまり公務員と規定し，弁護士の業務組
織である［法律顧問処］が司法行政機関の指導と監督を受けると
している点にある。このことから，弁護士自治の原則が否定され
ていることがわかろう。その後，1986 年には全国弁護士資格統
一試験が導入され，法曹三者の中では最も早く資格試験制度が導
入された。現在は法律専門職資格試験合格が資格要件とされてい
る（司法試験については本書第 11 章を参照）。

(2) 現行弁護士法の主な特徴

前述のとおり，弁護士は法曹三者の中で最も早く法制化が実現
した。現行の弁護士法（1996 年 5 月 15 日公布，2001 年 12 月 29 日，
2007 年 10 月 28 日，2012 年 10 月 26 日，2017 年 9 月 1 日一部改正，2018
年 1 月 1 日施行）の特徴として，以下の点を指摘することができる。

(i) 身 分 弁護士とは，法にもとづき弁護士業務証明書
［律師執業証書］を取得し，当事者の依頼または指定を受けて当事
者に法律サービスを提供する者をいう（弁護士法 2 条 1 項）。規定
上は公的弁護士・事務所を排除していないが，今日ではその大多
数は私設である。ちなみに，2018 年末現在，弁護士の総数は
42.3 万人（うち専業弁護士 36.4 万人，兼業弁護士 1.2 万人，公職弁護士
3.1 万人，企業内弁護士 7200 人，法律援助弁護士 7400 人，解放軍所属弁

374

護士 1500 人）である。

(ii) **弁護士資格**　　弁護士業務の許可申請の要件として①憲法を擁護すること，②法律専門職資格試験に合格していること，③弁護士事務所で 1 年以上の研修をしていること，④品行方正であること，の 4 点が挙げられる（弁護士法 5 条 1 項）。法律専門職資格試験実施以前に統一司法試験合格証書または弁護士資格証明書［律師資格憑証］を取得している者は法律専門職資格試験合格と同等とみなす（同条 2 項）。許可申請は，区を設ける市クラスもしくは直轄市の区人民政府司法行政部門に，定められた徴証を添えて行わなければならない（6 条）。現職の国家公務員および各クラス人大常務委員会委員は，その在職期間中は弁護士との兼業が禁止される（11 条）。

(iii) **弁護士事務所**　　弁護士事務所の経営形態としては①国が出資する［国資］弁護士事務所（弁護士法 20 条），②パートナーシップ制弁護士事務所（15 条），③個人弁護士事務所（16 条）の 3 種がある。弁護士資格を取得し，弁護士業務の許可を受けた弁護士はそのいずれかに所属して業務を行う。2018 年末現在，弁護士事務所は約 3 万カ所（うちパートナー制約 2 万カ所，［国資］1100 カ所，個人事務所 9140 カ所）ある。

　弁護士事務所の設立基準として①自己の名称，住所および定款を有すること，②法の規定に合致する弁護士が所属していること，③設立人は一定の業務経験を有し，かつ過去 3 年以内に業務停止の処分を受けていないこと，④国務院司法行政部門が定める額の資産を有すること，が挙げられる（14 条）。司法部の弁護士事務所管理辦法（2008 年 7 月 18 日公布・施行，2012 年 11 月 30 日，2018 年 11 月 19 日一部改正，2019 年 1 月 15 日施行）では，③について，

パートナーシップ制事務所の場合は3年（9条）の，個人事務所の場合は5年（11条）の，実務経験が要求される。④について，3人以上のパートナー制事務所では30万元以上（9条1項4号），20名以上のパートナー制事務所では1000万元以上（10条1項4号），個人事務所では10万元以上（11条1項2号）とされる。

(3)　弁護士を取り巻く諸問題

　弁護士活動について，とくに法令に規定される弁護士自治を事実上骨抜きにしかねないさまざまな現象が生じている。

　(i)　年度検査　　弁護士業務を継続するためには，弁護士および弁護士事務所は年に一度，［年度考核］や［年検］とよばれる司法行政機関による検査を受けなければならない（弁護士法23条〜24条，弁護士事務所管理辦法59条2項・65条〜68条・71条〜72条）。この年次検査の目的は，弁護士および事務所が前年度の業務活動を総括することをつうじて，弁護士が憲法や法令，職業道徳を遵守して活動しているか，クライアントの利益を侵害していないかなどをチェックすることにあり（全国弁護士協会「弁護士業務年次検査規則［律師執業年度考核規則］」〔2010年8月13日公布，2011年1月1日施行〕2条），これにパスしないと業務停止ないしは業務許可剥奪の処分が科される（同22条）。しかし，実際には，環境問題や立ち退き問題を取り扱ういわゆる人権派弁護士とよばれる人たちへの当局からの圧力や介入となっているとの指摘もある。

　(ii)　弁護士協会　　全国レベルでは中華全国弁護士協会が，一級行政区および区のある市には地方弁護士協会が，設立される。弁護士法上，弁護士協会は社会団体法人であり，弁護士の自律的組織であると規定される（弁護士法43条）。しかし，弁護士，弁護士事務所および弁護士協会に対する司法行政部門の監督・指導

が高らかに宣言されており（4条），弁護士協会の活動もそれが前提とされていることから（44条～46条），弁護士自治とはかなりの距離がある。中華全国弁護士協会の事務局長，副事務局長（4名）はいずれも司法部出身であり，これでは実態としても弁護士自治とはほど遠い。

(ⅲ) 弁護士事務所内党支部　近時はすべての弁護士事務所内に中国共産党支部を設置し，3名以上の正式な中国共産党員を雇用し，党支部が事務所の政策決定や管理活動に積極的に参与するメカニズムを確立するとともに，党支部の経費・人件費も事務所が負担するよう求められている（弁護士事務所管理辦法4条各項）。その理由としては，一部の弁護士や弁護士事務所による職業倫理や業務規律に違反する行為が存在し，これをタイムリーに糾し，正しい道を歩むには，共産党の指導を堅持し，党大会の精神を隅々まで行きわたらせ，質の高い弁護士グループを育成する必要があるからだとされる（たとえば司法部「在全国律師隊伍中開展全面依法治国教育」2015年6月19日公表）。共産党支部を弁護士事務所内に設置したりその費用を事務所が負担したりすることと質や意識の高い弁護士を育成することとにいかなる関係が存在するのかが理解できないが，司法部の統計によれば，2018年末で全国8500カ所の法律事務所に党支部が設けられ，約14万人の党員弁護士が存在する。

4　裁判外紛争処理システム

　一般に，中国における民事上の紛争解決方法には，当事者の協議，調停［調解］，仲裁および訴訟があるとされ，このうち裁判外紛争処理システム（ADR）として認識されているのは調停（法

院調停を除く）と仲裁である。紛争の種類と程度に応じた紛争解決方法が用意されているともいえ，たとえば労働争議調停仲裁法（2007年12月29日公布，2008年5月1日施行）によれば，まず当事者が話し合い，解決できない場合は企業労働争議調停委員会等の調停機関に調停を申請し，不調に終わった場合には労働争議仲裁委員会に仲裁を申請し，それでも解決できない場合には人民法院に訴訟を提起することができると規定する（4条〜5条）。

以下では調停制度と仲裁制度について概説する。

(1)　調停制度

調停には，それを主宰する主体に応じて，人民調停委員会による人民調停，行政機関や準行政機関による行政調停がある。

(i)　人民調停　　根拠地・解放区以来，一貫して裁判外紛争処理制度として運用されてきた人民調停は，中国の社会主義の優越性を示す紛争解決制度として，海外にも積極的に宣伝されてきた。

(a)　沿　革　　人民調停を行うのは，都市部では居民委員会，農村部では村民委員会といわれる大衆的自治組織（本書第3章2⑸(ii)参照）内に設置される人民調停委員会である。地域住民がボランティアで人民調停員をつとめ，相隣関係や家族関係をめぐる事件のうち難易度が高くない紛争類型（これを民間紛争［民間糾紛］という）をタイムリーに解決し，それにより地域の団結や安定を図ろうとする。かつては地域の濃密な人間関係を背景に，身近な紛争解決制度として多数利用されてきた。1990年代前半には私人間紛争の大部分を処理していたともいわれる。その後，改革開放政策が進展し，経済発展を背景とした大規模な人口移動とそれに伴う人間関係の稀薄化，紛争内容の高度化・専門化により，専門的知識を有しない人民調停委員による紛争解決に人々が期待し

なくなったことなどの影響もあり，利用件数は減少の一途を辿ってゆく。とくに，人民調停の調停合意が当事者に対する法的拘束力を欠いていた（つまり，強制執行できない）ことが利用減の最大の理由であるともいわれていた。

(b)　現行制度の概要　　そこで，2010年8月26日に人民調停法を制定し，人民調停制度の刷新が図られた（2011年1月1日施行）。

①人民調停委員会の組織と人民調停委員の選任　　民間紛争を調停によって処理・解決できる法主体は人民調停委員会である。従来同様，大衆的自治組織の下に組織され，一般に3〜9名の調停委員で構成される。また，企業・事業単位も必要に応じて人民調停委員会を設置することができる（人民調停法8条1項〜2項）。人民調停委員は，合議体としての住民会議，村民会議または村民代表大会の推薦によって選任される（同9条）。企業・事業単位に設置される人民調停委員会委員は，職員・労働者大会，職員・労働者代表大会または労働組合［工会］の推薦によって選任される。任期はいずれも3年である（同条）。

②人民調停の対象　　人民調停によって処理・解決される紛争は民間紛争である。人民調停法も，また人民調停委員会組織条例（1989年6月17日公布・施行）も，人民調停の対象を民間紛争と規定するだけで，それが具体的に何をさすのかについては明文で規定していない。司法部の民間紛争処理辦法（1990年4月19日公布・施行）3条では，人民調停委員会組織条例にいう民間紛争とは市民の間の人身的・財産的権利利益およびその他の日常生活で発生する紛争を指すと規定するが，具体性に欠ける。2011年3月21日の最高人民法院「人民調停合意の司法確認手続に関する若干の規定」（同年3月30日施行）では，人民法院が民事事件とし

379

第 10 章　紛争処理システム

て受理する範囲に属さない事案，身分関係を確認する事案，養子縁組関係を確認する事案および婚姻関係を確認する事案については，人民法院が人民調停の司法確認申請を受理しないと規定した。このことから，民間紛争にはこれら 4 類型は含まれないということになる。

　③人民調停の効力　　従来とは異なり，人民調停法 31 条では人民調停委員会による調停が当事者の間で調停合意に達した場合，法的拘束力を有するとした。さらに，当事者双方が必要と認めた場合，調停合意の発効から 30 日以内に人民法院に対して共同で司法確認を申請することができると規定する（同 33 条 1 項）。人民法院が調停合意の有効性を確認したにもかかわらず当事者の一方が履行の全部または一部を履行しない場合，他方当事者は人民法院に強制執行を申請することができる（同条 2 項）。人民法院が調停合意の無効を確認した場合，当事者は人民調停によって当初の調停合意を変更するかまたは新たに調停合意を成立させるか，または人民法院に訴訟を提起することもできる（同条 3 項）。このように，本法は人民調停に人民法院の関与を認め，調停合意に法的拘束力を認めることで利用の促進を図っている。なお，このような人民法院の関与の強化の影響もあって，近時は法院内に人民調停室が設置されるようになっている。また，本来は日常生活に起因する民間紛争を対象とするはずであるが，近時では労働紛争や医療過誤紛争といった専門性が高い紛争をもっぱら対象とする人民調停委員会が各地で設立されている（2017 年末で 4.3 万カ所，142 万件を処理したという）。今後，人民調停の性質や紛争解決制度における位置づけが大きく変化する可能性も考えられる。

　(ii)　行政調停　　計画経済期の名残でもあるが，中国の行政機

関は自らの主管業務に関連して，個別の授権規定なしに，法人，市民およびその他の組織の間の紛争を調停する権限を有すると考えられている。その他，行政機関ではないが，消費者協会や婦女連合会などの非政府団体が公益目的で行う調停も行政調停に準じるものとして行政調停に分類される場合が多い。このように，あらゆる行政機関に行政調停を主宰する権限があると考えられているので膨大な数に上ることから，ここではその存在を指摘するにとどめておく。

(2) 仲裁制度

仲裁とは，裁判以外の場で，当事者自らが選任した仲裁人によって紛争を解決する手続である。現行の仲裁制度は仲裁法（1994年8月31日公布，2009年8月27日，2017年9月1日一部改正，2018年1月1日施行）にもとづく。仲裁法が仲裁に関する基本法であるが，労働紛争や農村土地経営請負に関する仲裁については，労働紛争調停仲裁法や農村土地経営請負紛争調停仲裁法に別途規定が設けられる。

(i) 仲裁の種類と機関　仲裁は国内仲裁と渉外仲裁に分類することができ，仲裁機関である仲裁委員会には，一級行政区人民政府所在市ほかに設置され，国内仲裁を主に取り扱う仲裁委員会（仲裁法10条）と，渉外仲裁を主に取り扱う中国国際経済貿易仲裁委員会（CIETAC）および海事事件を主に取り扱う中国海事仲裁委員会（CMAC）（同66条）がある。2012年にCIETAC上海分会・華南分会がCIETACから分離独立して，上海国際経済貿易仲裁委員会（SHIAC），華南国際経済貿易仲裁委員会（SCIA）となった。これら仲裁委員会は行政機関から独立しており，行政機関との従属関係はなく，仲裁委員会どうしも独立しており，従属

第 10 章　紛争処理システム

関係はない。渉外仲裁は仲裁法第 7 章（65 条～73 条）によって，国内仲裁とは異なった取り扱いがなされる。以下では国内仲裁を中心に概観する。

　(ii)　仲裁の範囲　　仲裁は平等な法主体である市民，法人およびその他の組織に生じた契約紛争またはその他の財産権をめぐる紛争を対象とする（仲裁法 2 条）。婚姻，養子縁組，後見［監護］，扶養，相続など家族関係をめぐる民事紛争と行政争訟は仲裁を行うことができない（同 3 条）。

　(iii)　仲裁合意　　仲裁を行うには仲裁合意がなければならない（仲裁法 4 条）。仲裁合意が存在しないのに仲裁委員会に仲裁を申し立てても受理されない。仲裁合意は，契約の中で仲裁条項を定める場合と，契約書，信書，電報，ファックス，電子メールなどの書面の方式（仲裁法の若干の問題に関する解釈 1 条）により仲裁を合意する場合とがある（仲裁法 16 条 1 項）。仲裁合意が存在する場合，一方が人民法院に提訴したとしても，人民法院は受理しないが，仲裁合意が無効の場合は例外的に受理される（同 5 条）。仲裁手続に問題がある場合は，仲裁委員会所在地の中級人民法院に取消しを求めることができる。

　(iv)　一級裁定終局の原則　　仲裁裁定は終局的なものであり，仲裁委員会に仲裁裁定の不服申立てをしたり，人民法院に提訴したりした場合，いずれも受理されない（仲裁法 9 条 1 項）。ただし，人民法院が法律に基づいて仲裁裁定を取り消すかまたは仲裁裁定を執行しなかった場合，当事者は当該紛争について双方があらためてなした仲裁合意によって仲裁を申請することもできるし，人民法院に提訴することもできる（同条 2 項）。

　(v)　仲裁委員会・仲裁人　　仲裁委員会は主任 1 名，副主任 2

〜4名および委員7〜11名から構成される。仲裁人は実際に仲裁にあたる者を指し，仲裁委員会が仲裁人資格を有する者の中から仲裁人を招へい・任命する（仲裁法13条）。仲裁人となれるのは，法律専門職資格試験に合格した後に仲裁工作の経験が8年以上あることなど5つの要件を満たしている者である。

(ⅵ)　仲裁廷　　3名の仲裁人または1名の仲裁人により構成される。3名の場合，首席仲裁人をおく（仲裁法30条）。仲裁人の選任については当事者がなしうる（同31条）。

(ⅶ)　渉外仲裁　　仲裁法は渉外仲裁に関する特別規定をおくが（第7章），抽象的な内容にとどまり，実際の手続規定は各渉外仲裁委員会の規則によらざるをえない。1986年の外国仲裁判断の承認および執行に関する条約（いわゆるニューヨーク条約）への加盟や1988年の渉外仲裁手続の改正など，国際化への対応が図られてきた。

5　紛争解決制度の役割と目的

　現在の司法制度・裁判制度は，反右派闘争・文化大革命をはじめとする相次ぐ政治運動とそれによる法制破壊の反省の上に立っているといっても過言ではない。これは，1980年代の法制強化路線，1990年代から2000年代初頭にかけての裁判官・検察官制度の法定化，調停から判決への流れからも明らかであろう。また，このことは，わたしたちが想起する司法へと中国の司法が転換することを期待させた。

　しかし，2000年代中頃から，まさに当時の政権が調和のとれた社会［和諧社会］というテーゼを打ち出すのと軌を一にするかのようにして，裁判は法的効果だけではなく社会効果も追求しな

ければならないとされ始めた。すなわち，民事であれ刑事であれ
行政であれ，裁判によって法的な紛争解決だけでなく，法を超え
た社会的影響や市民の納得を得られるような解決を導くことが重
要であるとされたのである。これが2000年代後半からは［能動
司法］，［服務大局］（大局に奉仕する），三つの至上（党の事業，人
民の利益および憲法・法律を至上とする）というスローガンにつなが
っていくし，三つの至上のうち憲法・法律が党の事業に劣後する
ことからも，裁判や紛争解決も党の政策を推進するための装置の
ひとつにすぎず，従来からいわれているように法や裁判も共産党
による支配の道具のひとつにすぎないということになる。

　このように考えると，訴訟＋訴訟外紛争解決制度というように
紛争の程度・レベルに応じて多くの紛争解決チャンネルが用意さ
れていることも，また人民調停の調停合意に法的拘束力を与え，
あたかも訴訟制度の一部に組み込まれつつある近時の「改革」も
納得がいくであろう。司法制度改革も同様で，第5次5カ年改革
綱要（2019年2月）には，改革の要点の第1に党の絶対的指導を
堅持することが明記されている。

　また，中国共産党18期3中全会以降の「法治」の志向も，注
意しなければならない。つまり，法治とは法による国家権力の覊
束や法の支配＝Rule of Lawとは別の概念である。たとえば，法
治を強調すると同時に党の指導が強調されている点に注意したい。
また，法治実現のひとつとして位置づけられている汚職摘発は，
犯罪を取り締まることの反射的利益として人々の生活を守ろうと
するものにすぎず，正面から人々の権利を守ろうとするものでは
ない。こうした統治術としての司法実践は，中華人民共和国成立
以来一貫している。

第11章　法学教育と法曹養成

一国の法の造形者を養成するプロセスとしての法学教育や法曹養成システムは，その国の法や法文化形成の要因を知る重要な手掛かりである。現代中国においても法学教育と法曹養成の歴史とその特色は，まさにこの国の法の随所に深く刻印されているといってよい。本章ではまず建国以後の沿革を簡単に振り返り，次いで現行の主要な法学教育制度として，主に［普通］大学で施されるそれと成人教育としてのそれとを概観したうえで，法曹養成制度の改革について触れる。なお，［普通］と成人は対概念であり，主な違いは，その主な対象が前段階の教育課程を修了して間もない者か在職者かである。また制度上，学問領域は3層の樹形図構造をとる。学部［本科］レベルと大学院レベルでは第2・3層の名称（後者では「一級学科」・「二級学科」）や構成科目に違いがある。ここでは参考までに学部レベルの「法学」を示す（次頁図11-1）。本章の「法学」は第2層を主な対象とする。

1　沿　革

(1)　文革期まで

中華人民共和国の法が，それ以前の中華民国の法システムを全否定することからスタートした（本書第1章・第2章）ことに伴い，法学教育も一新を求められた。一方で新たな大学法学教育が，全面的に旧ソ連のそれを模範とした中国人民大学（1950年設立）に

第11章　法学教育と法曹養成

よって創始された。他方で，多くは法の素人であった在職政法幹部の研修，旧司法人員の改造（1952年の司法改革運動以降パージされていった）および

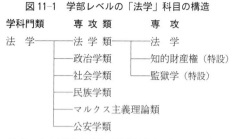

図11-1　学部レベルの「法学」科目の構造

(出典　教育部「普通高等学校本科専業目録」(2012年))

新たな担い手の養成を目的として，中国政法大学（現在のそれとは別物）などで成人教育が展開された。

　中国人民大学には当初，ソ連からも教師が招聘され，カリキュラム・教材はソ連のものがそのまま使われた。ここでソ連法を学んだ教師が，さらに他大学で学生を教育した。また多くのソ連の法学教材・学術書が翻訳され，全国で教学の用に供された。当時はソ連法も中国法も区別がなかったほどである。その影響は現在でもなお色濃く残っている。

　建国直後には全国53大学に［政法系科］（第1層の法学に相当）があったが，1952年からの高等教育機関全体の大がかりな統廃合を経て，1954年には4つの政法学院（北京・西南・華東・中南政法学院。実務家養成を目的とした）と6つの総合大学法律系（中国人民大学・東北人民大学〔吉林大学の前身〕・武漢大学・北京大学・復旦大学・西北大学）となった（いわゆる［四院六系］）。［政法］は法の政治従属性をことさら強調することを意図した観念であり，階級闘争論の高まりに伴い，［政］はプロレタリアート独裁［専政］のそれと解された。1980年代以前は，［政法］は［機密］ないし［絶密］専攻とされ，入学前の政治的背景に対する審査は他の専

386

攻より厳しく，また当時の教材には，「秘密保持に注意せよ，外部に漏らさないこと」の文字が刷り込まれていたものもあった。

1957年の反右派闘争以降，文革を頂点として法ニヒリズム［法律虚無主義］が中国を席巻した。［政法系科］の学部募集定員は1956年にピークの2593名に達したが，その後の政治における法の役割の低下を反映して，起伏を伴いながら減っていった。文革開始後の1966年には他の学部とともに学生募集を完全に停止した。その後，ほとんどの法律系・政法学院が廃止され，教師は大学を追われて，［五七幹校］や農村に［下放］させられた。廃止を免れた北京大学法律系・吉林大学法律系も活動停止を余儀なくされた（短大専科課程で唯一残存した湖北財経専科学校〔旧湖北大学〕法律系も同様）。吉林大学法律系・北京大学法律系はそれぞれ1973年・1974年から細々と学生受入れを再開したが，入学者は学力試験によらない［工農兵学員］であった。

(2) 文革後の再建

文革終結後の1977年に全国統一大学入試が再開された。同時に政法学院や大学法律系が相次いで再建され，学生募集を再開した。その後も改革開放や「社会主義的民主と法制」の方針の下，法の社会的役割の向上に呼応して法学系教育組織（法学院・法律系等。以下，便宜的に「法学院」と総称する）が新設されていった。とくに1990年代末の［拡招］（入学定員の大幅拡張）以降は，収益性の高さを背景に，法学院が総合大学のみならず，理工系大学や師範大学，外国語大学にまで急ピッチで増設され，その数はすでに650を上回っている。

また，大学院教育も拡充され，多数の法学修士・博士を養成するようになり，さらに1996年には法律実務家の養成を主眼とす

る新しい課程＝法律修士［法律碩士］が設けられた。

⑶　実務家養成と法学教育

　法学部入学者数は 1950 年代以降 90 年代初頭まで，全学部入学者総数のおおむね 2% 以下に留まっていた（短大課程を含む）。つまり大学全体における法学教育の比重は非常に低く，高等教育における法学の位置づけは，相当に控えめなものだったといえる。このことは法律実務家，とくに法曹が法律の専門職とみなされてこなかったことと関係する。法律実務家になるのにあらかじめ法学の基礎的素養が要求されず，何らの資格要件・試験もなしに，多くの場合，除隊軍人などの法の素人が，いきなり裁判官などの［政法幹部］として迎えられた。独裁機関に勤務するには，政治思想や立場こそが重要視され（［専］よりも［紅]），実務家養成と法学教育はすれ違っていた。

　その結果，1983 年の時点で全国の人民法院・人民検察院・司法行政部門（弁護士・公証人を含む）の［幹部］のうち，中卒（相当を含む。以下同じ）以下の者が 58.3% を占める一方で，法律専攻短大卒以上はわずか 3% にすぎなかった。1986 年から真っ先に全国統一資格試験が始まった弁護士ですら，法学部卒業生は 2000 年時点でも全専業弁護士の 3 分の 1 にとどまっていた。

　政法学院を中心に法学部卒業生の多くが［政法機関］へ配属されたが，実務の需要を満たすにはほど遠かった。しかも法務人材を必要とするのは［政法機関］に限らない。1980 年代以降の成人法学教育の急発展の原動力はここにあった。

2 普通高等法学教育

(1) 法学院概観

法学院は短大［専科］・学部［本科］・大学院レベルの高等法学教育を担う。大学院レベルには修士［碩士］課程と博士課程がある。学部・大学院レベルでは卒業要件を充たしたうえで一定の要件を充たせば，学位が授与される。

中国には私立大学［民辦高校］もあるが，普通高等法学教育の主な担い手は国立大学である。その国立大学は主務官庁の系統・クラスにより分類できる。量的には省クラス政府所管のものが最多である（法学院新設ラッシュの主な担い手もこれであり，そのため教員の数やレベルにおいて深刻な問題を抱える大学も少なくない）が，中枢に位置するのは中央政府部門（とくに教育部）所管の大学である。それらには主に次の2つのタイプがある。

①教育部直属の総合大学。建国以降（多くは以前から）法学教育を担ってきた北京・中国人民・武漢・吉林・南京・復旦等や，1990年代以降に法学院を新設（・再建）した清華・上海交通・北京航空航天等が代表的である。物的・人的に豊富な資源を有し，アカデミックな理論研究を先導する。

②法学系専攻を中心とした巨大な規模を誇る政法大学・学院。2000年以前は司法部所管であった中国政法（北京）・西南政法（重慶）・華東政法（上海）・中南財経政法（武漢）・西北政法（西安）の5校は，圧倒的な教員数・学生数を誇り，多くの卒業生を司法実務界へ送ってきた。その後，中国政法・中南財経政法は教育部直属となったのに対し，3校は地方に移管された。

(2) 学部課程

目下，法学教育のうちで最も学生数が多く，主力となっている

第 11 章　法学教育と法曹養成

のは 4 年制の学部課程である（在校生は 30 万人を超える）。あまりに急速に規模の拡大を図ったため，今では法学院は就職率が最も低い学部の 1 つになっている。

　カリキュラムについて，当初は全国共通の基準・標準がなかったが，質保証の観点から，1999 年から全国共通の必修専門科目として 14 のコア科目［核心課程］が設定された。具体的には法理学・中国法制史・憲法・行政法と行政訴訟法・刑法・刑事訴訟法・民法・民事訴訟法・経済法・商法・知的財産法・国際法・国際私法・国際経済法である。その後 2007 年に環境資源法および労働と社会保障法が追加され 16 科目となった。

　そして 2018 年，学部教育の最低基準を定める［法学類教学質量国家標準］が教育部により採択された。カリキュラムは理論教育課程と実践教育課程に二分される。前者には思想政治理論・一般教養・専門が，後者には実地訓練課・専門実習，社会実践と卒業論文等が配置される。単位［学分］の上限は 160 前後とされ，そのうち実践教育課程が 15％ 以上なければならない。法学専攻の専門コア科目（必修）は「10＋X」とされた。「10」は全国共通の科目であり，法理学・憲法学・中国法史・刑法・民法・刑事訴訟法・民事訴訟法・行政法と行政訴訟法・国際法・法律専門職［法律職業］倫理である。「X」は各校の特色に応じて開設する科目であり，経済法・知的財産法・商法・国際私法・国際経済法・環境資源法・労働と社会保障法・証拠法・財税法から 5 科目以上を設定する。各科目の単位数については各校に委ねられた。

　教育方法は大半が伝統的な一方的講義形式で，教育内容も抽象的な「理論」と法規定の紹介がほとんどであり，法技術・概念の具体的な事例への適用を修得させるという視点は乏しく，個々の

390

2 普通高等法学教育

制定法の内容を覚えさせることに力点が置かれていた。しかし，今世紀に入ってからはアメリカの影響を受けて，裁判例を用いたケースメソッドやリーガル・クリニック［診所法律教育］といった新しい教育方法が広まりつつあるなど，実践的教育が重視されるようになっている。

(3) 短大課程

中国独特の教育課程として，2〜3年制で学部課程よりも卒業所要単位数が少ない［専科］ないし［大専］がある。ピーク時の2003年には法学の募集定員が9.4万人に達し（在校生は24.8万人），学部（9.2万人）を上回った。しかし，その後法学は縮小傾向が続き（課程全体は拡大），2017年時点では募集定員4.6万人，在校生14.2万人となっている（以上は第1層のデータである）。2002年以降，裁判官・検察官の資格要件として，また法律専門職資格を得る前提となる統一司法試験の受験資格として，原則として学部卒が求められるようになったことが背景にある。

(4) 修士課程1：法学修士

ポスト学士段階の教育課程を［研究生］とよぶ。文革後，まず法学修士課程が設置された。法学修士は研究型人材の育成を目的とした課程であり，入学者の多くは法学部の卒業生である。2018年時点で法学（第2層）の全分野で学位を授与することができる［一級学科碩士点］は195に上る。標準修業年限は2〜3年であり，所定の修了要件単位（たとえば北京大学では31単位）の修得，および特定の指導教員の下で修士論文を完成させることを求める。現在の在校生は10万人近くに達する。現在，修士号だけでアカデミックポストに就くことは地方でも困難になっている。

第 11 章　法学教育と法曹養成

(5)　修士課程 2：法律修士（Juris Master；JM）

1996 年から 8 大学で［試点］として始まった第 2 の法学系の修士課程が，法律修士（JM）である。JM は実務志向の専門職学位と位置づけられ，ハイレベルの法務専門人材および管理人材の育成を目指し，アメリカのロースクールから着想を得て創設された。格段に高額の授業料を徴収していることから，設置主体にとっては魅力的な収入源となっている。2006 年に恒久制度化され，2018 年現在で 243 の大学等に設置されている。2016 年 1 月時点の情報によれば，近年の入学定員は 1.7 万人強，在校生は約 5 万人であり，輩出した JM は 12.6 万人に上る。

現在，JM には出身学部（法学部か否か）と授業時間帯（全日制・非全日制）の組み合わせからなる 4 コースがあり，前者により異なるカリキュラムが，また後者により異なる標準修業年限が設定されている。当初は全日制を前提に前者の区別しかなかったが，1998 年からは政法部門等の在職者用に，働きながら学修できる非全日制コースが設けられ，JM は現役の法律実務家に対する研修・修士学位の付与という任務をも担うようになった。また 2000 年からは複合型（法学とそれ以外の組合せ）法務人材の養成を強調し，出願資格を他学部卒業生に限定した。だが就職難のおり，職を見つけられない学生に行き場を提供するため，2009 年からは再び法学部卒業生をも受け入れるようになった。入学者選抜は全国統一の筆記試験（思想政治理論・外国語・専門基礎・専門総合）と各校ごとの独自試験（筆記・面接）による。他学部卒業者に対しても法学の知識を問う試験を課す。

職業人養成をうたいながら，実際には教員やカリキュラム，教材，教育方法などの面で学部教育と大差がなく，そもそも理念を

実現するための制度的仕掛けを欠いていた。卒業論文を課すなど,法学修士との区別も曖昧である。また法律専門職資格を得るための試験の受験資格を独占しているわけでもない。

(6) 博士課程

法学博士課程が設けられたのは1982年のことであり,最初の博士は1986年に誕生した。博士号を授与することは,国務院が授権した少数の大学の特定の専攻にだけ認められた特権であり,博士課程の指導教員となる資格［博導］は学界の最高権威者であることを示すシンボルであった。しかしその後,急速に博士号の［授与単位］が拡大され,2018年時点で［一級学科博士点］は48に上る。高学歴志向の強い中国では博士号取得を目指す者は多く,入学競争倍率が10倍を超える大学もある。現在の在校生は3000人に達し,法学博士は量産体制に入っている。外国で学位を取得して帰国する者も多く,国内で博士号を取得してもアカデミックポストに就くことは容易ではなくなりつつある。このほか教育課程ではないが,若手研究者の育成のためのポストドクタープログラム（［博士後］,有給）が,法学では1992年から始まった。

(7) 改革の動向

高等法学教育は一般に［法学人材］（理論中心）の養成を目標としていたことから,実務家養成という面ではあまり貢献してこなかったが,その要請は日増しに高まっている。法律修士の創設はそうした声に対する応答の1つであった。最近でも,2018年から高等法学教育の職業教育への総体的な転換を目指す教育部・党中央政法委員会の「卓越した法治人材教育養成計画2.0」が始まった（前身は2012年開始の「卓越した法律人材教育養成計画」）。その最重要課題は「法治人材の魂の鋳造」であり,「社会主義法治理

論」や「社会主義の核心的価値観」を徹底すべきとされた。大学は「イデオロギーの陣地」であり，ここでも近代法の普遍的価値は峻拒されている。

3　成人法学教育

⑴　概　　観

　成人法学教育は主体・方法等においてバラエティに富む。高等学歴教育に限れば，その主体には普通大学の成人高等教育コース（たとえば後述の中国人民公安大学）や成人大学（たとえば後述の国家法官学院・国家検察官学院）がある。入学定員数から見れば，成人大学の存在感はかなり薄い。教育方法としては全日制・定時制（夜間等）・通信制（郵便，ラジオ・テレビ，近年ではオンライン等）のほか，高等教育自習試験がある。主なものを以下に敷衍する。

　①政法部門が運営する研修組織。成人法学教育においては，先述（1⑶）の歴史的経緯から，政法部門の在職者教育（学歴・非学歴）が重要な位置を占めてきた。政法部門は自ら在職研修組織を設置したり，普通大学に研修を委託したりし，教育を施してきた。前者の例として，中央レベルにはそれぞれ最高法院・最高検察院・公安部・司法部に直属する国家法官学院・国家検察官学院・中国人民公安大学・中国律師学院がある。

　②国家開放大学。ラジオ・テレビ大学を発展的に改組して2012年に創設された。オンライン学習とスクーリングにより，短大・学部卒の学歴（後者は［専昇本］），さらに所定の要件を充たせば学士号を得ることができる。学部課程の専攻としては法学・法学（ウイグル語−漢語2言語コース）・法学（モンゴル語−漢語2言語コース）がある（2018年）。従来から一般市民向けの低コストな

法学教育として人気を博している。

③高等教育自習試験（法律専攻）。卒業に必要な所定の科目の試験に合格し，卒業論文を執筆して，口頭試問にパスすると，短大・学部卒等の学歴，さらに所定の要件を充たせば学士号を得ることができる。

(2) 裁判官教育

法院系統には国家法官学院を頂点として，その分院，省クラスの法官学院（ないし法官進修学院，法官培訓学院），さらにその下にも裁判官研修機構が設けられている。裁判官に対する全国的な内部研修システムは，1985 年に創設された全国法院幹部業余法律大学（一般的な略称は［業大］）に端を発する。当時はまだ任官のための資格試験も学歴要件もなく，また法学部卒業生も不足していた。除隊軍人などが法律の基礎知識もないまま人民法院や人民検察院に就職し，見よう見まねで実務に携わるというのが一般的な姿であった。裁判官は「医師が手術に臨んで解剖学を学ぶ」ようなものだと揶揄される時代であった。

最高人民法院はその克服を目指し，学歴向上の数値目標を段階的に打ち出していった（たとえば「468」計画）。業大の主な任務はその実現であった。さらに 1995 年以降は一定の学歴が任官要件とされた（当初は短大卒以上，2002 年からは原則学部卒以上）。それに合わせて業大は［学歴補課］に努め，法院職員において当初 7.2% にすぎなかった短大卒以上の学歴保有者を 2001 年の閉校までに 80% にまで，［審判人員］においては 100% 近くにまで引き上げた。また，1988 年には幹部裁判官の研修を目的として，中国高級法官培訓中心が設置された。

国家法官学院はこれらを基礎に 1997 年に北京に設立された。

第 11 章　法学教育と法曹養成

最高人民法院は裁判官研修条例（2000 年制定，2006 年改正）・全国法院幹部教育研修計画に基づき，こうした研修機構を通じて裁判官研修を行っている。今日，その重点はもはや学部卒学歴を取得させることではなく，ハイレベル（たとえば法学修士・博士）・複合型裁判官の育成に移っている。なお，以上のことは検察官についても概ね同様である。

4　法曹身分の誕生と問題点

(1)　司法試験前

　1986 年から試験制度が発足した弁護士を除いて，裁判官・検察官には資格を付与するための統一的なシステムを欠き，その「質」が問題視されていた。制定法の整備が進み，高等法学教育が復活し，量的拡大を図るなか，司法への社会的信頼を高めるためにも，裁判官や検察官を法のプロフェッショナル集団とすること，すなわち［職業化］が必要であると考えられるようになった。1995 年制定の裁判官法・検察官法では，任官要件として短大卒以上（非法学専攻も可）の学歴を，さらに初任［審判員］・［助理審判員］・［検察員］・［助理検察員］には公開試験への合格を定めた。しかし，実施された試験は基本的に法院・検察院の職員だけが受験できる内部試験で，レベルも決して高いものではなかった。

(2)　司法試験

　2001 年に法官法・検察官法・弁護士法が改正され，法曹三者（公証人を加えて実際には四者）に共通する登竜門として，2002 年から国家司法試験制度が発足した（2017 年まで）。試験は年 1 回実施され，受験資格の学歴は原則として学部（専攻不問）卒以上とされた（就職活動支援の観点から，2008 年から普通大学学部卒業見込者

396

にも受験資格が与えられた）。もっとも，あらかじめ指定された発展途上地区（主に中西部）では，有資格者不足に陥ること（いわゆる［断層]）を懸念して，特別に法学専攻短大卒に引き下げられた。また合格点は原則として全国統一基準であるが，学歴要件緩和地区ではより低い特別基準も設定された。合格者に交付される法律専門職資格証書もこれらに応じて3種類に分けられた。原則どおりのA類，学歴要件の優遇措置を受けたB類，合格基準で優遇措置を受けたC類（学歴要件の優遇措置の適用の有無を問わない）である。そしてB・C類は基本的に緩和地区でしか任官・弁護士登録できないとされた。

試験問題は4つの問題群からなり，第1〜3群は選択式であり，第4群は論述式であった（2017年は各150点の計600点満点。また，次頁表11-1）。全般的に記憶力テストの傾向が強く，名門大学法学部生にはそう難関ではなくなっていたとされる。全期間（2002〜2017年, 計16回）を通じて約513万人が受験し，約98万人が合格した。合格率の振れ幅は大きかったが，通算すると19.1％となる。

他方，司法試験開始前から実務に従事しながら，試験に合格できていない者に法律専門職資格を与えるために別途，秘密裏に内部的な試験［小司考]が行われた（合格者にはC類証書を授与）。また試験ではカンニングなどの不正行為が問題となり，2015年に犯罪化された（刑法284条の1）。合格後の司法修習は制度化されず，就職してから内部で研修を受けることになっていた。

(3) 法律専門職資格試験

2014年に中共中央は，［紅]に重きを置く「高資質の法治専門隊伍」の［専]を担保する措置（もっとも前者は後者に埋め込まれている）として，国家統一法律専門職資格試験［国家統一法律職業

表 11-1　法律専門職資格試験および司法試験の範囲

	法律専門職資格試験		司法試験	
	選択式	論述式	1〜3群	4群
中国の特色ある社会主義法治理論	1	○	1	○
法 理 学	1	○	1	○
憲　　法	1	○	1	○
中国法史	1		1	
国 際 法	1		1	
司法制度および法律専門職倫理	1	○	1	○
刑　　法	1	○	2	○
刑事訴訟法	1	○	2	○
行政法と行政訴訟法	1	○	2	○
民　　法	2	○	3	○
知的財産法	2			
商　　法	2	○	3	○
経 済 法	2		1	
環境資源法	2			
労働と社会保障法	2			
国際私法	2		1	
国際経済法	2		1	
民事訴訟法（仲裁制度を含む）	2	○	3	○

*「選択式」・「1〜3群」列の数字は当該科目が含まれる問題群を示す。
　「中国法史」は司法試験では「法制史」であった。

（出典　司法部公告 172・181 号）

表 11-2　第 1 回法律専門職資格試験の概況

段階	満点	合格基準（点）				試験結果		
		統一	緩和 1	緩和 2	緩和 3	受験者（万人）	合格者（万人）	合格率
1	300	180	160	150	140	47.3	19.2	40.9%
2	180	108	95	90	85	18	12	66.7%

（出典　司法部公告 183・187 号，司法部公式サイト）

資格考試]および［職前］の統一研修制度の導入を決めた。そして 2018 年からは国家統一司法試験に代わり同試験が始まった。その変更点は主に次の 3 点である。

①法律専門職資格職の拡大。従来は法律専門職資格を就任・活動要件とする職は裁判官・検察官・弁護士・公証人であったが，今後は法律類仲裁人および行政機関における行政処罰決定の審査・行政不服審査・行政裁決・法律顧問の担当にはじめて就く際にも必要とされた（仲裁法 13 条 2 項 1 号，公務員法 23 条 2 項）。

②学歴要件の引上げ。受験資格として必要とされる学歴が全日制普通大学のそれに限定された。また法学部卒であれば学士以上の学位が，他学部卒であれば法律修士・法学修士・法学博士または満 3 年の法律業務経験が必要とされた。地区ごとの優遇措置は踏襲され，2018 年は県クラス 1038 単位について「大学学部卒」までに緩和された。旧制度よりもハードルは高い。

③試験の 2 段階化。従来は 1 段階（2 日間）であったが，2 段階に分けられ，第 1 段階合格者のみが第 2 段階に進む形式が採用された（第 1 段階の合格は次年度まで有効）。第 1 段階は 2 つの問題群からなる選択式［客観題］である。第 2 段階は事例分析等の論述式［主観題］である（表 11-1）。第 1 回試験の最終合格率は 25.5% であった（概況につき**表 11-2**）。合格基準の優遇措置も健在である（緩和 1〜3）。

他方，研修については「統一基準，系統ごとの実施」原則によるとされた。従来とは異なり「統一基準」によることとされたが，その基準は未制定であり，また就職前に「同じ釜の飯を食う」式の研修がなされるわけではない。

399

付　　録

中国近代法史関連事項年表（1840〜1949 年）

1840 年	アヘン戦争（〜1842 年）
42 年	南京条約
43 年	虎門寨追加条約
45 年	上海イギリス租界土地章程
50 年	太平天国の乱（〜1864 年）
56 年	アロー号戦争（第 2 次アヘン戦争）（〜1860 年）
58 年	天津条約
60 年	北京条約
61 年	同治帝即位（〜1874 年）
	以後，洋務運動盛ん
64/65 年	『万国公法』出版
70 年	最後の清条例の改訂
84 年	清仏戦争（〜1885 年）
94 年	日清戦争（〜1895 年）
	以後，変法運動盛ん
98 年	戊戌の政変（変法派改革の挫折）
99 年	義和団事件（〜1901 年）
1901 年	光緒帝の上諭（変法，新政の詔）
2 年	清英条約
	修訂法律館（実際の開設は 1904 年か）
4 年	大清商律（1914 年廃止）
5 年	京師法律学堂
	科挙制度廃止
	立憲大綱
7 年	大清刑律草案
8 年	憲法大綱，国会開設公布
10 年	大清商律草案（1914 年に商人通例および公司条例となる）
	大清現行刑律（1912 年以降現行刑律民事部分として民事部分
	のみ援用）
11 年	大清刑事訴訟律草案
	大清刑律草案（第 2 次）（1912 年に暫行新刑律）
	大清民事訴訟律草案
	辛亥革命
	大清民律草案

中国近代法史関連事項年表

	十九信条	
12 年	中華民国成立（孫文臨時大総統）	
	袁世凱臨時大総統	
	臨時約法	
13 年	袁世凱大総統	
14 年	中華民国臨時約法	
15 年	袁世凱の帝政（〜1916 年）	
17 年	ドイツ・オーストリアに宣戦布告	
	孫文，広東に軍政府	
18 年	南北戦争（〜1928 年）	
19 年	パリ講和会議	
	五四運動	
21 年	中国共産党成立	
	ワシントン会議（〜1922 年）	
	修正民律・民事訴訟律（広東）	
	民律総則・債篇，民国継続適用現行律民事部分，民事訴訟条例（北京）	
23 年	憲法（北京）	
24 年	第 1 次国共合作（〜1927 年）	
25 年	国民政府組織法（広東）	
26 年	列国調査委員会調査	
	北伐開始	
27 年	四・一二クーデター	根拠地法
	南昌起義	
28 年	北伐完了	土地法（井崗山）
	国民政府組織法	
	刑法	
	刑事訴訟法	
	訓政綱領	
29 年	民法（〜1930 年）	
	会社法	
30 年	民事訴訟法	
31 年	訓政約法	
	満州事変	

		中華ソビエト共和国臨時政府成立
		中華ソビエト共和国憲法大綱
		土地法
		労働法
		婚姻法
32 年	「満州国」成立	
35 年	刑法	
	刑事訴訟法	
	民事訴訟法	
37 年	日中戦争（～1945 年）	
	第 2 次国共合作	
39 年		陝甘寧辺区抗戦時期施政綱領
		陝甘寧辺区土地条例
		陝甘寧辺区婚姻条例
40 年		毛沢東「新民主主義論」
41 年	太平洋戦争（～1945 年）	陝甘寧辺区施政綱領
		陝甘寧辺区人権財権保障条例
45 年	日本降伏	
	国共双十協定	
46 年	政治協商会議	陝甘寧辺区憲法原則
	会社法	陝甘寧辺区婚姻条例
47 年	憲法	中国土地法大綱
	台湾省設置	
48 年	［動員戡乱時期臨時条款］（1991 年廃止）	華北人民政府施政方針
49 年	台湾省戒厳令（1987 年解除）	中国共産党中央「国民党の六法全書を廃棄し，解放区の司法原則を確定することに関する指示」
		中国人民政治協商会議
		中華人民共和国成立
		国民政府台湾へ

現代中国基本法令年表

註)

1 ここで取りあげる法令は，原則として全国人民代表大会および同常務委員会により制定された法律を対象としている。ただし，とくに重要と思われる国務院（ないし政務院）により制定された行政法規等も一部含まれる。

2 法令名にある「中華人民共和国」および「全国人民代表大会常務委員会」等の表記はすべて省略した。また，法令名はすべて原語で表記し，原語のままでは日本語として理解が困難だと思われるものについては，〔 〕で日本語訳を付した。

3 採択・公布月と施行月が異なる法令については〔 〕で施行月を記した。

4 施行後数回改正された法令については，重要な改正を除き，原則として直近の改正のみを示した。

5 読者の理解の一助とするため，年表に重要な歴史的出来事を適宜挿入し，ゴチック体で表記した。

1949 年	2 月	関於廃除国民党的六法全書与確定解放区的司法原則的指示 [国民党の六法全書を廃棄し，解放区の司法原則を確定することに関する指示]
	9 月	中央人民政府組織法
		中国人民政治協商会議組織法
		中国人民政治協商会議共同綱領
	10 月	**中華人民共和国成立**
50 年	4 月	婚姻法
	6 月	工会法 [労働組合法]
		土地改革法
51 年	2 月	懲治反革命条例 [反革命懲治条例]
	9 月	人民法院暫定組織条例
		最高人民検察署暫定組織条例
		各級地方人民検察署組織通則
	12 月	**三反運動**
52 年	3 月	**五反運動**
	4 月	懲治貪汚条例 [汚職懲治条例]
53 年	1 月	**第 1 次 5 カ年計画**（～57 年）
	3 月	全国人民代表大会和地方各級人民代表大会選挙法
54 年	2 月	**中共 7 期 4 中全会**（過渡期における党の総路線）

405

	3 月	人民調解委員会暫行組織通則［人民調停委員会暫定組織通則］
	9 月	**第 1 期全国人大第 1 回会議**
		憲法
		全国人民代表大会組織法
		国務院組織法
		人民法院組織法
		人民検察院組織法
		地方各級人民代表大会和地方各級人民委員会組織法
		労動改造条例
	12 月	逮捕拘留条例
55 年	6 月	婚姻登記辦法
	7 月	兵役法
		農業集団化はじまる
56 年	4 月	**百花斉放，百家争鳴**
	9 月	**中共 8 全大会**（社会主義改造の完了を宣言，法典化路線・適法性）
57 年	6 月	**反右派闘争**
	8 月	関於労動教養問題的決定［労働矯正問題に関する決定］
	10 月	治安管理処罰条例
58 年	1 月	戸口登記条例［戸籍登記条例］
	5 月	**大躍進**
	8 月	**人民公社化運動**
59 年	7 月	**廬山会議**
60 年〜		**3 年連続の自然災害**
62 年	9 月	**中共 8 期 10 中全会**（過渡期階級闘争の理論）
63 年	9 月	**中ソ論争**
64 年	10 月	**中国核実験成功**
65 年	1 月	**四清運動**
66 年	5 月	**プロレタリア文化大革命の本格的開始**
71 年	9 月	**林彪クーデター未遂事件**
72 年	2 月	**ニクソン米大統領訪中**
	9 月	**田中角栄首相訪中，日中国交正常化**

現代中国基本法令年表

75 年	1 月	憲法（改正）
76 年	1 月	**周恩来死去**
	4 月	**天安門事件（第 1 次）**
	9 月	**毛沢東死去**
	10 月	**四人組逮捕**
78 年	3 月	憲法（改正）
	8 月	**日中平和友好条約締結**
	12 月	**中共 11 期 3 中全会**（四つの現代化・改革開放・民主と法制）
79 年	1 月	**北京の春**
	2 月	逮捕拘留条例（改正）
	7 月	憲法（修正）〔80 年 1 月〕
		地方各級人民代表大会和地方各級人民政府組織法〔80 年 1 月〕
		全国人民代表大会和地方各級人民代表大会選挙法（改正）〔80 年 1 月〕
		人民法院組織法（改正）〔80 年 1 月〕
		人民検察院組織法（改正）〔80 年 1 月〕
		刑法〔80 年 1 月〕
		刑事訴訟法〔80 年 1 月〕
		中外合資経営企業法［中外合弁経営企業法］
	9 月	環境保護法（試行）
	11 月	関於労働教養的補充規定［労働矯正に関する補充規定］
		森林法（試行）
80 年	8 月	律師暫行条例［弁護士暫定条例］〔82 年 1 月〕
		広東省経済特区条例
	9 月	**農業生産請負制の本格化**
		憲法（修正）
		国籍法
		婚姻法（改正）〔81 年 1 月〕
	11 月	**四人組裁判開始**
		婚姻登記辦法
81 年	1 月	**四人組に判決**

407

	6 月	**中共 11 期 6 中全会**（建国以来の党の若干の歴史問題について の決議）
	12 月	経済合同法［経済契約法］〔82 年 7 月〕
82 年	3 月	民事訴訟法（試行）〔10 月〕
	8 月	商標法〔83 年 3 月〕
		海洋環境保護法〔83 年 3 月〕
	11 月	文物保護法［文化財保護法］
	12 月	憲法（改正）
		全国人民代表大会組織法
		国務院組織法
83 年	3 月	関於県級以下人民代表大会代表直接選挙的若干規定 ［県クラス以下の人民代表大会代表の直接選挙に関する若 干の規定］
	8 月	経済合同仲裁条例［経済契約仲裁条例］
		統計法〔84 年 1 月〕
84 年	3 月	専利法［特許法］〔85 年 4 月〕
	5 月	兵役法〔10 月〕
		民族区域自治法〔10 月〕
		水汚染防治法［水汚染防止法］〔11 月〕
	9 月	森林法〔85 年 1 月〕
	10 月	**中共 12 期 3 中全会**（経済体制改革に関する決定，企業自主 権の拡大）
85 年	1 月	会計法〔5 月〕
	3 月	渉外経済合同法［渉外経済契約法］〔7 月 1 日〕
	4 月	継承法［相続法］〔10 月〕
86 年	3 月	婚姻登記辦法
	4 月	民法通則〔87 年 1 月〕
		義務教育法〔86 年 7 月〕
		外資企業法
	6 月	土地管理法〔87 年 1 月〕
	9 月	治安管理処罰条例（改正）〔87 年 1 月〕
	12 月	**学生民主化要求運動**
87 年	1 月	海関法［関税法］〔7 月〕

現代中国基本法令年表

	6月	技術合同法［技術契約法］〔11月〕
	9月	大気汚染防治法〔88年6月〕
		檔案法［文書法］〔88年1月〕
	10月	**中共13全大会**（社会主義初級段階論）
	11月	村民委員会組織法（試行）〔88年6月〕
88年	1月	水法〔7月〕
	4月	憲法（修正）
		全民所有制工業企業法［全人民所有制工業企業法］〔8月〕
		中外合作経営企業法
	6月	私営企業暫行条例
	9月	保守国家秘密法［国家機密保持法］〔89年5月〕
	11月	野生動物保護法〔89年3月〕
89年	4月	行政訴訟法〔90年10月〕
	6月	**六・四事件（第2次天安門事件）**
		人民調解委員会組織条例［人民調停委員会組織条例］
	10月	集会游行示威法［集会デモ行進示威法］
	12月	城市居民委員会組織法［都市部居民委員会組織法］〔90年1月〕
		環境保護法（改正）
90年	4月	香港特別行政区基本法〔97年7月〕
	5月	城鎮国有土地使用権出譲和転譲暫行条例［都市部国有土地使用権譲渡・再譲渡暫定条例］
	6月	郷村集体所有制企業条例［郷村集団所有制企業条例］〔7月〕
	9月	著作権法〔91年6月〕
	12月	残疾人保障法［障害者保障法］〔91年5月〕
		行政復議条例［行政不服審査条例］〔91年1月〕
91年	4月	民事訴訟法
	6月	水土保持法
	9月	未成年人保護法［未成年者保護法］〔92年1月〕
		城鎮集体所有制企業条例［都市部集団所有制企業条例］〔92年1月〕
	11月	**国務院が人権白書を発表**

	12 月	収養法［養子法］〔92 年 4 月〕
92 年	2 月	**鄧小平の南巡講話**
	4 月	全国人民代表大会和地方各級人民代表大会代表法
		工会法［労働組合法］（改正）
		婦女権益保障法［女性権利利益保障法］〔10 月〕
	7 月	全民所有制工業企業転換経営機制条例［全人民所有制
		工業企業経営メカニズム転換条例］
		税収徴収管理法〔93 年 1 月〕
	10 月	**中共 14 全大会**（社会主義市場経済路線）
	11 月	海商法〔93 年 7 月〕
93 年	2 月	産品質量法［製造物品質法］〔9 月〕
	3 月	憲法（修正）
		澳門特別行政区基本法［マカオ特別行政区基本法］〔99 年
		12 月〕
	8 月	国家公務員暫行条例［国家公務員暫定条例］〔10 月〕
	9 月	反不正当競争法［不正競争防止法］〔12 月〕
		経済合同法［経済契約法］（改正）
	10 月	消費者権益保護法［消費者権利利益保護法］〔94 年 1 月〕
	11 月	**中共 14 期 3 中全会**（社会主義市場経済を確立するうえでの
		若干の問題についての決定）
	12 月	公司法［会社法］〔94 年 7 月〕
94 年	1 月	婚姻登記管理条例〔2 月〕
	3 月	予算法〔95 年 1 月〕
	5 月	対外貿易法〔7 月〕
		国家賠償法〔95 年 1 月〕
	7 月	労働法［労働法］〔95 年 1 月〕
	8 月	仲裁法〔95 年 9 月〕
		審計法［会計検査法］〔95 年 1 月〕
	10 月	母嬰保健法［母子保健法］〔95 年 6 月〕
	12 月	監獄法
95 年	1 月	城市房地産管理法［都市部不動産管理法］〔95 年 1 月〕
	2 月	法官法［裁判官法］〔7 月〕
		検察官法〔7 月〕

現代中国基本法令年表

		人民警察法
	3 月	中国人民銀行法
	5 月	商業銀行法〔7 月〕
		票拠法［手形小切手法］〔96 年 1 月〕
	6 月	担保法〔10 月〕
		保険法〔10 月〕
	10 月	固体廃物汚染環境防治法［固体廃棄物環境汚染防止法］〔96 年 4 月〕
96 年	3 月	戒厳法
		行政処罰法〔10 月〕
		刑事訴訟法（改正）〔97 年 1 月〕
	5 月	律師法［弁護士法］〔97 年 1 月〕
	7 月	拍売法［競売法］〔97 年 7 月〕
	8 月	老年人権益保障法［高齢者権利利益保障法］〔10 月〕
	10 月	郷鎮企業法〔97 年 1 月〕
		環境噪声汚染防治法［環境騒音汚染防止法］〔97 年 3 月〕
97 年	2 月	**鄧小平死去**
		合夥企業法［組合企業法］〔8 月〕
	3 月	刑法（改正）〔10 月〕
		国防法
	5 月	行政監察法
	7 月	**香港返還**
	9 月	**中共 15 全大会**（鄧小平理論）
98 年	3 月	**9 期全国人大 1 回会議**（国務院機構改革）
	4 月	森林法（改正）
		収養法［養子法］（改正）〔99 年 4 月〕
	12 月	証券法〔99 年 7 月〕
99 年	1 月	社会保険費徴繳暫行条例［社会保険料徴収暫定条例］
		失業保険条例
	3 月	憲法（修正）
		合同法［契約法］〔10 月〕
	4 月	行政復議法［行政不服審査法］〔10 月〕
	8 月	個人独資企業法［個人単独出資企業法］〔00 年 1 月〕

4II

		招標投標法［入札応札法］〔00 年 1 月〕
	12 月	**マカオ返還**
2000 年	3 月	立法法〔7 月〕
01 年	2 月	民族区域自治法（改正）
	4 月	信託法〔10 月〕
		婚姻法（改正）
	10 月	工会法［労働組合法］（改正）
		職業病防治法〔02 年 5 月〕
	12 月	**WTO 加盟**
		人口与計画生育法［人口および計画出産法］〔02 年 9 月〕
02 年	6 月	中小企業促進法〔03 年 1 月〕
		政府採購法［政府調達法］〔03 年 1 月〕
	8 月	農村土地承包法［農村土地請負法］〔03 年 3 月〕
		水法〔10 月〕
	11 月	**中共 16 全大会**（胡錦涛総書記の選出）
	12 月	環境影響評価法［環境アセスメント法］〔03 年 1 月〕
03 年	4 月	工傷保険条例［労災保険条例］〔04 年 1 月〕
	6 月	放射性汚染防治法〔10 月〕
	8 月	婚姻登記条例〔10 月〕
		行政許可法〔04 年 7 月〕
	10 月	道路交通安全法〔04 年 5 月〕
		証券投資基金法〔04 年 6 月〕
	12 月	銀行業監督管理法〔04 年 2 月〕
		中国人民銀行法（改正）〔04 年 2 月〕
04 年	3 月	憲法（修正）
	8 月	票拠法［手形小切手法］（改正）
		拍売法［競売法］（改正）
		招標投標法［入札応札法］
		電子簽名法［電子署名法］
05 年	2 月	可再生能源法［再生可能エネルギー法］〔06 年 1 月〕
	3 月	反分裂国家法
	4 月	**中国各地で抗日デモ・暴動が発生**
		公務員法〔06 年 1 月〕

現代中国基本法令年表

	8 月	治安管理処罰法〔06 年 3 月〕
		公証法〔06 年 3 月〕
	12 月	畜牧法［牧畜法］〔06 年 7 月〕
06 年	2 月	審計法［会計検査法］（改正）〔6 月〕
	4 月	護照法［旅券法］〔07 年 1 月〕
		農産品質量安全法［農産品品質安全法］〔11 月〕
	6 月	義務教育法（改正）〔9 月〕
	8 月	合夥企業法［組合企業法］（改正）〔07 年 6 月〕
		各級人民代表大会常務委員会監督法〔07 年 1 月〕
		企業破産法〔07 年 6 月〕
	10 月	反洗銭法［マネーロンダリング防止法］〔07 年 1 月〕
		農民専業合作社法〔07 年 7 月〕
		16 期 6 中全会（調和のとれた社会の建設）
07 年	3 月	物権法〔07 年 10 月〕
	6 月	労働合同法［労働契約法］〔08 年 1 月〕
	8 月	反壟断法［独占禁止法］〔08 年 1 月〕
		突発事件対応法〔07 年 11 月〕
		就業促進法［就職促進法］〔08 年 1 月〕
	10 月	**中共 17 全大会**（党規約の改正）
		節約能源法［エネルギー資源節約法］〔08 年 4 月〕
		城郷規劃法［都市計画法］〔08 年 1 月〕
	12 月	禁毒法［麻薬取締法］〔08 年 6 月〕
		労働争議調解仲裁法［労働紛争調停仲裁法］〔08 年 5 月〕
08 年	8 月	循環経済促進法〔2009 年 1 月〕
	10 月	企業国有資産法〔2009 年 5 月〕
09 年	2 月	専利法［特許法］（改正）〔2009 年 10 月〕
	6 月	農村土地承包経営糾紛調解仲裁法［農村土地請負経営紛争調停仲裁法］〔2010 年 1 月〕
		統計法（改正）〔2010 年 1 月〕
	8 月	関於修改部分法律的決定［一部の法律の改正に関する決定］
	12 月	侵権責任法［不法行為責任法］〔10 年 7 月〕
		可再生能源法［再生可能エネルギー法］（改正）〔10 年 4

		月〕
10 年	2 月	著作権法（改正）〔4 月〕
		保守国家秘密法［国家機密保持法］（改正）〔10 月〕
	6 月	行政監察法（改正）〔10 月〕
	10 月	渉外民事関係法律適用法〔11 年 4 月〕
		社会保険法〔11 年 7 月〕
		人民調解法［人民調停法］〔11 年 1 月〕
	12 月	水土保持法（改正）〔11 年 3 月〕
11 年	4 月	道路交通安全法（改正）〔11 年 5 月〕
	6 月	行政強制法〔12 年 1 月〕
	10 月	兵役法（改正）
12 年	10 月	監獄法（改正）〔13 年 1 月〕
		律師法［弁護士法］（改正）〔13 年 1 月〕
		国家賠償法（改正）〔13 年 1 月〕
		治安管理処罰法（改正）〔13 年 1 月〕
		人民警察法（改正）〔13 年 1 月〕
		未成年人保護法［未成年者保護法］（改正）〔13 年 1 月〕
	11 月	**中共 18 全大会**（習近平総書記の選出）
	12 月	証券投資基金法（改正）〔13 年 6 月〕
		労働合同法［労働契約法］（改正）〔13 年 7 月〕
13 年	6 月	証券法（改正）
	10 月	消費者権益保護法［消費者権利利益保護法］（改正）〔14 年 3 月〕
14 年	4 月	環境保護法（改正）〔15 年 1 月〕
		証券法（改正）
		政府採購法［政府調達法］（改正）
	10 月	**中共 18 期四中全会（依法治国の推進）**
	11 月	反間諜法［スパイ防止法］
		行政訴訟法（改正）〔15 年 5 月〕
		不動産登記暫行条例〔15 年 3 月〕
15 年	3 月	立法法（改正）
	4 月	保険法（改正）
		就業促進法［就職促進法］（改正）

現代中国基本法令年表

		税収徴収管理法（改正）
	7 月	国家安全法
	8 月	全国人民代表大会和地方各級人民代表大会代表法（改正）
		全国人民代表大会和地方各級人民代表大会選挙法（改正）
		地方各級人民代表大会和地方各級人民政府組織法（改正）
		商業銀行法（改正）〔10 月〕
	12 月	人口与計画生育法［人口および計画出産法］（改正）〔16 年1 月〕
		反恐怖主義法［テロ防止法］〔16 年1 月〕
		反家庭暴力法［家庭内暴力防止法］〔16 年3 月〕
16 年	3 月	慈善法〔9 月〕
	4 月	域外非政府組織域内活動管理法［境外非政府組織国内活動管理法］〔17 年1 月〕
	7 月	資産評估法［資産評価法］〔12 月〕
		水法（改正）
	9 月	国防交通法〔17 年1 月〕
		外資企業法（改正）（20 年1 月失効）
		中外合資経営企業法［中外合弁経営企業法］（改正）（20 年1 月失効）
	11 月	網絡安全法［インターネット・セキュリティ法］〔17 年6 月〕
		電影産業促進法［映画産業促進法］〔17 年3 月〕
		対外貿易法（改正）
		檔案法［文書法］（改正）
		個体廃物汚染環境防治法［固体廃棄物環境汚染防止法］（改正）
	12 月	公共文化服務保障法［公共文化サービス保障法］〔17 年3 月〕
		環境保護税法〔18 年1 月〕
17 年	3 月	民法総則〔10 月〕
	6 月	国家情報法

		水汚染防治法［水汚染防止法］（改正）〔18 年 1 月〕
		行政訴訟法（改正）〔7 月〕
		民事訴訟法（改正）〔7 月〕
	9 月	国歌法〔10 月〕
		中小企業促進法（改正）〔18 年 1 月〕
		核安全法〔18 年 1 月〕
		律師法［弁護士法］（改正）〔18 年 1 月〕
		公証法（改正）〔18 年 1 月〕
		仲裁法（改正）〔18 年 1 月〕
		行政復議法［行政不服審査法］（改正）〔18 年 1 月〕
		行政処罰法（改正）〔18 年 1 月〕
	10 月	**中国共産党第 19 回大会**
	11 月	域外非政府組織域内活動管理法［境外非政府組織国内活動管理法］（改正）
		中外合作経営企業法［中外合弁経営企業法］（改正）（20 年 1 月廃止）
		文化財保護法［文物保護法］（改正）
		会計法（改正）
		海洋環境保護法（改正）
		刑法（改正）
		農民専業合作社法（改正）〔18 年 7 月〕
		海関法［関税法］（改正）
		母嬰保健法［母子保健法］（改正）
	12 月	招標投標法［入札応札法］（改正）
18 年	3 月	憲法（改正）
		監察法
		英雄烈士保護法〔5 月〕
		国防教育法（改正）
		国家情報法（改正）
		反恐怖主義法［テロ防止法］（改正）
		人民陪審法［人民参審員法］
	8 月	電子商取引法［電子商務法］〔19 年 1 月〕
		土壌汚染防治法〔19 年 1 月〕

現代中国基本法令年表

	10 月	刑事訴訟法（改正）
		人民法院組織法（改正）〔19 年 1 月〕
		人民検察院組織法（改正）〔19 年 1 月〕
		国際刑事司法協助法
		公司法［会社法］（改正）
		野生動物保護法（改正）
		大気汚染防治法（改正）
		残疾人保障法［障害者保障法］（改正）
		婦女権益保障法［女性権利利益保障法］（改正）
		節約能源法［エネルギー節約法］（改正）
		旅游法［旅行法］（改正）
		環境保護税法（改正）
		農産品質量安全法［農産品品質安全法］（改正）
		循環経済促進法（改正）
	12 月	農村土地承包法［農村土地請負法］（改正）〔19 年 1 月〕
		公務員法（改正）〔19 年 6 月〕
		村民委員会組織法（改正）
		城市居民委員会組織法［都市部居民委員会組織法］（改正）
		産品質量法［製造物品質法］（改正）
		義務教育法（改正）
		予算法（改正）
		労動法［労働法］（改正）
		老年人権益保障法［高齢者権利利益保障法］（改正）
		環境噪声汚染防治法［環境騒音汚染防治法］（改正）
		環境影響評価法［環境アセスメント法］（改正）
		社会保険法（改正）
		職業病防治法（改正）
19 年	3 月	外商投資法〔20 年 1 月〕
	4 月	法官法［裁判官法］（改正）〔10 月〕
		検察官法（改正）〔10 月〕
		電子簽名法［電子署名法］（改正）
		商標法（改正）〔11 月〕
		反不正当競争法［不正競争防止法］（改正）

417

	行政許可法（改正）
	城郷規劃法［都市計画法］（改正）
8月	資源税法〔20年1月〕
	土地管理法（改正）
	城市房地産管理法［都市部不動産管理法］（改正）
10月	密碼法［暗号法］〔20年1月〕

学習のための文献案内

　読者が現代中国法の学習をより深めるための基本的な文献を紹介する。重複の煩を避けるため，本書執筆の際の主要参考文献としてあげたものについては割愛してある。あわせてそちらも参照していただきたい。なお，工具書類を除いて，日本語の単行著書に限って紹介する。また，現代中国法の学習方法および調べ方について，くわしくは髙見澤磨＝西英昭「中国法」（北村一郎編『アクセスガイド外国法』（東京大学出版会，2004 年）所収），宇田川幸則「中華人民共和国」（指宿信ほか編著『インターネット法情報ガイド』（日本評論社，2004 年）所収）を参照されたい。さらに一歩学習を進めたいならば髙見澤磨＝鈴木賢編『要説　中国法』（東京大学出版会，2017 年）を，「研究の手引き」を含めて参照されたい。

1　工具書類
〔法規集〕
『中華人民共和国全国人民代表大会常務委員会公報』1957 年〜（1966〜79 年停刊），1980 年 1 号〜（全国人民代表大会常務委員会辦公庁）

　　全国人大常務委員会が発行する官報。全国人大および同常務委員会で採択された法律および立法説明，条約，決定，国務院・中央軍事委員会・最高人民法院・最高人民検察院の活動報告等が収録されている。不定期（年 6 号前後）。

『中華人民共和国国務院公報』1954 年 1 号〜66 年 5 号（中断），1980 年1 号〜（国務院辦公庁）

　　国務院が発行する官報。全国人大および同常務委員会で採択された法律，決定，国務院が公布した行政法規，国務院各部が公布した行政規則および決議，決定，命令，一部の地方性法規等が収録されている。不定期（年 30 号前後）。

『中華人民共和国最高人民法院公報』1985 年 1 号〜（最高人民法院辦公

419

庁)

　　最高人民法院が発行する官報。全国人大および同常務委員会で採択
された法律および最高人民法院裁判委員会が討論し採択した規則や通
知，司法解釈および裁判例等が収録されている。

『中華人民共和国最高人民検察院公報』1989 年 1 号〜

　　最高人民検察院が発行する官報。

『中央人民政府法令彙編』1〜5（法律出版社，1982 年（再版））

　　1949 年 9 月から 54 年 8 月までの主要法令が収録されている。

『中華人民共和国法規彙編』1〜13（法律出版社，1981 年（再版））

　　1954 年 9 月から 63 年 12 月までの主要法令が収録されている。

『中華人民共和国法規彙編』1979 年〜（法律出版社，1986 年〜）

　　1978 年以降の主要法令が収録されている。年刊本。

『中華人民共和国新法規彙編』1988 年第 1 輯〜（新華出版社，1990 年か
らは中国法制出版社，1988 年〜）

　　法律，行政法規，行政規則，［規範性文件］（法的効力を有する文書），
一部の地方性法規，地方政府規章が収録されている。季刊本。

『地方性法規選編』上・下（中国経済出版社，1991 年）

　　1979 年から 89 年までのおもな地方性法規が収録されている。

『中華人民共和国地方性法規匯編』上・下（中国法律年鑑社，1995 年）

　　1992 年から 94 年までのおもな地方性法規が収録されている。

最高人民法院研究室編『司法解釈全集』（人民法院出版社，1994 年）

　　1949 年 10 月から 93 年 6 月までの間に公布された司法解釈および
一部の裁判例が収録されている。なお，1997 年出版の第 2 巻には 93
年 7 月から 96 年 6 月までの，また 2002 年出版の第 3 巻には 96 年 1
月から 2001 年 12 月までの，司法解釈および一部の裁判例が収録され
ている。

唐徳華主編『解読　最高人民法院司法解釈』（人民法院出版社）

　　出版時点で有効な法令解釈に関する司法解釈・裁判業務に指導的役
割を果たす最高法院の通達類の主要なものの，全文とこれらに対する

最高法院の手による解説が収録されている。1980〜97年巻，刑事行政巻（1997〜2002年），民事巻（1997〜2002年），2003年以降の各年巻がある。

中国研究所編『中国基本法令集』（日本評論社，1988年）

1988年までの，現行憲法第1次改正までを含むおもな法令の日本語訳。

宮坂宏編訳『現代中国法令集〈増補改訂〉』（専修大学出版局，1997年）

'90年代の立法を中心としたおもな中国法令の日本語訳。

同『現代中国法令集〈企業法・税法編〉』（専修大学出版局，1995年）

'90年代の中国法令のうち，会社法をはじめとする企業法・税法関係の法令の日本語訳。

中国綜合研究所編集委員会編集『現行中華人民共和国六法』（ぎょうせい）

加除式法令集で，新しい法令（改正を含む）の日本語訳が送られて，古いものとさしかえる。

〔裁判例集〕

最高人民法院中国応用法学研究所編『人民法院案例選』第1輯〜（人民法院出版社，第23輯〜第30輯は時事出版社，1992年〜）

最高人民法院の手による公式裁判例集。季刊。

〔年鑑・用語辞典〕

『中国法律年鑑』1987年版〜（法律出版社，1990年版より中国法律年鑑出版社，1988年〜）

法律，行政法規，行政規則，地方性法規，司法解釈，裁判例，学界回顧，中央および地方の裁判・検察・公安・司法行政・民政に関する活動報告および統計資料等が収録されている。年刊本。

愛知大学国際問題研究所編『中国政経用語辞典』（大修館書店，1990年）

法律・政治・経済を中心とした用語辞典。

畑中和夫ほか編『中日・日中法律用語辞典』（晃洋書房，1997年）

法律用語の日中・中日両引辞典。

天児慧ほか編『岩波現代中国事典』（岩波書店，1999 年）

　　中国近現代史，経済，政治，法律の基礎用語・重要語約 4300 項目
　の解説。

〔データベース〕

北大法意『司法案例数拠庫』

（CD–ROM／オンライン http://www.lawyee.net/Case/Case.asp）

　　北京大学実証法務研究所と北京大学図書館とが共同で研究・開発し
　た中国（香港，マカオおよび台湾も含む）の裁判例のデータベース。
　オンラインで更新し，約 953 万件を収録する。有料。

北大法意『法律法規数拠庫』

（CD–ROM／オンライン http://www.lawyee.net/Act/Act.asp）

　　北京大学実証法務研究所と北京大学図書館とが共同で研究・開発し
　た中国（香港，マカオおよび台湾も含む）の法令データベース。オン
　ラインで更新し，約 145 万件を収録する。有料。

　2　インターネットによる検索

〔政府機関等のホームページ〕

http://www.npc.gov.cn/（全国人大。地方人大へのリンクもある）

http://www.gov.cn/（中央人民政府網）

　　国務院の部・委員会および直属の機関ならびに地方人民政府の活動
　の紹介。それら機関へのリンクが充実している。国務院公報や各種白
　書も掲載されている。

http://www.legalinfo.gov.cn/（普法網。司法部の公式 WEB ページ）

http://www.court.gov.cn/（最高人民法院。裁判例〔案例〕検索も可
　能）

http://www.chinacourt.org/（中国法院網）

http://www.spp.gov.cn/（最高人民検察院）

http://www.acla.org.cn/（中国律師網。中華全国律師協会の WEB サ
　イト）

　　　　　　　　　　　　　　　　　　　　　学習のための文献案内

〔学会の最新の動向を知るために〕

http://www.chinalaw.org.cn/（中国法学会）

http://www.civillaw.com.cn/（中国民商法律網）

http://www.criminallaw.com.cn/（中国刑事法律網）

http://www.procedurallaw.cn/（中国訴訟法律網）

〔オンラインデータベース〕

http://www.cnki.net/（CNKI〔中国知網〕）

　　過去の学術主要雑誌・新聞等を網羅的にデータベース化し，それら
　の検索・ダウンロードを可能とする。有料（タイトル検索のみ無料）。

http://www.gov.cn/flfg/（中国政府網・法律法規）

　　法律，法規，司法解釈，地方性法規等をデータベース化し，それら
　の検索・ダウンロードを可能とする。

〔インターネットで閲覧可能な主要メディア〕

http://www.people.com.cn/（人民網。人民日報 WEB 版）

http://www.xinhuanet.com/（新華網。新華社 WEB 版）

http://www.legaldaily.com.cn/（法制網。法制日報 WEB 版）

http://www.jcrb.com/（正義網。検察日報 WEB 版）

http://rmfyb.chinacourt.org/（人民法院報）

http://www.cntv.cn/（中央網絡電視台。中央電視台を視聴できる）

　　3　法　史

　　本書は現代中国法を対象とした入門書であり，法史には第 1 章でご
　く簡単にしかふれていない。しかし，現代中国法を理解するうえでも，
　法史を知ることは有益である。法史に興味がある読者は，以下の文献
　を参考にしていただきたい。

仁井田陞『中国法制史〈増訂版〉』（岩波書店，1963 年）

　　中国法制史の概説書。

滋賀秀三『中国家族法の原理〈第 2 版〉』（創文社，1975 年）

　　伝統中国における家族共産制に関する研究を中心とした，親族相続

　　　　　　　　　　　　　　　　　　　　　　　　　　　　　　　423

法の原理を究明した本格的研究書。

滋賀秀三編『中国法制史——基本資料の研究』（東京大学出版会，1993年）

石岡浩＝川村康＝七野敏光＝中村正人『史料からみる中国法史』（法律文化社，2012年）

　周代から清代までの法史の若手研究者による最新の概説書。法と刑罰，法と裁判，刑事法，家族法からなる。

寺田浩明『中国法制史』（東京大学出版会，2018年）

西英昭『近代中華民国法制の構築——習慣調査・法典編纂と中国法学』（九州大学出版会，2018年）

山本英史編『中国近世法制史料読解ハンドブック』（東洋文庫，2019年）

　先秦時代から中華人民共和国までの，各時代ごとの中国法制史に関する基本史料の解説・研究案内。

　4　中国法全般

福島正夫『中国の人民民主政権』（東京大学出版会，1965年）

　中国における人民民主政権の形成・発展過程を詳らかにするとともに，1950年代中期までの国家と法の構造・理論を検討したもの。

浅井敦『現代中国法の理論』（東京大学出版会，1973年）

　建国から文革前半までの中国法の構造的特質が析出されている。

福島正夫『中国の法と政治〈第3版〉』（日本評論社，1977年）

社会主義法研究会編『変動する社会主義法——基本概念の再検討（社会主義法研究年報 No. 10)』（法律文化社，1991年）

小口彦太＝木間正道＝田中信行＝國谷知史『中国法入門』（三省堂，1991年）

鈴木敬夫編訳『中国の人権論と相対主義』（成文堂，1997年）

髙見澤磨＝鈴木賢『中国にとって法とは何か——統治の道具から市民の権利へ（叢書中国的問題群 3)』（岩波書店，2010年）

424

学習のための文献案内

　条文数などの数字を含む誤字が若干あるが，近現代法史を概観する
手引きとなる。

田中信行編『最新中国ビジネス法の理論と実務』（弘文堂，2011 年）

　　中国ビジネス法に関する入門書。

小口彦太＝田中信行『現代中国法〈第 2 版〉』（成文堂，2012 年）

田中信行『はじめての中国法』（有斐閣，2013 年）

　　具体的なケースを素材に中国法の理解を深める。

同編著『入門 中国法〈第 2 版〉』（弘文堂，2019 年）

髙見澤磨＝鈴木賢編『要説 中国法』（東京大学出版会，2017 年）

但見亮『中国夢の法治──その来し方行く末』（成文堂，2019 年）

　5　公　法

社会主義法研究会編『現代社会主義憲法論（社会主義法研究年報 No.
4）』（法律文化社，1977 年）

浅井敦『中国憲法の論点』（法律文化社，1985 年）

西村幸次郎『中国憲法の基本問題』（成文堂，1989 年）

土屋英雄編著『現代中国の人権』（信山社，1996 年）

同編著『中国の人権と法』（明石書店，1998 年）

同編著『中国「人権」考──歴史と当代』（日本評論社，2012 年）

　6　訴訟法・司法制度

江偉ほか著／小口彦太ほか訳『中国民事訴訟法の理論と実際』（成文堂，
1997 年）

小嶋明美『現代中国の民事裁判』（成文堂，2006 年）

　7　財産法・経済法

野村好弘＝浅野直人編著『中国民法の研究』（学陽書房，1987 年）

片岡直樹『中国環境汚染防治法の研究』（成文堂，1997 年）

志村治美編著『中国会社法論』（晃洋書房，1998 年）

425

志村治美＝奥島孝康編『中国会社法入門』（日本経済新聞社，1998 年）

徐治文『現代中国ビジネス法』（法律文化社，2005 年）

周剣龍『中国における会社・証券取引法制の形成』（中央経済社，2005 年）

小口彦太編著『中国契約法の研究——日中民事法学の対話』（成文堂，2017 年）

8 家族法

陳明俠著／西村幸次郎＝塩谷弘康訳『中国の家族法』（敬文堂，1991 年）

加藤美穂子『中国家族法の諸問題』（敬文堂，1994 年）

陳宇澄『中国家族法の研究』（信山社，1994 年）

岩井伸晃『中国家族法と関係諸制度』（テイハン，2000 年）

9 刑事法

平野龍一＝浅井敦編『中国の刑法と刑事訴訟法』（東京大学出版会，1982 年）

西原春夫編等『日中刑事法シンポジウム報告書（1〜16)』（成文堂，1991〜2018 年）

王雲海『賄賂の刑事規制——中国・米国・日本の比較研究』（日本評論社，1998 年）

小口彦太『現代中国の裁判と法』（成文堂，2003 年）

甲斐克則＝劉建利編訳『中華人民共和国刑法』（成文堂，2011 年）

主要参考文献

　本文執筆の際に主に参考にした文献。日本語文献，漢語文献，欧文文献の順で記した。

第1章

中村茂夫「伝統中国法＝雛型説に対する一試論」法政理論（新潟大学）
　　12巻1号（1979年）

滋賀秀三『清代中国の法と裁判』（創文社，1984年）

同『中国法制史論集　法典と刑罰』（創文社，2003年）

同『続・清代中国の法と裁判』（創文社，2009年）

髙見澤磨『現代中国の紛争と法』（東京大学出版会，1998年）

同「現代中国法の現状と課題」中国——社会と文化（中国社会文化学
　　会）9号（1994年）

同「律令制の終わり方——中国近代法史時代区分試論」池田温編『日中
　　律令制の諸相』（東方書店，2002年）

佐藤慎一『近代中国の知識人と文明』（東京大学出版会，1996年）

島田正郎『清末における近代的法典の編纂』（創文社，1980年）

大木雅夫『比較法講義』（東京大学出版会，1992年）

黄昭堂『台湾総督府』（教育社，1981年）

費成康『中国租界史』（上海社会科学院出版社，1991年）

藍天主編『"一国両制"法律問題研究（総巻）』（法律出版社，1997年）

姜念東ほか『偽満州国史』（吉林人民出版社，1980年）

張国福『中華民国法制簡史』（北京大学出版社，1986年）

田涛『国際法輸入与晩清中国』（済南出版社，2001年）

Kathryn Bernhardt and Philip C. C. Huang (eds), Civil Law in
　　Qing and Republican China, Stanford University Press, 1994

Philip C. C. Huang, Civil Justice in China : Representation and

Practice in the Qing, Stanford University Press, 1996

William C. Kirby, ed., Realms of Freedom in Modern China, Stanford University Press, 2004

第 2 章

許崇徳『中華人民共和国憲法史（上）（下）』（福建人民出版社，2005
年）

王培英編『中国憲法文献通編』（中国民主法制出版社，2007 年）

人民代表大会制度研究所・北京市政治文明建設研究中心組編『法治中国
30 年──重大事件回放与述評』（紅旗出版社，2008 年）

蔡定剣＝王晨光主編『中国走向法治 30 年』（社会科学文献出版社，2008
年）

張晋藩主編『中国法制 60 年（1949-2009）』（陝西出版集団・陝西人民出
版社，2009 年）

楊一凡＝陳寒楓＝張群主編『中華人民共和国法制史』（社会科学文献出
版社，2010 年）

第 3 章

木間正道『現代中国の法と民主主義』（勁草書房，1995 年）

鈴木賢「中国」中村睦男＝佐々木雅寿＝寺島壽一編『世界の人権保障』
（三省堂，2017 年）

同「中華人民共和国（解説）」初宿正典＝辻村みよ子編『新解説世界憲
法集〈第 5 版〉』（三省堂，2020 年刊行予定）

蔣碧昆主編『憲法学』（中国政法大学出版社，1994 年）

許崇徳・前掲『中華人民共和国憲法史（上）（下）』

肖蔚雲『我国現行憲法的誕生』（北京大学出版社，1986 年）

国務院新聞辦公室『中国的人権状況』（中央文献出版社，1991 年）

許安標＝武増主編『中華人民共和国全国人民代表大会和地方各級人民代
表大会選挙法解読』（中国法制出版社，2010 年）

主要参考文献

全国人民代表大会常務委員会公報版『中華人民共和国憲法』（中国民主
　法制出版社，2018 年）
中共中央規律検査委員会＝中華人民共和国国家監察委員会法規室編
　『《中華人民共和国監察法》釈義』（中国方正出版社，2018 年）

　第 4 章
ミハイル　S．ヴォスレンスキー著／佐久間穆訳『ノーメンクラツーラ
　──ソヴィエトの支配階級〈新訂・増補〉』（中央公論社，1988 年）
木間正道・前掲『現代中国の法と民主主義』
髙見澤磨「中国における法形成」（『岩波講座　現代法の動態 1　法の生
　成／創設』岩波書店，2014 年）
劉佐『中国税制概覧〈第 16 版〉』（経済科学出版社，2012 年）
中国法制社編『中華人民共和国行政強制法配套解読与案例注釈』（中国
　法制出版社，2013 年）
上海市社会科学界聯合会編『制度創新与管理創新　中国（上海）自由貿
　易試験区建設研究報告集』（上海人民出版社，2014 年）
朱芒＝陳越峰＝成協中＝劉連泰＝章志遠「専題　行政法学向何処去」清
　華法学 2015 年第 1 期

　第 5 章
鈴木賢「中国における民法通則制定とその背景(1)～(3)完」法律時報 60
　巻 3 号，5 号，6 号（1988 年）
同「中国における民法・経済法論争の展開とその意義」北大法学論集
　39 巻 4 号（1989 年）
鈴木賢＝崔光日＝宇田川幸則＝朱曄＝坂口一成『中国物権法──条文と
　解説』（成文堂，2007 年）
田中信行＝渠涛編『中国物権法を考える』（商事法務，2008 年）
松岡久和＝鄭芙蓉「中国物権法成立の経緯と意義」ジュリスト 1336 号
　（2007 年）

449

梁慧星『民法総論〈第5版〉』(法律出版社，2017年)

彭万林主編『民法学』(中国政法大学出版社，1994年)

譚啓平主編『中国民法学〈第2版〉』(法律出版社，2018年)

魏振瀛主編『民法〈第7版〉』(北京大学出版社・高等教育出版社，2017年)

孫亜明主編『民法通則要論』(法律出版社，1991年)

沈徳咏主編『〈中華人民共和国民法総則〉条文理解與適用(上・下)』(人民法院出版社，2017年)

胡康生主編『中華人民共和国物権法釈義』(法律出版社，2007年)

高聖平＝王天雁＝呉昭軍著『〈中華人民共和国農村土地承包法〉条文理解與適用』(人民法院出版社，2019年)

韓世遠『合同法総論〈第4版〉』(法律出版社，2018年)

王利明『侵権責任法』(中国人民大学出版社，2016年)

王遷『知識産権法教程〈第6版〉』(中国人民大学出版社，2019年)

王利明ほか『人格権法』(法律出版社，1997年)

唐徳華主編『最高人民法院人身損害賠償司法解釈条文釈義』(人民法院出版社，2004年)

同『関於確定民事侵権精神損害賠償責任若干問題的解釈』(人民法院出版社，2001年)

安建主編『中華人民共和国専利法釈義』(法律出版社，2009年)

王勝明主編『中華人民共和国侵権責任法釈義』(法律出版社，2010年)

万鄂湘主編『《中華人民共和国渉外民事関係法律適用法》条文理解與適用』(中国法制出版社，2011年)

第6章

王保樹主編『中国商事法』(人民法院出版社，1996年)

曾咏梅『中国商法教程』(武漢大学出版社，1996年)

李昌麒主編『経済法学』(中国政法大学出版社，1994年)

全国人大常務委員会辦公庁研究室経済室編『中華人民共和国合同法釈義

主要参考文献

及実用指南』(中国民主法制出版社，1999 年)

梁慧星「合同法的成功与不足（上）（下）」中外法学（北京大学）1999
年 6 期，2000 年 1 期

《公司法釈義》編写組編『中華人民共和国公司法釈義』(中国法制出版社，
2005 年)

本書編写組編『《中華人民共和国証券法》釈義及実用指南』(中国民主法
制出版社，2005 年)

孔祥俊『WTO 法律的国内適用』(人民法院出版社，2002 年)

曹康泰主編『中華人民共和国反壟断法解読』(中国法制出版社，2007
年)

第 7 章

鈴木賢「中国家族法の概要と家族の現況」家庭裁判所月報 47 巻 11 号
（1995 年)

鈴木賢＝廣瀬眞弓「中国における家族の変容と法の対応」ジュリスト
1213 号（2001 年)

鈴木賢「中国における高齢者扶養と介護」石川恒夫＝吉田克己＝江口隆
裕編『高齢者介護と法──民法と社会保障法の接点』(信山社，1997
年)

河山肖水著／鈴木賢＝宇田川幸則訳『中国養子法概説』(敬文堂，1998
年)

鈴木賢『現代中国相続法の原理』(成文堂，1992 年)

宇田川幸則「中華人民共和国養子法の改正」関西大学法学論集 48 巻
5＝6 号（1999 年)

鈴木賢「中国における家族法改正の動向」野田愛子＝梶村太一総編集
『新家族法実務大系』第 1 巻（新日本法規，2008 年)

笠原俊宏「中華人民共和国の新しい国際私法『渉外民事関係法律適用
法』の解説(1)～(12)」戸籍時報 663 号，668 号，669 号，671～673 号，
678～681 号，683 号，684 号（2010～12 年)

431

巫昌禎主編『婚姻与継承法学』(中国政法大学出版社，1997 年)

巫昌禎＝楊大文『走向 21 世紀的中国婚姻家庭』(吉林人民出版社，1995 年)

胡康生主編『中華人民共和国婚姻法釈義』(法律出版社，2001 年)

奚暁明主編『最高人民法院婚姻法司法解釈㈢理解与適用』(人民法院出版社，2011 年)

王全興『労動法』(法律出版社，1997 年)

林嘉ほか『中華人民共和国労動法講話』(中国検察出版社，1994 年)

信春鷹主編『中華人民共和国労動合同法釈義』(法律出版社，2007 年)

同主編『中華人民共和国労動争議調解仲裁法釈義』(法律出版社，2008 年)

葉姍『社会保険法』(高等教育出版社，2016 年)

林嘉主編『労動法和社会保障法〈第 4 版〉』(中国人民大学出版社，2016 年)

第 8 章

王亜新『中国民事裁判研究』(日本評論社，1995 年)

宇田川幸則「中国における司法制度改革」社会体制と法 2 号（2001 年)

鈴木賢「中国における市場化による『司法』の析出」小森田秋夫編『市場経済化の法社会学』(有信堂，2001 年)

何蘭階＝魯明健主編『当代中国的審判工作（上）（下）』(当代中国出版社，1993 年)

金俊銀主編『中華人民共和国民事訴訟法精解』(中国政法大学出版社，2008 年)

江必新主編『最高人民法院関於適用民事訴訟法審判監督程序司法解釈理解與適用』(人民法院出版社，2008 年)

江偉＝肖建国主編『民事訴訟法〈第 8 版〉』(中国人民大学出版社，2018 年)

宗朝武主編『民事訴訟法学〈第 5 版〉』(中国政法大学出版社，2018 年)

沈徳咏主編『最高人民法院民事訴訟法司法解釈理解與適用（上・下）』（人民法院出版社，2015 年）

第 9 章

滋賀秀三・前掲『中国法制史論集――法典と刑罰』

坂口一成『現代中国刑事裁判論――裁判をめぐる政治と法』（北海道大学出版会，2009 年）

中山研一『増補ソビエト刑法――その本質と課題』（慶應通信，1972 年）

小口彦太「中国の罪刑法定原則についての一，二の考察」早稲田法学 82 巻 3 号（2007 年）

毛里和子「中国の人権――強まる国権主義のなかで」国際問題 449 号（1997 年）

坂口一成「中国における収容審査制度の廃止と人民警察法上の留置の運用（1995〜2004 年）――条文と実務の関係に関する一考察」阪大法学 68 巻 1 号（2018 年）

田中信行「労働矯正の強化と人権の危機」中国研究月報 424 号（1983 年）

但見亮「中国の行政拘禁制度改革――労働教養制度改廃の議論に関連して」比較法学 38 巻 1 号（2004 年）

髙見澤磨「罪観念と制裁――中国におけるもめごとと裁きとから」『シリーズ世界史への問い 5　規範と統合』（岩波書店，1990 年）

同・前掲『現代中国の紛争と法』

郎勝主編『中華人民共和国刑法釈義〈第 6 版〉』（法律出版社，2015 年）

高銘暄＝馬克昌主編『刑法学〈第 7 版〉』（北京大学出版社・高等教育出版社，2016 年）

高銘暄＝趙秉志編『新中国刑法立法文献資料総覧〈第 2 版〉』（中国人民公安大学出版社，2015 年）

陳興良『刑法哲学』（中国政法大学出版社，1992 年）

王愛立主編『中華人民共和国刑事訴訟法釈義』（法律出版社，2018 年）

陳光中主編『刑事訴訟法〈第 6 版〉』（北京大学出版社・高等教育出版社，2016 年）

陳瑞華『刑事証拠法的理論問題』（法律出版社，2015 年）

同『刑事訴訟的中国模式〈第 3 版〉』（法律出版社，2018 年）

陳衛東主編『刑事訴訟法〈第 4 版〉』（中国人民大学出版社，2015 年）

同主編『刑事証拠問題研究』（中国人民大学出版社，2016 年）

張軍主編『新刑事訴訟法法官培訓教材』（法律出版社，2012 年）

卞建林＝陳衛東等『新刑事訴訟法実施問題研究』（中国法制出版社，2017 年）

左衛民等『中国刑事訴訟運行機制実証研究(5)──以一審程序為側重点』（法律出版社，2012 年）

全国人大常委会法制工作委員会国家法行政法室編『《中華人民共和国行政処罰法》釈義』（法律出版社，1996 年）

馮軍『行政処罰法新論』（中国検察出版社，2003 年）

応松年主編『行政処罰法教程』（法律出版社，2012 年）

儲槐植「我国刑法中犯罪概念的定量因素」法学研究 1988 年 2 期

陳沢憲主編『労教制度的前世今生与後続改革』（中国民主法制出版社，2014 年）

黄華生＝邢麗莎「我国刑事損害賠償制度的回顧与展望」遼寧大学学報（哲学社会科学版）2015 年 5 期

第 10 章

福島正夫編『社会主義国家の裁判制度』（東京大学出版会，1965 年）

鈴木賢「人民法院の非裁判所的性格」比較法研究（比較法学会）55 号（1993 年）

同「中国の法曹制度」広渡清吾編『法曹の比較法社会学』（東京大学出版会，2003 年）

髙見澤磨・前掲『現代中国の紛争と法』

主要参考文献

何蘭階＝魯明健主編・前掲『当代中国的審判工作（上）（下）』

沈徳咏主編『中国特色社会主義司法制度論網』（人民法院出版社，2009
　年）

最高人民法院編写組『人民法院審判理念読本』（人民法院出版社，2011
　年）

楊万明主編『〈中華人民共和国人民法院組織法〉条文理解與適用』（人民
　法院出版社，2019 年）

最高人民法院政治部編著『〈中華人民共和国人民陪審員法〉条文理解與
　適用』（人民法院出版社，2018 年）

韓大元主編『中国検察制度憲法基礎研究』（中国検察出版社，2007 年）

鄧思清『検察権研究』（北京大学出版社，2007 年）

王俊民『律師与公証制度教程〈第 2 版〉』（北京大学出版社，2013 年）

江偉主編『仲裁法〈第 2 版〉』（中国人民大学出版社，2012 年）

范愉『非訴訟程序（ADR）教程〈第 3 版〉』（中国人民大学出版社，
　2016 年）

最高人民法院司法改革領導小組辦公室編著『最高人民法院関於全面深化
　人民法院改革的意見読本』（人民法院出版社，2015 年）

第 11 章

鈴木賢・前掲「中国の法曹制度」

《中国教育年鑑》編輯部編『中国教育年鑑（1949～1981）』（中国大百科
　全書出版社，1984 年）

《中国法律年鑑》編輯部『中国法律年鑑（1989）』（法律出版社，1990
　年）

《中国律師年鑑》編輯委員会『中国律師年鑑・2000』（人民法院出版社，
　2003 年）

中華人民共和国国家統計局編『中国統計年鑑（2004 年）』（中国統計出
　版社）

《当代中国》叢書編輯部編『当代中国的司法行政工作』（当代中国出版社，

435

1995 年)

徐顕明主編『中国法学教育状況』(中国政法大学出版社，2006 年)

湯能松ほか『探索的軌跡——中国法学教育発展史略』(法律出版社，1995 年)

賀衛方編『中国法律教育之路』(中国政法大学出版社，1997 年)

朱景文主編『中国法律発展報告 2013　法学教育与研究』(中国人民大学出版社，2014 年)

王健「略論 20 世紀中国的法律教育」比較法研究 1997 年 4 期

霍憲丹『不解之縁——二十年法学教育之見証』(法律出版社，2003 年)

李龍＝劉青「改革開放四十年中国法学教育的回顧与展望」武漢科技大学学報 (社会科学版) 20 巻 6 期 (2018 年)

李貴連等『百年法学——北京大学法学院院史』(北京大学出版社，2004 年)

姜明『須有清風属后来：吉林大学法学院史稿 (1948-1998)』(法律出版社，2018 年)

劉坤輪『法学教育与法律職業銜接問題研究』(中国人民大学出版社，2009 年)

全国法律専業学位研究生教育指導委員会編『全国法律専業学位研究生教育文件匯編 (1995-2017)』(法律出版社，2017 年)

季衛東等『中国的司法改革：制度変遷的路径依頼与頂層設計』(法律出版社，2016 年)

楊学科「法学教育新常態背景下的普通本科法学教育発展戦略新論」中国法学教育研究 2017 年 1 輯

何勤華「改革開放 40 年中国法学教育成長的反思」法学教育研究 23 巻 (2018 年)

王健「構建以法律職業為目標導向的法律人才培養模式——中国法律教育改革与発展研究報告」法学家 2010 年 5 期

曽憲義「中国法学教育輝煌三十年」中国法律 2008 年 6 月号

馮玉軍「略論当前我国法学教育体制存在的問題」政法論叢 2014 年 1 期

徐顕明＝黄進＝潘剣鋒＝韓大元＝申衛星「改革開放四十年的中国法学教
　育」中国法律評論 2018 年 3 期
丁相順「中国司法考試制度的創建和発展」中国司法 2008 年 10 期
司法部公式サイト（http://www.moj.gov.cn/）

索 引

あ

雨傘革命　58
アンチダンピング条例　236
アンチ補助金条例　236
按分共有　172

い

維 穏　62
遺 言　260
　──の自由　258
意思表示　166
慰謝料　236
遺 贈　260
遺贈扶養取決め　260
一人会社　221
一級学科　385, 391, 393
一国二制度　56, 66, 89
一般監督　372
一夫一婦制　240
移転の自由　109
違 法　328
違法収集証拠　340
依法行政　124
依法治国　58, 63, 65
遺留分　258, 260
医療事故　192
医療保険　282, 286
院系調整　33
インサイダー取引　228
隠 私　→プライバシー
インターネット・セキュリティ
　134

う

ウイグル　238
ウイグル族　108
ヴィシンスキー理論　28, 43
請負経営権　174, 182, 250

え

栄誉権　203
営利法人　164
えん罪　341

お

応受懲罰性　317
親子法　253

か

改革開放路線　42
階級独裁の用具　29
会 計　134
解 雇　268
介護保険　281
会 社　164
　──の共産党組織　223
会社企業法人　164
会社更生手続　225
会社設立の要件　221
会社法　52, 53, 159, 209, 215, 220
外商投資法　219
海商法　230
開廷前会議　337
会 典　8
解放区　22

438

索　引

科　挙　14

学者建議稿　54, 186

核心課程　390

学説継受　32, 37

学　部　→本科

学部教育　390

革命委員会　39, 40, 41

過　継　255

下　崗　→レイオフ

華国鋒　41

家事事件処理手続　239

過失責任原則　190

家族法　237

課徴金　233

合作医療　280

家庭内暴力防止法　240

株式会社　211, 220

カリキュラム　390

仮釈放　325

過　料　→罰款

カルテル　231

為替手形　226

簡易手続（訴訟）　300, 301, 308,
　　345, 363

管　轄　336

環境保護税　140

甘　結　11

監　察　150

監察委員会　66, 97, 332

慣　習　10, 122

管　制　322

官製NGO　236

間接選挙　86

完全行為能力者　163

幹　部　152

き

気　10

羈　押　→拘禁

企　業　164, 210

企業国有資産　135

企業国有資産法　135, 211

企業年金　284

企業破産法　54, 224

企業法　209

企業法人　163

企業保険　279

規　章　120, 142, 148

起訴審査　335

起訴免除　335

規　定　142

規範性文件　144

基本的法律　92, 93, 117

基本養老年金　284

基本老齢年金　281

義務教育法　111

客観的真実　329, 339, 340

級別管轄　146

糾問調停型裁判　4

教育を受ける権利　111, 115

共産党　→中国共産党

強制医療　326

行政解釈　314

行政規則　95, 101, 120

行政強制　130

行政強制執行　130

行政強制措置　130

行政許可　127

行政区画　88

行政行為　124, 143

　具体的——　124, 141

439

抽象的—— 124, 144
行政拘留 333, 348, 349
行政（的）処罰 129, 313, 318,
　325, 347, 348, 351
行政処分 124
強制性措置 332
強制措置 333
行政訴訟 106, 110, 120, 143, 200
行政調停 380
行政独占 231
行政賠償 151
行政不服審査 141
行政法規 95, 118
共同訴訟 301, 307, 309
共　有 172
　按分—— 172
　共同—— 173
居住監視 333, 334
居住証 109
挙証責任 341
挙　報 332
居民委員会 101, 165, 378
紀律検査 150
緊急輸入制限 236
近代法の普遍的価値 394

く

悔い改めの誓約書 183
区分所有権 172
組合企業 215
組合企業法 210
訓　政 16
軍　政 16
群体性事件 62

け

経営統合 231
計画経済 47, 51, 82, 158, 184, 380
計画出産 100, 102, 111, 241, 252,
　253, 255
計画出産法 241
経済計画 162
経済契約 184
経済契約法 157, 184
経済的補償 268
経済特区 47, 119
経済法 157, 159, 209, 230
　民法・——論争 45, 156
経済法綱要 158
経済法論 44, 46
刑事違法性 317
刑事拘留 333
継子女 255
刑事責任追及時効 331
刑事訴訟法 313
刑事賠償 151
刑事法律扶助 343
刑事和解 345
継親子 254
刑　罰 322
刑　法 313
刑法修正案 314
契　約 184
契約工 264
契約財産制 246
契約自由の原則 162
契約総則 187
契約締結上の過失 187
契約法 54, 162, 184
　——の全体的特徴 186

厳格責任　191, 235
厳格責任原則　186
権貴資本主義　211
研究生　391
減刑　325
減刑制限　324
健康権　202
検察　332
検察院　→人民検察院
検察官法　396
憲政　17
憲法　70
　　——の基本原理　71
　　——の司法化　115
　　54年憲法　34, 71, 94
　　75年憲法　39
　　78年憲法　41
　　82年憲法　44
憲法改正　70, 79
憲法監督制度　113
憲法遵守義務　112
憲法上の基本原則　106
憲法・法律委員会　92, 116
憲法保障　113, 115
権利と義務の一致　105, 258
言論の自由　105

こ

公安機関　332, 348
公安調解　350
公安部隊　89
行為能力　163
勾引（拘伝）　333
紅衛兵　39
拘役　322
公益訴訟　144, 302, 372

工会　269, 279, 379
合議法廷　300, 309, 336, 363, 364, 367
拘禁　334
控告　332
公司　210
公序良俗　162, 166, 205
港人治港　57
江青　39, 43
抗訴　297, 330, 338, 339, 372
公訴　331
公訴人　328
郷村集団所有制企業条例　213
口袋罪　319, 322
江沢民　50, 52, 73
公聴会　154
郷鎮企業　213
郷鎮企業法　214
公判　331, 333
公平原則　196
公平・誠実信用の原則　162
公法・私法融合型立法　229
公民（→市民）　163
公務員　152
公有制　78, 223
拘留　328, 333
高齢化社会　283
高齢者の保護　241
コーポレートガバナンス
　　　　211, 213
小切手　226
胡錦濤　62, 63
国際慣例　123
国際私法　261
国際商事法廷　359
国際人権規約　104

441

国進民退　211

国　法　122

国防法　96

国民党　16

国民党の六法全書　26

国民党の六法全書を廃棄し，解放区の司法原則を確定することに関する指示　2, 22, 27, 354

国務院　95, 100, 118

国務院組織法　95

国有企業　211, 210, 220

国有資産　135

国有単独出資一人会社　222

国有土地使用権　259

戸　口　109, 265, 280

戸　婚　10

戸婚・田土・銭債の案　8

個人のプライバシー（個人隠私）　147

個人口座　283, 286

個人工商業世帯　217

個人工商業世帯条例　217

個人単独出資企業　216

戸　籍　→戸口

国家安全機関　332

国家安全法　64, 82, 113

国家機構　91

国家元首　92, 94

国家工作人員　152

国家市場監督管理総局　232

国家主席　94

国家所有権　171

国家賠償　109, 151, 195

国家秘密　133, 147

固定工　263

子どもの養育　251

五　保　280

五保戸　260, 291

固有法　2, 3, 316

胡耀邦　50

婚　姻　242

　——の効果　245

　——の成立　242

　——の取消し　244

婚姻の自由　23, 239

婚姻家庭法　238

婚姻自主権　203, 239

婚姻障害　242

婚姻適齢　238, 241

婚姻登記　242

婚姻登記管理条例　244

婚姻登記機関　243, 248

婚姻無効　244

婚姻法　32, 44, 237

婚姻法貫徹運動　32

根拠地法　19

　——の特徴　23

混合経済体制　31

さ

罪刑法定原則　55, 314, 319

債　権　182

債権者自治　225

最高国家権力機関　83, 91

財産分与　250

財産法　156, 208

財産没収　325

再　審　296, 302, 359, 372

裁　定　308, 339

最低生活保障制度　290

裁判の公開　362

裁判の独立　293, 356, 360, 366

索　引

裁判委員会　359, 363, 367
裁判監督　296, 302, 339, 367, 372
裁判官　388, 396
　──の等級　361
裁判官の独立　368
裁判官定員制　368
裁判官法　396
債務不履行　187
差額選挙　87
里親　257
残業　271
三権分置　182
三権分立　84, 366
三資企業法　48, 209, 218, 219
参照　120, 148, 166, 293
参審員　300
参政党　74
三足鼎立　54
三大立法　32, 263
三民主義　16

し

私営企業　78, 215
私営企業暫定条例　215
私営経済　215
死緩　324
自願　148, 162
死刑　322, 323, 339
　──の執行猶予（→死緩）　324
　──の即時執行　324, 345
死刑許可権　325
死刑再審査　60, 325
事件取消し　335
試行　45, 118
時効　168
資産評価　135

事実婚　244
自社株取得制限　222
市場支配的地位の濫用　231
事情変更の原則　187
私人所有権　171
自然人　163
自訴　331
質権　178
自治権　87, 88
自治条例　89, 119
失業　279
失業保険　282, 289
失業率　289
執行　331
執行難　296, 298
執行猶予　336
実効性　330, 342, 343
実質的犯罪概念　43, 317
執政党　74
実務家　388
私的扶養　257, 258
試点　48, 53, 182, 303, 329
指導性案例　121, 161, 315, 360
私法　158, 183, 185
司法の独立　62
司法改革運動　28, 60, 386
司法解釈　120, 160, 314, 360
司法権の独立　84, 354, 367
司法試験　60, 361, 374, 391, 396
司法制度改革　59, 369, 384
司法責任制　363
市民
　──の基本的義務　112
　──の基本的権利および義務　102
市民社会　202

443

社会関係　320
社会救済　278
社会経済的権利　110
社会権　110, 277
社会効果　383
社会主義　77, 82, 223, 265
　　──への過渡期　35
社会主義核心価値観　ii, 83, 394
社会主義（型）憲法　72, 105
社会主義事業の建設者　74
社会主義（的）市場経済　82, 159, 320
社会主義市場経済体制　51
社会主義初級段階論　49
社会主義的改造　35
社会主義的法治国家　58, 110
社会団体　105, 118, 303, 304, 305
社会治安総合ガバナンス　352
社会的危害性　315, 317, 348, 349, 352, 353
社会的危険性　316, 333
社会的紛争　350, 352
社外取締役　222
社会福祉　278
社会保険　278, 281
社会保険制度改革　281
社会保険法　277, 281
社会保障制度　110
社会保障法　277
邪　教　108
社　区　102
社区矯正　322
弱者保護　112, 238, 241
自由意思原則　162
周永康　63
集会デモ行進示威法　105

従業員持株協同組合企業　214
宗教事務条例　108
宗教団体　108
就業保障　280
習近平　59, 63, 64, 66, 182
自由権　107
州県自理の案　8
重　婚　240, 244, 251
終身監禁　325
修　正　327
集団所有権　171
集団所有制企業　213
修　訂　314, 327
収容矯正　326
収容審査　328, 333
儒家思想　6
主　刑　322
取保候審　333, 334
遵依結状　11
準拠法　204
準則主義　221
情　4, 7, 10
渉外家族関係　262
渉外経済契約法　48
渉外経済法　47, 208
渉外民事関係法律適用法　261
少額訴訟　308
試用期間　267
商業秘密　133, 147
証券監督委員会　228
証券法　53, 227
証拠が確実・十分　341
使用者責任　194
情　状　318
少数株主の利益　222
少数民族　86, 88, 320

索　引

上　訴　308, 338
上訴不加刑原則　339
肖像権　203
消費者協会　235, 303
消費者権利利益保護法　235
消費者法　234
商標権　200
商　法　159, 208
情　報　132, 134
情報公開　132
条　約　12, 123, 197
情　理　10
条　理　122
条　例　118
職員労働者代表大会　269
職業選択権　266
職務質問　332
女性の権利保護　111
女性労働者の保護　272
除斥期間　166, 169
職権主義　45, 327
所有権　171
人格の尊厳　203
人格権　195, 201, 203, 207
新型農村社会養老保険　285
信教の自由　107
親　権　252
人　権　102, 202, 319, 328, 362
人権白書　103
人権派弁護士　64, 376
審査承認制　367
人事権　266
人身の自由　107, 109
人身危険性　317
人身権　201
申　訴　339

迅速裁判手続　329, 345
身体権　202
審　判　337
審判員　336
申　辯　127, 131
信　訪　62, 150
人　民　330
人民解放軍　96
人民検察院　296, 303, 370
人民参審員　336, 363
人民参審員法　61
人民参審制　60, 355, 363
人民代表大会（制）　83
人民調停　378, 384
人民調停委員会　102
人民内部の矛盾　37, 351
人民陪審制　355
人民法院　120, 336
人民法院5年改革綱要　59, 61
人民法院組織法　325
人民民主主義独裁　72
人民来信人民来訪　150
新民主主義　23, 30, 354
新民主主義革命　23
審理期限　338
清　律　8

す

ストライキ　271
　——の自由　110
すべて派　41

せ

生活保護　290
政企分開　212
制限的行為能力者　163

445

政　策　122, 316
　——の法源性　24, 28, 162, 354
政治協商会議共同綱領　30
政治（的）権利　105
　——の剝奪　85, 325
政治的自由　107
政治敏感　322
成人教育　385, 386
成人大学　394
精神的損害　195, 346
精神病　326
成人法学教育　394
製造物責任　191
製造物品質法　191, 195, 234
生存権　103
成年養子　255
政府調達　154
政　法　386
政法委員会　367
政法機関　388
政法部門　394
生命権　202
姓名権　202
接見交通　342
専　科　389, 391
全過程の録音・録画　332
選挙権　84
選挙制度　84
選挙法　84, 85
全国人代表大会　91, 92, 114, 116
　——常務委員会　92, 93, 114, 117
　——専門委員会　92
全国統一大学入試　387
銭　債　10

全人民所有制工業企業法　209
全人民討議　34, 44, 70
先定後審　327
全面審査原則　339
占　有　180
贍　養　257
先　例　10

そ

宗　10
争議権　271
送　検　335
捜　査　331, 332
相　続　258, 284
相続財産　258
相続人　259
相続分　259
相続法　258
総　理　95
速裁程序　→迅速裁判手続
訴訟時効　168
訴訟代理人　304
訴訟離婚　249
租　税　136
その他の組織　127, 130, 133, 135, 141, 143, 165
ソビエト　20
ソ連法　32, 36, 46, 55, 184, 386
　——の影響　169, 175, 238, 386
損害賠償　194
　精神的——　202, 251, 353
村　長　102
村民委員会　101, 165, 378

た

大学院　387

446

索　引

大飢荒　38

待　業　280

大経済法論　157

代襲相続　259

大衆的自治組織　101, 165, 365,
　378

退職年齢　284

大清現行刑律　14

大　専　391

代表訴訟　301

逮　捕　328, 333

大民法論　157

代　理　167

台　湾　17

脱過激主義条例　109

タテ・ヨコ統一説　157

多党合作制　74, 76

WTO加盟　55, 199, 224, 229, 236

単　位　102, 210, 263, 265, 266,
　279, 280, 304, 305, 347, 365

単一制　87

　中央集権的――　87

単行条例　89, 119

男女平等　240

単独法廷　301, 336, 363

担　保　175

担保物権　175

担保法　176

ち

治安管理処罰　318, 349

治安調停　352

治安防衛委員会　102

知識産権局　199

知識分子　73

父の認知　253

秩序違反　318, 348

知的財産権　197, 207

地方各級人民代表大会および地方各
　級人民政府組織法　99

地方国家機関　99

地方自治　84

地方人民政府　99, 100

地方人民代表大会　99, 118

　――常務委員会　99, 118

地方性法規　99, 118

中央軍事委員会　96

中央司法体制改革指導ワーキンググ
　ループ　59

中央集権　84

中央人民政府委員会　31

中華全国総工会　270

中華ソビエト共和国　21

中国の夢　63

中国共産党（→党）　20

　第8回党大会　35

　11期3中全会　42

　13全大会　49

中国人民政治協商会議　30, 74, 76,
　355

中国人民政治協商会議共同綱領
　355

中国人民大学　33, 385

中国的人権論　103

仲　裁　378, 381

　労働紛争の――　274

仲裁合意　382

仲裁前置主義　275

調　解　→調停

懲戒処分　325, 347

趙紫陽　49, 50

超職権主義的訴訟モデル

447

294, 369

調　停　21, 147, 304, 331, 350, 377

　　労働紛争の――　273

調停主義　293

調停前置主義　249

懲罰的賠償　183, 192

調和のとれた社会（和諧社会）

　　294, 345, 353, 383

直接選挙　86, 101

直接民主主義　61

著作権　198

賃　金　272

陳　述　126, 131

つ

追　奪　346

て

定款自治　220

定罪免刑　325, 349

抵当権　174, 176

出稼ぎ労働者　289

手形小切手法　226

適当原則　131

適法性　→法制

手　付　180

テロ防止法　64, 109

天安門事件（六・四事件）　50, 82,

　　103, 106, 158

典型契約　187

典　権　175

電子商取引　134

田　土　10

と

動員戡乱時期臨時条款　16

党と国家機構改革を深化させる方案

　　65, 96, 232

党の指導　59, 62, 65, 72, 73, 78,

　　317, 367, 377, 384

党の法規　125, 153

档　案　265

同一労働同一賃金　272

等額選挙　87

党　規　122

登　記　170, 177, 179

登記離婚　248

統　計　133

倒産法　223

当事者主義　55, 295, 328, 341, 369

当事者地位の平等原則　161

鄧小平　51, 56, 77, 97

党政一体　97

党政不分　38

同姓不婚　245

当番弁護士　343

董必武　36

同票同権　85

同命不同価　195

登録婚主義　243

独占禁止法　209, 230

独任庭　→単独法廷

特別縁故者制度　261

特別行政区　56, 57, 84, 89

特別手続　328

特別法人　165

特有財産　247

独立請求権のない第三者　301

都市と農村の二元化　181, 280,

　　283

都市集団所有制企業条例　213

都市農村居民基本養老保険　286

索 引

都市部住民社会養老保険　286
土地改革法　32
特許権　198

な

内政干渉　104
南巡講話　51

に

日中社会保障協定　278
任意規定　220
認罪認罰従寛　344

ね

根抵当　178
年少労働者保護　272

の

農村部土地改革　181
能動司法　384
農民工　73
ノーメンクラツーラ　153

は

パートナーシップ制　216
売買契約　188
薄熙来　63
破産管財人　224
馬錫五の裁判方式　293, 294
破綻主義　249
罰　款　149
罰　金　325
発　効　325, 339
反右派闘争　37, 387
判　決　307, 339
万国公法　13

晩婚晩育　241
犯罪概念　317
犯罪嫌疑人　→犯罪被疑者
犯罪構成要件　317
犯罪被疑者　328
反　致　205
判定型裁判　4
反独占委員会　232
判　例　120

ひ

非営利法人　164
非会社企業法人　164
非刑罰的処罰方法　325
被告人　328
被選挙権　85
非租税収入源　140
非嫡出子　253
一人っ子政策　44, 111, 241, 255
非法人組織　165
平等権　105
平等原則　85
費用負担　137, 140
比例原則　131

ふ

夫婦共有財産　247, 248
夫婦財産（制）　246, 259
付加刑　325
賦課方式　283
不起訴　335
不正競争防止法　233
附帯民事訴訟　346
普通選挙　84
普通大学　385, 394
物　権　169, 206

449

物権変動　170

物権法定主義　170, 175

不法行為　188

　　——の効果　194

　　環境汚染に関する——　193

扶　養　257

扶養義務　241, 246, 253, 257, 260

撫　養　257

プライバシー　133, 201, 203

不利益変更　340

ブルジョア法　28

プロテスト　→抗訴

プロレタリアート独裁　386

文化大革命（文革）　38, 356, 383, 387

文　書　132

紛　争　3

　　——の解決　24

へ

北京大学　33

辺　区　21

弁護権　337, 341

弁護士　341, 388

　　——の年次検査　376

弁護士協会　376

弁護士業務証明書　374

弁護士資格証明書　375

弁護士自治　374, 376

弁護士事務所内党支部　377

弁護士制度　29, 43, 373

弁護人　339, 341

弁護人選任権　342

変通規定　119, 238

変法運動　13

ほ

法

　　——の階級性　33

　　——の継承性　38

　　——の出島化戦略　47

報　案　332

法　院　→人民法院

法学教育　385

法学修士　391

法学博士　393

法家思想　6

法官法　60

法　規　125

法　源　116

法　人　163

法人格　164

法人格否認の法理　222

法人財産権　214

法　制　36, 42, 43, 49, 313

　　社会主義——　36

法制工作委員会　54, 93

法　曹　396

法　治　124, 384

　　社会主義——　393

法定財産制　246

法定最低賃金　272

法定相続　259

法廷調査　337

法廷弁論　338

法的効力が生じる　339

法典継受　47

法ニヒリズム　37

法　律　116

法律解釈　314

法律監督　330, 338, 372, 371

索　引

法律行為　166
法律修士（JM）　388, 392
法律専門職資格　399
法律専門職資格試験　361, 374,
　397
法律専門職資格証書　397
法輪功　108
母嬰保健法　242
保険契約　229
保険法　229
保　証　180
補　償　151
ポストドクター　393
本　科　389
香　港　17, 89
香港基本法　67
香港特別行政区基本法　56

ま

マカオ　18, 90
マカオ特別行政区基本法　56

み

三つの至上　384
三つの代表　73
三つの代表の重要思想　52
身分権　201
民間紛争　378
民告官　110
民事裁判方式の改革　369
民事訴訟　346
民事訴訟法　292
民事不法行為　347, 352
民事法律行為　166
民主化　101, 102
民主集中制　34, 44, 83, 354, 366

民主的自由権　105
民主党派　30, 74, 75, 77
民商合一　159, 208
民族区域自治　88, 90, 119
民族区域自治法　88
民族自治地方　87
民　慣　336
民　法　161
　──・経済法論争　45, 156
民法通則　28, 46, 158
民法典　55, 161, 189, 203, 207, 239,
　258
民法典草案　161, 207
明　律　8

む

無因性　226
無過失責任　191, 193
無期懲役　322
無限責任会社　54
無罪推定　330
無法無天　25, 39

め

名誉権　203
妾　10
面接交渉の権利　252

も

毛沢東　30, 37, 38, 39, 41, 64
問刑条例　8

や

約束手形　226
約　款　187

451

ゆ

有期懲役　322
有限会社　220
有限責任会社　53, 209
優生主義　242, 243

よ

養育費　252
用益物権　174
養　子　254
養子縁組　253, 256
養子法　254
養　親　254
予　算　134
予　審　327
四つの基本原則　73, 107, 270
四つの現代化　41
四人組　38, 41, 43
四級二審制　356, 357
四大の自由　40, 41

り

理　4, 6, 10
離　縁　256
離　婚　248
　——の効力　250
　——の自由　23, 240
律　7
立　案　146, 305, 306, 309, 331
立案難　306
律師資格憑証　375
律師執業証書　374
立法解釈　245
立法法　94, 114, 116, 117
留置権　179

流動動産抵当権　177
量刑建議　338, 344
領　導　→党の指導

る

類推適用　317, 319, 349

れ

礼　6
令　7, 8
レイオフ　289, 290

ろ

労災保険　288
労働基準　271
労働矯正　350
労働協約　276
労働組合　→工会
労働契約　266
労働契約法　266, 274
労働債権　225
労働時間　271
労働者の権利　269
労働紛争　273, 276
　——の仲裁　274
　——の調停　273
労働紛争仲裁委員会　274
労働紛争調停委員会　273
労働紛争調停仲裁法　273
労働法　261, 264
労働保険条例　277
老齢年金　283

わ

和　解　301, 331
和諧社会　→調和のとれた社会

現代中国法入門〔第8版〕　　　　外国法入門双書

1998 年 12 月 25 日　初　版第 1 刷発行
2000 年 9 月 20 日　第 2 版第 1 刷発行
2003 年 3 月 25 日　第 3 版第 1 刷発行
2006 年 10 月 30 日　第 4 版第 1 刷発行
2009 年 10 月 1 日　第 5 版第 1 刷発行
2012 年 10 月 25 日　第 6 版第 1 刷発行
2016 年 3 月 30 日　第 7 版第 1 刷発行
2019 年 12 月 25 日　第 8 版第 1 刷発行

　　　　　　　　　　高　見　澤　　　磨
　　　　　　　　　　鈴　　木　　　賢
　著　者　　　　　　宇　田　川　幸　則
　　　　　　　　　　坂　　口　　一　成

　発 行 者　　　江　草　貞　治

　発 行 所　　　株式会社　有　斐　閣

　　　　〔101-0051〕東京都千代田区神田神保町 2-17
　　　　　　　　電話（03）3264-1314〔編集〕
　　　　　　　　　　（03）3265-6811〔営業〕
　　　　　　　　http://www.yuhikaku.co.jp/

印刷・株式会社理想社／製本・大口製本印刷株式会社
©2019，髙見澤磨・鈴木賢・宇田川幸則・坂口一成．Printed in Japan
落丁・乱丁本はお取替えいたします。
★定価はカバーに表示してあります。

ISBN 978-4-641-04825-6

JCOPY　本書の無断複写（コピー）は，著作権法上での例外を除き，禁じられてい
ます。複写される場合は，そのつど事前に（一社）出版者著作権管理機構（電話03-
5244-5088，FAX03-5244-5089，e-mail：info@jcopy.or.jp）の許諾を得てください。

本書のコピー，スキャン，デジタル化等の無断複製は著作権法上での例外を除き禁じられています。本書を代行業者等の第三者に依頼してスキャンやデジタル化することは，たとえ個人や家庭内での利用でも著作権法違反です。